人口想象与十九世纪城市

巴黎、伦敦、纽约

[爱尔兰] 尼古拉斯·戴利 著
汪精玲 译

译林出版社

图书在版编目（CIP）数据

人口想象与十九世纪城市：巴黎、伦敦、纽约 /（爱尔兰）尼古拉斯·戴利（Nicholas Daly）著；汪精玲译．—南京：译林出版社，2022.5
（剑桥维多利亚文学与文化研究译丛 / 蔡玉辉，张德让主编）
书名原文：The Demographic Imagination and the Nineteenth-Century City: Paris, London, New York
ISBN 978-7-5447-9095-6

Ⅰ.①人… Ⅱ.①尼… ②汪… Ⅲ.①人口增长－影响－城市－文化史－研究－世界－19世纪 Ⅳ.①G114 ②C912.81

中国版本图书馆 CIP 数据核字（2022）第 046766 号

人口想象与十九世纪城市：巴黎、伦敦、纽约　[爱尔兰] 尼古拉斯·戴利 / 著　汪精玲 / 译

责任编辑　张海波
装帧设计　孙逸桐
校　　对　王　敏
责任印制　单　莉

原文出版　Cambridge University Press, 2015
出版发行　译林出版社
地　　址　南京市湖南路 1 号 A 楼
邮　　箱　yilin@yilin.com
网　　址　www.yilin.com
市场热线　025-86633278
排　　版　南京展望文化发展有限公司
印　　刷　扬州皓宇图文印刷有限公司
开　　本　880 毫米 ×1230 毫米　1/32
印　　张　11.625
插　　页　2
版　　次　2022 年 5 月第 1 版
印　　次　2022 年 5 月第 1 次印刷
书　　号　ISBN 978-7-5447-9095-6
定　　价　72.00 元

杂糅与跨界：
这样的文学评论有“一套”

本辑丛书，从确立选题到翻译审校，经年轮更替和时势变化，就要面世了。付梓之际，有些话想要说一说。

一

或许是当读年月缺书甚至无书可读染上了阅读饥不择食症，或许是大学后期抢座阅览室形成了阅读狼吞虎咽的陋习，或许是求学过程中广泛涉猎养成了不拘一格的阅读偏向，每每遇到内容杂富、视角多维、述论复调、方法跨界、见解独特的读物，都会产生一种必欲厘清的冲动，恋恋不舍的情愫。细究起来，这种遇杂而珍、向杂而趋、融杂而合不只是个人的阅读偏好和价值取向，也不仅是学科发展走向繁荣之途，还有着更为普遍的客观依持，存在于自然世界的演化过程，也存在于人类社会从点到面、从聚到散、从低到高、从单一到复杂的嬗变过程，尤其是贯穿于文化产生、传布、交汇、融合的全过程。

自然界中生命体的存活和延续是这样的，因杂生、杂处、杂交而生万物。动物繁衍需要异性相交，种群存活和扩大既需要不同类别同处一域之间的共生共荣或相生相克，又要适应不断变化的气候和地貌环境。树木因杂居连片而成森林，森林因不同种类相互交杂而得以丰盈。花类植物因相互授粉而繁茂自己且滋生新种，又因单性繁殖而逐渐走向衰亡。即使是稻谷，也只有杂交才可以达到如科学家袁隆平团队培植的那样高产量。

人类从自非洲大陆的迁徙开始，就没有停止过不同种族之间的交往、交流和交攻，或和平共处，或冲突伐杀，或彼此融通。正是异族和异类之间的竞争、冲突、妥协、共存、融通所形成的持久张力，推动着人类社会不断演进、发展、繁荣和壮大。从中到外，这样的例子实在很多。

中华文化所以能延续五千余年而不断、不衰、不霸、不淫，可以从其不断融合民族文化之流、一贯持守融合等核心观念并由此指引其发展过程里找到答案。起源于中原大地和黄河中下游的华夏文化，在逐渐融积成中华文化的过程中，因其聚集人类观念精华的内核、融汇开放的基因和广采博纳的胸怀，不断吸纳来自中华大家庭几十个民族的文化元素。自汉以降，更是不间断地吸收来自东西方异域文化中的优秀异质，无论是来自印度的佛教，还是来自西方的基督教，无论是马克思主义的基本原理，还是自由民主的人文精神，只要有益，都可“拿来”，终至蔚为大观。举隅其中观念数项，或可知其一二。天人合一，万物各得其所以生、各得其养以成的哲学观念；仁政以施、民贵君轻、水载舟亦覆舟的政治观念；仁者爱人，各得其美、美美与共的人际共同体观念；尊老爱幼、孝悌友朋的伦理观念；独善兼济、先忧后乐、内外兼修的人格观念；等等——综观这些观念，贯穿其中的一点就是存异和容杂。正是这种不拒异道、不舍细流、不拘一格、兼收并蓄的品格坚持，成就了中华文化的博大浩瀚，成为世界文化大森林里的参天大树之一。

二

初次接触到《剑桥十九世纪文学与文化研究》(*Cambridge*

Studies in Nineteenth-Century Literature and Culture）这套丛书，浏览书名眼前陡然一亮，翻阅后顿觉脑洞大开，阅读后不忍释手。其中体现的几乎跨越人文、社科、科学各大学科门类的多维视角，涉及维多利亚时代小说、戏剧、诗歌、散文、音乐、绘画、建筑、报章期刊等各种文本的广泛例证，将这一时期的政治、经济、金融、法律、教育、军事、旅游、宗教、帝国殖民扩张等各种社会活动都作为文学书写的大背景来广引博征，着实让人眼花缭乱，应接不暇而瞠目结舌。在此不妨列出题目数个，请诸位读者领略：《维多利亚小说中的病房：生病的艺术》（*The Sickroom in Victorian Fiction: The Art of Being Ill*）、《维多利亚小说与起源焦虑：从狄更斯到弗洛伊德时期的死亡与母亲》（*Death and the Mother from Dickens to Freud: Victorian Fiction and the Anxiety of Origin*）、《维多利亚法律、文学与神学中的证词与辩护》（*Testimony and Advocacy in Victorian Law, Literature, and Theology*）、《十九世纪英国的文学与医学》（*Literature and Medicine in Nineteenth-Century Britain*）、《维多利亚蜜月：婚姻之旅》（*Victorian Honeymoons: Journeys to the Conjugal*）、《乔治·艾略特与金钱：经济学、伦理学与文学》（*George Eliot and Money: Economics, Ethics and Literature*）、《1885—1914年间的伦敦及其同性恋文化》（*London and the Culture of Homosexuality, 1885—1914*）。单是浏览一下这几个题目，就会发现其选题涉及法学、经济学、医学、神学、心理学、社会学、物理学、生态学等，其跨界特征可见一斑。为什么跨界如此之大，杂糅如此之盛，看一下总主编发表的相关学术观点和丛书的推介，就会得出更清晰的印象。首任总主编吉莲·比尔在1990年参加一次学术研讨时发表的主旨演讲里就这样表示：

本次讲座宣布的主题"通过文学呈现科学"可能暗示了一

种单向交流，似乎文学充当了这一主题（科学）的中介；这一主题（科学）在这之前就已经出现过，在重新被提起之前没有被讨论过。我所理解的两者之间的关系不是这样。我将要强调，两者之间是交流而不是一个成为另一个的起源，是相互转换而不是一个被介绍到另一个里面去。科学和文学的话语之间的关系并不稳定，却彼此重叠。①

这里的观点非常明确，文学与科学之间是互文或者说“彼此重叠”或相互渗透的关系，也就是你中有我我中有你，而不是前者充当后者的“中介”。由此可以推断，这一观点或者学术旨趣就成为四年后推出这套丛书的宗旨。该丛书的推介词证实了这一推断：

事实已经证明，19世纪的文学与文化是跨学科研究中一个十分宏富的领域。本丛书自1994年开篇以来，一直致力于追踪维多利亚文学与视觉艺术、政治、性别和性取向、种族、社会组织、经济生活、技术创新、科学思想之间的交叉及其相互张力关系，简言之，也就是维多利亚文学与最广泛意义上的文化之间的关系。本丛书自从面世就强力涉足马克思主义、女权主义、视觉研究、后殖民主义、批判性种族研究、新历史主义、新形式主义、跨国主义、酷儿研究、人权与自由主义、残疾研究和全球研究等诸多领域的研究，其中许多著作已经成为这些研究领域里的经典。本丛书提出的理论挑战和史学转轨继续以卓富成效的方式激荡着19世纪研究这一领域。有关身体与感官、

① Gillian Beer. “Translation or Transformation? The Relations of Literature and Science.” *Notes and Records of the Royal Society of London*, Vol. 44, No. 1 (Jan., 1990), pp.81—99.

> 环境与气候、种族与文学研究的非殖民化、生命政治与物质性、动物与人类、地方与全球、政治与形式、酷儿与性别认同、交叉学科理论等的这些新著述正在重新激活跨学科研究场域。本丛书旨在为正在进行中的19世纪文学前沿研究提供平台，催生那些将跨学科研究与当今提出的紧迫批判性问题联系起来的最有趣的研究成果。我们力求出版不同种类作者的著作，坚定反对种族主义，反对殖民主义，反对一切形式的歧视。[①]

这套丛书具有如此新颖的学术方法、宽阔的学术视野、敏锐的学术直觉、细密的学术思维、踏实的学术风格，显然体现的就是总主编和编委会的学术思想与学术风格。首任总主编吉莲·比尔是剑桥大学爱德华七世文学教授，曾出任剑桥克莱尔讲堂（Clare Hall）主席。更为知名的是，她是《达尔文的情节》（*Darwin's Plots*）的作者。这本1983年由剑桥大学出版社推出的力作，在19世纪研究领域掀起了一阵跨学科研究的旋风，具有里程碑式意义。有评家认为，该书中的“真知灼见为科学史中人所共知的话题提供了全新的研究方法”。[②]还有人认为，它“所开创的研究范式在过去的十五年开辟了一个‘达尔文产业’（Darwin Industry）”。[③]如果说有哪些著作开启了文学批评领域至今仍持续不衰的跨学科研究，《达尔文的情节》无疑是维多利亚文学研究领域里的前驱。由吉莲·比尔主编的这套丛书，迄今已经持续出版二十七年，截至2021年底，总共

---

① https://www.cambridge.org/core/series/cambridge-studies-in-nineteenthcentury-literature-and-culture/51F87ACED1BBCEBEAB37D73C87F475CB.

② Gillian Beer. *Darwin's Plots: Evolutionary Narrative in Darwin, George Eliot and Nineteenth-Century Fiction*, 3rd ed. Cambridge: Cambridge University Press, 2009, Back Cover.

③ 同上，pp. ix—xi。

出版专著一百三十三部，平均每年推出四到五部，至今仍未显颓势，近期还有三部即将面世。

三

对于文学跨学科研究来说，这套丛书显然是一块含矿量非常高的“富矿”，将它介绍给国内广大读者，应该是新时代继续和进一步实施改革开放国策的题中应有之义。

本辑译丛推出五部专著，分别为：《中国与维多利亚想象：缠绕的帝国》(*China and the Victorian Imagination: Empires Entwined*)、《维多利亚文学、能量和生态想象》(*Victorian Literature, Energy and the Ecological Imagination*)、《人口想象与十九世纪城市：巴黎、伦敦、纽约》(*The Demographic Imagination and the Nineteenth-Century City: Paris, London, New York*)、《鬼魂目击者、侦探和唯灵论者：维多利亚文学和科学中的视觉理论》(*Ghost-Seers, Detectives and Spiritualists: Theories of Vision in Victorian Literature and Science*)、《维多利亚儿童文学中的进化与想象》(*Evolution and Imagination in Victorian Children's Literature*)。各本的主要内容如下。

一百七十多年前，英国为了打开庞大却封闭的中国市场，谋取巨大商业利益，用坚船利炮轰开了这个古老帝国的城墙，随后，西方列强蜂拥而至，都来争抢中国市场。自此，这两个古老的帝国就缠绕在一起，从政府到民间，从物质文明到价值观念，两种文化之间经历了好奇、向往、会通，也经历过误读、误解和误判，而且这样的误读与误解还在继续。中国人在英国殖民者眼里是一种什么样的形象？已经定居于伦敦一角的中国人在伦敦人眼里又是什么样的形象？一百多年来英国人乃至西方人对中国人的认知和印象与当下的中西关系有什么关联？《中国与维多利亚想象》一书为读者提供了19—20世纪之交英国人眼中的中国人形象全景图。第一章借助在香港、上海、广州、天津等通商口岸生活的英国人的小说来呈现他们眼中的中国和中国人，“对发生于通商口岸的各种故事加以综览”(32)。[①]第二章“聚焦分析约瑟夫·康拉德式作家詹姆斯·达尔齐尔的作品，深入探讨‘洋中国’文学如何描绘维多利亚时代中国与其他英国殖民地（尤其是印度）之间既相互关联又相互区别的交互模式”(32)。第三章通过《北京危境》《北京龙》《盟军朝向北京》等小说中的夸张和扭曲描写来揭示西方人眼中的义和团运动。第四章通过《黄色入侵》《黄色浪潮》等小说来表现英国人或其他欧洲人如何将移居英国的中国人看作洪水猛兽。第五章介绍维多利亚晚期英国戏剧等文学形式中的中国形象，在《黄色恐怖》《黑鬼中国人》《炮轰北京》等戏剧中如何表现英国人对古老而陌生的中国文化的理解。第六章聚焦于围绕伦敦曾经的华人聚居区“莱姆豪斯”的文学创作，以托马斯·伯克的“莱姆豪斯”系列小说为案例，表现伦敦人眼中的华人形象。作者在结论部分认为，前述这些对中国和中国人的误解、曲解和“恐慌”在21世纪不仅没有消失，反而随着这个曾经孱弱国家的崛起，转换成了新的形式出现在国际政治、经济、外交和其他领域。或许可以说，当下西方出现的“阻中”、“恐中”与一直以来对中国人的误解和曲解存在渊源关系。

自从20世纪50年代伊朗石油危机出现以来，能源危机一再发生，而随着人类对化石燃料的滥用，生态环境被严重破坏，已经将地球带入生态灾难日益频发的21世纪。《维多利亚文学、能量和生态

① 本序言所引文字均标注其所在原文页码，需要核对的读者请查对译本边码。后文只在引文后用圆括号标注页码，不再作注。

想象》的作者借助兴起并盛行于19世纪的热力学的视角，对维多利亚小说进行了一种别开生面的解读和论析。他认为，维多利亚时代的“热力学将大自然视为一种不可持续的能源系统”(15)，我们就此可以把维多利亚小说想象成一个能量系统，所有小说就是“热力学的替代性叙事”(15)。从第三章到第八章，他花了很大篇幅去论析狄更斯、罗斯金、史蒂文森、康拉德和威尔斯的著述。他分析了《荒凉山庄》和《我们共同的朋友》中的能量表现形式。他认为，罗斯金的《风暴云》《建筑的七盏明灯》《威尼斯之石》《近代画家》中充满了能量元素。第六章以史蒂文森的《杰基尔医生和海德先生》(《化身博士》)为案例，解读了其中描绘的“热力学世界”，通过两位主人公的正向与反向蜕变，表现热力学第二定律在人的性格和身份变化中的作用。在对康拉德的《黑暗之心》《诺斯特罗莫》《间谍》的解读中，作者依然从热寂和熵增的角度去阐释非洲的社会和自然环境，与伦敦这个帝国心脏的环境形成对比。解读威尔斯的《时间机器》时，作者认为，作品隐喻了大英帝国在熵定律控制下走向衰退的前景。作者还认为，今日生态之殇的根源要追溯到19世纪的英国，并且，20世纪化石滥用局面的缘由，不只是人们一贯所认为的工业革命及其带来的采矿业、机械制造业、造船业等重工业，还有“维多利亚时代的文化如何在各个方向上曲解、扭曲，因而误解了人类发展与自然界资源之间的关系”(12)，比如被众多哲学家、政治家、社会活动家所极力推崇，也被民众广泛接受的，无拘无束的自由市场经济生产和生活方式，自由选择、优胜劣汰的进化理论，以及热力学理论。

毋庸讳言，自工业革命以来，人口一直是人类社会的一大问题；先是人口高速增长，给地球带来能源短缺、气候灾难等问题，到了后工业时代的信息时代，富国和穷国又分别出现老龄化和多子化两种现实，严重制约各自的社会发展。《人口想象与十九世纪城市》选取19世纪起始的人口问题进行专论，开门见山就亮出了研究的关键词：人口爆炸、人口革命、人口想象。“随着人口爆炸，现代文化中出现了人口想象。换句话说，本书所关注的多模态叙事和大众形象，出现在人口革命中：突然之间，有更多的人生活在这个世界上。”（1）作者从多个角度展开论证了这一时期的人口爆炸、革命与想象。他以伦敦、巴黎和纽约为例，列举了19世纪人口的爆炸式增长，比如伦敦人口在100年间增长了6倍，从近110万增长到近651万。作者介绍了伴随着人口迅猛增长而出现的各种城市病，如环境与卫生状况恶化导致疾病流行，失业严重引起犯罪猖獗；另一面则是因人口增长而出现的物质消费与精神消费的兴旺，比如出版业的繁荣，文学市场中鬼故事、侦探小说的走红，犯罪书写及其舞台表演，以《庞贝城的末日》为题材的灾难描写跨越了通俗表演、歌剧、诗歌、散文、小说和戏剧的类型界限，以“多模态”形式呈现，供观众和读者消费。作者还用了一章篇幅来介绍畜禽和野生动物在城市化和人口猛增过程中遭受的苦难和灾难，具体列举了它们在英国、法国和美国的悲惨遭遇。作者最后引用了威尔斯的《时间机器》和《世界大战》的内容来警醒疯狂增长的人类及其欲望，认为这些才是人类毁灭自身的力量。“无论人类的数量增加多少，我们居住的地球毕竟不是以人类为中心；其他物种，也许是新物种，在我们消亡之后会拥有这个星球……”（193）

《鬼魂目击者、侦探和唯灵论者》在超自然书写上与《人口想象与十九世纪城市》中第三章关于鬼故事的内容形成互证，而在理论视角上又与《维多利亚文学、能量和生态想象》形成呼应；如上述，后者采用的是热力学定律视角，而该书用的是光学及其相关视觉理论的参照，但也涉及哲学。随着托马斯·杨的光波动理论及詹姆斯·麦克斯韦的电磁学理论被广泛接受，维多利亚人对超自然现象提出了众说纷纭的解释和各种质疑，鬼故事（哥特小说）就应运而兴，畅行一时，爱伦·坡也首创了侦探小说，呼应这一时期广大读者的阅读期待。本书作者选取几个在当时争论不休的问题作为导入：鬼魂存在吗？若存在，是怎么形成的？有人看见吗？眼见是否为实？以寻找鬼魂为线索的侦探小说有什么语言特征？围绕这些问题，全书分为三个部分十三章。第一部分从司各特的鬼故事《有挂毯的房间》入手，围绕鬼魂是否存在的争论，引用卡莱尔、罗斯金等人的观点，从心灵光学和生理光学角度去探讨鬼魂生成的心理成因，讨论外视觉与内视觉之间、古老信仰与现代怀疑之间的关系。作者认为，解读这一时期的鬼故事，要从光学原理和心灵感应，也就是外视觉与内视觉的结合上去进行。第二部分从“眼见为实”这一当时众说纷纭的说法入手，将理论视角进一步延伸到哲学、生理学、语言学，引证文本也转向侦探小说。他引用乔治·贝克莱的《视觉新论》中有关视觉与语言表达关系的观点解读侦探小说的语言。第三部分继续采用杨的光波动理论和亥姆霍兹的“视觉理论最新进展”证实的以太理论，解析侦探小说所表现的“看不见的世界”，即鬼魂世界存在的光学及色彩学成因。作者例举了《巴斯克维尔的猎犬》来解读作品中呈现的灵魂世界，引用了勒·法努的《镜中暗影》，其中的超自然侦探马丁·赫赛柳斯运用生理学、精神病学和神秘主义知识，试图超越唯物主义和唯心主义而找到介乎二者之间的存在。

儿童文学作为一种独立的文学类别最早出现在18世纪到19世纪的英国。《汤姆·布朗的学校时光》和《爱丽丝漫游奇境记》可以看作儿童文学的标志性作品。1870年通过的《初等教育法》给维多利亚时代儿童文学的繁荣提供了基础性制度保障。就在维多利亚中后期，英国出现了儿童文学的首个高潮，《水孩子》《爱丽丝镜中奇遇记》《黑美人》《金银岛》《绑架》《丛林之书》《彼得兔故事集》《彼得与温迪》等诸多经典作品纷纷问世，同时，也出现了很多有关儿童教育的著作，如斯宾塞的《教育论：智育、德育和体育》，威廉·福布什的《男孩问题：社会教育学研究》。这一时期围绕儿童成长和教育问题展开了持续、激烈的争论，其中最主要的观点是进化论基础上的重演论，认为儿童从胚胎到出生到成长是在重演人类的进化过程。《维多利亚儿童文学中的进化与想象》一书将研究的焦点确定在儿童教育中"自然科学与人文学科的教育主导权之争"(25)上，也就是人文教育与科学教育在儿童文学作品中的体现。作者选取了《爱丽丝漫游奇境记》《水孩子》《丛林之书》等作为个案，论析其中的动物性儿童如何通过自己的读与做去认识世界、认识自己并逐渐脱离自然而进入社会。作者认为，维多利亚"儿童文学的黄金时代，它不是浪漫主义简单的衰退，而是对动物性儿童重演人类进化过程的科学建构的回应"(26)。"本书将19世纪进化史的构建和与其形成互补的针对动物性儿童的文学创作结合起来，试图揭示成为人类的意义与文学在我们人性形成中扮演的角色之间的独特关系。维多利亚时代的儿童文本使文学体验成为人类进化的关键机制，能够教会儿童如何缩回他兽性的'尾巴'，转而进入一个更高级的、独特的人类世界，在这个世界里，充满了非凡的、启发性的和富有想象力的'故事'。"(26)

四

借本辑译丛面世的机会，谨向为此付出努力和辛劳、提供支持的方方面面致以真诚谢意！

译丛从缘起并立项，要感谢凤凰出版传媒集团的刘锋先生和译林出版社的陈叶女士；要感谢译林出版社刘静女士及其他编辑，从译文试译审评到译稿审校，付出了长期的努力和辛劳。感谢安徽师范大学外国语学院领导在人员配置、科研经费资助上的大力支持。感谢浙江大学吴笛先生在丛书选本上提供指导，并拨冗撰写译丛序言。感谢安徽师范大学外国语学院张德让先生、张孝荣先生承担本译丛主编事务，并校对译稿。感谢梅晓娟女士审评初译稿。感谢安徽师范大学外国语学院的汪精玲、李菊、杨元、叶超、张涛老师和浙江越秀外国语学院英语学院的宋国芳老师，积年累月，认真负责地完成了有质量的译文。各译本译者和校对均已署名，叶超老师与宋国芳老师合作翻译《维多利亚儿童文学中的进化与想象》一书，叶超承担该书前言、第一章、第二章及这三个部分注释的翻译，宋国芳承担该书第三章、第四章、第五章、结束语及这四个部分注释的翻译。

英国的维多利亚时代，不只率先完成了工业革命，改变了英国人的生产和生活方式，将人类社会推进到一个崭新阶段，还是一个科学家星光闪烁、科学理论层出不穷、科学发明连续不断的时代。仅以詹姆斯·麦克斯韦为例，他提出的被称为“物理学第二次大统一”的麦克斯韦方程组，极大推进了古典力学、光学和热力学的发展，为电学、电磁学、量子力学的问世提供了理论支持，还引发了视觉革命、动力革命和通信革命。文学从来就是社会的折射镜与温度计，所选译介的五部专著，从不同角度反映了这个风起云涌时代的社会现实，其中涉及的中英文化认知、能量应用及其危机、人口革命及其后果、儿童文学的教诲功能等，都与我国当下社会关注的话题有很大相关性。选取这五部来译介，是基于两点考虑：其一，在该领域研究中的新颖性，或有研究视角之新，或有研究方法之新，或有研究对象之新；其二，对中国读者具有观照性和启发性，借之或能了解未知的异域历史社会，或能对照认知当下社会实际。丛书出版以来评论很多，很多评家指出了丛书对于当代社会问题的启发，比如：有评家认为，《维多利亚文学、能量和生态想象》一书预示了文学生态叙事的未来；[①]《鬼魂目击者、侦探和唯灵论者》成功地将维多利亚时代的鬼故事和侦探小说与当今人们有关视觉与知识、看见与相信之间关系的争论贯通到一起；[②]《中国与维多利亚想象》"通过考察英、清两大帝国之间的文化纠缠，为正在不断走热的19世纪中英关系批评添加了极有价值的成果，在以崭新的见解研究其他内容的同时，可以带领读者进入一些新的并令人激动的文学论争领域"；[③]《人口想象与十九世纪城市》的研究证明，在重新以不同方式探究那些至今仍然困扰我们的问题时，19世纪是一个多么丰富的时代。[④]

主编者期待，本辑译丛的出版和流通会给读者打开一扇这样的窗口：了解科学与文学如何在文学批评里"重叠"，维多利亚文学叙事里蕴含了多少科学元素，维多利亚社会与当下的世界有多少相似之处，维多利亚时代的人离我们有多近。

蔡玉辉

2022年春于稽山寓

---

① Anna Henchman. Review. *Nineteenth-Century Literature*, Vol. 70, No. 4 (March 2016), pp. 530—534.

② Jeffrey Andrew Weinstock. Review. *Journal of the Fantastic in the Arts*, Vol. 23, No. 1, 2012, pp. 176—178.

③ Peter J. Kitson. Review. *The Journal of Asian Studies*, Vol. 75, No. 1 (Feb. 2016), pp. 207—208.

④ David Pike. Review. *Nineteenth-Century Literature*, Vol. 71, No. 2 (Sept. 2016), pp. 279—283.

译丛序言

一看到《维多利亚文学、能量和生态想象》等书名中出现的“维多利亚”这一名称，我就不由得忆起英国女王的形象。记得近三十年前，我在圣彼得堡大学图书馆查阅文献资料的时候，身边走来一位气度非凡的女性，一看，觉得这位女性颇像电视上常出现的英国女王伊丽莎白二世！待她走远之后，我将信将疑地朝楼下望去，见到的大量警车才使我猛然明白：这确实是前来访问的英国女王伊丽莎白二世！接触较多的英国文学之后，我又觉得，凡是女王统治的时代，英国文学就格外昌盛。如伊丽莎白一世时代，英国文艺复兴走向了高潮，文学领域呈现出令人无比羡慕的繁荣景象，出现了莎士比亚、斯宾塞、锡德尼、培根、马洛、约翰·多恩等灿若群星的作家，以及《仙后》《哈姆莱特》等举世闻名的作品，以至于历史学家称她为“不列颠历史上第一位真正的女政治家……伊丽莎白成功地做到使英格兰人为自己是英格兰人而高兴……”[1]同样，在维多利亚时代，文学如伊丽莎白时代一样繁荣昌盛，出现了勃朗特姐妹、狄更斯、哈代等小说家，以及丁尼生、勃朗宁、阿诺德、罗塞蒂、王尔德等一大批优秀的维多利亚时代诗人。这些作家及其作品不仅构筑了英国维多利亚时代的文化基石，也为世界文化留下了丰厚的遗产。

① ［英国］西蒙·沙玛：《英国史》（第1卷），彭灵译，北京：中信出版社，2018年版，第226页。

一

英国维多利亚时代，不仅文学繁荣，而且在国家治理、国民素质的提升等方面同样给人类留下了宝贵的非物质财富和精神文化遗产。

英国在1832年实行议会改革，就文学而言，这一事件是一个重要的标志，从此，英国文学结束了浪漫主义，进入了现实主义时期。在议会改革五年之后，维多利亚女王登基，英国随即进入维多利亚时代。而这一时代，竟然长达六十多年，维多利亚女王成为英国历史上在位时间最长的君主之一。直到进入20世纪的1901年，维多利亚时代才得以结束。

1837年至1901年的维多利亚时代，是英国历史上一个值得英国国民无比骄傲的时代：工业化进程迅猛推进，国家不断对外扩张，从而经济繁荣，国力强盛。这一时期，英国成为世界最强大的资本主义国家，建立了人们心目中的“日不落”帝国。

靠海洋扩张和海上霸权而建立起来的“日不落”帝国，自然不会放过对其他民族的欺压，尤其是不会放过对饱受苦难的中华民族的掠夺。说来也巧，与这一时代相对应的，是中华民族的晚清时期。从1840年的鸦片战争到1900年八国联军入侵北京、火烧圆明园，维多利亚时代大不列颠的强盛，记录着中华民族的飘摇衰败。尤其是1840年英国对中国发动的非正义的侵略战争，使得中华民族蒙受屈辱。

当然，“日不落”帝国的掠夺，也由此揭开了近代中国人民反抗外来侵略的新篇章，更促进了中国人民民族意识的觉醒。所以，我国对西方文学的接受、中英的文化交流，以及中国翻译文学，也都是始于这一时代。

同在1840年，英国人罗伯聃（Thom Robert）将古希腊的寓言集《意拾喻言》(即《伊索寓言》)翻译成中文，并在广州出版；1853年，班扬的《天路历程》这部较为著名的英国文学作品，就被传教士译成中文，也在广州出版。不过，这些由传教士所翻译的作品，即使有些原著属于文学经典，也不是严格意义上的翻译文学，难以归入我国的翻译文学的范畴。因为中国翻译文学是指"中国人在国内或国外用中文译的外国文学作品"。①翻译文学是民族文学的一个有机组成部分，如王哲甫的《中国新文学运动史》、郭子展的《中国小说史》，以及1949年后王瑶的《中国新文学史稿》、唐弢的《中国现代文学史》等书中，都专门列有翻译文学专章，《中国近代文学大系》更是设有《翻译文学卷》。于是，翻译文学是民族文学的拓展。"翻译文学直接参与时代文学主题的建构，与创作文学形成互动、互文关系。"②没有翻译文学，我国现代文学的发展甚至无从谈起，正如陈平原所指出的那样："域外小说的输入，以及由此引起的中国文学结构内部的变迁，是20世纪中国小说发展的原动力。可以这样说，没有从晚清开始的对域外小说的积极介绍和借鉴，中国小说不可能产生如此脱胎换骨的变化。对于一个文学上的'泱泱大国'来说，走出自我封闭的怪圈，面对域外小说日新月异的发展，并进而参加到世界文学事业中去，并不是一件轻而易举的事情，特别是在关键性的头几步。"③

由于文化圈的缘由，按照学界的共识，我们所说的翻译文学，不仅有别于宗教层面的翻译(包括佛教)，而且是就中西文化交流而言的。于是，普遍认为，中国的翻译文学，始于19世纪70年代。翻译文学还在一定意义上有别于文学翻译，它是一种价值尺度，所强调的是

① 郭延礼:《中国近代翻译文学概论》，武汉：湖北教育出版社，1998年版，第23页。

② 谢天振、查明建主编:《中国现代翻译文学史》，上海：上海外语教育出版社，2004年版，第4页。

③ 陈平原:《二十世纪中国小说史》(第1卷)，北京：北京大学出版社，1989年第1版，第28页。

与民族文学的关联，正如我国学者的论述："中国翻译文学是研究中外文学关系的媒介，它实际上已经属于中国文学的一个特殊而又重要的组成部分，成为具有异域色彩的中国民族文学。"[①]而被誉为我国第一部翻译小说的，恰恰就是英国维多利亚时代的作品，即1873年初开始在我国刊载的英国长篇小说《昕夕闲谈》(*Night and Morning*)。

《昕夕闲谈》就是由我国译者主动开启的第一扇世界文学之窗。就中西文化交流而言，这部长篇小说是极为富有学理性的。原著作者爱德华·布尔沃-利顿(Edward Bulwer-Lytton，1803—1873)当时是英国维多利亚文坛上与狄更斯齐名的作家，著有《庞贝城的末日》等多部长篇小说，而且在政界担任过国会议员及殖民地事务大臣。利顿在世时，其作品就被翻译成德语、法语、西班牙语、俄语等多种语言；1879年，他的作品被首次译成日语。这是利顿的政治小说《欧内斯特·马尔特拉夫斯》(*Ernest Maltravers*)，由日本译者丹羽纯一郎译成《花柳春话》在日本出版。西方有学者撰文认为，利顿的"《欧内斯特·马尔特拉夫斯》是第一部从西方翻译到日本的完整的长篇小说"。[②]利顿的长篇小说《昕夕闲谈》原著于1841年出版，共有五卷，第一卷共分十一章，第二卷共分十二章，第三卷共分十四章，第四卷共分八章，第五卷共分二十三章。全书共六十八章。该小说通过一个贵族私生子的生活经历，描写了法国波旁王朝后期伦敦和巴黎上流社会的光怪陆离的生活场景和种种丑恶现象，具有成长小说和现实批判等多种内涵。

除了作为中国首部翻译小说的《昕夕闲谈》，在西方文学翻译方面为我国翻译文学做出贡献的还有与林纾合作的魏易，以及翻

---

① 孟昭毅、李载道主编：《中国翻译文学史》，北京：北京大学出版社，2005年版，第80页。

② Donald Keene. *Dawn to the West: Japanese Literature of the Modern Era*. New York: Holt, Rinehart and Winston, 1984, p. 62.

译英国经典小说《绝岛漂流记》的沈祖芬。如果说利顿的长篇小说《昕夕闲谈》还算不上文学经典的话，那么沈祖芬所翻译的笛福的长篇小说《绝岛漂流记》无疑是我国最早翻译的英国文学经典了。

《绝岛漂流记》(现通译《鲁滨逊漂流记》)，是英国18世纪著名小说家丹尼尔·笛福(Daniel Defoe, 1660—1731)的代表作，是笛福文学创作中的里程碑式的作品。笛福的这部小说以及这部作品中所塑造的具有冒险精神的鲁滨逊的典型形象，也在中国引起了强烈的共鸣。1898年，浙江译者沈祖芬翻译了这部小说；1902年，该书得以出版，商务印书馆编译所高梦旦为该书作序，并在序中认为“此书以觉醒吾四万万之众”。[①]这是笛福名著的第一部中文译本，对于该部作品在我国的流传以及中英文学交流等起了重要的作用。

我国翻译西方小说从英国开始这一事实足以说明英国维多利亚时代与中国所具有的错综复杂的文化关系，以及英国文学的翻译对于建构中国翻译文学的重要性。同时，也从另一方面证明了英国维多利亚时代所具有的文化影响。

二

正因为英国维多利亚时代在世界文学与文化中的独特意义，所以，关于这一时代的研究一直是学界的一个焦点，吸引了众多的学者，也产生了一些重要的学术成果。由英国剑桥大学出版社出版的丛书《剑桥十九世纪文学与文化研究》，便是这一领域的突出成就。这套丛书目前已经成为国际学界有关维多利亚时代跨学科研究领域中最具权威的学术平台之一，研究内容广泛，参与学者众多，理论

① 转引自孟昭毅、李载道主编:《中国翻译文学史》，北京：北京大学出版社，2005年版，第80页。

视野位于前沿：在西方马克思主义、后殖民主义、女性主义、新历史主义、种族研究、生态批评、视觉艺术等研究领域，具有重要的引领作用，其中不少著作已经成为这些领域的经典之作。

这套大型丛书自1994年开始陆续出版，内容涉及维多利亚时代文学与文化研究的方方面面，至今已经出版一百三十多种，其中既有文学学科之内的宏观研究，如小说研究、诗歌研究、戏剧研究、翻译研究等，也有针对某一作家或某种思潮的专题研究，如对维多利亚时代的狄更斯、夏洛蒂·勃朗特、宪章派诗歌等个案或专题的研究，更有探究文学与其他学科关联与影响的跨学科研究。

个体作家研究中，以狄更斯为例，就有《狄更斯风格》(*Dickens's Style*)、《狄更斯与山庄女儿》(*Dickens and the Daughter of the House*)、《狄更斯与死亡事务》(*Dickens and the Business of Death*)、《狄更斯与大众激进想象》(*Dickens and the Popular Radical Imagination*)、《从狄更斯到德拉库拉：哥特式、经济学和维多利亚时代的小说》(*From Dickens to Dracula: Gothic, Economics, and Victorian Fiction*)、《狄更斯之后：阅读、改编和表演》(*After Dickens: Reading, Adaptation and Performance*)、《狄更斯、小说阅读和维多利亚时代的流行戏剧》(*Dickens, Novel Reading, and the Victorian Popular Theatre*)、《衰老、寿命和英国小说：从狄更斯到伍尔夫的老龄化问题》(*Aging, Duration, and the English Novel: Growing Old from Dickens to Woolf*)等多部著作。这些专著视角各异，观点新颖，批评方法独到，对于世界各国的狄更斯研究，无疑具有重要的引领价值。如在专著《狄更斯与山庄女儿》中，作者以女性主义的批评视野，研究狄更斯的《荒凉山庄》《远大前程》《双城记》《我们的共同朋友》等小说中的女儿形象。而且，在具体的研究过程中，能够结合狄更斯家庭生活的具体经历，尤其是对待女儿的态度。作者通过大量的文本分析，批判了狄更斯对女性并不友好的一面，认为狄更斯的小说“没有对女性自主权的某种绝对认同做出回应。狄更斯永远无法想象女性的权利；他想把每个美丽的女主人公都围在一个金色的花房里……”①

这套丛书中，还涉及不少翻译研究的著作。在英国维多利亚时代，文学翻译如同文学创作，取得了令人瞩目的成就。爱德华·菲茨杰拉德所翻译的《鲁拜集》更是其中的代表。《鲁拜集》甚至被视为英国民族文学的有机组成部分，在众多英国文学读本中，《鲁拜集》是其中重要的章节。菲茨杰拉德对文学翻译以及《鲁拜集》的传播所做出的贡献是难以估量的。海亚姆的《鲁拜集》面世七个半世纪以后，依然默默无闻，直至19世纪英国维多利亚时代的诗人菲茨杰拉德将其译成英文之后，《鲁拜集》的经典地位才得以确立，使得这部诗集广泛流传，在英国文坛产生了难以估量的影响。2009年，在菲茨杰拉德《鲁拜集》英译本出版一百五十周年的时候，英国《卫报》撰文说:“《鲁拜集》的出版对维多利亚时代的英国来说，其重大的影响并不亚于同在1859年出版的达尔文的《物种起源》。”②菲茨杰拉德这种对原文的排列顺序重新调整之后所进行的翻译，使得意境、意象以及思想内涵等都发生了一定程度的改变，从而更适合于译入语读者的接受。经过再经典化的译作，也更适于吟咏和流传。

在翻译研究的专著中，安玛丽·德卢利（Annmarie Drury）所著的《维多利亚时代诗歌中的翻译转型》（*Translation as Transformation in Victorian Poetry*）就颇具特色，值得一读。该专著阐述维多利亚时代英国诗歌文化和翻译文化的动态作用与相互影响，展示维多利

---

① Hilary M. Schor. *Dickens and the Daughter of the House*. Cambridge: Cambridge University Press, 2004, p. 207.

② 此句引文出自2009年1月英国《卫报》所刊载的相关评论，见http://www.theguardian.com/books/booksblog/2008/dec/29/poem-week-edward-fitzgerald。

亚时代的翻译对于世界文学发展进程的意义。其中，作者对爱德华·菲茨杰拉德翻译的《鲁拜集》做了重点研究。为了强调《鲁拜集》对英国维多利亚时代的影响，该书第四章的篇名为《〈鲁拜集〉及指南针》（“The *Rubáiyát* and Its Compass”），她将《鲁拜集》的英文翻译上升到“指南针”的高度，强调《鲁拜集》的指导意义和影响范围，“追踪其他维多利亚时代的作家从菲茨杰拉德的翻译中所学习的复杂方式，并评估该翻译对后来读者的影响”。[①]菲茨杰拉德对《鲁拜集》的翻译，不仅促进了东西方文化交流，而且对于译入语国家的文学创作，也具有重要的启迪：“波斯提供了一种异国情调的美，而英国的嫁接使其变得丰满和可行。”[②]这种表述无疑体现了翻译文化的根本宗旨。

不过，《剑桥十九世纪文学与文化研究》这套丛书中更具特色的是文学的跨文化研究以及跨学科研究，体现在文学与艺术、文学与心理学、文学与医学、文学与生态、文学与伦理、文学与法律、文学与经济等各个研究领域。在文学与艺术研究领域，有《十九世纪英国的文学和舞蹈：从简·奥斯汀到新女性》（*Literature and Dance in Nineteenth-Century Britain: Jane Austen to the New Woman*）；在文学与心理学研究领域，有《夏洛蒂·勃朗特与维多利亚时代的心理学》（*Charlotte Brontë and Victorian Psychology*）；在文学与医学研究领域，有《十九世纪英国的文学与医学》（*Literature and Medicine in Nineteenth-Century Britain*）；在文学与生态研究领域，有《维多利亚文学、能量和生态想象》（*Victorian Literature, Energy, and the Ecological Imagination*）；在文学与伦理研究领域，有《勃朗特姐妹与人类观

---

① Annmarie Drury. *Translation as Transformation in Victorian Poetry*. Cambridge: Cambridge University Press, 2015, p. 147.

② 同上。

念：科学、伦理和维多利亚时代想象》（*The Brontës and the Idea of the Human: Science, Ethics, and the Victorian Imagination*）；在文学与法律研究领域，有《维多利亚时代的法律、文学和神学中的证言和主张》（*Testimony and Advocacy in Victorian Law, Literature, and Theology*）；在文学与经济研究领域，有《乔治·艾略特与金钱：经济学、伦理学和文学》（*George Eliot and Money: Economics, Ethics and Literature*）。

这些研究领域中的文学跨学科研究，在丛书中得到了突出的体现和深入的探索。譬如，在文学与医学研究领域，《十九世纪英国的文学与医学》就颇具代表性。这部著作通过研究玛丽·雪莱、卡莱尔、勃朗特姐妹以及乔治·艾略特的小说，揭示文学和医学之间的复杂关系以及创造性交流。

这套丛书规模已经非常宏大，但似乎依然没有止步的迹象，还不断有新著面世，而且内容不断拓展，跨学科理念越来越强。譬如今年刚刚面世的由阿利斯泰尔·罗宾逊（Alistair Robinson）所著的《维多利亚时代的流浪者：十九世纪文学和文化中的流浪穷人形象》（*Vagrancy in the Victorian Age: Representing the Wandering Poor in Nineteenth-Century Literature and Culture*）一书，便在贫困书写方面，为我国当下的"共同富裕"这一战略目标的必要性提供了一定程度的理论支撑，也为这一战略目标的实践途径提供了必要的参照。维多利亚时代的英国是在产业革命和对外经济侵略两个方面建立起来的帝国，显得尤为强盛，但是它并非歌舞升平、一派祥和，而是充满了动荡和苦难，而且两极分化极为严重，贫困无所不在。由于新济贫法也不能有效地应对社会贫困引发的危机，英国福利保障思想的产生和发展难以适应社会的现实状况，社会公平和"共同富裕"只能成为难以企及的"想象"。该书详尽地论述了查尔斯·狄更斯的《教堂钟声》（*The Chimes*）、查尔斯·金斯利的《动乱》(*Yeast*)、卢克·菲尔德斯的《休闲病房》(*The Casual Ward*)和罗伯特·路易斯·史蒂文森的《退潮》(*The Ebb-Tide*)中的贫困和流浪汉书写。这些流浪汉在城市里徘徊、在乡村游荡、在殖民地流浪。而且,作者也充分关注这一国家昌盛时期的流浪汉书写与中世纪文学传统的关联,认为:"维多利亚时代对流浪者的描写仍然依赖于从中世纪和现代早期继承下来的古老偏见和道德框架。"①

三

基于对英国维多利亚时代历史文化的深厚的学术积累,以及外国文学和历史学双重的学术背景,蔡玉辉教授独具慧眼,经过不懈的努力,主导了这套丛书的翻译工作。现在,《维多利亚文学、能量和生态想象》《维多利亚儿童文学中的进化与想象》《中国与维多利亚想象:缠绕的帝国》《鬼魂目击者、侦探和唯灵论者:维多利亚文学和科学中的视觉理论》《人口想象与十九世纪城市:巴黎、伦敦、纽约》这五部译著就要面世了,这是值得学界庆贺的大事。这套译著的出版,必将对我国外国文学、世界历史等相关学科对于英国维多利亚时代的研究,产生积极的学术影响。这些著作从名称来看,涉及英国维多利亚时代文学与视觉理论、社会政治、经济生活、性别研究、技术创新、生态环境等多个领域,是最具广泛意义和前沿意识的文学与文化的跨学科研究。而且,这套译著在一定程度上反映了我国对学术前沿的关注,选题中充分体现了中国学者的学术立场。

麦克杜菲的《维多利亚文学、能量和生态想象》,对维多利亚时

---

① Alistair Robinson. *Vagrancy in the Victorian Age: Representing the Wandering Poor in Nineteenth-Century Literature and Culture*. Cambridge: Cambridge University Press, 2022, p. 224.

代的狄更斯、罗斯金、史蒂文森等作家的作品做了别开生面的热力学叙事视角的解读，强调现代科学的重要作用在于使得大量的资源化为“能量”，为人类的发展而得到理智运用。联想到当下氢能源等清洁能源在现代社会的运用及其在碳中和方面的作用，以及我国经济社会发展的全面绿色转型，我们不能不敬佩维多利亚时代某些作家的先见之明。

斯特拉利的《维多利亚儿童文学中的进化与想象》，不同于其他儿童文学关注“成长”等问题，也没有像英国浪漫主义诗人华兹华斯所设想的那样，认为儿童比成人更贴近自然，而是更多从生理和伦理的视角展开研究，所关注的是儿童自然观以及进化教育等理念，从一个重要的方面丰富了儿童文学研究的内涵。

福曼所著的《中国与维多利亚想象》，这本书单是书名对于中国读者就具有极大的吸引力。对于维多利亚时代中英文化关系的研究，它无疑具有前沿性和挑战性。读罢全书，觉得该书具有丰富的史学意义，对于梳理维多利亚时代的中英关系，记忆中华民族所遭受的屈辱的历史，理解19世纪英国人在中国的生活和创作，认知西方作家以及西方学者心目中的中国形象，以及中国形象在西方的历史演变，都是具有史料价值的。当然，《中国与维多利亚想象》的作者声称：这是一部关于英国文学和文化的著作。从作者所列举的作品，尤其是学界较少关注的在香港、上海等地生活的英国人所创作的一些英文作品中，可以看到英国与中国之间的文化差异以及由此而引起的误解和隔阂。可见，从文学和文化的角度研究维多利亚时代中国和英国的关系，探究两国的多样性的接触以及文化异同，这无疑是一种具有突破性的创新。当然，由于作者思想上的局限性，其中的某些偏见也是不容忽略的。

斯马伊奇所著的《鬼魂目击者、侦探和唯灵论者：维多利亚文学和科学中的视觉理论》一书，是对学界较为忽略的维多利亚时代幻觉故事和侦探小说的叙事技巧所做的出色的专题研究。该著作的学术贡献在于关注文学作品中的超自然书写，而且这种超自然书写是基于科学精神的。这为我们理解柯南·道尔、柯林斯、司各特、霍奇森，以及爱伦·坡等许多作家的创作，都提供了新的参照。

《人口想象与十九世纪城市：巴黎、伦敦、纽约》探讨工业革命和城市化进程所带来的人口爆炸问题，尤其是人口爆炸以及城市化所带来的生态问题，譬如，野生动物在城市化进程中所遭受的捕杀，以及人类自身人口猛增所带来的资源匮乏等生态灾难。正如书中所提及的理查德·塞内特的担忧：伦敦人口暴增的必然结果是“大片荒凉的田地和无数破败的村庄”。[①]所有这些，对我们来说，都是难能可贵的前车之鉴。更使得我们深切地感受到，城市化进程与美丽乡村建设两者之间的不可忽略的辩证关系。其实，人口爆炸与人类的发展也是相对而言的。就具体人口而言，当古希腊自然哲学思想开始形成的时候，世界人口约为1亿左右（公元前10世纪到公元起始的整整一千年的时间里，世界人口只增长了一倍，从8 000万增长到1.6亿）；[②]在人文主义作为主要思潮的文艺复兴时期，世界人口为5亿左右；当西方浪漫主义作家热衷于“返回自然”的时候（被誉为英国浪漫主义文学开始之标志的华兹华斯和柯勒律治合著的《抒情歌谣集》出版于1798年），以及当马尔萨斯提出他著名的人口原理的时候（他的著作《人口原理》也于1798年出版），世界人口也不足10亿（于1804年达到10亿）；在各种现代主义文学思潮盛行

---

① Nicholas Daly. *Demographic Imagination and the Nineteenth-Century City: Paris, London, New York*. Cambridge: Cambridge University Press, 2015, p. 1.

② 这一数据根据人口学家巴艾德统计，见[苏联] E. 弗洛夫：《人与自然：生态危机和社会进步》，王炎庠、赵瑞全译，北京：中国环境科学出版社，1986年版，第18页。

的世纪之交，人类以16亿人口进入了20世纪，并以25亿的世界人口跨过20世纪下半叶的门槛；尤其在1950年之后的当代社会，世界人口的发展异常迅猛，以60亿人口告别了经历过两次世界大战的20世纪，[①]进入了在影响的焦虑作用下的21世纪。然而，人类的发展也并非因人口爆炸而停滞不前，反而，出生率的下降将会极大地影响城市化进程以及人类的可持续发展。这一点，我们也是应当关注的。

据译丛主编蔡玉辉教授介绍，这套译著的组织和翻译出版，是安徽师范大学维多利亚文学与文化研究中心的重要学术规划。这确实是一项功德无量的翻译工程，是安徽师范大学外语学院为学界所做出的重要的学术贡献。从目前所完成的五部译著来看，团队成员付出了极大的艰辛。这一译者群体投入了数年的精力翻译这套译著。由于译著所涉及的内容囊括文学跨学科研究的多个领域，翻译具有一定的难度和挑战性。然而，他们知难而上，精益求精，译文既准确、严谨，又通晓、流畅，既体现了学术翻译的科学性，又融汇着文学翻译的艺术性。这是值得充分肯定和庆贺的。不过，在庆贺之余，企盼团队成员再接再厉，能够将这项工作坚持下去，在中英文化交流方面进一步搭建桥梁，为我国的学术繁荣，为人类命运共同体的建构，付出更大的努力，发挥更大的作用，做出更大的学术贡献。

吴　笛

2022年2月18日于浙江大学紫金港校区

① 根据有关人口资料，1500年的世界人口为5亿，而在20世纪，世界人口于1927年达到20亿，1960年达到30亿，1974年达到40亿，1987年达到50亿，1999年10月达到60亿。此处人口资料数据引自联合国的相关网站，见http://www.un.org/esa/population/publications/sixbillion/sixbilpart1.pdf。

目 录

致　谢

独学而无友的科研工作者是极少的，在此，我想对许多帮助、鼓励我的人表达感激之情。

首先，我要感谢在过去几年的学术会议和研讨会上遇到的多位学人，以及会议的举办方，是他们让我有机会完善本书中的一些观点。他们是：Claire Charlotte McKechnie、Emily Alder，爱丁堡大学主办的“自然与漫长的十九世纪”研讨会；Margareth Hagen、Randi Koppen、Margery Vibe Skagen，卑尔根大学主办的“人类及其极限”研讨会；Vike Plock，英国科学与文学协会（BSLS）2010年年会；格拉斯哥大学主办的英国维多利亚研究协会（BAVS）2010年年会；Leah Price、John Plotz，哈佛大学人文中心主办的图书历史暨维多利亚研究研讨会；Suzy Anger，美国东北维多利亚研究协会；Dina Felluga，是她邀请我在威尼斯BAVS/NAVSA/AVSA联合研讨会上进行讲习，以及主持该讲习的Wendy Parkins；Will Tattersdill，伦敦国王学院的学术研讨会；Jane Carroll和Trish Ferguson，他们主持了在都柏林三一学院举行的“维多利亚时代”研讨会，而后者还邀请我参加了她在利物浦霍普大学举办的爱尔兰文学系列讲座；Ruth Livesey，伦敦大学皇家霍洛威学院的学术研讨会；Eamonn Hughes、Stefanie Lehner和爱尔兰文学研究联合会（IASIL）理事会，他们邀请我参加了在英国贝尔法斯特女王大学举办的2013年年会；Alberto Gabriele，邀请我参加了以色列特拉维夫大学的“感觉主义和现代性的谱系”研讨会。如果没有这些不同活动参与者的批评和提问，这本书可能会留下更多的遗憾。

我也很感激对本书早期刊发的文章进行编辑、批评的朋友：Andrew Miller和《维多利亚研究》的匿名审稿人，他们对现在包含在第一章中的材料进行了评论；Margareth Hagen、Randi Koppen和Margery Vibe Skagen，使我有机会在他们编辑的论文集《人类及其极限》（*The Human and its Limits*）里刊出本书第四章的论述。

除这些相对正式的场合外，对本书提出建议的朋友还有很多，在此也许会挂一漏万。我要特别感谢Martin Meisel对第一章提出的许多有益的建议；感谢Claire Connolly和Stephanie Rains分享了他们有关19世纪爱尔兰的知识，这正是第三章所需要的；感谢Paul Young和Brian Murray对第五章的评论。

我一直在向都柏林大学英语学院、戏剧和电影学院以及其他院系的同事们学习。过去几年，对爱尔兰学术界来说是一个特别严峻的时期，对整个国家来说也是如此，在这一段时间里，拥有好同事，比以往任何时期都显得更加重要。关于本书的出版，特别感谢我的同事、维多利亚时代研究者Fionnuala Dillane在编辑方面给予的建议和支持，以及John Brannigan、Anne Cleary、Luca Crispi、Mary Daly、Sharae Deckard、Darragh Downey、Porscha Fermanis、Anne Fogarty、Hilary Gow、Margaret Kelleher、Gerardine Meaney、James Ryan、Pauline Slattery、Harry White。此外，同样在都柏林大学，参加了我的通俗剧研讨班的本科生，以及“现代性、文学和文化”方向的几批硕士研究生，都对本书的成形有所帮助：他们备受折磨，但并非徒劳无益。

在爱尔兰知识界，有一些朋友一直有恩于我。如果没有我多年来与Darryl Jones就"末人"(last man)叙述以及流行文化诸多方面进行的对话，第一章可能永远不会写出来。在很大程度上，第三章要归功于Pat Coughlan关于J. S. 勒法努作品及其相关问题的洞见。许多次共进美味晚餐之际，Aileen Douglas就研究和学术提出了敏锐独到的建议。还有一些远在异地，并非经常见面的朋友，对本项研究也产生了影响：他们是Nancy Armstrong、Len Tennenhouse、Neil Lazarus、Ray Ryan。

感谢如下各位的热情款待和友情支持：伦敦的Peter和Nicola Byrne、Jo McDonagh和Colin Jones，以及David Glover；约克的Francis O'Gorman和Katy Mullin；格拉斯哥的Christine Ferguson；华盛顿的Johan Mathisen和Rekha Menon；普罗维登斯的Paige Reynolds和Mario Pereira；科克的Catherine Kirwan、Fintan和Irene Murphy、John Walsh和Jacqui Back、Paul O'Donovan和Claire Connolly。感谢家乡的Miriam O'Brien和Brian Murphy、Michael Vallely和Margaret Kelleher、Maggie Kennedy和John Tarpey。

感谢剑桥大学出版社的责任编辑Linda Bree，以及效率极高的助理编辑Anna Bond，对本书的方方面面，她们都提供了建议，并给予了帮助。

感谢Arthur H. Berg、布里奇曼艺术图书馆、纽约佳士得、伦敦市政厅美术馆，允许本书复制图片；感谢佳士得的Bonhams和Hannah Solomon，在允许的范围内所给予的帮助。还要感谢爱尔兰国立大学通过其"对学术出版物拨款资助计划"，为图片复制提供的资金支持。

没有图书馆及其相关管理员，这本书是写不出来的。感谢法国国家图书馆、大英图书馆、霍顿图书馆的哈佛戏剧特藏室、都柏林大学詹姆斯·乔伊斯图书馆和爱尔兰国家图书馆。

没有父母的支持，我不可能成为一名学者。我的父亲，Tim，已经离开了我们，希望我的母亲，Rita，能将这本微不足道的小书看作对她的些许回报。此外，也要特别感谢Mike、Elsie、Kevin和Rachel。

Stephanie Rains不仅在成书的各个阶段提供了建议，而且还不得不忍受由此带来的种种烦恼。而我们的猫，Pola，没有提供任何建议，可她经常提醒我，世界并不是以人为中心的，无论人口数量如何增长。这本书是献给她们的。

引　言

随着人口的爆炸式增长，现代文化中出现了“人口想象”。换句话说，本书所关注的多模态叙事和大众形象，出现在人口革命中：突然间，有更多的人生活在这个世界。

我们非常熟悉19世纪人口变化的某些方面，特别是城市化。早在1851年（万国博览会于该年举行），英国人口的大多数生活在“主要城镇及其近郊”。1861年人口普查报告的序言指出：“虽然仍保有其乡村……英国已经具有城市人口占优势的特征。”[1]到了19世纪末，法国、其他欧洲国家以及美国的城市人口也超过了各自的农村人口。但是，除了这一被大量引用的历史转变，人口层面上也发生了同样意义重大的事件，即一次名副其实的人口革命。医学、卫生、交通、农业生产力的进步，尤其是工业带来的繁荣，促使人口急剧增加。[2]在欧洲各地，人的寿命在这一时期不断提高。在法国，如果出生在1800年，你活到二十八岁以上，就超过了平均水平；但若出生在1910年，你很有可能活到五十岁。在英国，从1800年到1910年，平均寿命从大约三十六岁提高到五十三岁。（长寿的维多利亚女王，虽然生于1819年，却走在了时代的前面。）婴儿的高死亡率使这些数据有些水分，但那整个世纪的总体情况是清楚的：大多数人的人生变得更长、更容易预测。正如迈克尔·安德森所说的那样：“人们不再担心自己会因突发的、不可预知的事件而大规模死亡。”[3]当然，从人口这个角度来说，第一次世界大战，特别是1918年的流感疫情，似乎使人类社会回到了古代。但是，这只是人口增长
1 过程中的短暂中断。

这种人口革命通常被社会地理学家、经济学家和历史学家轻描淡写为“人口转变”。从长远来看，它涉及欧洲与北美从高生育率和高死亡率到低生育率（较小的家庭规模）和低死亡率（长寿）的转变。但是，整个19世纪，人口出生率居高不下而死亡率直线下降，这意味着人口爆炸：不仅仅是城镇居民增多，实际上就是人多了。在英国，这个欧洲城市化程度最高的国家，我们错误地想象其乡村人口日渐稀少。理查德·塞内特唤起了人们的担忧：伦敦人口暴涨的必然结果是“大片荒凉的田地和无数破败的村庄”。[4]事实上，农村人口数量相对稳定，甚至在一些地方还有所增长，虽然没有城市那般惊人的增长速度。1901年，英国仍有超过700万的农村居民，大致相当于1801年的英国农村居民人数。[5]农村看似人烟稀少，这只是因为城镇增长过于迅速。1801年，伦敦居民不到100万，到了1901年，其居民人数达到450万（大伦敦都会区的人口为650万），而英国总人口从880万增长到3 200万以上。尽管法国人口增长相对缓慢，从2 900万增至3 800万（众所周知，法国是较早进行生育管制的国家），而巴黎及其周边地区的人口，从1801年的54万多，飙升至1851年的100万，到了20世纪初达到约270万。[6]当时各国总人口一直在增长，间或大规模增长。在这样的背景下，城市生活取代农村生活就成了常态。在欧洲，英国一马当先，其人口总量几乎翻了两番。整个19世纪，西班牙和意大利的人口翻了一番，德国的人口增加了一倍多，而俄罗斯的人口增长到原来的三倍。（爱尔兰人口因饥荒和大规模移民锐减，在人口普遍呈上升趋势之时，这明显是个例外。）20世纪初，这种惊人的人口增长被奥尔特

加·伊·加塞特视为“统计事实”以支撑其所谓“大众的反叛”。

> 事实是这样的：从公元6世纪开始到1800年，也就是说，在12个世纪的历史长河中，欧洲的总人口没有超过1.8亿。而从1800年到1914年，仅一个多世纪，欧洲的人口就从1.8亿增加到4.6亿！……历经三代人，便扩展成一个如此巨大的人类群体，像一股洪流般在这个历史悠久的地区奔涌、泛滥。[7] 2

虽然最近的估算显示，这一百多年欧洲的人口变化是从1.88亿增加到4.58亿，但这种巨大的变化是不可否认的：几乎有250%的增长。我们无须深究奥尔特加·伊·加塞特对大众社会的令人沮丧的分析，而应该认识到他指出的是意义深远的人口变化，这一变化的方式同法国革命或工业革命一样激烈。[8]

像詹姆斯·比利奇最近描述的那样，这股人类的洪流并不局限于欧洲。其中最引人注目的变化发生在美国和澳大利亚的以英语为母语的移民定居地。这些地区的发展，靠不断循环的繁荣、萧条、出口援救来拉动。[9]（从这些年输出的人口数量看，19世纪英国人口的爆炸性增长似乎更加显著了。而事实上，这些移民成了殖民地社群的基础，他们将食品和原料运回祖国，又使人口增长得以持续。）例如，1900年，人口在10万以上的美国城市中心有38个（当时美国任何城镇的人口都不超过10万），而美国总人口从530万上升到7 600万。受移民潮以及人口自然增长的驱动，纽约的人口甚至比伦敦增长得更快，但其人口基数较低，从19世纪初的大约6万增长到1900年的300多万。像欧洲一样，20世纪初，美国城市总人口超过其农村人口。[10]

城市人口集中，只是更广泛的人口革命的一部分。关键是，它使人口革命变得明显可见了。无论是在北美新世界还是欧洲旧世界，到处都是迅速发展起来的城镇，印证着奥尔特加·伊·加塞特的“统计事实”。罗伯特·沃恩（Robert Vaughan）在1843年就将其定义为“伟大的城市时代”，大西洋两岸的很多后辈作家也认同这一观点。[11]从这个角度来说，伦敦是城市之首。1891年，西德尼·韦伯注意到，伦敦的人口比爱尔兰多，大致相当于威尔士和苏格兰的人口总和；伦敦人的数量也超过挪威人、希腊人、澳大利亚人，或者瑞士人。[12]到了1900年，大伦敦的人口比当时整个美国的人口还要多。这种增长主要是由于人口的自然增加（生育率超过了死亡率）而非移民。[13]

这种人口方面非同寻常的变化所产生的文化反应，我将其定义为人口想象。有鉴于此，约翰·凯里在其《知识分子与大众》
3 （1992）中描述的，针对人类洪流的、明确的现代主义敌意，仅仅是更广泛的文化反应的一个方面。这些反应始于现代主义发生之前，并没有单一的政治理念。19世纪的文化生产，确实有可能归结到人口想象的范畴。其中包括直接与人口数量相关的工业小说和贫民窟小说，如《玛丽·巴顿》（*Mary Barton*，1848）和《雅戈的孩子》（*A Child of the Jago*，1896），以及避开了人口革命的、有关“可知社群”（knowable community）的地域小说，像《米德尔马契》（*Middlemarch*，1874）。另一个方面的代表是维多利亚时期的鲁滨孙式故事和帝国冒险故事。这些文学作品，如《珊瑚岛》（*The Coral Island*，1858），提供了从拥挤不堪的城市世界逃离的梦想。艺术方面，有故意避开人群的、描绘人烟稀少之场所的风景画［约翰·康斯特布尔（John Constable）］，也有描绘市井万象的城市风俗图（比如威廉·鲍威尔·弗里思的全景作品）。舞台上，我们可以看到表现城市弃儿及其他复杂主题的情景剧（《两个孤女》），这些戏剧被深深地打上了人口增长的烙印，就像它们被深深地打上政治和社会革命的烙印一样。

人口革命也对各种类型的作家产生了更加微妙的影响。维多利亚孤儿是个象征性的角色，无论是孤独的简·爱和露西·斯诺、脆弱的奥利弗·退斯特，还是命运沉浮的贝基·夏普，都不能简单地理解为反映了维多利亚时代甚至作者本人的现实：露西·斯诺不是夏洛蒂·勃朗特。然而，父母、兄弟姐妹和朋友的突然死亡，的确与19世纪早期的意外死亡精算概率相吻合，因此至少从这一方面看，露西·斯诺就是夏洛蒂·勃朗特。整整一个世纪，老龄化和长寿成为人们反复关注并参与的话题。而到了世纪末，与人口变化趋势相一致，小说中的人物开始活得更长久，整个家庭也不再那么容易支离破碎。[14]下面是几个著名的例子，让我们看看“精算”的现实是如何开始以想象的形式呈现的。在詹姆斯·乔伊斯的《死者》(1914) 中，葛丽泰·康罗伊的恋人，工人阶级的迈克尔·富里年纪轻轻便死去了，可葛丽泰·康罗伊自己却能活到成年，有机会回想迈克尔的早逝；而加布里埃尔·康罗伊年长的阿姨们，与上一个时代的音乐大师有过直接的接触。弗吉尼亚·伍尔夫的《达洛维夫人》(1925) 虽然是一部创作于第一次世界大战阴影下的小说，但它也让我们看到了新时代的长寿。彼得·沃尔什还以为达洛维夫人的姑妈海伦娜·帕里小姐是一位去世多年、生活在“不同时代”的人物呢。[15]可到了小说的结尾，在克拉丽莎的宴会上，我们终于发现，“帕里小姐还没死；帕里小姐还活着”(《达洛维夫人》，第233页)，她仍然热衷于谈论查尔斯·达尔文对她的缅甸兰花之书 4
的评论，而此书“1870年之前已经出了三版”(同上书，第235页)。同样，经历了第二次世界大战更大规模的屠杀之后，对生命变得更安全的普遍期望，明显成了文学作品的预设背景。例如，在伊丽莎白・泰勒的《海港风景》(1947) 中，退休的伯特伦・海明威是最活跃的或者说最爱掺和的角色；在小说的结尾，他与离异美女托莉成双成对，标志着两人生活新阶段的开始。此前，仿佛是为了清楚地确认“叙事游戏”已经有所改观，医生卡佐邦向他的妻子小说家贝丝(其作品中对临终场景和葬礼的描写广为人知) 保证，这年头没人必定死于肺炎。[16](在小说出版的两年前，亚历山大・弗莱明、厄恩斯特・鲍里斯・钱恩、爱德华・亚伯拉罕已经因其对青霉素的研究而获得了诺贝尔奖，这些工作对研发现代抗生素起到了基础性的作用。)

此后，在世界上较富裕的国家，长寿成了常态，21世纪的文学和电影都对此有所涉及。认识到人口数据的变化和“第三龄”(third age) 的概念，2006年，美国人文基金会以“老年探索：有关老年的电影和文学的出现”为主题，在十四个州举办了系列讲座，放映了相关影片，并展开了讨论。[17]涉及的材料包括英格玛・伯格曼、大卫・林奇、葆拉・马歇尔的作品，他们都在虚构的形式中探讨了长寿的话题。除了这些明确的讨论，我们还可以通过国际流行文化中日益更新的想象，来追踪关于寿命预期的“漫长革命”。例如，如果大多数英国人还是像在1800年那么短寿，那么，《骇人命案事件簿》(1996—　) 中令人啼笑皆非的谋杀者就不会具有同样的讽刺意味。如果在风景如画的英国村庄，死亡率像该系列小说暗示的一样高，《骇人命案事件簿》或许仍会被当作现代哥特式小说来阅读，但绝不可能被改编为轻松愉快的电视节目。[18]

如果用人口想象去指代自1800年以来所有人口变化带来的文化反射，包括人口爆炸性增长、更长的寿命、更小的家庭、移民等，人口想象就势必会涵盖远远超过任何学术专著可能合理讨论的范畴，从隐居乡村的浪漫主义诗歌，到不断延展的维多利亚城市小说，再到当代好莱坞的僵尸或外星人入侵。在这里，我希望把讨论的范围缩小一些，将重点放在人口想象的第一阶段，即应对19世纪前所未有的人口爆炸。我将提出五个方面，来回应大众的问题。这 5
些方面，大致可归纳为大灾变、犯罪、超自然、视觉、原生态。本书将讨论三种新的文类（火山灾难叙事、犯罪剧、城市幽灵故事），并思考一种成熟的艺术类型（城市风俗画）是如何变化的，最后论述一种看待人口与其他物种关系的新方式的兴起（反对用动物毛皮做时装的原始生态运动）。约翰·凯里认为，正是在对“大众”（或者被少数知识分子看作“大众”）的敌意反应中，实验现代主义得到了发展，尤其是在1870年通过《教育法案》普及了教育之后的英国。[19]但我认为，类似的态度，很久以前就存在了。我探讨的一些主要材料都是比较出名的：例如，爱德华·利顿·布尔沃（即后来的爱德华·布尔沃·利顿）的《庞贝城的末日》（1834），继欧仁·苏《巴黎的秘密》（1842—1843）之后的犯罪剧，以及J. S. 勒法努和亨利·詹姆斯的城市幽灵故事；其他的材料也许不那么为人所知，比如，奥古斯都·马尔雷迪的城市风俗画、“羽毛联盟”开展的各类活动。本书主要关涉19世纪的城市想象，这一研究明确强调奥尔特加·伊·加塞特的“统计事实”；它关注的不只是城市生活，而且是无处不在的绝对的数字压力。

本书并不是一部（从政治和审美角度）描述作为集体主体的群众的书，不是有关文学、有关19世纪公共领域的书，也不是分析人与城市主体关系的书。这些领域别人讨论过，在某种程度上，我甚至也讨论过。[20]我在此想探讨的是，人口想象如何通过文化形式来运作，而并不总是强调群众。瓦尔特·本雅明在《论波德莱尔的几个母题》一文中认为，巴黎群众是波德莱尔城市抒情诗的必要历史条件：无须在诗里明确提及，巴黎群众是他所描述的城市经验的决定性力量。[21]在某种程度上，我的想法是：人口爆炸并不总是直接引发一整套文化形式，却是其发展的基础。

19世纪的人口想象是流动性的。我在这里讨论的许多重复的主题，如火山灾难，是“多模态”的，跨越通俗表演、歌剧、诗歌、散文小说和戏剧的类型界限；而时尚，我最后一章的主题，涵盖了新闻、物质文化、国际商务和日常生活。那么，我的方法必然是跨学科的。但如果我讨论的这些材料不在意类别界限，那么它们中的大部
6 分就会在不同意义上流动，且能很轻易地跨越国界。在史无前例的城市发展时期，有关城市街道的故事和图像成为民族文化的素材，也许并不奇怪。但城市也超越了国家，有些城市主题和素材，无论属于高雅文化还是低俗文化，都能相当轻松地跨越语言和其他文化壁垒。这是一种国际性的（或许，更准确地说，是跨国性的）城市文化：犯罪剧将人群吸引到圣马丁大道，也会吸引到斯特兰德街（也称河滨路）和波威里街；能让梅瑞恩广场上的读者惊悚的读物，也可能会使华盛顿广场上的读者战栗；能打动皇家学院的城市风俗画，在纽约和布法罗也同样受到青睐。流行的戏剧和小说被翻译、转载、改编，而原创者通常几乎得不到什么经济回报；一定的城市类型主题——报童、卖花女等——在绘画中不断地重现。我的讨论所涉及的这个时期，都市时尚也越来越成为跨国性的了。图像、故事、物资，迅速穿梭在国境之间。具有异国情调的羽毛和毛皮进入了巴黎、伦敦、纽约；受到激增的法国时尚杂志和报纸专栏的怂恿，被制成别致的羽毛帽子和海豹皮大衣，之后很快运到其他城市。我们将看到，反对用动物毛皮做时装的原始生态运动，也是跨大西洋的。

这种流动性，在某种程度上是可能的。因为伦敦或纽约的生活，与英国或美国农村地区相去甚远，而与巴黎更加接近。国与国

有诸多不同，但随着人口的增长，现代城市生活共有着跨国界的相似轮廓；伴随人口增长的类似经验，以及有朝一日过上富裕生活的共同幻想，从中我们可以看到皮埃尔·布迪厄（Pierre Bourdieu）所说的“惯习”（habitus）的趋向。这里数字又发挥了作用：1800年，伦敦是世界上唯一一个拥有百万居民的城市；到了19世纪50年代，巴黎和纽约也达到了这个规模；到了1890年，又有六个城市加入其中，包括芝加哥和费城；而到了1920年，数字增长到了二十个。[22]最大的城市确实变得非常大，实际上变得更像国家（就其经济实力来说）或者说是城邦。这些“想象的共同体”拥有自己的报纸和新闻媒体，但也会分享人们在资历更老的超级城市伦敦和巴黎的所读、所看、所穿；而这两个城市一直在提供城市生活的范式。没有单一的国际城市文化，但在形形色色的城市文化之间存在着相当高程度的相似性。 7

我们早就意识到这种文化国际主义的一些不对称方面，这与帕斯卡·卡萨诺瓦在《世界文学共和国》（*World Republic of Letters*, 2004）中所描述的有所不同。卡萨诺瓦认为，到了巴黎，文学商品才是神圣的；而我则希望，本书描述的19世纪文学电路图，没有单一的中心。然而，巴黎对跨国人口想象的影响仍然很大，其霸主地位众所周知。查尔斯·狄更斯、威廉·萨克雷、威尔基·柯林斯、汤姆·泰勒、爱德华·布尔沃·利顿、M. E. 布拉登等，都写过巴黎这座现代都市，或直接借鉴过法国文学模式。[23]在大多数情况下，戏剧界和时装界一样，法国的主导地位毋庸置疑。正如阿勒代斯·尼科尔在1946年写的《十九世纪晚期戏剧史》（*History of Late Nineteenth-Century Drama*）一书中所说的那样，1850年，英国的戏剧处于“随意剽窃法国”阶段。19世纪下半叶，这种借鉴现象一直持续着。尼科尔引用了珀西·菲茨杰拉德在1881年所做的悲观评论:“现在可以说,英国戏剧舞台几乎只能靠法国戏剧支撑了。”在1897年7月发表的题为“法国入侵”的文章中,爱德华·莫顿做了同样悲观的评价:“当前,世界最大帝国之首都提供的戏剧演出中有一部戏,只有一部戏是由英国著名剧作家创作的。”[24]某种程度上说,这是国际版权意识薄弱的结果。查尔斯·狄更斯小说中的尼古拉斯·尼克尔贝,试图谋求为英国剧院经理翻译法语戏剧的职务。他不是第一个,也不是最后一个这样做的人。例如,查尔斯·基恩(Charles Kean)在担任公主剧院的演员兼剧团总监的最初三年里,买了11部法语翻译作品,总价为1 135英镑。[25]在圣马丁门剧院这样的场所,不管上演了什么观众喜爱的戏剧,都可以迅速地翻译并提供给阿德菲剧院或公主剧院,甚至是特鲁里街剧院。同样的戏剧,在纽约、波士顿或者费城都是笔好买卖。虽然版权意识薄弱,或者说缺乏版权意识,导致了这种快速流通;但是,如果城市主题和情境不为国际观众服务,这些剧作也不会如此流行。

法国的“舞台布置”(mise en scène)可以保留,也可以改变,或者,将其“本地化”以更直接地适应英国或美国剧场。因此,阿道夫·德内里和欧仁·科尔蒙的伟大的城市情景剧《两个孤女》(1874)在纽约联合广场剧院上演时,这一由哈特·N. 杰克逊改编的《两个孤女》(1874)保留了巴黎式的场景。爱德华·布里瑟巴尔和欧仁·吕斯的《默伦的回归》(1860;1862年12月31日以《莱昂纳尔》为名在盖蒂剧院上演)中的巴黎很容易改换成汤姆·泰勒的《假释犯》(1863)中的伦敦,在伦敦奥林匹克剧场以及纽约冬日花
8 园剧院等场所同年上演。布里瑟巴尔和吕斯的《巴黎穷人》(1856)中的巴黎,在迪恩·布西科灵巧的手中,按场地要求分别改换成纽约、利物浦或伦敦。正如布西科给剧院经理兼剧作家爱德华·斯特林的一封信中所说,“我为每个城镇将剧本本地化,让观众尽享

观剧之乐”。[26]“本地化”是信息技术行业使用的一个术语，指的是软件适应区域性国家市场的过程。在19世纪，这个词涵盖了不同类型的知识产权。[27]这些被评论者称为“本地戏剧”的城市戏剧，给观众带来了基于他们自己社区场景的观剧刺激，成为可靠的票房来源。[28]对戏剧起作用的，有时对小说也一样。正如迈克尔·丹宁和史蒂芬·奈特所示，法国作家欧仁·苏的畅销书《巴黎的秘密》传播到伦敦、纽约、费城、柏林、马德里、巴塞罗那和那不勒斯，结果，小说的名字各式各样：诸如乔治·利帕德（George Lippard）的《贵格市；或修道院里的修道士》（*The Quaker City; or the Monks of Monk Hall*, 1844—1845），G. W. M. 雷诺兹的《伦敦的秘密》（*The Mysteries of London*, 1844—1846），拉蒙·德·纳瓦雷特（Ramon de Naverette）的《马德里及其秘密》（*Madrid y sus misterios*），内德·邦特莱因（爱德华·赞·卡罗尔·贾德森）的《纽约的秘密和苦难》（*The Mysteries and Miseries of New York*, 1848）。[29]

然而，单从一面考虑人口想象不会真正具有说服力。巴黎不是唯一的流动盛宴。例如，英语世界的成功作品也被翻译成法语，包括狄更斯的《雾都孤儿》（也译作《奥利弗·退斯特》）。这部作品成了卢多维克·贝尔纳（Ludovic Bernard）的《奥利弗·退斯特，或济贫院的孤儿》（*Olivier Twist, ou l'Orphelin du dépôt de mendicité*, 1841），L. 德·波特（L. de Potter）的《贝思纳尔格林的犹太人，或伦敦的盗贼》（*Le Juif de Bethnal Green, ou les voleurs de Londres*, 1843—1844）。G. W. M. 雷诺兹的《伦敦法院之谜》（*Mysteries of the Court of London*, 1848—1856）原本就受到法国作品的启发，现又被重新译成法语版的《伦敦法院之谜》（*Les Mystères de la Cour de Londres*, 1866）。这样的文化循环也不局限于戏剧和小说，歌剧、芭蕾、绘画也可以同样这么流通。本书第一章有一个实例，乔瓦尼·帕契尼的意大利歌剧《庞贝城的末日》(1825)似乎激发了托马斯·格雷完成其美国小说《维斯塔,或庞贝城的故事》(1830)以及爱德华·布尔沃·利顿的英语小说《庞贝城的末日》(1834),这些又反过来跨越大西洋成了诸多艺术的基础,像庞贝绘画、雕塑、焰火盛事,以及20世纪初的电影,包括具有对称之美的意大利电影《庞贝城的末日》(*Gli Ultimi giorni di Pompei*, 1908)。演员个人,有时是整个演艺公司,也会跨大西洋两岸巡回演出,从法国演员夏尔·费什泰(Charles Fechter),到布兰查德(Blanchard)和科尼(Cony)的"狗表演"(dog act),再到迪恩·布西科和奥古斯丁·戴
9 利的演艺公司。因此,如果熙熙攘攘的城市中某些影像广为流传,那是因为在传播文本和图像的同时,传播的还有表演风格、态度和影响、"舞台布置"模式等。热门歌曲、旋律、舞蹈在大西洋两岸,还有英吉利海峡两岸来回穿梭,如画家、雕塑家、风格、主题、技术一样自由交流。

在强调人口想象的国际性或跨国性层面时,我遵循着近年来的一个明显的趋势。用爱德华·萨义德的著名术语来说,一段时间里,批评家一直在"对位"(contrapuntally)阅读英国文化。后殖民研究探讨了文学史和文化史上的帝国与奴隶贸易的交叠。萨义德的著作以及保罗·吉尔罗伊具有影响力的《黑色大西洋》(*The Black Atlantic*, 1993),提供了研究文化历史的新方法。这一方法显示了国家范式的局限,以及自由和剥削的相互关联性。例如,在《大西洋世界的加勒比文化与英国小说:1780—1870》(2008)中,蒂姆·沃森表明了,即使在英国糖贸易衰退之后,加勒比在英国对其自身的想象中仍然处于中心地位,同时,沃森还探讨了殖民叙事中的加勒比腔调。[30]从另一个角度来看,伊莲·弗里德古德的著作让我们找到了这样的方式:英语小说的物质文化能够引领我们顺

着转喻的线索来了解全球经济。[31]其他一些人则试图用世界主义的思路，去思考与国家及帝国不一致的文化交流。[32]与本书接近的是，英美之间的跨国性交流已经引起了人们的兴趣。更令人惊讶的是，那些研究维多利亚时代的学者和研究美国的学者往往在不同的圈子受训、参加不同的会议、在不同的学术期刊和文集上发表成果。但正如约翰·皮克尔最近在一篇关于跨大西洋维多利亚时代的评论文章中所指出的，这一领域几乎消失了一段时间，现在又有了一些实质性的研究，例如凯特·弗林特（Kate Flint）的《跨大西洋印第安人，1776—1930》（*The Transatlantic Indian, 1776—1930*, 2008），李善珠·朱丽叶（Julia Sun-Joo Lee）的《美国奴隶叙事和维多利亚时代小说》（*The American Slave Narrative and the Victorian Novel*, 2010），以及由梅雷迪思·麦吉尔（Meredith McGill）编辑的《诗歌交往：十九世纪诗歌和跨大西洋交流》（*The Traffic in Poems: Nineteenth-Century Poetry and Transatlantic Exchange*, 2008）。[33]这些书探讨了文本的交流、表演的交流，偶尔也探讨了人与人之间的交流；并与我的研究对象大致属于同一时期。

描绘人口革命的文化反应时，我提出了一个略有不同的跨国图表，其中，巴黎和伦敦之间的交流，以及巴黎和纽约之间的交流（程度较小一些），与英语世界的交流一起，成为本书的重要内容。人们在这方面的研究做得较少一些，尽管有一些明显的例外，比如玛 10
格丽特·科恩和卡洛琳·德弗2002年编辑的文集《文学渠道：小说的国际创作》。[34]此书主要涉及18世纪，旨在阐明作为一种文化形式的小说是如何形成的。这一形成过程，经历了长期的英法之间的相互影响，包括翻译、挪用、模仿、排斥等。而这一切发生的背景是：这两个仍然处在现代化进程中的国家之间，有着激烈的政治竞争和反复的军事冲突。科恩和德弗认为，19世纪初的几十年间，海峡两岸的亲密关系正在被一个更加国际化的小说世界所取代，特别是美国和意大利的模式开始流行。尽管如此，正如我希望表明的，法国仍然是人口想象的主要源头，也是叙事、图像、观念、情感模式、城市生活实践及其时尚的源头。[35]

我的讨论集中在伦敦、巴黎和纽约，也会涉及其他一些城市，包括我所生活的城市都柏林。这么做可能会使人觉得本书以欧洲为中心、以大都市为视点。后者可能是对的，而我希望前者不那么绝对。帝国、殖民化、种族、民族性是我关注的部分材料。然而，本书不是对帝国的研究。跨国主义更多地涉及文化互动，包括欧洲各国间的，以及从欧洲到英国的前殖民地美国的。文化产品有时会跟随着同一时期涌向西部的人口潮，有时则会逆流而行。我的主要目的，是考察人口想象在一些文化经济关系密切的城市之间的传播。所有这些城市，都在大致相同的时间里有着迅速的人口增长。而对这以后时代的研究，可能会有所不同。例如，到1920年，墨尔本、孟买、加尔各答也成为拥有超过一百万人口的城市。

我的跨国主义还有其他限制。我以前的研究主要基于英国的材料，而此项研究也并没有完全摆脱伦敦文学和戏剧文化的引力。我的语言局限意味着，在这里处理的法语材料没有英语材料充足。然而，我认为，即使跨国方法如此有限，也是值得的。也许最明显的一点是，19世纪和其他时候一样，在读者和观众（比如伦敦的观众）的心中，许多东西并不总是来自英语世界，而是来自其他地方。我们已经习惯于对位阅读文化，用帝国来解读英国性，用曼斯菲尔德
11 判断来解读《曼斯菲尔德庄园》。但我认为，我们还需要更充分地考虑19世纪的读者和戏迷（更不用说时髦的男男女女）对来自其他大都市中心的文化产品的习惯程度。这些文化产品或者已被本地化，以方便他们接受；或者用其原来的形式，但语境是新的。理解

这样的文化产品，更多的是需要一种接受、再利用、“修正”的意识，一种不断运动中的文化形式感，而非萨义德的对位阅读。[36]

五个方面

本书接下来的章节将要探讨19世纪的人口想象。这一想象创造了一系列新体裁，并改变了旧体裁。前三章将讨论流传甚广的有关人口的三种文学新类型：灾难叙事、犯罪故事、幽灵故事。灾难叙事将人口革命想象成一种破坏城市的自然灾害；犯罪故事提供了一种带有意识形态的思考方式，去思考人满为患的街道，并幻想出一位可以分散人群、化解矛盾的英雄；幽灵故事则不那么乐观，呈现出的现代城市生活永远处在不安的状态中。第四章展示了一种现有的艺术形式，即城市风俗画，看它如何通过对大众城市生活（尤其是那些四处可见的社会弃民）的吸收和变形，来改变自身。无论有什么不同，这四种文化形式都将人口转变（我在书中也称之为人口革命）的最初爆发阶段当作它们自己的“政治无意识”，并将这种变化变成了审美愉悦：城市破坏和街头犯罪，让读者和观众兴奋不已；森森鬼气，让他们惊悚过瘾；他们甚至学会了在审美化的街道混乱图景中找到乐趣。最后一章，我们将回到灾难这个概念上，在对大众国际时尚的反应中，发现一种新的世界末日叙事的根源，以及一种生态意识形式的种子。人们从伦理的角度，要求反时尚的小册子、文学作品和散文随笔的读者放弃一定的审美乐趣；尽管我们可以假定，许多人会在伦理认同的形式中找到新的乐趣。

第一章将探究一种持续的表演和叙事的压力。这种压力将人口的力量投射到自然世界上，并想象城市被喷发的火山摧毁，像公元79年的庞贝古城一样。灾难叙事形式多样：火山故事和火山影

像首先在伦敦游乐园以一种壮观的焰火表演形式展开。而在19
12 世纪初，几种不同的文化形式，如歌剧、美术、诗歌，都曾从这个被火山灰摧毁的城市取材。这个故事最成功的版本是爱德华·布尔沃·利顿的小说《庞贝城的末日》(1834)，此书融合了庞贝城故事的早期版本，包括意大利、美国和法国的版本。尽管书中包含了丰富的历史细节和钻研考究的古物研究，但很明显布尔沃·利顿的真正目标是当前，只是用庞贝城替代了伦敦，而火山则象征着几乎无法控制的大众力量，1832年的《改革法案》之后，这一力量变得似乎更加强大了。但最终，小说还是想象大众在浩劫中覆灭，让少数精英生存下来。在19世纪剩下的日子里，火山爆发的灾难在不同的媒体中反复重现，最终被早期电影所吸收。关于激增的人口，此类故事后来的版本有时比布尔沃·利顿的贵族式幻想更为积极。

在第二章，大众被再现为"危险阶层"，是城市犯罪的想象根源。19世纪30年代的标志是有关城市毁灭的想象作品。接下来的十年，出现了一个相当不同的人口主题，拥挤的城市成了亟待解决的悬疑和罪恶。欧仁·苏获得巨大成功的连载小说《巴黎的秘密》，为后来的几十部不断添加意识形态的作品提供了框架。这些作品将城市描写成犯罪的中心，有组织的盗贼和暴徒潜伏在其表面之下。这样的地方，需要新型英雄来恢复秩序。而《巴黎的秘密》中的英雄便是鲁道夫，一位乔装的王子，一位一心一意打击犯罪的斗士——他渴望成为常常作为文学作品主角出现的业余侦探，或像后来的漫画书描绘的蝙蝠侠那样的都市超级英雄。欧仁·苏的小说，在改编成舞台剧时显得过于冗长了；而正是德内里和格朗热模仿程度较高的《巴黎的波希米亚人》，为大多数此类英语犯罪剧提供了骨架。最后，更有影响力的是布里瑟巴尔、吕斯的《默伦的回归》。此剧用一名警探代替了具有贵族身份的鲁道夫，他是任性且良善者的朋友，是真正的罪犯克星。汤姆·泰勒将其改编为《假释犯》，使这位舞台上的侦探广为人知，在接下来的一百五十年里，成为大西洋两岸戏剧中的一位重要角色，一次又一次在想象中帮助城市生活中的无名大众。

19世纪40年代，城市人类洪流也开始更多地参与到幽灵故事中。在这里，人群以“他人即地狱”的形式出现，灾难叙事的冲击 13
被恐怖和不安所取代。像普通短篇小说一样，幽灵故事为19世纪60年代出现的中等文学杂志提供了内容。这些杂志包括《谷山》(*Cornhill*)、《圣殿酒吧》(*Temple Bar*)、《贝尔格莱维亚》(*Belgravia*)等，还包括一些像《哈泼斯杂志》(*Harper's*)和《大西洋月刊》(*Atlantic Monthly*)这样的美国杂志。作为一种形式，幽灵故事是从18世纪和19世纪早期哥特式的更广泛形式中提炼出来的，虽然也有一些东西来自口头故事。偏远的乡间别墅、古朴的乡村客栈是常见的故事发生地，而幽灵故事将这些地方性标志持续使用到了19世纪的背景设定中。都柏林作家、报刊编辑J. S. 勒法努是最早探索描绘新式都市神灵鬼怪的一位作者。虽然他的故事常常设置在早期的都柏林，但正是勒法努生活的繁华城市，以及由出租屋和大众交通构成的城市结构，激发了他的想象；正是那些与他生活在同一城市的居民，出没在他所描述的公共空间里。在《监视者》(1847)和《绿茶》(1869)这样的故事中，城市行人和上班族的情感生活，以梦魇般的情境再现，为后续的超自然小说提供了重要的方向。这些超自然小说，包括最跨大西洋两岸的、最都市化的作者亨利·詹姆斯的作品。在詹姆斯晚期的幽灵故事中，城市困扰似乎不仅与日益扩大的城市不断变化的结构有关，而且与那些在他童年时代挤进纽约街道的移民有关。

19世纪的视觉艺术家，没有像剧作家和小说家那样，乐于采用拥挤的街道作为素材。维多利亚时代的绘画作品中，人烟稀少的景观远远超过城市人群场景。这种对田园风光的专注本身，所受到的重要影响当然是面对城市世界时产生的不适，以及现代性与美之间的不相容感。虽然，最成功的画家都生活在都市。正如我在第四章讨论的那样，为数不多的艺术家确实试图采用风俗画来处理拥挤的街道。一种方法是用几个街道上的人物借代城市中的人群。在威廉·鲍威尔·弗里思、乔治·克劳森、朱利斯·巴斯蒂昂·勒帕热、古斯塔夫·多雷、托马斯·勒克利尔等人的绘画作品中，清道夫、卖花女、报童成为人群的替身。但这一时期流行的美术形象，也以转喻的方式展现着人口革命，例如通过户外广告、大众传媒来显示日常视觉环境的变化。城市人口增长而大众默默无闻，这看来是不可避免的结果。大众时代也是纸质媒体时代，正如我们在这一时期的
14 漫画和较严肃的形象中看到的那样。墙上的作品变成一种幽默的来源（比如，艾尔弗雷德·康坎农或约翰·奥兰多·帕里的作品），一种通过背景细节增加细微表情的方式［如福特·马多克斯·布朗的《劳动》（*Work*，1852—1865）］。特别是在一位艺术家，奥古斯都·马尔雷迪（其祖父威廉·马尔雷迪更为成功）的作品中，这些文字背景本身就成为主题。马尔雷迪使用纸质媒体时代的碎片，给他那充满骚动的城市贫民街景添加了讽刺的棱角。

19世纪末，拥挤的城市仍然被许多人视为一个亟待解决的问题；而越来越明显的是，城市化是未来的道路。现代性灾难场景仍然吸引着生活在19世纪早期的市民，供他们消磨休闲时光，一如他们喜爱的城市犯罪案、城市幽灵故事、城市情景剧。可在这一时期，关于人口对全球的影响，人们的理解也发生了变化。随着人口持续增长，人类的消费能力显然可能对其他物种造成致命性的影响。虽然大多数城市动物趋向于与人类一起生长，但是对于野生动物来说

并不是这样。当后者的毛皮或羽毛受到大众城市人口的青睐（人们越来越受到国际时尚和广告的影响），它们的生存就成了问题。最后一章的视角将转向城市动物（无论死活），探索诸如现代世界暂时的生态愿景之类的问题。本项研究最后将回到灾难这个概念，此刻，人口想象成了一种更为直接的人类想象力；拥挤的城市本身可以幸免于难，但需要让城外的自然世界付出巨大的代价。[37]

这五章应该被视为一系列个案研究，而不是试图以详尽的方式提供有关人口的故事、表演和绘画的演变途径。这些途径穿梭于新兴的大都市中，掀起了新生的文化产业浪潮。我会尽可能地在这五章中提供人口想象的范围和种类。在这个意义上，本书只是一个系列读物，我的方法在一些地方似乎更接近于低技术含量的“概览”，即佛朗哥·莫雷蒂的《图解、地图、谱系：文学史的抽象模式》（*Graphs, Maps, Trees: Abstract Models for a Literary History*，2005）中提到的“概览”。不过，我想尽可能地使读者了解，“本地化”如何改变了这些流传甚广的叙事和意象。我所描述的城市体验的汇集，无疑是局部的。盛行在各个城市的文化艺术品，在任何两个地方都不会是相同的，因为没有两位读者、两种阅读构成，或者两位观 15
众完全一样。用沃尔特·佩特的话来说，只有在文化史学家概略的观察下，这些文化艺术品或许才会如此相似。在这个意义上，我所描述的19世纪城市文化的全球化或原始全球化，不应该仅仅被看作或者大部分被看作由巴黎或伦敦的人口火山带来的对地方的冲击。毫无疑问，这一切都发生了：有时成功的、资本雄厚的巡回演出很有可能会扼杀了当地的戏剧；有时女装裁剪师、女帽设计师会腻烦了巴黎的垄断；而有些受欢迎的小说家期盼着能逃脱城市“疑案”套路的暴虐。偶尔也能看到对外来演员和剧本的强烈敌意，如1848年特鲁里街的蒙特克里斯托骚乱，以及1849年纽约的阿斯特广场骚乱。[38]但19世纪显然是一个交叉受益、文化融合的时期。

我们从灾难想象开始。19世纪初，奥尔特加·伊·加塞特的“统计事实”开始产生影响。无论保守者还是激进者，对他们而言，火山提供了一个重要形象，来表现积压的人口力量。对于一些人来说，19世纪的社会像庞贝古城一样被冲埋，似乎只是一个时间问
16 题；而为数不多的人，似乎确实希望这样的事会发生。

第一章
火山之下
大规模毁灭

星期天，我们参观了庞贝古城。世界上发生了很多灾难，但没有哪一次像此次这样给后代带来了如此多的娱乐。

——歌德[1]

19世纪的城市居民似乎特别愿意想象自己的家园被各种灾难破坏。洪水、火灾、地震的破坏力，总会带来很好的票房。理查德·奥尔蒂克的《伦敦的演出》(*The Shows of London*, 1978) 一书中有关大众娱乐节目的地方性调查，证实了这一点。一般来说，同样的灾难作为19世纪文化的一个常见特征，也会出现在叙事小说、诗歌、戏剧、美术作品中。这些充满娱乐性且与凶险火山相关的小说、绘画、恐怖故事，从18世纪晚期到20世纪，长时间牢牢地吸引着读者和观众；而这正是我希望在此关注的对象，因为它们已成为一种代表拥挤城市的特殊模式。虽然最早的火山娱乐作品倾向于代表庄严、神圣的力量；随着时间的推移，一系列城市景观围绕着火山不断增长，并成为人口想象的一部分。在激进和保守的描述中，人类的洪流不论被看作人民还是暴民，都与火山的破坏力相一致。

在火山故事（火山景观）中，所有的固体消失在火热的熔岩和火山灰之下。城市不像在《圣经》所说的洪水中那样被淹没，而是被焚化成灰烬。概括地说，所有的灾难叙述都是关于人和财产的毁灭。其结构以叙述连续性的中断为特征。其哲理倾向于暗示人类力量是有局限的，人类的计划和希望不可避免地会遭受挫折。我们都熟悉这些故事，它们是我们自己的国际流行文化的组成部分，
17 其中灾难片成了特别可识别的流派，摆脱了B级片的内涵，并成为大预算的好莱坞大片（这个术语本身就带有大规模毁灭的回声）的主旋律。所有这些文化产品都有一个相对缺乏理论意义的美学元素：读者或观众从人、财产、希望的破坏中得到快乐。虽然这种快乐可能与亚里士多德悲剧所引起的怜悯和恐惧有共同之处，但我们也可以推测，在这些场景中，快乐植根于主体的攻击性驱动，不管是否将这种攻击性看作内在的弗洛伊德死亡驱动的外在投射。在20世纪和21世纪的灾难文本中，人们的兴趣在于灾后社会或者幸存的家庭，比如说，恶劣的天气、吞噬城镇的地质事件、核末日。[2] 19世纪的火山故事也常常（但并非总是）如此，个人或群体从火山灾难中逃脱，形成新社会的核心。城市（还有汹涌的人群）被摧毁，一种更加田园式的生活重新开始。

最著名的火山灾难故事，大概是爱德华·布尔沃·利顿的《庞贝城的末日》(1834)，一部在各种媒体上被反复模仿的小说。正如我们将看到的，布尔沃·利顿的小说广泛汲取了已经明确定义的国际叙事亚类型，甚至作品名称都是沿袭而来的，与其他人的作品相呼应，如乔瓦尼·帕契尼的歌剧《庞贝城的末日》(1825)。但通过将火山的种种联想嫁接到庞贝城的故事上，布尔沃·利顿在灾难叙事方面留下了鲜明的印记。此前，在丹尼尔·弗朗索瓦·埃斯普雷特·奥柏的《波尔蒂契的哑女》(1828)中，火山代表人民的力量。《庞贝城的末日》的创作完成，在1832年的《改革法案》颁布之后，也在欧洲大陆骚乱发生之后，这部小说将社会、政治变革描写成自

然灾害，并将城市群众的能量刻画成纯粹的破坏力量。

在勾勒这种火山叙事的历史之前，有必要停下来考虑一下它的形式方面。火山娱乐是多模态的。尤其是作为叙事手段、戏剧特效和壮丽的艺术奇观，它不仅跨越了体裁和模式，而且跨越了多种媒体，跨越了各种边界，病毒式地传播开来，随环境的变化而变化。这种流动性，给文化史家带来了一定的理论困难和词汇问题，其中一些问题已经显而易见。例如，关于火山的美术画，当然不是真正意义上的灾难“叙事”，而是我们所说的“叙事图像”，是在某一特定点上凝固的动作；焰火表演（甚至那些具有叙事成分的）是不同种 18
类的实体。从传统文学分析、大众文化研究、结构主义的不同角度出发，我们可以把火山本身看作一个流动性很高的传统主题；看作一种广受欢迎、非同寻常的主角，即一个在没有任何基础文本的条件下广受观众熟悉的角色；看作一种叙事角色或罗兰·巴特的“义素”(Seme)。在不同时刻，火山的代表性冒险经历，让我们想起杰伊·戴维·博尔特和理查德·格鲁辛在讨论不同媒体相互修订时所描述的“再媒介化”；想起马丁·迈泽尔在其意义深远的有关19世纪结合视觉、叙事、戏剧模式的交叉戏剧的论述中所描述的“插图”和“实现”的转变关系。[3]实际上，迈泽尔在19世纪的戏剧、小说、叙事诗歌中发现的画意摄影主义和“效果”取向，是我在这里讨论的文本所具有的明显特征。然而，虽然我想把其中的一些可能性纳入视线之内，但我会建议采用不同的方法。像安妮·弗里德伯格对早期电影的研究那样，我会把火山叙事当作一种多模态的“商品体验”（一种针对感官想象力的商品形式），从立体模型到长篇小说。[4] 18世纪后期，火山是一种以多种方式被利用的高票房属性。而在19世纪，火山叙事更高级的文学和艺术表现，继续与火山作为流行景观的常年成功保持一致。我并不将火山叙事的这些模式看作完全不同的东西。为了获得启示，我建议将其流行的和高度的文化同质性并置在一起进行考虑，同时牢记两者间的形式差异。这样，我们就可以把火山当作一个特别成功的商品体验。这种体验，以其不同的方面吸引着迥然不同但有时兴趣重叠的观众。比如说，像《加勒比海盗》，先是迪士尼乐园的一个景点，然后被制作成电影系列片，同时也被编成小说，或变成玩具和视频游戏。[5]一些火山叙事的同质异形体比另一些更复杂，具有不同的形式特征，但这并不意味着它们是不可比较的。我们会遇到一些例子，其中喷发的火山是更复杂的叙事或戏剧体验的从属部分。在这些例子中，火山从一开始就在那儿闷烧着，而我们知道火山最终会爆发并摧毁下面拥挤的城镇，这既遮蔽又强化了我们体验其他要素的
19 乐趣。

早期：火山表演

布尔沃·利顿所涉及的与城市叙事相对的火山叙事，具有相当长的萌芽时期。实际上，火山爆发作为娱乐，并不是首先出现在书中或舞台上，而是出现在专门的焰火娱乐世界。用焰火模拟火山，至少要回溯到文艺复兴时期。就像凯文·萨拉蒂诺指出的，那时王子们和其他有权有势的人会安排焰火奇观来炫耀自己的力量。[6]在关于这种景观的书面记载中，统治者等同于火山的威力，也等同于毕达哥拉斯式互相转化的四种元素（火、气、水、土）和世界的更新，或者等同于自然本身的征服。无论像不像火山，焰火在现代时期一直被用来庆祝皇家或国家的大事件：出生庆典、生日纪念、婚礼仪式、军事胜利、和平协议签订等。例如，1748年的亚琛和平条约结束了奥地利王位继承战争，为此，欧洲各地都举行了焰火盛会。在

这种形式下，焰火往往被纳入军事物资的范围，用来提醒民众尊重国家的权力。另一方面，也许是因为焰火可能会让观众联想到炸药的潜力，所以，在革命将临时，这种官方娱乐活动往往会被取消。[7]焰火也与各种节日有关，从意大利纪念各地圣徒的节日、罗马圣天使堡一年一度的焰火表演（属于嘉年华的一部分），到英国盖伊·福克斯（Guy Fawkes）之夜热热闹闹地纪念天主教阴谋被挫败。这些活动会安排焚烧人像或人偶，比如，在盖伊·福克斯之夜，他们延续了更古老的异教徒的丰收节日和仪式，甚至可能延续了献给神明的真正的或象征性的祭祀。在此，值得注意的是，在英国舞台上第一次使用焰火，可能是中世纪神秘剧中针对地狱入口的表现形式。[8]因此，当世俗的商业焰火火山秀，首次出现在18世纪英国的各种娱乐花园，如伦敦的马里波恩，这些盛会既与军事火力有联系，又与神秘力量、祭祀焚烧有关联。

世俗商业火山秀的出现，有如下的背景：因庞贝的发现而形成的对真正火山的普遍新兴趣；世界各地的一系列火山喷发；现代火山学的兴起。其中影响特别重要的，是从18世纪40年代开始的庞贝城遗址发掘。（这个失落的城市以前确实被“发现”过，但主要的
发掘工作于1748年方才开始。）公元79年，维苏威火山向庞贝、赫 20
库兰尼姆和斯塔比亚的不幸居民喷洒下火山灰、灰烬和其他火山碎屑，而当时的庞贝可能还在尽力从公元62年发生的地震中恢复过来。这个城镇和其中的居民，被火山摧毁并保存下来。18世纪，包括约翰·约阿希姆·温克尔曼在内的学者开始意识到，这一切提供了一扇通向往昔日常生活的非同寻常的窗口。但是，更重要的是，对于下一世纪及以后，庞贝不仅特别提供了一种远距离反思当今城市生活的方式，其自身还成了城市生活中物质文化的丰富来源。依据庞贝来思考伦敦、纽约、巴黎，是一种熟悉的流程——假借帝国的

过去来想象当下的自己。虽然庞贝的独特历史，给了这样的想象一种特别的目标。在庞贝出土的物质文化，由威廉·汉密尔顿这样的人物传播开来。他是英国1764年到1800年驻那不勒斯的大使，曾赞助由皮埃尔-弗朗索瓦·于格（Pierre-François Hugues）编辑的、有一定影响力的手工上色的插图书《伊特鲁里亚、希腊和罗马的古物》（*Antiquités étrusques, grecques et romaines*, 1767—1776）。通过运送大量的、包括一些从庞贝收集到的古董文物到伦敦，并将它们卖给收藏家，汉密尔顿进一步激发了英国（也间接地刺激了美国）对这座失落的城市的兴趣。[9]正如科林·埃默里（Colin Amery）和小布莱恩·柯伦（Brian Curran Jr.）所描述的，庞贝物质世界丰富多彩的遗产，汇入强大的新古典主义潮流，影响了各方面的发展，从罗伯特·亚当和詹姆斯·亚当（Robert and James Adam）的建筑学到乔赛亚·韦奇伍德（Josiah Wedgewood）的"伊特鲁里亚"陶器（他甚至为其陶器起名为"伊特鲁里亚"）。[10]因此，在维苏威火山的灰烬中出现了一种"庞贝风格"，这种风格在约翰·戈尔迪卡特的《庞贝城古代装饰实例》（*Specimens of Ancient Decoration from Pompeii*, 1825）和欧文·琼斯的《装饰法则》（*Grammar of Ornament*, 1856）等手册中固定下来。那些以庞贝风格装饰自己房子的人，一定会偶尔想起那场突然降临到这种风尚原始追随者头上的大灾难，这么推测似乎并不过分。

摧毁和保存庞贝的火山力量，在这个时期凭借自身成了研究的焦点。虽然维苏威和埃特纳在17世纪（维苏威火山是在1631年和1694年，埃特纳火山是在1669年）重新活跃起来，但现代地球科学和火山学，受到一系列事件的激发，直到18世纪才真正出现。这些事件包括卡拉布里亚地震（1783年）、里斯本地震（1755年）以及在圣托里尼（1707年）、维苏威（1737年和1767年）发生的火山大爆

发。[11]里斯本大地震长时间地回荡在欧洲的想象中，因为这次地震 21
摧毁了欧洲的一个主要首都，人们的感觉远远超出地震本身。躲过地震浩劫的，却被大火吞噬殆尽；而随后的海啸又在大西洋沿岸造成了巨大的破坏。1767年的火山喷发，对英国的火山传说显得特别重要，威廉·汉密尔顿再次见证了这一点。他在一封1768年写给皇家学会的信以及后来的两本书中，对此进行了描述。一本是《对维苏威火山、埃特纳火山和其他火山的观察》(*Observations on Mount Vesuvius, Mount Etna, and other Volcanos*, 1772)，另一本是《坎皮·菲拉格累》(*Campi Phlegraei*, 1776)，书中配有意大利艺术家彼得罗·法布里斯绘制的生动的"火场"插图。

18世纪末和19世纪初，维苏威火山保持着活跃状态，吸引了包括科学工作者在内的大批参观者。在关于地球性质和年龄的复杂的近代启蒙辩论中，火山(像地震一样)引起了广泛的兴趣。火山论或火成论的倡导者(以爱丁堡的詹姆斯·赫顿为代表)把地热视为地质变化的根源；而水成论者(以弗赖堡的亚伯拉罕·戈特洛布·维尔纳为代表)则认为是海洋的作用。这样的辩论，以国家为范围：在英国，通过赫顿的研究，与火山相联系的是渐进的、自然变化的理论，而非突发的、灾难性的大洪水理论。[12]然而，只要他们致力于唯物主义而不是神圣的宇宙学，这样的渐进主义理论就有激进的意味。这方面的火山象征在19世纪30、40年代流传得更为广泛，当时查尔斯·莱尔的《地质学原理》(*Principles of Geology*, 1830—1833)、《地质学纲要》(*Elements of Geology*, 1838)和罗伯特·钱伯斯的《创世自然史之遗迹》(*Vestiges of the Natural History of Creation*, 1844)都使火山在大众科学中重新突显出来。[13]

正是在这个有着历史自觉和科学兴趣的时刻，关于火山喷发的娱乐活动进入了18世纪的流行文化，并发展成贯穿整个19世纪的商品体验。正如理查德·奥尔蒂克在他的《伦敦的演出》(第96页)中指出的那样，商业火山景观首先于18世纪70年代出现在乔治游乐园，那里的埃特纳火山特别受欢迎。1772年，为庆祝国王的生日，马里波恩花园在埃特纳火山一侧建造了“伏尔甘(火神)熔炉”，里面有一座“正在喷发的火山，熔岩顺着悬崖倾泻而下”。这是意大利烟火专家乔万尼·托雷的作品。[14]用绳索固定的火箭，可能制造了主要的焰火效果；而置于昏暗光线下的透明水槽，创造了熔岩的外观。这一焰火火山娱乐活动，1792年5月在法国拉尼拉重新上
22 演。同样，观众们在埃特纳火山一侧看到了“伏尔甘熔炉”。伴随着克里斯托夫·格卢克(Christoph Gluck)、弗朗茨·约瑟夫·海顿(Franz Joseph Haydn)、费利切·贾尔迪尼(Felice Giardini)和乔治·弗里德里希·亨德尔的音乐，这位独眼巨人正锻造着战神的铠甲。根据同时代的文献记载，“烟雾越来越浓，埃特纳顶部的火山口喷出火焰，岩浆沿着山的边缘滚滚而下，看着十分可怕[原文如此]。这一切变得越来越激越，最后一下子迸发开来”。[15]这个节目持续吸引了拉尼拉观众很多年。

可以推测，这种商业焰火的吸引力受到新的非火山力量支持：到了1792年，火山可以以一种克制的、有序的形式，显示出法国大革命的火焰和工业化带来的影响深远的变化。自然，在这里是社会的、技术的、政治的变革出现震荡的形象化说法。用于构造爆炸性“声光表演”(*son et lumière*)的神话材料表明，火山秀从来不只是焰火展示，而是伴着音乐建构的叙述故事，并以此吸引那些受过教育的观众。战争和革命(战神玛尔斯)或者工业力量(锻造)，这些无声的寓言，可能会给观众增加一定的震撼，但都安全地控制在经典的框架之内。

从18世纪下半叶起，室内火山也开始叫座起来，其作用游移于

教育和娱乐之间。威廉·汉密尔顿用表现维苏威火山喷发的幻灯片开创了室内火山秀的先河。这些幻灯片是彼得罗·法布里斯于1767年为皇家学会绘制的。[16]按照汉密尔顿的方法，但出于更加商业化而非科学化的目的，休·迪恩（Hugh Dean）于1780年在大哈特街考文特花园用幻灯片和音响效果上演了一场火山奇观。前面提到的烟火专家托雷，与艺术家菲利普·雅克·德·卢泰尔堡一起来到了英国，后者于1781年用那不勒斯海湾作为他“自然幻象”演出的一部分（实际上，这比休·迪恩的火山秀更复杂），通过立体的绘画幻灯片、变化的灯光和音响效果创造了壮观的景象。[17]“自然幻象”的后来样式，与卢泰尔堡没有关系。“新自然幻象”出现在伦敦的潘顿街，也被用以展示喷发的维苏威火山，直到演出场景被烧毁，尽管还不清楚这是不是由于火山失控而造成的结果。幻灯片并不是演示灾难的唯一方法。在其他地方，软木模型提供了具有教育意义的火山娱乐。1785年，有一个这样的演出，即理查德·杜勃尔（Richard Dubourg）的经典遗址模型展，因维苏威火山模型失控而被毁。但这并没有让其他的展出者退却。19世纪初，在各种不同的地方，伦敦人都可以看到附属在罗马建筑的成比例模型旁的维苏威火山。（奇怪的是，这些似乎都是由另外一位使用杜勃尔这个名字 23
的绅士展示的。）在一场这样的展演中，公众不仅可以看到带着火焰的熔岩向海边城镇波尔蒂契横扫而去，就像理查德·奥尔蒂克所说的，他们还可以闻到“燃烧的硫黄和火山通常会喷发出的其他臭气”（《伦敦的演出》，第96页）。事实上，这样的展览可以被认为是“传感影院”（Sensorama）的早期样式，或者是“嗅觉电影”（Smell-O-Vision）的早期版本，或者是20世纪后半叶的其他联合实验的初级形式。虽然规模缩小了，但这种火山秀能够吸引观众全身心地沉浸其中。

混合媒体

火山不只是在流行景观方面给人以深刻的印象。像亚历山德拉·R. 墨菲指出的那样，虽然火山很少出现在17世纪的绘画中，但它们是18世纪后期的美术经常表现的对象。对那些接受了伯克崇高论的观众来说，这些火山形象提供了令人满意的美学刺激。[18]（当然，我们不应该忽视的是，埃德蒙·伯克的知识也可能支持了焰火表演和室内火山景观的流行。）我们在如下画作中可以见到这种美感：德比的约瑟夫·赖特所画的《波尔蒂契的维苏威火山》（*Vesuvius from Portici*，1774—1776）和《喷发的维苏威火山，一览那不勒斯湾的群岛》（*Vesuvius in Eruption, with a View over the Islands in the Bay of Naples*，1776—1780）。在赖特的绘画职业生涯中，他画过维苏威火山三十次左右，这是其中的两幅。虽然在他唯一一次访问那不勒斯时，错过了真正的火山喷发。赖特并不完全是维苏威火山研究的先驱：从克劳德·约瑟夫·韦尔内开始，法国艺术家已经开始在画布上表现、解释这座火山。尽管在韦尔内的《带有维苏威火山的那不勒斯景色》（*Vue de Naples avec le Vésuve*，1748）中，维苏威火山相对不那么重要。正如墨菲所查证到的，夏尔-弗朗索瓦·格雷尼耶·德·拉克鲁瓦（Charles-François Grenier de Lacroix，被称为"马赛的拉克鲁瓦"）和韦尔内的学生皮埃尔·雅克·沃莱雷，从18世纪60年代起，就一直在那不勒斯从事创作。他们真正创造了一种更为戏剧性的维苏威火山艺术时尚，即利用恐惧提供娱乐性服务。沃莱雷的大幅油画（46英寸×95.625英寸），现收藏于芝加哥艺术学院的《维苏威火山爆发》（*The Eruption of Vesuvius*，1771），显示了他的方法：全景式描绘了背景中矗立的炽热火山，比实际上显得更为陡峭；而前景中的人物显得十分矮小，沐浴在一种奇异的光辉中。约瑟·梅洛德·威廉·透纳的《维苏威火山爆发》(*Vesuvius in Eruption*, 1817)，在很大程度上继承了沃莱雷的传统。然而，正如墨菲指出的，透纳把火山的力量压缩到了一张小小的水彩画中，只有11.25英寸×15.625英寸(见图1.1)。[19] 24

画廊收藏和拍卖记录表明，对艺术家而言，这种喷发中的火山仍然是18世纪末到20世纪初的流行主题。部分原因可能是，即使崇高的时尚已经让位于更克制的优美的愉悦，这些绘画依然很容易出售给游客们。不论尊贵与否，他们都是来观赏那不勒斯湾，参观庞贝城和维苏威火山，并欣赏保存在那不勒斯波旁博物馆的庞贝

图1.1 约瑟·梅洛德·威廉·透纳，《维苏威火山爆发》(绘于1817年至1820年之间)。由耶鲁英国艺术中心提供，保罗·梅隆收藏

宝藏的。[20]看一眼21世纪的拍卖目录，我们可以清楚地发现，这些携带方便的绘画中，有大量作品的题名都与火山有关，比如《带有维苏威活火山的那不勒斯海湾夜景》(*Naples, A Nocturnal View of the Bay, with Vesuvius Erupting*)、《月光下的维苏威活火山》(*A Moonlit View of Vesuvius Erupting*)。这些作品大都归属于多产的那不勒斯画派。[21] 19世纪末，埃德加·德加的《维苏威火山》(*Vesuvius*，1890)是一幅单版色粉画，也是主流艺术家描绘火山的最后的代表作之一。尽管到了20世纪80年代，安迪·沃霍尔也创作了涉及火山的主题，但在该主题中，火山仅是大量文化意象中的一个。[22]

正是在19世纪早期的几十年，火山更明确地成为城市想象的
25 一部分，承担起了历史意义，伏尔甘熔炉的神话让位于以人类为中心的叙事故事。我们看到，庞贝城在火山叙事中越来越占主导地位。对庞贝废墟的古文物兴趣，逐渐变成对“死亡之城”的浪漫迷恋。整个古代世界因为火山灾难而被保存下来，就像琥珀中保存的苍蝇一样，或者像“睡美人”的宫殿，即美国作家托马斯·格雷(1803—1849) 1830年在其历史小说《维斯塔，或庞贝城的故事》中暗示的那样。[23]正如我早些时候所说，庞贝古城的部分吸引力在于其历史差异性并没有阻止它成为一面镜子。19世纪的作家们想要通过这面镜子确认自己的社会：一个复杂而喜好享乐，正处于剧变边缘的城市世界。也就是说，维苏威火山的故事属于19世纪文化产品中的一类。这类产品有着古典扮相和现代实质，从透纳《狄多建设迦太基》(*Dido Building Carthage*，1815)中的崇高帝国，到劳伦斯·阿尔玛·塔德玛《地球天堂》(*An Earthly Paradise*，1891)中明确的资产阶级的罗马，都是如此。[24]对庞贝城及其居民的认同有时可以采取非常直接的形式，比如在19世纪30年代前往庞贝城的游客，他们选择在废墟中就餐，或者（至少有一个案例）穿着古装朗

读经典，在那里住上两个星期。[25]也许，我们应该在这样的语境下理解赫尔曼·梅尔维尔（Herman Melville）的评论。他在访问这座城市时，说到了生者和死者的关联性："庞贝和其他城镇一样。同样古老的人性。全都一样（不管你是死是活）。比起巴黎我更喜欢庞贝。寂静如死海。"[26]庞贝的毁灭在18世纪激起了一些作家的写作兴趣，如雅各布·莫尔的《维苏威火山在爆发：庞贝城的末日》（*Mount Vesuvius in Eruption: The Last Days of Pompeii*，1780）；但19世纪早期，人们对公元79年的历史灾难更感兴趣。[27]此后，许多作品不太关注火山本身的景象，而更多地关注火山与城市的碰撞，以及城市人口的毁灭和保存。这种类型的作品，包括约翰·马丁高度浪漫主义的绘画《庞贝和赫库兰尼姆的毁灭》（*The Destruction of Pompeii and Herculaneum*，1821），画中展现了异乎寻常的景象，使这两座在大火中焚毁的古城看起来就像世界末日。正像乔万尼·巴蒂斯塔·贝尔佐尼（Giovanni Battista Belzoni）的发掘和写作引起"埃及热"浪潮一样，对庞贝的兴趣，既流行在相对高级的沙龙和画廊中，也流行在我们已经涉及的更具包容性的商业文化中。1822年（同年，维苏威火山再次大喷发），在皮卡迪利的埃及馆，马丁的画被制作成实景模型。两年后，游客在莱斯特广场的伯福德全景画中可以看到"庞贝城及周边地区遗址的景色"。像埃及一样，火山故事可以被改编成适合不同观众的多种商品体验。 26

马丁的世界末日油画的直接源头，实际上来自另一种媒体，即他朋友埃德温·阿瑟斯通的长篇叙事诗《赫库兰尼姆的末日》（*The Last Days of Herculaneum*，1821）。在阿瑟斯通的八十八页史诗中，我们第一次看到对公元79年这座城市"最后的日子"的详细文字描述，它将对维苏威火山破坏力的叙述，与卷入浩劫中的一系列个人插曲结合在了一起。换句话说，火山的商品体验呈现出新的面貌，“特殊效果”开始产生新的叙述方式。虽然18世纪的墓园诗人对其有所影响，但《赫库兰尼姆的末日》仍可以被归入所谓“灾难派”。这个派别喜欢描写财产和生命的毁灭；近年来，柯蒂斯·达尔（Curtis Dahl）将其认定为英美文学和艺术文化的重要部分。[28]因而，与后来大多数叙事文字不同的是，阿瑟斯通从灾难开始讲述，只有偶尔的叙述可以让我们窥见赫库兰尼姆城以前的生活。这首诗真正的“存在意义”似乎是其对不幸的死亡以及人们避之不及的一个又一个恐怖灾祸的详细描述。这让人想起查尔斯·马图林（Charles Maturin）的哥特式小说《漫游者梅尔莫斯》（*Melmoth the Wanderer*，1820）。下面的例子是阿瑟斯通描写的血腥场面：

现在在哪里，那些不幸的人群
刚才街上还到处都是呢？——瞧瞧地上；——
那儿躺着的是被闪电燎过、变得焦黑的尸体，——
那儿顺着流水翻滚的，一颗可怖的头颅
朝着前进的方向点头：那儿，一堆
垮塌的墙壁下面，残缺不全的肢体独自
向外观瞧，浸透的血已凝结，压碎的躯干
热血泉涌：——瞧，那儿有个脑袋向前窥视；——
似乎很镇静地在沉思，虽然有点苍白、
溅了点血：你会说它活过，
曾在深深地思索……
……
但是，压得扁扁的
匍伏在山的重压下，——曾经的四肢，——
心——肺——肉——神经和骨骼——组成的一个人，

而今躺在那儿，像深红色的果冻——慢慢渗出、
涌出，从下面。——

罗马士兵在地震中与死去的儿子短暂相聚；一家之长先杀了 27
家人以免他们死得更痛苦，然后再自杀；“年轻的女子，以美丽女神般完美的姿态”，对着怀里无头的婴儿唱摇篮曲——这些与众不同的生命浮雕，似乎只是为了使无情的恐怖更加具体、更加有效果。最终，在死亡与毁灭的文字中，阿瑟斯通的诗歌让人恐惧也让人疲惫不堪。它早就耗尽了气力：到第83页“毁灭一切的熔岩”到来时，每个人都死了；除了那个逃脱出来讲述这个故事的人，“且已然疯了”。

庞贝火山故事不久后重返意大利，却被移植到另一种媒体即歌剧中。1825年11月19日，那不勒斯圣卡罗剧院的观众欣赏到了一部灾难故事音乐剧《庞贝城的末日》，这是由乔瓦尼·帕契尼创作的涉及多起事件的两幕歌剧。此剧利用了当地最近的考古挖掘成果来表现细节，同时非常明确地提醒观众该剧院曾于1816年被大火焚毁。两年后，斯卡拉歌剧院也上演了这一部壮观的作品（见图1.2）；1831年，帕契尼的剧作在伦敦上演。《庞贝城的末日》围绕着护民官阿皮奥·狄俄墨得斯的阴谋展开。狄俄墨得斯追求政务官撒路斯蒂奥贤惠的妻子奥塔维亚，却遭到断然拒绝（这两个男子 28
的名字来自历史上的两位庞贝人：阿比乌斯·狄俄墨得斯和撒路斯提乌斯。他们的房屋被完整地保存下来）。奥塔维亚被诬告与人通奸，进而被判处死刑；但在关键时刻火山爆发了，就像是代表天意。阿皮奥·狄俄墨得斯的仆从帕博里奥，承认了他在破坏奥塔维亚的声誉中所起的作用，且作为惩罚被囚禁在原本关押奥塔维亚的地方，而奥塔维亚和她夫君逃离了即将被毁的城市。火山喷发和城市毁灭的景象，最初由建筑师和舞台设计师安东尼奥·尼科利

图1.2　乔瓦尼·帕契尼,《庞贝城的末日》(1825)。被亚历山德罗·桑基里科用于1827年米兰斯卡拉歌剧院的演出背景。图片由佳士得图片有限公司提供(2004)

尼(Antonio Niccolini)创建,后来又在斯卡拉歌剧院通过亚历山德罗·圣奎里科(Alessandro Sanquiric)精心制作的风景画而得到强化,最终成功为这一场盛大的歌剧画上了句号。据当时的那不勒斯评论说:"最后一幕呈现了一幅壮丽却又令人不安的图景:在维苏威火山的熊熊火焰中,城市受到了阵雨般火山石的袭击。"[29]从后来有关火山特效的描述中可知,阵雨般的火山石可能是用染了色的海绵制造的,但它显然创造了一个引人入胜的幻景。[30]在伦敦,报刊《观察家报》(*The Examiner*)也十分欣赏赫马基特街国王剧院里复制的精确的庞贝街道,宣称"庙宇纷纷倒塌,火山灰和火焰阵雨般袭来,这样的火山喷发是我们见过的最壮观的场景"。[31]

帕契尼的歌剧可能是第一部这样做的文化制品。火山喷发在剧情中属于完全次要的“特效”，而不是像在焰火、幻灯片、绘画，甚至阿瑟斯通的诗中那样作为主要表现的内容。在这一点上，它激发了许多后继者，包括1828年12月8日上演的《地震；或尼罗河的幽灵》(*The Earthquake; or The Spectre of the Nile*，阿德菲剧院)，该剧为情节剧的套路加上了源自托马斯·摩尔的《享乐主义》(*The Epicurean*, 1827) 的阴谋元素和帕契尼的特殊效果。(摩尔的小说《享乐主义》假托是一部被发现的手稿，它的主角阿尔西弗龙，爱上了一个暗地里是基督徒的伊希斯女祭司。他们逃离了孟菲斯城，也摆脱了埃及神职人员的抓捕，但最终还是未能逃脱迫害。) 其场景的设计，利用了所有埃及时兴的东西；还提供了一个移动的尼罗河全景。剧情的最后，心存报复的埃及巫师奥克斯 (奥西里斯的牧师)，被地震和大火所阻，未能残害到他的猎物，一位基督徒少女；这对恋人逃走了，该结局比摩尔的小说好得多。[32]而第一部受帕契尼的结局启发、在伦敦舞台上公演的戏剧，是一部避开了过去的经典而偏向现代哥特式的剧作。它表明了火山毁灭作为 29
一种效果是可移植的。亨利·M. 米尔纳的《弗兰肯斯坦；或人与怪物》(*Frankenstein; or, The Man and the Monster*，皇家科堡剧院，1826年7月3日) 是对玛丽·雪莱的《弗兰肯斯坦》(*Frankenstein*, 1818) 的直接改编，有一些地方基于法国的戏剧《魔术师和怪物》(*Le Magicien et le Monstre*)。其最后一幕埃特纳火山，“在现场能看到的只有那座火山的山顶，还有所有可怕的、关于火山喷发的壮观场面，这是在舞台上展示这一奇观的从未有过的尝试”。怪物在海湾出现，被士兵和武装农民团团包围，被他自己的创造者所追逐。最后，像传说中的恩贝多克勒一样，“他跳进了正喷吐出燃烧的熔岩的火山口”(第二幕，第八场景)。[33]玛丽·雪莱的启蒙式寓言，在这里变成了危险能量受挫的景象。

从更直接的关系来说，帕契尼的歌剧是第一部充分利用庞贝的小说的主要来源。这部小说，即托马斯·格雷的《维斯塔，或庞贝城的故事》，将庞贝的各种可能性设置为富于戏剧性讽刺的叙事场景。故事刻画了一个恶徒，在他贪恋的女子拒绝他之后，便计划将这名女子活埋。维苏威火山的喷发，被设置为一个期待已久的高潮。格雷也许还借用了摩尔的《享乐主义》，通过融入新生的基督教，为火山叙事引入了重大革新。他将公元79年的火山爆发转换到公元95年图密善统治下的对基督徒的第二次迫害。在格雷的庞贝城里，“我们立刻从现代被带到救世主及其使徒的时代，分割过去与现在的帷幕被拿走了，我们在实现的梦想和寓言中呼吸、移动”（《维斯塔》，第vi页）。这本小说以第一人称来进行叙述，讲述人是一位出现在意大利的现代游客。他得到了一本破旧的手稿，里面是一位天主教牧师所写的庞贝城故事（同样，这里有摩尔小说，以及哥特式小说的影子）。手稿主要以第一人称讲述了卢修斯以及他皈依基督教的故事。其间，他遇到了露西娅，一名秘密践行新信仰的维斯塔少女。马托引诱露西娅失败后，便使毒计，诬告她渎职，放任维斯塔的火焰熄灭，这一罪名导致她被活埋。卢修斯从坟墓里将她救出，并一同逃到安全的地方；但露西娅的母亲法维拉被抓去代替她受惩罚。露西娅觉得自己必须回到庞贝，卢修斯也跟着她回来。露西娅被囚禁了起来，面临死刑。可正当法维拉和尊敬的基督徒维图里乌斯在露天剧场等待他们的命运时，维苏威火山爆发了：

> 这座可怕的山突然张开了它的深渊——似乎到处都在被
> 30 劈开、撕裂，从每一个裂缝中迸发出山洪般的火焰，咆哮着，在空中高高地卷起。火山口的中心，密实的火柱直射天空，最后

> 落下阵阵的岩浆、熔岩、岩石、灰烬、灰渣、沸水和各种火山物质。巨大的石块，比伊希斯神庙还要大，被投掷到天空，像牧羊人弹出的石子一样轻。流淌的火焰从四面八方倾泻而下。（同上书，第176页）

虽然与《圣经》的故事相呼应（“牧羊人弹出的石子”参考了大卫杀死歌利亚的故事），火山在这里并不是作为上帝惩罚行动的一个地质事件。没有传统的大团圆结局。神圣的火山喷发使露西娅和卢修斯免于在露天剧场被野兽吞食掉；但最终，维图里乌斯死于倾盆的火山灰，而这对恋人也死了，因为他们拒绝将年迈的法维拉留下。“厚厚的灰烬落在他们身上，就像海浪吞没落入海中的受难者。不幸的卢修斯和露西娅并排躺在那致命、炽热的火山灰之下，手臂缠绕在彼此的脖子上，他们终于在死亡中结合了。”（第182页）天意并没有为善良的人提供逃生的机会，火山同时带走了善良的少数人和邪恶的多数人的生命。在小说的基督教方案中，善将在下辈子得到回报，而不是在现世。

没过多久，火山叙事就回到了诗歌中：帕契尼、摩尔、格雷作品里的要素，在另一位美国诗人萨姆纳·林肯·费尔菲尔德的诗作中被重新组合起来。他创作于1832年的长篇叙事诗《庞贝城的最后一夜》（*The Last Night of Pompeii*），再次用基督教的道德模式来描述城市的毁灭。这大概是对毫无悔意的大众的一个警告。在作品的高潮部分，一位高贵的庞贝少女眼看就要被堕落的伊希斯牧师强奸；这时，地震及时发生了，把她从他的魔掌中拯救出来。她逃离了牧师的地下巢穴，却发现自己身处维纳斯神庙。在那里，她救下了已皈依基督教的希伯来公主米莉亚姆妮。公主当时受好色的地方执政官狄俄墨得斯的控制。与此同时，公主的爱人潘萨身处圆形露天剧场，眼看就要被狮子吞食。他命令狮子跪下——就在这一刻，火山爆发了，狮子正好跪下来：

> 一阵轰鸣，仿佛无数的雷声同时炸响，
> 直冲云霄；大地的深处
> 战栗着；遮天蔽日的岩浆如风暴般呼啸着
> 喷射到空中，落在这个世界。
> 狮子低下身子蜷缩着，痛苦地呻吟。(《庞贝城的最后一
> 31 夜》，第162页）

人群终于意识到自己所处的危险，突然间到处都是一片混乱：

> 一个念头、一个动作都在影响着摇摆不定的人群。
> 所有东西都在剧烈晃动，
> 大量浑身颤抖的人相互紧靠着，
> 喘息、呼号，伴着野蛮
> 这个危险之子，如卡律布狄斯
> 从嶙峋怪石中投掷下的旋涡。(同上书，第166页）

当焦点从神圣切换到更世俗的叙事时，这种“喘息、呼号”的人群成为后来有关火山的作品中的常见元素。然而，在费尔菲尔德的愿景中，重点仍然在于天意：庞贝被摧毁，但基督徒逃了出去，获得了自由，从罪恶深渊中得救，并在“瑞士山”上发现了一个小基督教社区（第200页）。庞贝、赫库兰尼姆以及附近城镇的毁灭成了一个寓言故事，火山爆发只不过是上帝对他们罪恶的审判。我们从中得知，庞贝人的举止，可以让我们“不那么遗憾、不那么惊讶

地看待这些城市的覆灭，它们如罪恶之都蛾摩拉一样过分、一样罪不可恕”（第43页）。费尔菲尔德指出，保存在波旁博物馆的色情资料便是庞贝堕落的证据。当代的读者很可能得扪心自问，看看现有的社会是否更好。也有可能像格雷那样，把费尔菲尔德纳入柯蒂斯·达尔道德说教式的《美国灾难学派》（“American School of Catastrophe”），用庞贝代表现在的美国。这种含蓄的、拥护共和的反城市讯息，类似于托马斯·科尔（Thomas Cole）的《帝国的历程》（*The Course of Empire*，1833—1836）系列。在其中，一座想象的古典城市代表着越来越城市化、商业化的美国。但他们的作品也在很大程度上依赖于我们讨论的欧洲素材；而且正如我们将看到的那样，这些作品为欧洲进一步研究火山、城市和群众提供了素材。

革命的火焰

到了19世纪30年代，火山叙述一方面成为小说家、诗人、剧作家、作曲家所钟爱的话题，一方面也作为一种受欢迎的焰火景观而继续流行。无论有什么差异，所有这些形式都建基于一个人口稠密 32
的世界，以便于摧毁。在其更广泛的形式中，火山叙事越来越多地依靠哲学和宗教语境：火山喷发既可以是吞噬恶人，放过基督徒和原始基督徒且符合天意的大屠杀，也可以是悲惨地压倒一切的大灾难——虽然，至少皈依者有可能会幸免于火山万劫不复的火焰。而这段时期，火山政治也变得与激进思想有关，歌剧再次起了带头作用。这一次是丹尼尔·弗朗索瓦·埃斯普雷特·奥柏极为成功的《波尔蒂契的哑女》，唱词由杰曼·德拉维涅（Germain Delavigne）和尤金·史克里布（Eugène Scribe）执笔。1828年，大批巴黎人蜂拥到歌剧院去看《波尔蒂契的哑女》（也称《马萨尼洛》）。该剧的背景设置在17世纪的那不勒斯，故事将1647年渔夫马萨尼洛领导的对抗西班牙统治者的政治反叛与1631年维苏威火山的爆发混合在一起。马萨尼洛的故事众所周知，甚至可以说是家喻户晓；这是基于这个故事的第四部歌剧。在马萨尼洛死去、反抗失败后的壮观结尾场景中，女主角一跃跳进熔岩中结束了自己的生命。地面在震颤，人群跑过舞台，“本应从火山口喷出的各种大小的岩石，通过舞台的悬挂装置从上方落下，从维苏威火山落到台阶上（即宫殿的台阶上）”。[34]由于明确地将火山与革命群众联系在一起，奥柏借鉴了一些非常激进的、特别是法国戏剧前辈的作品。因为火山爆发的结尾，曾出现在一部法国革命剧中，即P. 西尔万·马雷夏尔的《君王最后的审判》（*Le Jugement dernier des rois; prophétie en un acte, en prose*，1793）。剧中包括教皇在内的各种君主都被火山之火吞噬。为了达到一定的演出效果，该剧（经公共安全委员会许可）每天晚上都会动用二十磅火药。该剧让观众们确信，“对邻居来说，火山比国王好”。[35]但在其壮观的效果以及女主角哑女（费内拉，马萨尼洛的妹妹）方面，《马萨尼洛》也在适应“林荫道剧院”流行和夸张的舞台设备。[36]例如，“爆炸”式的结尾，长期以来一直是英法情景剧的主要内容，早期著名的例子是艾萨克·波考克（Isaac Pocock）《磨坊主和他的部下》（*The Miller and his Men*，1813）中爆炸的磨坊。简·富尔彻认为，19世纪20年代，与查理十世的宫廷紧密相连的歌剧院，力求上演那些打动人心而淡化任何革命内容的作品，即那些去除了激进主义的街头素材［参见《国家形象》（*The Nation's Image*），第11—46页］。然而，她认为这一策略失败了。观众对《波尔蒂契的哑女》的反应，部分来自越来越不安的压力感，部分是对舞台上革命人群的认同，而非在马萨尼洛悲剧性死亡中享受
33 情感的宣泄。在这种情况下，显而易见的是，就像在马雷夏尔的戏

剧中那样，火山成了革命力量和人群本身的力量的客观反映。歌剧院控制公众情感的尝试，反而扇起了大众不安的火焰。

伦敦观众在1822年看到了马萨尼洛故事的马术版，即亨利·M.米尔纳的《马萨尼洛，那不勒斯的渔夫或祖国的救星》（*Masaniello, Fisherman of Naples or Deliverer of his Country*, 1822）。这是一个反抗西班牙殖民主义压迫的爱国故事。[37]这出戏经常重演。该故事的其他版本，也包括特鲁里街剧院1825年上演的，由埃德蒙·基恩（Edmund Kean）主演并由宫务大臣办公室审查通过的戏剧。在奥柏的歌剧到达伦敦之前，观众也有机会观赏到许多改编剧作，包括安德烈·让-雅克·德赛（André Jean-Jacques Deshayes）的芭蕾舞剧《马萨尼洛，或波尔蒂契的渔夫》（*Masaniello, ou le Pêcheur de Portici*，国王剧院，1829）。同年，其他版本的《马萨尼洛》还包括科堡剧院的舞台版《马萨尼洛，或波尔蒂契的哑女》，以及伦敦兰贝斯区阿斯特利露天剧场的马术版《马萨尼洛，或那不勒斯的反叛》。但是，正如简·穆迪在她对非正规伦敦剧场的研究中所展示的，正是奥柏歌剧的"正规"版本——詹姆斯·肯尼的《马萨尼洛》——引起的争议最多。该剧于1829年5月4日在特鲁里街剧院上演，演出大致遵循了欧洲大陆风格。戏剧结束时，马萨尼洛在他率领部队对抗西班牙人的战斗中牺牲。此时，"维苏威火山适时地爆发，一切都结束了，唯留下战斗人员被火焰包围"。[38]关于《马萨尼洛》的"革命趋势"，肯尼后来受到了"1832年戏剧文学议会特设委员会"的质疑。委员会主席不是别人，正是爱德华·布尔沃·利顿。利顿强调说"革命的渔夫蒙受了羞辱，传达出来的信息与革命的教训恰恰相反"。他还别出心裁地声称，此剧在法国被看作"对暴徒的讽刺"。[39]然而，1830年10月，一家激进的报纸《贫民卫报》（*Poor Man's Guardian*），利用了该剧的煽动性演出，敦促读者参加考文特花园抗议活动以推动改革，包括废除上议院；像那不勒斯的人们一样，他们会将“任何暴君从他的宝座上拉下来，只要他忽视或损害人民的利益”[穆迪，《伦敦的非法剧场》(*Illegitimate Theatre in London*)，第115页]。这出戏被从节目中撤了下来。在别的地方，也有剧评提出了一些有参考价值的意见，认为观众同样忽略了肯尼的政治性结尾，包括叙述舞台上的大众对征收赋税者的抵制所赢得的自发性掌声。

我们可以看到肯尼的选择引发激烈共鸣的一些地方原因，如穆
34 迪所说的那样，他选择向委员会提交带有“保守主义道德”的戏剧(同上书，第115页)。自家门口的“火山能量”，包括最近在爱尔兰发生的什一税战争(1821—1824年)、天主教解放运动，以及英格兰本身的改革运动，导致了1832年的《改革法案》。火山与民众反叛的联系，已经成为有关“罗克队长”(Captain Rock)的乡土文化的一部分。“爱尔兰什一税战争”期间，从事乡村恐怖活动者在书面警告中就使用了“罗克队长”这一称呼。面对收成不佳、不公平的什一税、新教福音派，人们的愤怒被激化了。“罗克暴动”也利用了千禧年情绪，该词源自18世纪的“帕斯托里尼”(查尔斯·沃尔姆斯利主教)预言。在这场暴动煽动性的修辞中，本土的和世界的历史交融在一起。一份署名为“消防员，杰纳勒尔·约翰·洛克”的、来自北科克的“罗克通告”上这样写道:“如果这个警告不能立即得到遵守，部分多诺莫尔教区就会很快喷发出比维苏威火山或埃特纳火山还要爆裂的火焰，厉害得对于远处的旁观者而言，教区看起来就像一团大火。”[40]

但不安的观众和《贫民卫报》可能也响应了这样的事实：1830年10月，奥柏的歌剧据说引爆了反对荷兰国王威廉一世的比利时革命。正如《观察家报》对布鲁塞尔的报道那样，“革命运动”在那

一年的8月25日发生了。“庞大的人群挤满了剧院及附近地区，急切地想要目睹《波尔蒂契的哑女》的表演。演出过程中，出现了煽动性言论，演出结束后，许多群体开始上街游行。”[41]（人民似乎已被法国发生的事件鼓动起来，1830年7月波旁王朝的国王查理十世已经倒台，尽管取代他的是立宪君主路易-菲利普，他是同一王朝奥尔良分支的后裔。）如果说现代早期，火山是王子权势最好的象征，那么到了19世纪30年代，它便与人民相关了。当路易-菲利普的统治因1848年的革命而轰然结束时，这一年影响深远的政治变化也间接地显现在皇家剧院的天幕上，观众可以从中看到1755年里斯本大地震的日常表演。正如萨克雷为《笨拙》(*Punch*) 周刊所写的一篇戏谑文章中所描述的：

> 修道院和城堡就在我们眼前轰然倒塌，并燃起了大火。我们听到……不幸者的呻吟声，他们或是被大火吞噬或是被晃动着落下的废墟砸中——巨大的黑暗、可怕的闪电，还有可怖的阵阵雷声在我们耳边咆哮，使我们目眩失智；我离开那里的时候，真不知道自己是死了还是活着。（引自奥尔蒂克，《伦敦的演出》，第158页） 35

唯恐观众错过这个政治主题，巨大的阿波罗尼康管风琴特别演奏了一个音乐片断，来提示观众对逐渐显露的意象做出反应。当然，这个片断来自奥柏的《波尔蒂契的哑女》。[42]

最后的日子

到了1835年，正如约翰·帕里笔触极为精细的画作《贴海报的人》(*The Poster Man*) 中描绘的广告海报所暗示的那样，伦敦观众可以选择相互竞争的各种火山景观来消遣，包括戏剧、焰火奇观和实景模型。[43]火山继续拥有这样的吸引力，在很大程度上归功于多产作家爱德华·布尔沃·利顿创作的19世纪最流行的叙事作品、关于人口想象的经典——《庞贝城的末日》。布尔沃·利顿的小说将帕契尼和奥柏的火山叙事结合在一起，影响了后来所有的火山娱乐——小说、戏剧、歌剧、焰火和电影。布尔沃·利顿已经以他的银叉子小说(silver-fork novel，即时尚小说)《佩勒姆》(*Pelham*, 1828) 以及新门小说(newgate novel，即罪犯小说)《保罗·克利福德》(*Paul Clifford*, 1830) 著称于世，而为了写《庞贝城的末日》，他把最近一次意大利之旅用在了公元79年火山爆发时的历史故事中。他对庞贝古城遗址和那不勒斯波旁博物馆保存的文物非常着迷。在威廉·盖尔的帮助下，利顿已经为自己与庞贝古城的首次邂逅(作为通向古代的窗口) 做好了准备。盖尔是那不勒斯的居民，其作品《庞贝杂记：庞贝的地形、建筑和装饰》(*Pompeiana: The Topography, Edifices, and Ornaments of Pompeii*) 很有影响力。(小说《庞贝城的末日》就是献给盖尔的；盖尔还介绍了其他许多英国访客到庞贝，包括沃尔特·司各特和布尔沃·利顿的朋友，玛格丽特·加德纳，即布莱星顿夫人。) 布尔沃·利顿对庞贝的第一印象也受到了一幅画的影响，当时，他在佛罗伦萨看到了卡尔·布留洛夫宏大的、极具戏剧性的画作《庞贝城的最后一天》(1830—1833)。布留洛夫试图捕捉毁灭发生的瞬间：半明半暗的背景下，火山喷出炽热的熔岩和火山灰，黑色的烟雾在天空中弥漫；而在明亮的前景中，人们惊恐地奔逃，一些人背着财物，其他人则试图救助自己的亲人；到处都是尸体或濒临死亡的人；灰从天空落下，雕像倒了下来，城市看起来本身就像一个巨大的坟墓。布尔沃·利顿用了相当大

的精力来捕捉公元79年8月时庞贝城的日常生活细节，而小说的每 36
一页都让我们走向布留洛夫的灾难时刻。

《庞贝城的末日》给我们讲述了一个复杂的故事，涉及的重要人物，包括命运乖蹇的恋人格劳科斯和伊俄涅、爱着格劳科斯的盲人女奴尼狄亚，以及一位埃及巫师，垂涎伊俄涅的酒色之徒阿耳巴刻斯。[44]还有一个次要情节，讲述了一位角斗士莱顿，为了释放他沦为奴隶的基督徒父亲而战斗。《庞贝城的末日》是一种复杂的商品体验，不仅是因为布尔沃·利顿著名的风格华丽的文体。从哲学上来说，小说涉及不同信仰的冲突：巫师阿耳巴刻斯的信仰，雅典人格劳科斯的信仰，以及奥林瑟斯的新基督教信仰。布尔沃·利顿也热衷于对庞贝城本身的日常生活进行生动而详细的叙述，这既受盖尔作品的影响，却又完全不同。[45]从这一点来看，小说回顾了杜勃尔的经典软木模型和伯福德的全景画等早期火山娱乐活动中表现出的娱乐和教育的关系。

但我们在布尔沃·利顿创造的物质和哲学世界的生动细节中获得的阅读乐趣，总是基于我们知道它即将结束。毕竟，这是火山叙事作为商品体验的重要方面。事实上，布尔沃·利顿精心制作的软木模型终于在一段绝妙的描写中消失了。因被控谋杀他深爱的伊俄涅的兄弟阿帕喀得斯，格劳科斯不得不在露天剧场面对死亡威胁。但他遇到的那只饥饿的狮子感觉到有什么不对劲，自己退回到了笼子里。多亏尼狄亚作为证人出现，为格劳科斯洗清了冤屈，并揭露出阿耳巴刻斯才是真正的凶手。正当嗜杀的人群转向阿耳巴刻斯，从第一部第五章起一直在背景中不祥地闷燃着的火山，终于爆发了：

> 那一刻，他们感到大地在脚下晃动。剧场的墙在颤抖，

> 远处传来屋顶坠落时发出的崩塌声。转瞬间，山上的云状尘埃向他们滚滚袭来，黑沉沉的且速度惊人，像洪流一般。与此同时，火山从其内部喷射出一阵阵夹杂着大块熔岩的火山灰！落在压坏的藤蔓上——落在荒凉的街道上——落在露天剧场上——远近都是——在波涛汹涌的大海里溅起无数的波浪——这可怕的阵阵火雨！……每个人都在逃——我撞着你、你挤着我，谁也顾不着谁。肆意践踏倒下的人——在呻吟声、发誓声、祷告声、突然的尖叫声中，庞大的人群穿过无数的过道向前喷涌而去。[46]

在盲女尼狄亚的带领下，格劳科斯和伊俄涅逃离了不知所措的人群，以及死在烟雾弥漫的城市中的命运。因为尼狄亚对街道的了
37 解不需要依靠视力。救了他们之后，她不图回报地投海自尽了。而格劳科斯和伊俄涅一同去了雅典，开始了新的生活。在那里，他们接受了基督教信仰。

很明显，布尔沃·利顿不仅吸收了盖尔、布留洛夫以及他自己对庞贝的了解和思考，而且还吸收了我们见过的有关维苏威火山的大部分材料。其中最明显的来源有帕契尼的《庞贝城的末日》所表现的三角恋和极具高潮效果的火山喷发；摩尔的《享乐主义》中的信仰冲突；格雷的《维斯塔》所描绘的受压迫的基督徒和圆形露天剧场；萨姆纳·林肯·费尔菲尔德的《庞贝城的最后一夜》，包括诱惑场景、吓坏了的狮子，以及逃到别处去拜上帝的基督徒情侣；还有奥柏的《波尔蒂契的哑女》及其在伦敦的各种仿作表现的大众和火山能量的结合。我们知道，作为“1832年戏剧文学议会特设委员会”主席的布尔沃·利顿，对这些应该是十分熟悉的。我们还可以推断，布尔沃·利顿至少也看了一些在伦敦流行的维苏威火山娱乐

表演，以及约翰·马丁的世界末日油画。这几个来源是小说最早的评论者所公认的。[47]

无论是否因为其成分比起纯火山岩更像是圆砾岩，《庞贝城的末日》成了布尔沃·利顿最成功的小说，不仅在欧洲大陆（《牛津国家人物传记大辞典》提到，截至1864年，这部小说已经有十六种法语重印本），而且在英国和美国都极为成功。[48]对于当代读者来说，小说的部分力量在于它能使死亡之城再生。[49]实际上，这部小说将这个招魂术作为自己的使命。在最后一章，叙述者转向了近些年发生的事，描述了在庞贝城的圆顶房间、花园、伊希斯神庙、街道上发现的骸骨——这些遗骸属于那些试图躲避或逃离维苏威火山的致命威胁时被杀死的人。正是这些人“曾经转动过虽短暂却光彩夺目的奢华之器和生活之器的发条，正是他们的骸骨”激发了利顿在历史的骸骨上填补肌肉（《庞贝城的末日》，第3卷，第309页）。

没有理由怀疑布尔沃·利顿确实希望使死亡之城复活，赋予这些骸骨以新的生命，重组古典城市的残片。但在《庞贝城的末日》中，过去被现在以各种方式所遮蔽。最明显的是，那些转喻性的注释和叙述性的插话，它们中断了故事的流程，让叙事停泊在叙述者自己的时间里。例如，在旁白中，叙述者告诉我们，某些文本细节受到庞贝城历史遗迹的启发，即布尔沃·利顿在那不勒斯波旁博物馆看到的那些，其他一些细节则是用来解释古典文化的（例如，同上 38
书，第1卷，第39页）。也就是说，沉浸在目前故事中的叙事乐趣，与跳出剧情的知识或历史观点带来的乐趣之间，形成了张力。然而，一些叙述性的插话会通过暗示逝去的古典时代与现代意大利之间的连续性，来瓦解过去和现在的分别。描述格劳科斯及他深爱的伊俄涅与维苏威女巫会面的那一章，让我们深信，“也许在任何国家，都不可能看到像在意大利这么多的女巫——在任何国家，美丽都不可能随着年龄的增长有如此惊人的变化，变化成最令人震惊、最令人反感的丑陋”（第2卷，第135页）。娱乐也跨越了数千年：在狄俄墨得斯的奢华宴会上，客人们接受款待，欣赏“那些闻名于庞贝城的灵活的（走钢丝）舞者表演；而他们的后裔也用如此迷人的魅力，来为阿斯特利或沃克斯豪尔的庆祝活动增彩”（第2卷，第240页）。其中一个最奇怪的时刻，叙述者离开了对罗马帝国“违背人性和自我膨胀”（第1卷，第219页）方面的批判，转而为小国的优点辩护，对民族主义和意大利统一进行了猛烈的攻击（第1卷，第220页）。[50]

这些转喻法作为一系列的提示告诉我们：布尔沃·利顿的小说虽然试图将古代的庞贝复活，但还是提供了一个1834年伦敦的影射版。在这方面，很难不将它看作受1832年《改革法案》启发的一部小说。它描绘的是追求享乐的贵族阶层，在地震力量的威胁下濒临灭绝的图景。虽然布尔沃·利顿自己支持改革，但埃丝特·肖尔（Esther Schor）认为，到了19世纪30年代，利顿对意大利流行的民族主义的直接经验已经开始改变他对大众力量的看法，这部小说描绘的群众表现出心粗气浮、嗜血成性，沉迷于露天剧场的血腥乐趣。[51]如果说，这部小说从来没有像《波尔蒂契的哑女》那样将群众和火山等同起来；那么，这两者之间的联系，在其最生动的部分表现得十分清晰，即我引述的对火山喷发充满激情的描写：惊慌失措、自露天剧场“喷涌而出”的暴民。这样的人类相当于从火山喷涌而出的爆炸性灰烬和汹涌的熔岩——不可阻挡、嗜血成性、扫除一切挡道者。《波尔蒂契的哑女》把这样的群众描写成积极的革命力量，而《庞贝城的末日》则将其描绘成具有盲目破坏性的角色。就这一点而言，从火山或者民众中逃脱出去的，只是为数不多的选民——格劳科斯、伊俄涅、尼狄亚。比起上帝眷顾基督徒的故事，这似乎更像是一种贵族化的选择。因为即使是忠实的奴隶尼狄亚，最终还是被抛弃了。

就像当时其他成功的小说一样，布尔沃·利顿的小说很快被改编为戏剧。如果布尔沃·利顿的小说，像许多其他火山故事一样，是在用戏剧性的反讽表明人类计划的徒劳无益；那么，他自己 39
的文学特性已经以他可能没有预料到或不能认同的方式被改造了：用马丁·迈泽尔的话来说，大部分的改编与其说忠实于原著，还不如说更具自身的特点。[52]最初的一个改编是J. B. 巴克斯通的《庞贝城的末日；或一千七百年前》(*The Last Days of Pompeii; or, Seventeen Hundred Years Ago*)。此剧在阿德菲剧院大获成功，1834年在那里连演了六十四个晚上，令人印象深刻。我们看到，在帕里的《伦敦街景》(*London Street Scene*)中，这部剧被作为“巨大的成功”来宣传。奇利夫人(Mrs. Keeley，后来参演了1839年《杰克·谢泼德》名声不佳的舞台版)被赞誉为尼狄亚；弗雷德里克·H. 耶茨(Frederick H. Yates)兴致勃勃地扮演了恶人阿耳巴刻斯，巴克斯通自己也扮演了其中一个角色塞勒斯特。这出戏的结尾，是大家熟悉的早期火山剧的“爆破性”结局；而阿耳巴刻斯的最后一次挑衅性演讲，预示了维苏威火山的喷发(第三幕，第六场)：

> [这时，火灾从山上开始蔓延，竞技场的墙倒下了——每个人都在哭泣。地震——地震了！——阿耳巴刻斯被落下的雕像砸死了——众人慌乱不已，尖叫声一片，直到大幕落下并遮蔽了这宏大的场景。][53]

《泰晤士报》(*The Times*)称：“布景和服装似乎都是新的，既合适又华丽；在最后一场中，维苏威火山的喷发向观众清楚地传达了这种可怕的自然现象带来的恐怖。”(1834年12月14日)《晨邮报》

(*Morning Post*)在一篇评论中表示(该评论被剧院管理人员重印在其广告上):"无论董事是大剧院的还是小剧场的,不管剧院经理是大还是小,没有谁能够像昨天那样,将这样一部戏剧的众多舞台事件和复杂的机械效果,在阿德菲剧院董事会的见证下,在耶茨先生的监督下,完美地展示出来。"[54]显然,强调的重点从对小说的哲学关注转到了景观和特殊效果上。也许最重要的变化是,该剧摒弃了布尔沃·利顿小说的贵族气和哲学精神,并将大部分的兴趣,从受压迫的基督徒以及格劳科斯和伊俄涅所代表的上层社会,转移到了下层社会的角斗士身上。莱顿在剧中是尼狄亚的兄弟,他在露天剧场的死亡成为一个主要的场景,而在这方面,这部戏剧也激发了许多以角斗士为主题的作品。[55]不久之后,纽约的波威里剧院上演了路易莎·H. 梅迪纳编写的美国版《庞贝城的末日》。该剧于1835年2月开演,连演了二十七个晚上。尼克·亚布隆(Nick Yablon)
40 认为,梅迪纳的版本"用激进的共和主义语言为美国城市工人阶级重新叙述了布尔沃·利顿的故事"。[56]但这里有一个令人费解的问题。由萨缪尔·弗仑奇(Samuel French)印刷的这个戏剧版本,实际上与《迪克斯标准剧集》("Dicks' Standard Plays")中巴克斯通的文本相同,连服装指导都一样。然而,广告中对巴克斯通剧本的布景描述以及角色的演出阵容都不完全符合这部三幕剧。这表明,要么他缩短了该剧,梅迪纳只是复制了这个更短的版本,要么《迪克斯标准剧集》中的戏剧实际上是梅迪纳的,而不是巴克斯通的。[57]

正如人们所期望的,喜剧也随之而来。其中包括一部滑稽剧:罗伯特·里斯的《庞贝城的最后几日》(*Very Last Days of Pompeii*, 1850; 但直到1872年才在伦敦斯特兰德的沃德维尔剧院上演)。该剧第三场,即高潮的场景,展示了舞台的火山装置。被挫败的阿耳巴刻斯指向火山:

阿耳巴刻斯（站起身来）：
不幸的庞贝人，我为你们痛惜。
看这复仇山——
［可以看见有个人试图点燃山顶的爆竹］
所有人（大笑）：
不，哦，不能爆！
格劳科斯：
结束语没说完就不会，朋友，不会爆的。[58]

显然，对一些人来说，舞台火山已经完全成为一个哑炮，只能起到恶搞的作用。

不过，在大多数情况下，布尔沃·利顿的《庞贝城的末日》得到了更多的尊重，如果各种媒体不总是那么忠实地处理这一题材。在许多凭借该故事获得声望的表演者中，有一位美国驯兽师［艾萨克·A.］范·安布，他自称“庞贝的野蛮驯兽师”。他于19世纪30、40年代在欧洲巡回演出时，曾出现在伦敦的特鲁里街剧院和巴黎的圣马丁门剧院。他穿着得体的古装，重演了露天剧场的人兽对抗。他恐吓狮子和老虎，不是靠神力，而是靠他挥舞着的撬棍。在商品体验范围的另一端，大西洋两岸的美术也满怀热情地回应了这部小说。美国的作品有伦道夫·罗杰斯的雕塑《尼狄亚，庞贝的盲女》（*Nydia, The Blind Flower-Girl of Pompeii*, 1854），这座雕塑被描述为19世纪最受欢迎的美国雕塑，以及詹姆斯·汉密尔顿的《庞贝城的末日》（1864）。英国的作品包括阿尔玛·塔德玛的《格劳科斯和尼狄亚》（*Glaucus and Nydia*, 1857）、保罗·费尔科纳·普尔的《格 41
劳科斯和伊俄涅的逃亡》（*Escape of Glaucus and Ione*, 1860），最著名的是爱德华·波因特的《至死不渝》（*Faithful unto Death*, 1865）。

也许是意识到了需要在一定程度上恢复其原有的地位，歌剧也不甘落后，至少有四种剧本面世：恩里科·佩特雷拉（Enrico Petrella）的《伊俄涅》（*Ione*，1858）、维克托兰·德·乔西尔斯（Victorin de Joncieres）的《庞贝城的最后一天》（*Le dernier jour de Pompéi*，1869）、乔治·福克斯（George Fox）的《尼狄亚》（*Nydia*，1892）、马尔齐亚诺·佩罗西（Marziano Perosi）的《庞贝城》（*Pompei*，1912）。

电影的到来，也没有使人们忘记布尔沃·利顿的故事。1900年至1950年，不少于九部电影以"庞贝城的末日"为标题，或使用意大利语的"Gli Ultimi Giorni di Pompei"。意大利和美国紧跟着维多利亚时期的英国，反思自己在帝国古典时代的镜中映像。[59]模仿得不那么直接的作品，包括《卡比莉亚》（1914），一部由加布里埃尔·邓南遮（Gabriele D'Annunzio）创作的带有幕间旁白的经典古装剧。随着西西里岛埃特纳火山的爆发和卡塔纳城的毁灭，剧情正式开始，女主角卡比莉亚踏上了冒险之旅。这部电影随后将启发D. W.格里菲斯（D. W. Griffith）《党同伐异》（*Intolerance*，1916）中的古代世界景象。梅里安·C. 库珀（Merian C. Cooper）1935年的电影版《庞贝城的末日》，借用了布尔沃·利顿的书名和露天剧场的剧情，但没有别的内容了。这一次，角斗士成了故事的主角，这既得益于萧条时期的拳击电影，也得益于历史史诗。马库斯在妻儿死后努力奋战，直至获胜成功；但在此过程中他忘记了生命中真正重要的事，是火山让他清醒过来，最后牺牲自己来拯救他皈依基督教的养子。与早期的其他电影版本一样，最壮观的景象就是火山喷发和惊慌失措的人群场景。

然而，远在此之前，《庞贝城的末日》也回归到了自己的源头，即乔治时代的焰火表演，在19世纪80年代作为壮观的焰火戏或焰火剧出现。该表演由在盖伊·福克斯之前就已经存在的焰火制造商派恩家族所开创。这些耗资不菲的表演最先出现在伦敦和纽约，然后才发展到去外省城市巡回演出。他们将大型露天剧场与舞蹈和其他娱乐活动结合在一起，并总是以壮观的焰火表演为高潮。这些表演，通常用来代表死亡和毁灭的场景，例如《维拉克鲁兹围困》(*The Siege of Vera Cruz*)、《巴黎和公社》(*Paris and the Commune*)、《塞巴斯托波尔围困》(*The Siege of Sebastopol*)等。在纽约，这种表演成为人们更普遍地观赏帝国盛况的一部分。《庞贝城的末日》首次于1885年6月对曼哈顿海滩的一千多人进行表演(后来的演出吸引观众超过一万人)。[60]那里有原尺寸大小的伊希斯神庙、阿耳巴刻斯宫殿和一个带有驳船的景观湖。所有这一切，都笼罩在维苏威火山的阴影之下(图1.3)。《纽约时报》(*New York*

图1.3　曼哈顿海滩上的《庞贝城的末日》，刊于《哈珀周刊》，1885年7月25日

Times）当时是这样报道的：

> 圣殿前矗立的是一列身穿锁子甲的骑士，手中的武器、头
> 42 上的盔甲锃光瓦亮。打他们身边经过的游行队伍，有祭司、跳舞的女孩、元老院议员和奴隶。所有人都穿着鲜艳奇幻的服装，护卫着在华盖下行走的阿耳巴刻斯……有赛跑、杂技表演，打扮奇特的女孩子们跳着舞。接着是一场慌乱的拼搏：维苏威火山喷出大量熔岩，特大地震接踵而至，房屋庙宇摇摇晃晃，纷纷坍塌，民众四处逃散，一时间整个城市一片混乱。[61]

正如大卫·迈耶所指出的，后来的表演的特征之一，就是重现著名的庞贝绘画场景（比如波因特的《至死不渝》）；但反过来，也有一些耗资巨大的焰火场景，后来被用于凯勒姆公司的电影《宾虚传》（1907）中。这个例子很好地说明了新的文化形式如何将旧的消化掉。[62]迈耶提到，派恩家族还在伦敦北部麦斯威山的亚历山大宫上演了《庞贝城的末日》，构成这部小说有关基督徒次要情节的材料，是从乔治·怀特-梅尔维尔（George Whyte-Melville）的《角斗士》（*The Gladiators*）以及后来的威尔逊·巴雷特的《十字架的标志》（*The Sign of the Cross*, 1895）中选取的；新增的形式，也包括当时各种各样风行一时的东西，比如骑自行车。从美国，我们得到了一份详细的记录，上面记载了1890年10月派恩家族在得克萨斯州沃思堡的焰火表演。这表明布尔沃·利顿的信仰冲突，在那时已
43 经演变成一种充满活力的基督教盛典：奥林瑟斯手持一个超大的燃着火焰的十字架，面对着邪恶的魔术师阿耳巴刻斯。[63]通过把火山变成一个比较宗教学的载体、一本罗马城镇家庭生活的教科书、一则无节制民主的寓言，布尔沃·利顿改变了火山的商品体验。在

派恩家族的焰火表演中，壮观的景象压倒了庞贝城的末日，将其不断提升的锐气消耗得只剩下了一点架子。真正的主角再次变成火山景观，而跳舞的女孩和盛装的庞贝人组成的歌舞队，仿佛既是民众的庆典，也是民主的商业娱乐。整个场景看起来更像是马戏，而非古典的戏剧性场景。

我试图在这里描述多种特殊类型的火山娱乐或商品体验，从焰火奇观到室内表演，从画布到图书、到舞台、到胶片，再回到焰火奇观。通过这些舞台，此类娱乐或体验成为一种传达对城市生活和城市大众的恐惧和渴望的方式。当然，这里对火山的描述并不全面；而且还有我尚未涉及的其他故事。例如，约翰·克莱夫斯·西姆斯（John Cleves Symmes）的《西姆佐尼亚》（*Symzonia*, 1820）激发了多部"地心"冒险小说。包括埃德加·爱伦·坡的《亚瑟·戈登·皮姆的故事》（*The Narrative of Arthur Gordon Pym of Nantucket*, 1838）、儒勒·凡尔纳的《地心之旅》（*Journey to the Centre of the Earth*, 1864）、布尔沃·利顿自己的《未来种族》（1871）和H. 瑞德·哈格德的《她》（*She*, 1887）——更不用提《雷霆谷》（*You Only Live Twice*, 1967）中布罗菲尔德的火山口了。[64]如果这些故事将火山与无意识的景观联系在了一起；那么除了火山景观与统治者的权威之间的早期现代关联之外，还有一个我尚未讨论的、更强调性心理的火山象征。这在流行文化中也有一长串的派生物，从《登山缆车》（"Funiculi, Funicula", 1880）的俏皮歌词到熔岩灯。还有更具哲学味的火山，如在马修·阿诺德（Matthew Arnold）的《埃特纳火山上的恩培多克勒》（*Empedocles on Etna*, 1852）中，恩培多克勒跳进火山口中，从而回归自然。[65]所有这些都可以被归类为火山故事，但这些故事表现了极为不同的想象趋势，展示了不同的诗学空间；最重要的是，它们并不是围绕着狂乱的群众建构起来的。

我在这里讨论的特定火山灾难故事，其核心是一系列城市幻
想。它们通过各种媒体、以各种艺术形式跨越了国界和语言鸿沟。
“伏尔甘熔炉”及同类装置呈现了对通过工业和法国革命释放出的
民主力量的展望，虽然有点过于物化了。随着大众进入政治舞台，
44 19世纪初的火山表演、歌剧和小说记录了这些年的政治不稳定，想
象了一个处于深渊边缘的城市世界。

下一章将讨论城市戏剧。这些戏剧表明，如果人群能得到适当
控制，现代城市可能不会被摧毁。这些戏剧同火山故事一样具有跨
国性。其中，城市的特点不在于景观，而更多地在于它的神秘，这
让我们从感受壮观景象转向欣赏探案追凶。群众的革命性能量被
浓缩成了犯罪主谋的力量，但同时又出现了一种与之抗衡的新型英
45 雄：侦探。

第二章
处处可见的街道
法国通俗剧和英语本地化

一名男子走进酒吧，但很快发现自己被仇家锁在地窖里，头顶上的建筑物即将坍塌；一名女子就要淹死在泰晤士河里，人们惊恐地观望着；这时，一个喝得醉醺醺、看似粗鲁的流浪汉跳进水中，将女子救起；他将女子救活后发现，原来她是自己失散多年的女儿。一个孤儿逃脱了在巴黎大街上流浪的命运，救她的是一位贵族，可是这人原来是个伪善的家伙，他带她去的地方实际上是一座妓院；真正的英雄会及时赶到。[1]

这些都是19世纪以来戏剧舞台上反复出现的场景，是城市戏剧的主要内容，对19世纪的观众具有不可抗拒的吸引力。迈克尔·R. 布思认为，在维多利亚时代的通俗剧中，城市与其说是背景，倒不如说凭其本身的重要性而成了剧中的主角。这些剧作包括：《伦敦之心；或骗子的进步》（*The Heart of London; or, The Sharper's Progress*, 1830）、《夜色中的伦敦》（*London by Night*, 1845）、《迷失在伦敦》（*Lost in London*, 1867）、《大城市》（*The Great City*, 1867）、《伦敦大世界》（*The Great World of London*, 1898）。其他城市也是如此。北美剧院的观众经常看英国城市剧的演出，同时也被当地的类似剧目所吸引，比如《生活在纽约；或汤姆和杰瑞来访》（*Life in New York; or, Tom and Jerry on a Visit*, 1856）、《纽约一瞥》(*A Glance at New York*, 1848)、《纽约穷人》(1857)、《黑暗城市与其光明的一面》(*The Dark City and its Bright Side*, 1877)。巴黎人最先享受到这样的精神大餐，有机会在第一时间观看《巴黎的波希米亚人》(1843)、《巴黎的秘密》(舞台剧版，1844)、《巴黎穷人》(1856)等戏剧。

当然，舞台场景与城市生活的关系并不总是那么直接。场外的空间可能与观众所看到的场景一样重要，戏剧有可能不仅仅关于其直接展现的场景。路易莎·梅迪纳(上一章提到了她的《庞贝城的末日》)还写了边疆剧《森林中的尼克》(*Nick of the Woods*, 波威里剧院，1838)，此剧改编自罗伯特·蒙哥马利·波德(Robert
46 Montgomery Bird) 1837年出版的有关肯塔基新生活的小说。虽然该剧紧扣荒野场景，但剧中对移民定居者与野蛮土著高度紧张关系的描述，在本土主义时期的东海岸城市引起了特别的共鸣。[2]然而，19世纪中期，城市本身以一种前所未有的方式出现在舞台上。繁忙的街景、拥挤的火车站，以及滑铁卢大桥和阿德菲剧院的拱门下无家可归的民众。所有这些，反复出现在巴黎、伦敦、纽约戏剧的场景中。实际上，这些舞台中的城市，像庞贝古城一样，提供了一种精要概述更广泛的人口革命的方式。

城市人口的激增，也在故事布局和人物塑造层面上留下了印记：这是神秘剧和通俗剧的舞台。在犯罪剧的情节中，日益拥挤而不易辨识的城市成了突然逆转之地，一个揭露秘密、扭转局势的地方；在人物性格层面上，对比也同样鲜明：通过一种道德“擦印法”(frottage)，以良善摩擦邪恶，让观众感到强烈的震撼。[3]弱势无助、孤苦伶仃的孤儿在街头流浪，他们要么受尽折磨，要么得到拯救，回到他们失去的家园。冷酷的罪犯在他们身边溜达游荡，其中一些完全不可救药，另一些则在肮脏的面孔和市井习气下隐藏着一颗温柔的心。在这种充满意识形态的视野中，城市通常被视为犯罪的自然发生地，群众成为危险的阶级，潜伏在小巷和地下窝点中。但这个险恶的世界，有时也是一个不可分割的社会，在这里，穷人们会互相帮助。作为迷宫般的哥特式城堡的后继者，舞台上的城市也代表了某种全新的东西，一个充满喧嚣也充满活力的地方。这是一个堕落之地，但不像我们在上一章遇到的城市，无须面临大火焚毁的结局。在这里，观众的注意力被引向那些利用城市生活匿名性而变化身份的职业罪犯。在人口想象历史中的这一阶段，隐瞒身份的贵族和勇敢的中产阶级英雄通常会战胜这些无法无天、诡计多端的人物。但最终，挫败这些城市罪犯的合适角色，以警探的形式出现了；警探也像他所面对的罪犯一样，在神秘的人群中如鱼得水。

这一组有时相互矛盾的城市主题，首先出现在巴黎的舞台上：根据迈克尔·布思的描述，阿道夫·德内里和欧仁·格朗热的《巴黎的波希米亚人》(1843) 迎来了英语舞台现实主义的新阶段，而这部戏又受到了欧仁·苏《巴黎的秘密》(1842—1843) 获得的巨大成功的启发。[4]在被爱德华·斯特林用英语改写成通俗剧《波希米亚人；或，巴黎盗贼》(1843)，并首次由W. T. 蒙克里夫为英国观众将其“本地化”为《伦敦流氓》(1843) 后，该剧创立了影响19世 47
纪都市戏剧的舞台城市模式，将扣人心弦的情节与紧张的救援事件、罪恶的地下世界、(最重要的是) 基于实际城市精心设置的场景结合在了一起。欧仁·苏的小说以及后来的改编剧作，可以被看作这些年来法国统治阶级对城市犯罪更普遍兴趣的一部分；维克多·雨果的著作、维多克 (Vidocq) 的回忆录、报纸和有关暴力犯罪的侧面报道，都激发并满足了这种兴趣。[5]正如托马斯·克拉金所说，“19世纪的巴黎人都被犯罪迷住了，并且不只是普通的犯罪，而是谋杀”。[6]路易斯·谢瓦利埃认为，大量人口迁移到城市（从1801年到1846年，巴黎人口翻了一番），集中在一些卫生条件低下的老旧中心城区，加上失业和其他社会因素，让犯罪率激增，而这反过来又造成了犯罪在城市非常普遍的感觉。对于中产阶级评论者来说，劳动阶层和刑事犯罪阶层很难区分，犯罪被视为穷人的社会常态而非异常："悲惨世界"就是贫穷和犯罪。奥诺雷·安托万·弗雷吉的著作《大城市的危险阶层及改造他们的方法》（*Des classes dangereuses de la population dans les grandes villes, et des moyens de les rendre meilleures*）于1840年出版，该书提出了一个将城市贫民妖魔化的实用新术语：危险阶层。[7]现在看来，这种有关实际犯罪率的说法非常可疑，不过，谢瓦利埃描述的社会恐惧显然十分真实。随着巴黎迅速发展，这个城市变得更加不易辨识了，而对此产生的一种反应便是对危险的感知；同样，更大的社会不透明被假想为城市之谜。这无疑是各地"林荫道剧院"出现戏剧化犯罪之城的一个原因。后来，许多以伦敦和纽约为主题的戏剧，其基本模式都是来自一些法国人对城市生活特有的恐惧：人口增长带来了黑社会的猖獗，或者，平民大众天生就是罪犯。

但这样的描述有点太绝对了。首先，正如凯特·纽韦指出的那样，许多改编自《巴黎的波希米亚人》的戏剧——除了蒙克里夫和斯特林的剧本，还有C. Z. 巴内特（C. Z. Barnett）、夏尔·狄隆（Charles Dillon）、弗雷德里克·马钱特（Frederick Marchant）的剧作——实际上表明了"剧作家和观众心目中的现代城市"。[8]对伦敦和纽约的观众来说，《巴黎的波希米亚人》中拥挤不堪、犯罪猖獗的巴黎，就像自己的家乡一样。此外，正如纽韦所言，因涉及英法之间早期素材相互影响十分频繁，作品起源的问题远非那么简单：欧仁·苏的小说就受惠于一部英国作品——皮尔斯·伊根的

《伦敦生活》(1821) 及其舞台版《汤姆和杰瑞；或伦敦生活》(*Tom and Jerry; or Life in London*, 1821)；而伊根的《伦敦生活》又延续 48
了约翰·盖伊 (John Gay) 的《乞丐的歌剧》(*The Beggar's Opera*, 1728)，如果没有其他更早的作品。欧仁·苏故事中的叙述者，在描述城市"野蛮人"时，将自己同费尼莫尔·库珀("美国的沃尔特·司各特")联系在一起。[9]我们也可以推测，欧仁·苏读过《奥利弗·退斯特》(1837—1839) ——在法国被称为《奥利维尔·退斯特》(*Olivier Twist*) ——或者见过改编的舞台版。因为这段犯罪故事，比起伊根的滑稽的流浪汉故事，与欧仁·苏对城市的看法更接近。狄更斯最初旨在揭露《济贫法》的罪孽，以及针对贫民的国家暴力，但小说很快变成了对伦敦这个职业罪犯巢穴的探究。同经常与其相提并论的"罪犯小说"一样，《奥利弗·退斯特》似乎对描写黑社会十分着迷，其程度不输于巴黎创作的任何一部作品。[在法国，这一时期，狄更斯与布尔沃·利顿一起被看作沃尔特·司各特爵士的承继者。《奥利弗·退斯特》的早期译本有很多种，包括卢多维克·伯纳德 (Ludovic Bernard) 的译本，《奥利维尔·退斯特，或乞丐窝里的孤儿》(*Olivier Twist, ou l'Orphelin du dépôt de mendicité*, 1841)，以及L. 德·波特的译本《贝斯纳尔格林区的犹太人，或伦敦的盗贼》(*Le Juif de Bethnal Green, ou les voleurs de Londres*, 1843—1844)。][10]与其说法国发明了犯罪之城，还不如说它从广泛传播的城市故事和图像中创造了最成功的舞台载体。这种国际性故事情节和地方性背景的结合所表明的，不仅仅是一种对城市现实或城市幻想的共同体验，而且是对通俗剧作为一种模式的普遍接受。在这种模式中，那些令人忧虑的素材可以转化为愉悦的情感和娱乐。

本章意在考察大西洋两岸交流最多的城市犯罪剧，其中大多数首先在巴黎上演，然后被各地改编，以适应各自不同的城市背景，有时还会针对非常具体的当地问题。尽管乔伊斯和伍尔夫的作品展现了普通城市生活中明朗的六月美景，但这些都市剧通过廉价小说、低俗杂志、黑色电影、连环漫画对19世纪晚期和20世纪的文化产生了巨大的影响：认同城市与犯罪息息相关、对侦探英雄念念不忘，至今仍然是国际流行文化的重要组成部分。不过，还是让我们先回过头来看看欧仁·苏的《巴黎的秘密》，这部小说使犯罪之城成了国际现象，并且影响了随后一些套路相仿的城市戏剧。

巴黎的秘密

在《巴黎和伦敦的秘密》(*The Mysteries of Paris and London*, 1992) 一书中，理查德·迈克斯韦尔将维克多·雨果的《巴黎圣母院》(*Notre-Dame de Paris*, 1831) [英文改编版译作《钟楼怪人》
49 (*The Hunchback of Notre Dame*)] 定为"城市秘密"系列作品的首部，他还将查尔斯·狄更斯、欧仁·苏、威廉·哈里森·安斯沃思以及雨果后来的作品列入了这一文学支派中。对迈克斯韦尔而言，这些小说通过一系列反复出现的形象（迷宫、人群、全景、档案）来应对现代城市的不可预见性。虽然这种观点存在一些问题，例如，忽略了皮尔斯·伊根等人早期的城市流浪汉小说，以及这一时期小说和戏剧的不可分割性；但是，迈克斯韦尔强调巴黎及其神秘元素的首要性，将其当作一种新型城市故事的主要成分，这是非常正确的。然而，正是欧仁·苏的《巴黎的秘密》，而非雨果的小说，为后来深受其影响的城市戏剧提供了情节和舞台背景。无论是直接改编的作品，包括《巴黎的波希米亚人》、《伦敦流氓》、《纽约的节奏》(*The Beats of New York*)，还是改写力度较大的作品，如《巴黎穷人》

（以及许多类似的作品）、《两个孤女》、《莱昂纳尔》、《假释犯》，欧仁·苏的这部畅销小说在19世纪及之后的城市戏剧上都留下了其印迹。《巴黎的秘密》最初作为一个专栏在《辩论日报》（*Journal des débats*）上连载，这部小说用现代巴黎取代了雨果的15世纪古装剧。[11]欧仁·苏的小说中依然有哥特式的情境和人物，但巴黎的中心不再是哥特式教堂，而是破旧的酒吧、肮脏的旅店，还有贼窝，偶尔也能看到富有之家；巴黎的象征是塞纳河，这条河似乎就代表了城市本身，能将人们席卷其中。《巴黎的秘密》的主人公是盖罗尔施泰因大公鲁道夫，他希望通过帮助贫困者来弥补自己过去犯下的罪恶。为此，他伪装成巴黎工人，在身材敦实的同伴沃尔特·墨菲爵士的护卫下，混入了城内的下层社会。他还得到了曾经的种植园奴隶戴维医生的帮助。鲁道夫使命的第一受益人是拉·古莱亚斯（街头歌手），一个化名为玛丽花的年轻妓女。他让其免于勒·舒里纳尔（持刀人）的虐待。后来，还让这个曾经的罪犯成了自己忠实的帮手。鲁道夫把玛丽花送到乡村与乔治夫人一起生活，这位夫人有着自己的血泪史，她的儿子走丢了。但是，鲁道夫的这种行为遭到伯爵夫人莎拉·麦格雷戈和她兄弟的反对。多年前，麦格雷戈伯爵夫人为了获得头衔而引诱了年轻的鲁道夫，并且计划不惜任何 50
代价将他夺回来。（当鲁道夫意识到她的本性，便离开了她；她付钱让陌生人带走了女儿，却告诉他，女儿已死。）小说的次要情节涉及拉·古莱亚斯（玛丽花）的好朋友瑞格丽特和热尔曼（乔治夫人丢失的儿子）之间的浪漫恋情，以及贫穷的莫雷尔一家的困境。这些人物都住在一家出租公寓里。公寓的门房是狄更斯式的漫画人物皮佩雷先生和其夫人。小说中的恶棍包括彪悍的“校长”，一个杀人犯，为了伪装，他用酸在自己的脸上留下了疤痕，并割去了鼻子的一部分；以及“校长”的同伙独眼“猫头鹰”，在拉·古莱亚斯（玛丽花）小时候曾残忍地虐待她，并用钳子拔出她的一颗牙齿来惩罚她；有前科在身的酒店主“红臂”，和他的残废儿子托尔蒂拉德；腐败的公证员费朗德，他的管家塞拉芬，以及漂亮的“黑白混血儿”塞西利（戴维医生的前妻），她被派去诱惑戴维。小说的精彩情节包括：“校长”企图将鲁道夫淹死在“红臂”酒店的地窖里（后由舒里纳尔救出）；鲁道夫和戴维弄瞎了“校长”的眼睛；费朗德下令将玛丽花淹死在塞纳河，但另一个有前科的人拉·卢浮（母狼）救了她；在鲁道夫被囚禁并差点淹死的地窖里，“校长”将“猫头鹰”毒打致死。拉·古莱亚斯（玛丽花）原来是鲁道夫同麦格雷戈伯爵夫人所生的女儿；而乔治夫人也找到了失散多年的儿子，“校长”则是她失踪多年的丈夫。鲁道夫和他的新恋人克莱门斯回到了盖罗尔施泰因，在这里玛丽花成了阿米莉亚公主。但过去的记忆过于强烈，她无法享受新的尊荣，于是放弃了爱人，进了修道院，不久以后死在那里。

正如史蒂芬·奈特所言，其他城市的作家通过恬不知耻的盗用，来表达对欧仁·苏连载小说的衷心钦佩；很快就有了乔治·利帕德的费城故事集《贵格市；或修道院里的修道士》，G. W. M. 雷诺兹的《伦敦的秘密》，拉蒙·德·纳瓦雷特的《马德里及其秘密》，内德·邦特莱因（爱德华·赞·卡罗尔·贾德森）的《纽约的秘密和苦难》(1848)，还包括后来以那不勒斯、新奥尔良、圣彼得堡、蒙特利尔、墨尔本和里斯本等城市为背景的类似模式的各种版本。迈克尔·丹宁提到，这一故事模式在美国甚至传遍了大大小小的城镇，比如，有奥斯卡·布拉德伯里（Oscar Bradbury）的《洛厄尔的秘密》（*Mysteries of Lowell*, 1844），弗兰克·黑兹尔顿（Frank Hazelton）的《特洛伊的秘密》（*Mysteries of Troy*, 1847）。[12]这些本地化的欧仁·苏式故事有着复杂的来源：例如《圣彼得堡的秘密》

(*The Mysteries of St Petersburg*, 1880)的作者，是多产的威尔士裔 51
美国作家亨利·卢埃林·威廉斯(Henry Llewellyn Williams)，而非其声称的“米卡尔·格兹契科夫”(Mikael Gortschakov);《新奥尔良的秘密》(*Die Geheimnisse von New Orleans*, 1854)是由路德维希·冯·赖岑施泰因男爵(Baron Ludwig von Reizenstein)为一家路易斯安那州的德语报纸写的。[13]

不过，在这里，我只想探讨一下这部小说在19世纪舞台上留下的影响。欧仁·苏将这个人口众多的城市视为犯罪的滋生地，这一想象塑造了19世纪中晚期的国际都市剧，今天也依然为人们所接受。这部小说最初的戏剧改编，是欧仁·苏自己完成的，即他与普罗斯珀·迪诺克斯(Prosper Dinaux)共同编写的《巴黎的秘密，一部传奇剧[原文如此]五幕十一场》(*Les Mystères de Paris, un roman*[*sic*] *en cinq parties et onze tableaux*)，该剧于1844年2月13日在圣马丁门剧院上演。[14]欧仁·苏情节丰富的“专栏连载小说”(feuilleton)将在舞台上演出，这自然吸引了数量庞大的民众前去观看：早晨八点，剧院被团团围住；到了下午五点，需要动用“武装部队”来控制人群。[15]正厅前排的每一个座位票，转一下手，就可赚得两百法郎。[16]下午七点幕启时，坐在新装修的剧院中热切地等待开演的观众，包括“皇室、政治人物、文学家、艺术家”[“la royauté, la politique, les lettres, et les arts”，参见“圣马丁门”(Porte-Saint-Martin)，《法国戏剧》(*La France Théâtrale*)，第4页]。至于表演本身，正如以上压缩过的概述所示，小说包含过多的情节和暴力事件，并不容易在舞台上完整展现。一些人物和次要情节消失了，甚至主要情节也改变了：费朗德也是“红臂”，是拉·古莱亚斯(玛丽花)的雇主和直接迫害者；他和皮佩雷、热尔曼、莫雷尔、鲁道夫一样，都生活在圣殿街的同一所房子里；在阿涅尔桥，玛丽花快要淹死的时候，是费朗德救了她，使她重新回到他的控制之下；费朗德前去阻止玛丽花同鲁道夫一起离开巴黎时，与“校长”及其手下发生了争吵，后者弄瞎了他的眼睛。

正如《法国戏剧》的评论家所言，有些差异并不是由戏剧结构而是由审查制度导致的：费朗德不再是公证员（一种公务员），而是平民、商人；拉·古莱亚斯（玛丽花）不再是妓女，而是街头歌手。一些批评家对此表示不满，例如《戏剧信使报》（*La Mercure des Théâtres*）将这一演出看作对原小说的苍白临摹；而一些观众则不太高兴看到小说中自己最喜欢的人物发生了根本性的改变。不过，扮演费朗德的著名演员弗雷德里克·勒梅特尔（Frédérick Lemaître）的表演相当成功：泰奥菲尔·戈蒂耶（Théophile Gautier）认为，在失明的那场戏中，费朗德“像古代的俄狄浦斯那样美好而可怕”（beau et terrible comme Œdipe antique）。从商业角度来说，
52 这出戏是成功的。每晚演出挣得的五千法郎，可以让管理方对这些批评不予理会。而三十年后，巴黎的舞台上又上演了另一出戏。[17]

和狄更斯的许多小说一样，《巴黎的秘密》也有许多派生作品和直接的戏剧改编。所以，观众还可以在休闲喜剧剧院（Délassement-Comique）看《瑞格丽特的家务事》（*Le Ménage de Rigolette*），在体育馆看《新鲁道夫》（*Le Nouveau Rodolphe*），在暧昧喜剧剧院看《卡布里奥》（*Cabrion*，即《巴黎的秘密》中提到过但实际上从未出现的好戏弄人的艺术家，属于皮佩雷的半喜剧性世界的一部分）。这些剧作往往沉溺于小说中光明的一面，而将其令人震惊的暴力以及对巴黎这个动荡的社会大熔炉的描述置于一边。

《巴黎的秘密》虽然有其局限性，但仍可以被看作一部开创性的剧作，因为它使巴黎本身成为重要的舞台。正如奥迪勒·克拉科维奇所言，尽管如此，却并非完全史无前例，比如就有这样一些轻歌

舞剧：巴亚尔（Bayard）和范德布赫（Vanderburch）的《巴黎的流浪儿》（*Le Gamin de Paris*，1836），夏尔·杜普泰（Charles Dupeuty）和欧仁·科尔蒙的《巴黎的夜景》（暧昧喜剧剧院，1842年6月28日）。后者是一部通俗剧，它将城市的街道作为一系列的舞台演出，包括公共交通、对“清晨五点的哈勒市场”（即，巴黎第一区的菜市场）的细致再现，以及煤气灯下圣丹尼斯街的街头生活：

> 幕起时，行人来来去去。一辆公共马车停在大道的拐角处，有人下车，有人上车；售票员喊道：“满了！”马车就开走了……时不时有人叫卖道：《信使报》、《巴黎人通报》（晚报）……另一人……大声喊道：“德国化学火柴。”[18]

这部戏也预示着《巴黎的秘密》不仅将巴黎描绘成热闹繁华、充满活力、丰富多彩的环境，而且还描绘成了一种象征性的景观——一个善恶争斗的地方。[19]或许欧仁·苏戏剧最具影响力的改编作品，实际上是一部通俗剧，且其本身就是欧仁·苏小说的重要衍生品，该剧是在《辩论日报》上的小说连载临近收尾之时面世的。也就是阿道夫·德内里和欧仁·格朗热的《巴黎的波希 53
米亚人》，一出五幕八场歌剧，于1843年9月27日［据《剧院杂志》（*Journal des théâtres*）报道应该是9月26日］在暧昧喜剧剧院首次演出。此剧将欧仁·苏小说中的人名和情节做了更换，使其成了一出真正的新戏剧。恶棍蒙托乔伊向我们这样介绍波希米亚人：

> 这类人的存在是个问题，其社会地位称奇，其钱财来源成谜，没有固定的住所，没有确定的避难所，居无定所，却无处不在！不属于任何特定的国家，却从事五十种职业；其中大多数

人早晨起来不知道晚餐去哪里吃；今天富有，明天挨饿；可能的话，便诚实地活着，不能的话，便另想他法。（第一幕第七场）

对于那些在《喧闹报》(*Charivari*) 看过奥诺雷·杜米埃系列石版画 (1840—1942) 的观众来说，这部剧的标题已经很熟悉了。杜米埃的焦点与德内里、格朗热一样，关注的是那些社会边缘人的争斗。这是一个准犯罪环境，而非后来因亨利·米尔热 (Henri Murger) 的《波希米亚生活场景》(*Scènes de la vie de Bohème*, 1845—1849) 而闻名的短暂属于年轻艺术家们的波希米亚，后者是普契尼 (Puccini) 创作《波希米亚人》(*La Boheme*, 1896) 的源头。德内里、格朗热正是从《巴黎的秘密》中借鉴了其戏剧中的主要成分：城市犯罪、英雄与形形色色的恶棍之间的争斗，以及一系列引人注目的固定套路，这些后来在英语戏剧中被称为“轰动场面”，特别是河中救援，还有酒店地窖里英雄遭受的苦难。值得注意的是，德内里、格朗热的作品有别于欧仁·苏式戏剧的是，英雄夏尔·迪迪埃被描述为中产阶级而非贵族阶层；他是通俗剧里心地善良的英雄，而非鲁道夫这样的神秘复仇者。

考虑到《巴黎的波希米亚人》对后续描述人口稠密的城市作品的影响，有必要对表演的内容做简短概述：弗朗索瓦·雷诺，别名蒙托乔伊，是巴黎的波希米亚人首领。他和同伙迪戈纳德盯上了保罗·迪迪埃；保罗家世很好，却将自己的钱财挥霍一空，并引诱了克雷弗克（杰罗姆·休伯特）的女儿路易丝·休伯特。克雷弗
54 克，绰号笨蛋，是一个饮酒过度、备受摧残的前苦役犯，曾蒙冤被指控为谋杀妻子玛丽的罪犯；而这桩案子实际上是蒙托乔伊（雷诺）犯下的。被抛弃的路易丝落入塞纳河中，克雷弗克将她救起，从而展现了他良好的品格。帮助路易丝的还有一位心地善良的波希米

亚人巴尼奥莱，以及他的爱人阿瑟米丝。与此同时，雷诺（蒙托乔伊）计划用保罗·迪迪埃代替其兄弟夏尔迎娶一位女继承人。夏尔试图挫败这一阴谋，他去了被作为盗贼总部的酒馆，却被锁在地窖里——而这座建筑就要被摧毁。虽然巡警经过了酒馆，但他的呼救声被蒙托乔伊精心安排的歌唱声掩盖了。除去了夏尔·迪迪埃，蒙托乔伊继续实施他的计划，让保罗·迪迪埃迎娶女继承人。他还希望除掉另一个潜在的威胁——路易丝。他对克雷弗克说，路易丝是杀害其妻子的凶手。在蒙马特区废弃的采石场，克雷弗克就要杀死路易丝之际，路易丝透露，玛丽是她的母亲。这时，克雷弗克才意识到路易丝原来是自己的女儿。（事后看来，在这个灯光昏暗的场景中，我们可以看到一种背景设置的原型，即后来从通俗杂志到电视剧的各类犯罪叙事的重要特征：空无一物、光线昏暗的工业或后工业内景布置。）[20]克雷弗克阻止了保罗·迪迪埃和女继承人的婚姻。当被巴尼奥莱从地窖里救出的夏尔·迪迪埃戏剧性地出现时，蒙托乔伊被捕了。蒙托乔伊原来就是杀害玛丽·休伯特的凶手雷诺。迪迪埃两兄弟打算回国，保罗可以在那里改过自新。[21]

这出戏在暧昧喜剧剧院一直演到来年的三月，并在外省剧院演了很久。虽然一些评论指出，这部戏剧大量借用了《巴黎的秘密》，但人们普遍认为该剧也有自己的东西。在背景效果中，从蒙马特区看到的巴黎全景和玛丽桥拱门下的塞纳河夜景，都得到了夸赞。夏尔被扔进地窖的那一片断特别感人，而蒙托乔伊作为反派也获得了掌声。这一角色的冷酷无情，被演绎得非常成功。但是，并非所有人都喜欢戏剧中将工人阶级和犯罪行为轻易地混为一谈：《独立报》（*L'Indépendant*）的评论者指出，工人阶级的观众不太喜欢看到自己的特色工作服，被确认为罪犯的伪装，成为一件“隐匿罪恶的外衣”（cache-coquin）。[22]

英国舞台上的犯罪城市

55 《巴黎的波希米亚人》的成功，很快诱发了伦敦的一系列改编剧。阿德菲剧院因上演巴克斯通的《杰克·谢泼德》(1839)这样的犯罪剧而闻名已久，如今又以爱德华·斯特林的《波希米亚人；或巴黎盗贼》(1843年11月6日)这部改编剧，将《巴黎的波希米亚人》介绍给伦敦的观众。戏单广告上称该剧为“根据欧仁·苏的《巴黎的秘密》改编”，这么说并不完全符合事实。[23]斯特林这部戏更贴近《巴黎的波希米亚人》，剧中再现了相同的场景：皇家邮局、月光下的塞纳河、阁楼、“乌烟瘴气的台球室和吸烟室”，以及蒙马特区的采石场。当时的戏剧评论，对该剧抱有既着迷又鄙视的态度。《观察家报》告诉读者：“剧情颇具浪漫主义色彩：一会儿将主角囚禁在黑暗的地窖中，一会儿将女主角从桥上抛下；又让神秘人物以令人难以置信的目的将其他神秘人物纳入麾下；全剧沉浸在各种咬牙切齿、剑拔弩张的情境之中。”[24]该剧显然使用了一些观众已经非常熟悉的夸张的戏剧语汇，评论者反复强调的是，对于挑剔的观众来说，这部戏有点太离谱了。《泰晤士报》上的评论总体看好，甚至断言这是“毫无疑问的成功”：“剧情发展紧凑，令人印象深刻，舞台布景也胜过平常。”不过，评论还指出，这部戏最能取悦这样一部分观众，“他们希望借助布景、服装、舞蹈、恐惧、欢笑来刺激自己对舞台表演的兴趣”。[25]《时代》(*The Era*)上的评论表示，不能确定这一现象是否应该责怪国家还是应该责怪公众，因为不明白“像现在这样一部戏的演出，是对英国宫务大臣便宜行事权的赞美，还是对大都市观众品味的赞美”。该报不愿采用这种思路，因而得出结论：“我们的剧院要么随波逐流，贩卖来自法国的放荡和伤感的二手货，要么关门歇业。”根据这种观点，观众想要进口垃圾，是不会被拒绝的。不过，有趣的是，评论者继续指出，本土的某些精神食粮也助长了这种低俗趣味的欲望。评论者把《乞丐的歌剧》当作此类素材的远祖，指责“博兹和安斯沃思为培养低俗不堪的文化提供了温床”。欧仁·苏被看作维克多·雨果的承继者，但他“对最深层的罪恶‘夜间歌舞场’的探究”，已经超越了雨果。其作品的主角都是些“苦役犯、盗贼和扒手——通常用波希米亚人这个词来表示”。[26]发表了这些严厉批评之后，评论者接着盛赞了表演者，并预测演出会取得成功。演出确实很成功，在阿德菲剧院就演了 56
七十一场。

对英国化的波希米亚人的敌意及兴趣，同样通过更广泛的文化和社会历史力量得到了传播。就戏剧史而言，针对这些戏剧的敌意批评应提醒我们，1843年是重要的一年，其中品味和群众问题成了关注的焦点。这一年，新《剧院法》将主要剧院（即拥有专业资质的剧院：特鲁里街剧院、考文特花园剧院、赫马基特剧院）和二三流剧院置于同等地位；后者现在可以上演所谓合法戏剧，而主要剧院可以“依照任何法律、道德手段”［如文学杂志《雅典娜神殿》（*Athenaeum*）所言］自由地赚钱。[27]有些评论者担心，这会导致在特鲁里街剧院上演花里胡哨的“对岸”通俗剧（即泰晤士河以南工人阶级剧院里流行的戏剧），而非二三流剧院里大量上演的莎士比亚剧。

然而，我们也应该牢记，在19世纪的头几十年里，伦敦，更普遍地说是英国，对犯罪和危险阶层十分着迷。和法国一样，随着城市人口的激增，罪犯的角色开始普遍由工人阶级充当，而且与城市紧密相连。正如大卫·泰勒（David Taylor）所言：“英国城市中迅速发展的工人阶级居住区，被视为罪犯的自然环境。”[28] H. A. 弗雷吉的“危险阶层”一词，被英国评论者所接受。虽然将犯罪和工人等同起来，从来没有像法国那样被认为是理所当然的；但有关19世纪40年代城市生活的具有影响力的报道，例如亨利·梅休最初发表在1849年至1950年《纪事晨报》(*Morning Chronicle*)上的《伦敦劳工和伦敦穷人》(*London Labour and the London Poor*)，仍然传达出了这一观念。[29]对城市犯罪的恐慌有其政治担忧的基础，我们可以设想，宪章主义者在19世纪30年代和40年代发动的政治运动，对于消除当局对城市群众的担忧几乎没有什么作用。这些群众在读什么、看什么，成了令人关注的问题；而这种虚构的、戏剧性的针对犯罪和罪犯的表现据说会带来不良影响，则是一个悲观的话题。杰弗里·N. 考克斯认为，19世纪早期的通俗剧代表了一种保守的转向，在其中，浪漫主义戏剧中的大反派变成了单纯的罪犯。[30]而对犯罪题材的戏剧(和小说)的批判性反应表明，这些大反派也被当代评论家视为政治颠覆者。近代的“罪犯小说”，比如威廉·哈里森·安斯沃思的《杰克·谢泼德》(1839—1840)，让统治阶级对
57 民众的道德堕落问题产生了相当大的怀疑。这部小说的舞台改编，包括巴克斯通在阿德菲剧院演出的剧本，一直享有极高的人气。而宫务大臣由于道德恐慌，担心会对没有判断能力的观众产生恶劣影响，取缔了该剧的演出。[31](据说，1840年，男仆本杰明·库瓦西耶就是受安斯沃思小说的启发而谋杀了威廉·拉塞尔勋爵。)在这种背景下，统治阶级永远不会对欧仁·苏的《巴黎的秘密》表示热烈欢迎。1843年，该书的英文译本通过美国出版商哈珀兄弟面世，但当时被认为是有害的。《雅典娜神殿》评论道:“只要[欧仁·苏的小说]在当地拥有声誉，让这声誉保持原状是更明智的做法。”非常糟糕的是，在巴黎，“从鸡鸣之时起，各个剧院，凡是能让人有希望一睹同样戏剧化场景的片刻机会，就会被重重包围”，而如今欧仁·苏的有害作品，“在众多的、繁忙的数百万美国和英国读者之间

流传”。[32]对这位评论者而言，连《巴黎的秘密》中鲁道夫大公的使命也是不道德的，是一种“以罪纠罪，以骗测骗”的企图。既然其核心已经腐烂，那么，通过在“凌乱不堪的泥淖”中绘制巴黎的罪恶窝点，并提供“一场最黑暗、最肮脏、最悲伤的沃尔普吉斯狂欢”，又能达到什么目的呢？（参见《雅典娜神殿》的评论，1844年4月27日，第375页）这种不健康的素材，只可能对易受影响的英国读者起到负面作用。

无论道德上的恐慌是否存在，伦敦公众始终对受欧仁·苏启发的戏剧保持着极大的兴趣。这些戏剧，为他们提供了色彩鲜明的戏剧性事件，同时也清晰地描述了他们生活其中的拥挤世界。其他的剧院，也都紧随阿德菲剧院的脚步。1843年至1844年的演出季，《巴黎的波希米亚人》的各种译本和改编本，吸引了大批观众走进布里塔尼亚、萨里、萨德勒威尔斯、维多利亚以及伦敦市的各家剧院。据《时代》1843年12月10日的报道，这些城市戏剧似乎“能够施展魔力于每晚召集观众；这种魔力在《汤姆和杰瑞》轰动一时之后再没有被超越过”。[33]伦敦的舞台上曾出现过很多版本的《波希米亚人》，以至于剧院不得不强调其特定作品的独特性，例如，伦敦市剧院宣称“**考勒太太从桥上可怕的一跳**，只能在这个剧院里看到”。[34]考勒太太这一跳确实可怕，不过，其他剧院也能看到这样可怕的一跳。萨里剧院里扮演女主角的霍纳女士在开幕之夜扭伤了脚踝，从15英尺高的地方摔下时错过了用来缓冲的床垫。这个时候，人们对这个引人注目的场面，可能已经没有什么热情了。[35]其他剧院也有其标志性的特征和各自的问题。例如维多利亚剧院参加表演的猫，本打算让它在开场的人群场景中从篮子里跳出来（与之后女主角的一跳做诙谐的类比），但它拒绝合作。[36] 58

比任何特殊效果或舞台“动作”更能吸引观众的是，伦敦的观众有机会看到自己的城市取代巴黎成为波希米亚人的栖息地。1843年11月19日，《时代》宣布，W. T. 蒙克里夫“精心改编”的《波希米亚人》，即《人生的十字路口，或伦敦流氓》(*The Crossroads of Life, or The Scamps of London*)，将在萨德勒威尔斯剧院上演。其广告海报使用了一个有趣的词，把它宣传为“新的民族地方剧”，一部“适用于现在的环境和现实”的戏剧。[37]为了证明自己把剧情从巴黎转到伦敦的正当性，蒙克里夫向花钱买票的观众保证：“无论高贵还是低贱，虽然着装上会有些变化，在所有国家，生活基本上都是一样的。”《时代》评论家对他用伦敦街道替代巴黎街道表示满意，认为他“从贫穷和堕落、财富和犯罪等令人反感的混合物中，营造了一种非常活泼的娱乐气氛，让大众了解围绕在他们身边的芸芸众生”。[38]也就是说，城市通俗剧中的种种场景，都是在模仿伦敦本身。故事情节基本上还是阿德菲版《波希米亚人》中的，但从道格拉斯·杰罗德(Douglas Jerrold)的《黑眼睛苏珊》(*Black-Ey'd Susan*, 1829)开始，夏尔·迪迪埃成了前海军军官弗雷德里克·丹佛斯，这有可能是想在舞台上利用海军英雄的声望。蒙托乔伊和他的同伙迪戈纳德分别成了德弗鲁/福克斯·斯金纳和霍克斯沃思·沙布纳。“地方”的吸引力，取决于对可识别的伦敦背景的使用：新火车站尤斯顿取代了皇家邮局；泰晤士河的干拱门取代了塞纳河上的桥；人迹罕至的伦敦砖场取代了蒙马特采石场。此后几年，该剧的多种版本继续流传。19世纪60年代，从奥古斯丁·戴利的《煤气灯下》(*Under the Gaslight*, 1867)中借用了“铁路援救”剧情后，基本情节获得了新生。布西科的《黑暗之后》(*After Dark*, 1868)正是这种新混合体的第一部剧作；许多其他类似剧作紧随其后。不久，舞台上的类似演出，就与1843年的《巴黎的波希米亚人》一样多了。[39]直到19世纪末，经过改编的《波希米亚人》诸版本，仍在吸引着观众。

在此之前，汤姆·泰勒《假释犯》（奥林匹克剧院，1863年5月27日）的出现，已为英语犯罪剧和更普遍的人口想象，预示了重要的新方向。在泰勒的剧中，业余的“犯罪克星”——无论是贵族的鲁道夫还是资产阶级的夏尔·迪迪埃——由更专业的人士替代。霍克肖不是第一位舞台上的侦探，甚至不是汤姆·泰勒创作的第一位剧中侦探；不过他肯定是最有影响力的那位。《假释犯》成了19世纪最受欢迎的戏剧。在奥林匹克剧院，该剧创下了破纪录的407 59
场演出，并在各省同样大受欢迎了很多年。在美国，正如我们即将看到的，该剧也获得了类似的成功。

虽然此剧可以被看作19世纪60年代的一部“轰动剧”，观众的注意力也集中在特效场景上，然而，它并没有像迪恩·布西科同一时期的成功作品那样有着轰动的场景，比如《玻恩姑娘》（*The Colleen Bawn*, 1860）、《有八分之一黑人血统的混血儿》（*Octoroon*, 1861），其影响力主要归功于剧中对城市犯罪的处理。泰勒的戏剧，正像库瓦西耶案和《杰克·谢泼德》之争后的《巴黎的秘密》及其模仿者那样，触动了伦敦的神经。到了1863年，人们对19世纪40年代危险阶层的恐惧有所减弱，但城市犯罪仍然令人着迷，特别是假释犯主题极大地困扰了英国媒体。对罪犯的新假释制度的担忧，集中于前一年开始的“勒杀恐慌”。人们普遍担心，三人一组的抢劫者在街上徘徊，寻找可以勒杀并抢劫的受害者。人们认为作恶者是有前科的，而有些人认为，勒杀手段是从19世纪40年代被镇压下去的印度暴徒那里学来的。[40]1862年的勒杀恐慌，并不是第一次发生，早在19世纪50年代初就有过一次。但1862年这次可能产生了更大的影响，导致了1863年《反暴力安全法》（别名《勒杀者法案》）的通过，该法案对暴力犯罪定下了严厉的刑罚。[41]不光政府在对这种恐慌做出回应，企业家也认识到了面向城市绅士（受害者似乎大多是男性）的个人防护用品的市场缺口。于是，惶恐不安的行人很快可以买到金属指节铜环、实战型皮鞭，以及防勒杀手套、防勒杀领结这样的时髦物品。[42]

1862年恐慌的导火索之一，是围绕一桩抢劫案的报道。案件发生在7月16日凌晨的滑铁卢广场，休·皮尔金顿议员从下议院步行回家时，头部被击中，手表被抢。尽管皮尔金顿似乎被棒击而非被勒绞，但这一事件很快与其他袭击事件联系起来，伦敦仿佛正处于暴力犯罪的浪潮中。[43]而勒杀恐慌更大的背景是，1852年以后英国停止将罪犯运往澳大利亚。危险阶层中最坏的那些人，再也不能被简单地驱逐了；相反，他们必须以某种方式被重新接纳。汤姆·泰勒并不是首位从“假释”罪犯的问题中赚取戏剧资本的人。
60 沃茨·菲利普斯的《假释犯》是一出滑稽剧，1862年12月1日在阿德菲剧院上演，并连续演出了六十一个难忘的夜晚。一些评论家指出，菲利普斯冒了一个险，该剧之所以获得了成功，正如《观察家报》所言，是因为“恰好提到了勒杀恐慌”。[44]（主人公阿斯本·奎弗先生是个神经过敏的一家之主，他认为妻子刚从澳大利亚回来的堂兄，是个有前科的人；而实际上，他的管家才是假释犯，是堂兄挫败了管家的盗窃计划。）J.克劳福德·威尔逊还用《我的指节铜环》（*My Knuckleduster*，1863年2月）为公众的恐惧提供了喜剧性的解脱。一位来伦敦观光的游客，为了防止自己被勒杀，用防绞项圈、指节铜环、左轮手枪来武装自己，不料前两样东西伤到了自己，而最后一样则使自己惊慌不已。[45][宫务大臣办公室曾建议用《我的指节铜环》为题，不同意用原标题《反勒杀》（*The Anti-Garrotte*）。][46]

因此，汤姆·泰勒的戏剧出现在这样一个时刻，即伦敦是危险阶层家园的看法，达到了前所未有的程度；而且有犯罪前科的人被视为一种特殊的城市威胁，属于无法再被送走的危险过剩人口。《假释犯》的情节很简单。罗伯特·布莱尔利是一个“兰开夏郡的小伙子”，他来到伦敦准备花掉一小笔遗产。但交友不慎，落入詹姆斯·道尔顿（别名杰姆·唐尼）的圈子，被诱骗去伪造钞票。布莱尔利被警探霍克肖逮捕，并在监狱里待了两年。布莱尔利得到假释后，道尔顿及其同伙销赃犯梅尔特·莫斯又想方设法，让其之后的雇主知道了他的犯罪历史。尽管被歌手梅·爱德华兹的爱所鼓舞，但他在工作上却接二连三地遭到了解雇。正当他情绪低落时，旧同伙们要求他一起去其前雇主吉普森先生那里偷窃。布莱尔利仍然是一个诚实的人，他试图向吉普森传话，其同伙却紧紧地跟着他。（比较：《巴黎的秘密》中，鲁道夫假装加入“校长”和“猫头鹰”的抢劫行动，却无法甩开他们，去警告他的同伴。）化了装的警探霍克肖目睹了一切，在关键时刻向布莱尔利（和我们）亮出了自己的身份——这种戏剧性变化，可追溯至法国侦探维多克的回忆录。[47]全剧最精彩的轰动场面是，道尔顿和莫斯在闯入吉普森办公室时被当场抓获，吉普森对在争斗中受伤的布莱尔利感激不已。

与19世纪40年代一样，人们认为这种城市素材模糊了阶级品味的界限。例如，《泰晤士报》认为，它将工人阶级“对岸”剧院的警匪剧带到了伦敦西区：“伪币的流通一点也不稀奇；在整个故事过程中，警探的行动显而易见；手铐也是必不可少的……多年来， 61
像这样的花招，总能让泰晤士河萨里一侧的观众感到高兴。”[48]然而，同一篇评论也称赞特尔宾（Telbin）的舞台布置极其逼真：吉普森的办公室被认为“像一个真正进行商业交易的场所”。评论者继续写道：“灾难发生之地——城市的教堂墓地，无论出于什么目的和意图，都是‘惊悚的现场’，它不仅是特尔宾先生的一个杰作，而且是那种超越市长管辖、在世界上任何地方都再也找不到的隐秘角落。"《雅典娜神殿》在很大程度上持赞同态度，称赞了演出及逼真的场景，并将戏剧描述为"新剧"。[49]

在某些方面，它确实是新的。从我的简短概述中可以清楚地看出，这部戏受以前城市戏剧的影响有多大。道尔顿（唐尼）和梅尔特·莫斯是《巴黎的波希米亚人》中一对恶棍蒙托乔伊和迪戈纳德的直系继承者，也是《伦敦流氓》中德弗鲁/福克斯·斯金纳、霍克斯沃思·沙布纳的后代。但侦探这个角色修改了这些戏剧所创造的城市形象，给人口想象增添了新的内容。他是从哪里来的？正如《泰晤士报》所言，警探是"对岸"舞台上常见的人物。汤姆·泰勒本人很早以前就已经在其剧作中安排了舞台侦探，如《静水流深》(*Still Waters Run Deep*, 1855)、《陆路》(*The Overland Route*, 1860)。事实上，汤姆·泰勒并没有为前一部戏从萨里那边借用这一形象，他也不是简单地将自己早期的舞台侦探进行了加工。巴黎的舞台再次为其提供了一个样本。当有人质疑这部戏剧的来源时，汤姆·泰勒声称，正如在申请上演该剧时所承认的那样，虽然受惠于"戏剧性的故事"《默伦的回归》，但"对话是我自己的，剧中的人物是我创造的，人物的情感、行为也是我自己的"。[50]这话给人的印象是，他在将一则法国故事改编成戏剧，但实际上布里瑟巴尔和吕斯的《默伦的回归》是一部戏剧，1860年发表在《人生戏剧》(*Drames de la Vie*)上，1862年12月31日以《莱昂纳尔》为剧名在盖蒂剧院上演，演出十分顺利。[51]（此剧的成功可能得益于维克多·雨果的史诗级罪犯小说《悲惨世界》的流行，这本书在该年早些时候出版。）《时代》最早注意到汤姆·泰勒的戏剧和《莱昂纳尔》之间的相似之处，虽然很想原谅这样的借鉴，但还是指出了这部剧"是基于布里瑟巴尔和吕斯两位先生的法国戏剧改编的，原剧以《莱昂纳尔》为题在巴黎成功上演了几个月，汤姆·泰勒的处理使其有了彻底的英语特征”。[52] 6月13日，《雅典娜神殿》报道称：“一位对法国剧院和戏剧十分了解的记者希望我们指出，奥林匹克 62
剧院上演的《假释犯》，就是上个季度在法国一家林荫道剧院上演并大获成功的《莱昂纳尔》。”[53]《每日电讯报》(*Daily Telegraph*)、《明星报》(*Star*)、《便士画报》(*Penny Illustrated Paper*) 也开始讨论汤姆·泰勒对法国戏剧的改编。到了1863年的8月，亨利·莫利 (Henry Morley) 在他的看戏日志上，把汤姆·泰勒只是简单挪用了《莱昂纳尔》这部剧当作常识记录下来：

> 8月15日[1863年]。汤姆·泰勒先生用英语将两位法国人，即布里瑟巴尔和吕斯两位先生创作的《莱昂纳尔》改编为《假释犯》，演出非常成功。这部戏在这里面世时，汤姆·泰勒先生获得了大多数人对剧本的一致赞誉，但不时也有人进行深入的讨论——讨论他用一个不是真正罪犯的人来说明“假释”的逻辑。我们知道，那些非剧作家的其他作家，如果他们将任何外国作家的书翻译成英文后，只稍加改动和润饰，再换个书名，便将其当作自己的作品向公众展示，人们又会如何评价呢。[54]

这种指责，一直存在。几年后，托马斯·珀内尔 (Thomas Purnell，通过假名“Q”) 在《雅典娜神殿》上发表了一篇辛辣的文章，其中将汤姆·泰勒描述为“高卢戏剧的伟大养父”。[55] 这么说有点不公平，因为汤姆·泰勒可能并不像比如迪恩·布西科那样大量借用了法国戏剧的素材，甚至在《假释犯》一剧中。赫尔大学表演翻译中心的逐行比较也显示，汤姆·泰勒版与发表在《人生戏剧》上的版本有很大的不同：是四幕剧而非六幕剧；场景设置或丢弃或改变；人物对话基本不同。例如，蒙鲁日的采石场（莱昂纳尔被捕的地方）消失了，鲍勃·布莱尔利直接从贝尔维尤茶园进了监狱。[56]汤姆·泰勒的确保留了基本的叙事、中心人物、最重要的场景。就这样，布里瑟巴尔和吕斯的泰特-诺尔和拉里戈勒成了道尔顿（唐尼）和莫斯，马尔科尔（别名“山猫”）成了霍克肖，莱昂纳尔成了布莱尔利，希嘉乐成了梅，等等；希嘉乐的阁楼变成梅的阁楼，M. 赫比隆的住所成了吉普森先生的市政办公室，而法国观众想必会像英国观众一样既惊讶又高兴，因为他们都将看到酒店里的醉汉其实是化了装的马尔科尔/霍克肖。

人物塑造的一个显著不同之处是，次要反派拉里戈勒变身为舞
63 台上的犹太人，梅尔特·莫斯。泰特-诺尔嘲笑拉里戈勒的“手头紧”时曾说，“你妈一定是个犹太人，而你爹一定是个阿拉伯人”（Ta mère devait être Juive，et ton père Arabe），不过，拉里戈勒是不是被当作犹太人来演，还不是很明确。在伦敦的舞台上，梅尔特·莫斯被乔治·文森特扮演成具有特定种族特征的刻板形象，《泰晤士报》的评论把他描述为“一个拖拖沓沓、踉踉跄跄、闷闷不乐，像费金那样的老流氓”，《时代》把他看作“老希伯来人”。[57]这部戏中的这一元素，与其说是受布里瑟巴尔和吕斯的影响，不如说更多的是借鉴了狄更斯的都市世界和W. T. 蒙克里夫《伦敦流氓》中的犹太同伙沙布纳。[58]本地化不仅是改变街道名称、增加一些时事性话题：偏见的界限可以加以调整，危险阶层的种族因素也可以有所改变。

汤姆·泰勒的大胆改编，激发了其他人尝试用“前科犯加侦探”的模式来碰碰运气。随后便出现了一些模仿作品，包括《假释犯的回归》（*The Return of a Ticket of Leave*，标准剧院，1863年7月），这个剧名显然受到《默伦的回归》的影响；还有C. H. 黑兹尔伍德（C. H. Hazlewood）的《侦探；或假释犯》（*The Detective; or, A Ticket of Leave*，维多利亚剧院，1863年7月/8月）。黑兹尔伍德剧

作的标题表明，此时侦探和假释犯一样，是戏剧成功的关键。从此，城市犯罪剧也将会是侦探剧；拥挤的街道上出现了一位英雄好汉。

舞台上的纽约

正如我们将看到的，汤姆·泰勒根据英国人对刑满释放者戏剧的兴趣而改编自《莱昂纳尔》的剧作，非常成功地跨越了大西洋。但是，在美国观众为"假释犯"的艰难命运而苦恼得直搓手，或者因化了装的霍克肖突然出现而吓得直喘气之前，他们已经看过很多其他将城市描绘成波希米亚世界的欧洲戏剧，这些戏剧就像在大西洋彼岸一样，似乎在波威里剧院和百老汇剧院也大受欢迎。[59]早期的例子包括《汤姆和杰瑞；或伦敦生活》，以及皮尔斯·伊根的流浪汉小说《伦敦生活》的蒙克里夫舞台版（1821年在伦敦首演），该剧于1824年在美国轰动一时。19世纪40年代，爱尔兰演员兼经理约翰·布鲁厄姆意识到《汤姆和杰瑞》作为一系列本地化城市喜剧载体的潜力，将其改编为《纽约生活》（*Life in New York*，1844），之后又演变成了《汤姆和杰瑞；或波士顿生活》（*Tom and Jerry; or Life in Boston*，1847）、《汤姆和杰瑞；或辛辛那提生活》（*Tom and Jerry; or Life in Cincinnati*）等，根据演出地点的不同，随时做必要的调整。[60] 64

19世纪40年代，当新的悬疑式巴黎犯罪通俗剧来到纽约时，首先不是前往高档的公园剧院，而是来到工人阶级比较多的波威里剧院。该剧院当时由英国演员兼经理托马斯·S. 汉布林经营。由C. H. 桑德斯改编的《巴黎的秘密》，从1843年10月27日开始，连续两周在那里上演。其中，C. W. 克拉克扮演鲁道夫，J. R. 斯科特扮演舒里纳尔，约翰逊先生扮演"校长"［奥德尔，《纽约舞台年鉴》

(*Annals of the New York Stage*)，第5卷，第22页]。[61]同年11月，在与之竞争的查塔姆剧院，观众们也能欣赏到《巴黎的秘密》，这让他们的精神食粮有所改变。之前观众常见的是，托马斯·达特茅斯·“吉姆·克劳”·赖斯（Thomas Dartmouth “Jim Crow” Rice）表演的黑人吟游诗人，以及巴尼·威廉姆斯（Barney Williams）带有爱尔兰风情的舞台表演。[62]《巴黎的秘密》这部戏很快就变得家喻户晓，引来致敬式的戏仿：一部题为《纽约的秘密》的喜剧于次年1月上演，而赖斯也在其中参演了角色（奥德尔，《纽约舞台年鉴》，第5卷，第33—34页）。

不足为奇的是，以城市骗子为主角的戏剧，就像在英国和法国一样，在美国也取得了成功。正如凯伦·哈特南（Karen Halttunen）所言，骗子的形象一直萦绕在美国杰克逊时代中产阶级的想象中。人口革命，包括迁移到城市的农村人口、来自欧洲的移民，共同推动了城市前所未有的增长。在这一时期，关于个人真诚和外表相一致的传统观念受到了挑战。(让我们来了解一下城市发展的快速性：1800年的纽约人口，约为6万人；到了1840年，增加了5倍；到了1850年，达到了50万。[63]19世纪40年代，由于马铃薯饥荒，爱尔兰出现了大规模的移民浪潮。）对哈特南来说，能言善辩的骗子形象也凝聚了中产阶级对杰克逊时代的大众政治、投机和市场经济的恐惧。[64]但城市骗子也迷住了工人阶级，包括“波威里小子”（Bowery b’hoys），理查德·布彻（Richard Butsch）将其描述为“第一代工人阶级青年文化，这一文化建立在酒精、服装、戏剧的基础上”，其成员来自住在波威里剧院附近的年轻未婚男子。[65]

实际上，似乎是同属工人阶级的查塔姆剧院而非波威里剧院，首先将《巴黎的波希米亚人》搬上了舞台（1843年12月20日），由小朱尼厄斯·布鲁图斯·布思（Junius Brutus Booth junior，埃德温和约翰·威尔克斯的弟弟）扮演蒙托乔伊（奥德尔，《纽约舞台年鉴》，第5卷，第12—13页、第33页）。波威里剧院很快就上演了自己的版本，而其他城市也没有落后。波士顿的国家剧院，于1844年1月22日上演了斯特林的《波希米亚人；或巴黎盗贼》。[66]直到这 65
一年的三月，“波希米亚人”才得以登上纽约时尚的公园剧院的舞台，如《巴黎的波希米亚人，或犯罪之谜》(*The Bohemians of Paris, or, The Mysteries of Crime*，1844年3月6日)，其中巴里先生扮演蒙托乔伊、奇平代尔先生扮演巴尼奥莱。[67]这一季的早些时候，公园剧院的观众已经享受到了更高雅的精神食粮，像悲剧演员威廉·麦克雷迪这样杰出的外来表演艺术家的表演，这位演员后来在阿斯特广场骚乱中也扮演了重要角色。正如乔治·奥德尔所言，通过上演《巴黎的波希米亚人》，公园剧院的经理辛普森正“从波威里剧院和查塔姆剧院的账本上撕下一页”（奥德尔，《纽约舞台年鉴》，第5卷，第33页）。这有效地复制了伦敦的模式：正如我们先前所见，伦敦西区依赖“对岸”剧院来上演城市犯罪剧，而萨里这一侧的剧院则依赖着巴黎剧院。在公园剧院，《波希米亚人》的演出一直都很成功，还经常被仿制。随后的几十年里，《巴黎的秘密》、《波希米亚人》和《伦敦流氓》的续集不断涌现，尤其是在波威里剧院、国家剧院以及各种流行的布鲁克林场馆上演，而节目单也一直在发生变化。

但是，正如《汤姆和杰瑞》各种“本地化”戏剧的成功所证明的，和巴黎、伦敦的观众一样，美国观众渴望看到对自己城市的详细描述，就像他们渴望看到对危险阶层的描述一样。[68]他们喜欢看高度渲染的城市犯罪故事，但也渴望得到真实的局部细节，正如劳伦斯·赫顿在《美国舞台上的奇人》(*Curiosities of the American Stage*)中指出的：“遭到残酷虐待且地位卑微的女孩，在看起来像真正的酒吧的门前，在真正的灯柱旁、真正的灰桶边，遇到了正义无私的侦探。”[69]奥德尔指出，在19世纪40年代，这些地方剧主要与米切尔的奥林匹克剧院有关，但更普遍地说，这也是纽约戏剧的一个反复出现的特征。早期的例子有《纽约商人和他的职员》(*The New York Merchant and His Clerks*，公园剧院，1843年4月11日)，剧中的场景包括巴特里公园、华尔街、查塔姆广场、疯人院。[70](这让人想起科尔蒙和杜普泰的《巴黎的夜景》，其中的场景都是真实的街道和市场。)在随后的几十年里，这些剧作受欢迎的程度始终未减。例如，1857年11月26日，伯顿的新剧场推出了《纽约的一天》(*A Day in New York*)，其引人入胜之处包括巴特里公园、百老汇的午时、波威里的夜晚，而伯顿自己也在剧中扮演了码头盗贼和卖苹果的女人(奥德尔，《纽约舞台年鉴》，第7卷，第9页)。一年后的10月25日，波威里剧院上演了一部地方剧：《纽约和布鲁克林，或可怜的缝纫女工》(*New York and Brooklyn, or, The Poor Sewing Girl*)，该剧展现了主人公塞勒斯·曼利和反派角色以色列·格拉斯普等众多人物在丰富多彩的当地背景下的冲突。剧中壮观的场景包括
66 “水晶宫的大火”(这座大型建筑曾位于现在的布莱恩特广场，直到1858年10月被大火烧毁)、“消防员的火炬游行”、“月光下的布鲁克林”(奥德尔，《纽约舞台年鉴》，第7卷，第136页)。在随后几年中，这些城市通俗剧的夸张版本，例如《穿越白昼》(*Through by Daylight*)，仍在将观众吸引到廉价的布鲁克林剧院(伍德博物馆，1871年7月3日)。奥德尔在《纽约舞台年鉴》中对该剧做了以下描述：

> 波威里剧院里出现的场景，包括破败的女工房间、音乐酒吧……一个女孩中毒死了；有人跳着吉格舞；“爱巢”暴露了；

> “毒蛇”出现了……最终，邪恶被击败，美德得到回报。（奥德尔，《纽约舞台年鉴》，第9卷，第35页）

如本·辛格所言，在巡回演出的戏剧，以及早期的系列电影中，都会演出一些耸人听闻的事件和逼真壮观的景象。但是，这些现成的反映城市生活的表演，都没有为当地观众提供量身定制的戏剧。他们看戏的动机，是为了寻找引人入胜却又让人熟悉的、神秘却又可知的东西。鉴于当地人的这种兴趣，经过相当长的时间后，《波希米亚人》终于被归化为地方剧。纽约人看了三十年《巴黎的波希米亚人》的各种版本，最后终于看到了一部适合自己地方的剧作：J. J. 华莱士的《纽约的节拍》（*The Beats of New York*），该剧于1873年7月1日在尼布罗剧院上演。根据《纽约时报》报道：“华莱士先生改编的‘波希米亚人’，把法国首都的流浪者变形成随机抽样的纽约寄生虫，而巴黎人口稠密又极其贫穷的街区语言，被换成了美式巴黎腔的俚语黑话。”[71] 虽然如此转换具有一定的魅力，但这种魅力显然很薄弱。需要指出的是，这部戏是在夏天的萧条期上演的，当时的观众并不多。

在这个阶段，我们可能会考虑一种略微不同的特定美国城市戏剧，一种直接针对“波威里小子”及其同类的戏剧：摩西喜剧。这类剧作在19世纪中叶迅速激增，将人们熟悉的城市的吸引力推到极致，同时也保留了一个基本上由“秘密”剧派生出来的观点，即将城市视为罪犯和骗子的栖息地。按照理查德·M. 多尔松（Richard M. Dorson）的说法，在这些作品中，“愚人村（纽约的别名）的贫民窟和邪恶的巢穴里，出没着一个奇怪的、粗鲁的复仇者，一个流浪汉变成的骑士”，即消防员或“火小子”摩西。[72] 有可能存在更早的消防员英雄剧，如《纽约的生活，或当班的消防员》（*Life in New York,* 67 *or, The Fireman on Duty*，1832年之前）[73]；米切尔的奥林匹克剧院也因其地方剧而名声在外，但1848年，本杰明·A. 贝克（Benjamin A. Baker）的《纽约一瞥》（奥林匹克剧院，1848年2月15日）标志着一个时代的到来。这部剧原先是贝克为了赚钱而排演的，却催生了一系列以作为“波威里小子真实样本”的摩西为主角的戏剧，摩西这个角色由弗兰西斯·S. 尚弗罗扮演。[74]［根据托马斯·奥尔斯顿·布朗的说法，摩西是以真人摩西·汉弗莱为蓝本的，他是《纽约太阳报》（*New York Sun*）的印刷工人。］[75]摩西的第一句台词，带有很浓的波威里口音，“I ain't a goin' to run wid dat mercheen［fire-engine］no more”（我再也不会用消防车胡闹了），这句台词极其有名，而这出戏也成为19世纪美国舞台上最受欢迎的成功作品之一。[76]该剧的情节，集中在乔治·帕塞斯这个来到城镇的乡巴佬身上。在城里，他四处受骗，直到与摩西结为朋友。摩西是一个消防员，一个街头斗士，一个外粗内秀的人，一个很容易被纽约工人阶级认同的人物。正如理查德·布彻赞誉的那样，这一角色给纽约的工人阶级提供了“一面镜子、一本‘礼仪手册’”。[77]这出戏本身与《伦敦生活》和《伦敦流氓》极其相似，但其情节在很大程度上就是一个框架，上面缀满了各种固定的套路：歌曲、舞蹈、打斗、与观众的对话以及各种插科打诨。最吸引人的，是尚弗罗扮演的摩西，身材魁梧，穿着标志性的红衬衫，戴着海狸帽，压得平平的“皂绺”（soap-locks）式头发，裤脚塞在靴子里，操着一口流利的波威里俚语。《纽约一瞥》最初连续上演了24个晚上，很少有评论。随后，又在3月15日再次上演。剧中增加了一些场景和角色，包括报童“本”（奥德尔，《纽约舞台年鉴》，第5卷，第374页）。这次上演的戏剧，立刻获得了成功，并激发了查塔姆剧院开始上演自己的摩西剧《纽约就是这样》（*New York as It Is*，1848年4月17日）。有一段时

间，这两部戏交替上演，因为尚弗罗都参演了。这部在查塔姆演出的戏剧包含如下场景：查塔姆广场和剧院、古老的荷兰教堂、汤馆的内部、市政厅、凯瑟琳海鲜市场、竞赛的轮船、女子体育馆、着火的老波威里剧院。壮观的消防情节，成了后来戏剧的核心，并为摩西的英雄主义提供了进一步表现的机会。一种粗犷的豪侠气，成为摩西这一角色的标志：对工人阶级观众而言，他实际上是半喜剧性的鲁道夫。其他的摩西剧激增（但所有上述要素似乎都丢失了），并从另一些流行的戏剧素材中获取了大量养分，例如内德·邦特莱因的故事《纽约的秘密和苦难》（波威里剧院，1848年9月4日）。消防员摩西有了一个名叫莉兹的女友，还有一个搭档西凯西。但很快，纽约已经容纳不下摩西的大胆无畏了。观众因而享受到许多具有异国情调的精神大餐，诸如《摩西拜访阿拉伯女孩》（*Mose's Visit to the Arab Girls*）、《摩西在加利福尼亚》（*Mose in California*）、《摩西 68
在中国》（*Mose in China*）、《摩西在法国》（*Mose in France*）等。而摩西似乎很少对他的新环境感兴趣：面对大英博物馆里的木乃伊，他断定："这些对他们自己也没什么益处。"[78]

由外来的和本地的素材合成的摩西剧，为纽约观众提供了一个喜剧视角，通过它，观众可以欣赏到自己所在的、迅速发展的城市中的壮观情景，由此感受到的恐惧，比起大多数其他城市戏剧所带来的恐惧要小得多。这些城市剧是更加通俗的戏剧的补充，在精神上更接近于由巴黎戏剧派生出来的那一类戏剧，它们将欧仁·苏的哥特式视野与周边环境结合在一起。这些戏剧虽然受到了欧仁·苏的影响，却与其保持着一定的距离，主要由内德·邦特莱因、乔治·福斯特（George Foster）、乔治·汤普森（George Thompson）和奥斯古德·布拉德伯里（Osgood Bradbury）轰动一时的小说改编而成[79]，像《巴黎的秘密》及其英国模仿者一样，这些小说强化了城市作为罪犯巢穴的形象，并承诺在强调其最终的不可知性的同时，揭示出城市的秘密。这些作品包括：邦特莱因的《纽约的秘密和苦难》(1848)，汤普森的《城市犯罪，或生活在纽约和波士顿》(*City Crimes, or, Life in New York and Boston*, 1849)、《纽约的同性恋女孩，或生活在百老汇》(*The Gay Girls of New York, or, Life on Broadway*, 1850)，福斯特的《塞利奥，或纽约的地上和地下》(*Celio, or, New York above Ground and under Ground*)、《煤气灯下的纽约》(*New York by Gaslight*, 1850)，布拉德伯里的《简·克拉克，或大都市的生活场景：描述纽约生活的故事》(*Jane Clark, or, Scenes in Metropolitan Life: A Tale Descriptive of New York Life*)。此类小说的舞台版，都转述着同样具有戏剧性的城市生活，尽管有时更多地是在戏仿：如我们所见，H. P. 格拉坦 (H. P. Grattan) 的《纽约的秘密和苦难》，把邦特莱因的故事变成了另一个摩西故事（该剧于尚弗罗的新国家剧院，原查塔姆剧院上演，1848年9月4日；参见奥德尔，《纽约舞台年鉴》，第5卷，第456页）。但是，正如约翰·W. 弗里克在其对舞台上的“邪恶的城市”的研究中所展示的那样，这些戏剧在很大程度上促成了将城市视为一种“道德化的景观”(paysage moralisé)，有着好的和坏的街道，有着光鲜的表面和不堪的内幕。[80]有时，国际城市犯罪剧和当地城市犯罪剧也会交替上演：在1858年至1859年展演期间，国家剧院既上演了《巴黎的波希米亚人》(12月27日)，也上演了豪 (Howe) 自己的《纽约和布鲁克林区的秘密和犯罪》(*The Mysteries and Crimes of New York and Brooklyn*) [11月15日；根据伊丽莎白·奥克斯·普林斯·史密斯的小说《报童》(1854) 改编]，该剧主要刻画了一个意大利恶棍和他的混血情妇。

正是在这种背景下，我们才能理解布西科的《纽约穷人》(1857)

的成功。这部戏改编自法国通俗剧，布里瑟巴尔和吕斯的《巴黎穷人》（1856），或者可能是改编自约瑟夫·斯特灵·科恩（Joseph Stirling Coyne）为伦敦舞台翻译的《骗子及其受害者》（*Fraud and* 69 *its Victims*，萨里剧院，1857年3月2日），并且将其改编成了一部“地方”剧。《纽约穷人》首次亮相于1857年12月8日，在当时金融危机的背景下，它在票房上的成功，为沃勒克剧院提供了急需的支持。将1837年和1857年的恐慌集中起来考虑，《纽约穷人》根本不是一部关于危险阶层的戏剧，而是在纽约的现实背景下，描绘了一个被损害的中产阶级家庭的戏剧性变迁。在其壮观的轰动场景中，主人公巴杰从五叉路贫民窟燃烧着的建筑物中抢救出了重要文件。这一舞台布置将城市描绘成对比鲜明的地方，其亮点包括“地威臣街的穷人之家、麦迪逊广场的富人之家……联合广场的暴风雪”[参见奥德尔，《纽约舞台年鉴》，第7卷，第22—23页，摘自1857年12月10日《纽约论坛报》（*New York Tribune*）上的图片]。这出戏的演员阵容十分强大，包括两位天才喜剧演员：E. A. 萨森[E. A. Sothern，后来作为汤姆·泰勒《我们的美国表亲》（*Our American Cousin*）中可笑的邓德里勋爵的扮演者而闻名]扮演了利文斯通，而查尔斯·T. 帕斯罗（Charles T. Parsloe）扮演了“擦鞋匠”鲍勃。[81]

另一部剧作《穷人》（*The Poor*）中的消防员丹是对摩西这个成功角色的致敬。这部剧凭借这一极易识别的波威里类型角色，将一部工人阶级观众长久以来熟悉的戏剧，带到了更受中产阶级青睐的剧院。波威里剧院的观众已经看过《巴黎穷人》的一个版本，即后来被《纽约时报》称为“布西科名著《穷人》的前身”的、约瑟夫·斯特灵·科恩的《骗子及其受害者》（1857年8月31日）。[82]沃勒克的成功，鼓舞了其他剧院也来搭顺风车，包括国家剧院（以前的查塔姆剧院），其于1858年10月4日上演了该剧。《穷人》也于

1858年在沃勒克剧院上演，于1864年6月6日在新波威里剧院重新上演，并以《纽约的街道》(*The Streets of New York*)为名，在奥林匹克剧院(1864年12月1日)开始了长期的展演。1865年2月，这部剧在伍德音乐厅获得了戏仿作品的最高赞誉，即一部成功的吟游诗人滑稽剧。《穷人》作为布西科最具改编性的一部跨大西洋城市剧而闻名于世。后来，他又根据当地观众的要求，在英国将其改编为《利物浦的穷人》(*The Poor of Liverpool*)、《伦敦的街道》(*The Streets of London*)等。

下一部取得类似成功的跨大西洋城市犯罪剧，是汤姆·泰勒以伦敦为背景的《假释犯》(1863)，该剧将犯罪和商业这两者结合在一起。正如我们所看到的，这是另一部从法国进口的戏剧，改编自布里瑟巴尔和吕斯的《莱昂纳尔》。与《巴黎穷人》不同的是，这部戏无须将背景置换成美国，就已经获得了成功。1863年11月30日，
70 人们首次在纽约百老汇的冬季花园剧院看到了《假释犯》，之后由埃德温·布思(Edwin Booth)负责，在那里连续演出了125个晚上。该剧的成功，使得与其相当的剧院也开始尝试利用警探和假释犯来吸引观众。在新波威里、巴纳姆、布鲁克林公园，甚至在声名卓著的沃勒克剧院，都能看到该剧的不同版本。像其他成功的戏剧一样，该剧也为纽约人口众多的德国移民专门翻译了德文版，于1864年4月9日在纽约的市立剧院(即以前的波威里圆形剧场)上演，剧名为《持有通行证的人》(*Der Mann mit dem Freischein*)。[83]到了次年1月，其他城市也上演了该剧的不同版本：例如费城的拱门街剧院和核桃街剧院、波士顿的特雷蒙特剧院和波士顿博物馆剧院，以及华盛顿的格罗弗剧院(也称国家剧院)。1864年1月20日，英国《每日国民通讯报》(*Daily National Intelligencer*)称赞了格罗弗的宏伟舞台布景，断言《假释犯》无论在哪里上演，都会造成"轰动"效应。[84]

有趣的是，英国戏剧对犹太人和危险阶层的混淆似乎轻松地越过了大西洋：迈克尔·N. 多布科夫斯基（Michael N. Dobkowski）在《假释犯》中挑选出莫斯，在约翰·布鲁厄姆的《人生彩票》（1867，见下文）中挑选出莫迪·所罗门斯，将他们设定为舞台上的恶棍。对美国观众而言，他们身上结合了夏洛克（出自《威尼斯商人》）和巴拉巴（出自《圣经》）的犹太身份和所有的贪婪、罪恶。[85]冬季花园剧院的演出，获得了相当多的赞誉。[86]据奥德尔所言，扮演鲍勃·布莱尔利和梅·爱德华兹的W. J. 弗洛伦斯夫妇，曾以他们的“爱尔兰男孩和美国佬女孩”表演而闻名，但对于这些新角色，他们也很在行（奥德尔，《纽约舞台年鉴》，第7卷，第555页）。1863年12月3日，《纽约时报》的“娱乐”专栏中写道：“好多年没有上演这么精彩的作品了”，尽管感觉“在许多细节上，这部戏非常本地化”。在如此语境中，这句话大概意味着，有关伦敦现实的一面太多了。作者还推测，这样可能会影响其受欢迎的程度。（他没有提到法国原作。）事实证明，他推测的不那么准。这出戏成了弗洛伦斯夫妇的摇钱树。1873年在布斯剧院重新上演时，演员名单上夸耀说，弗洛伦斯扮演的布莱尔利，和“他在纽约以及整个美国演出的一千多次”一模一样。[87] 19世纪80年代，弗洛伦斯和他妻子仍然在一些大剧院不断地重演这两个角色。[88]

但是，就像在伦敦一样，19世纪余下的时间里，适应力最强的舞台角色，被证明是侦探，而不是假释犯和他的妻子。如果新兴的移民城市是个谜，这里就有一个发现线索的人物。正如博德曼所言，泰勒的戏剧“非常成功地开创了这些相关的戏剧类型。这些类 71
型，很快会被称为‘犯罪剧’‘侦探剧’‘神秘惊悚剧’”[《美国戏剧》（*American Theatre*），第127页]。仅仅列出标题中有“侦探”二字的剧本，就有如下这些可供观众欣赏的作品：《女侦探，或弓街情报员》(*The Female Detective, or, The Bow Street Runner*, 1865，由范妮·赫林主演)、《纽约侦探》(*The New York Detective*, 1866，实际上是另一部摩西剧)、《波威里侦探》(*The Bowery Detective*, 1870)、《少年侦探》(*The Boy Detective*, 1871，其中正如伯德曼所言，"主角帮助经常头脑迟钝的警察抓住一群危险的罪犯"，参见《美国戏剧》，第41页)、《夏基；或影子侦探》(*Sharkey; or, The Shadow Detective*, 1876)、《小侦探》(*The Little Detective*, 1880，由前儿童明星洛塔·克拉布特里主演)、《加利福尼亚侦探；或两个大城市的生活》(*The California Detective; or, Life in Two Great Cities*, 1886)。[89] 一些外在的因素，也强化了侦探在舞台上的受欢迎程度。平克顿侦探社于1855年在芝加哥成立，随后它逐渐发展成为一家全国性公司，业绩经常刊登在《警察公报》(*Police Gazette*)上，其创始人的回忆录也成了畅销读物。从19世纪60年代起，虚构的侦探故事以廉价小说和小报故事为主——这些故事的重点不在于埃德加·爱伦·坡小说中侦探杜宾的思考过程，而在于更多的戏剧性动作和冒险，这与同期的西方故事没有什么不同。[90]

城市侦探角色适应性的一个很好的例子，是另一部混杂着国际与本地元素的戏剧，约翰·布鲁厄姆的《人生彩票：纽约故事，一部原创地方剧》(沃勒克剧院，1868年6月8日)。该剧将《假释犯》和《巴黎的波希米亚人》的情节移植到了曼哈顿的背景下。在这个例子中，侦探本身就是一个移民，而正如剧名所暗示的，城市生活对大众而言就是一场数字游戏。布鲁厄姆自己饰演了泰伦斯·奥哈洛伦，别名泰瑞·斯韦尔，是个地头蛇式的爱尔兰人，他不再从事犯罪行为，转而成为一名业余侦探，并挫败了莫迪·所罗门斯(查尔斯·费希尔扮演)的阴谋。所罗门斯涉嫌销赃兼造假，且以奥尔科拉夫特先生之名经营着一家受人尊敬的企业。(舞台指导要求他戴上“配有眼镜的假犹太鼻子”。）故事的男主角是罗伯特·莫达特，他被奥尔科拉夫特（所罗门斯）诬陷，现在他被提前释放，得到了赦免——实际上，他就是一个美国的“假释犯”。最后，多亏了泰瑞·斯韦尔，所罗门斯的双重生活被揭露；罗伯特·莫达特洗清了冤屈，并发现自己原来是奥尔科拉夫特（所罗门斯）的前英国合伙人、现任男爵威尔顿·唐恩爵士失散的儿子。更壮观的场景，包括以布鲁克林高地为背景、沐浴在月光下的纽约港，以及一艘爆炸的船，它呈现了传统通俗剧的“爆破性”结尾。[91]不过，布鲁厄姆扮演的泰瑞使这出戏栩栩如生：一个足智多谋的移民，能够与所罗门斯
斗智斗勇，还能在日式音乐酒吧的打斗场面中挥舞拳头，而他的太 72
太，是酒吧里的一位漂亮的女招待。回想起鲁道夫和摩西这样业余的惩恶斗士，即保护漂泊在城市里的无辜者的卫士，泰瑞更像是20世纪30年代和40年代才会出现的硬汉侦探——在穷街陋巷里足够强硬；一个愤世嫉俗者，却总是在做正确的事。他向罗伯特·莫达特阐述了他的投机理念：“都是运气，机会全在人生的大彩票中。说到机会，你有钱吗？”（第二幕第二场）

19世纪最后二十五年，巴黎的犯罪剧仍在向纽约输入，有时经由伦敦，有时直接被改编。在新公园剧院，戴维·贝拉斯科凭借一部根据法国材料随意改编的恐怖通俗剧《巴黎勒杀者》（*The Stranglers of Paris*），渡过了1883年至1884年的艰难时期。在这部剧中，头号杀手贾贡因谋杀罪被流放，但是他想要回到巴黎，为自己的女儿报仇；他以前的同伙勒杀了他的女儿（在舞台上以图画的形式表现）；最后，他死于警察的乱枪之下。贝拉斯科没有等待伦敦的版本，而是亲自操刀根据1879年《小日报》（*Le Petit Journal*）上连载的剧本《巴黎的勒杀者》（*Les Etrangleurs de Paris*）进行了改编。该剧由阿道夫·贝洛特创作，于1880年在圣马丁门剧院上

演。(之后，伦敦出现了各种改编本；其第一次演出，是在1887年的萨里剧院。)[92]贝拉斯科改编的《巴黎勒杀者》，被《纽约论坛报》视为“轰动一时的作品，点缀着绚丽的风景”(博德曼，《美国戏剧》，第197页)，且吸引了大批观众。(“一派胡言”，贝拉斯科后来自己这么看。)[93]《巴黎人行道》(*The Pavements of Paris*，1883年12月18日)是贝洛特另一部制作奢华的惊悚剧，改编自《巴黎的街道》(*Le Pavé de Paris*，圣马丁门剧院，1883年4月14日)，其中，贝洛特将相当陈旧的俗套情节和一些令人眼花缭乱的特殊效果结合在一起，展现了这座城市里“熙熙攘攘、各式各样的人生”。[94]贝拉斯科的戏剧，吸引了大批观众来到尼布罗和其他剧院，去欣赏那里各种引人入胜的景象：拾荒区、纱布后面移动的舞台场景，以及火车造成的死亡。[95]但是，也许早在十年前，最后一部跨大西洋的热门巴黎犯罪剧就已经出现了，这便是1874年12月21日在A. M. 帕尔默的联合广场剧院首次上演的《两个孤女》。该剧是欧仁·科尔蒙和阿道夫·德内里《两个孤女》(圣马丁门剧院，1874年1月20日)的哈特·杰克逊版本。用奥德尔的话说，这是“美国有史以来最伟大的戏剧成就之一”(奥德尔，《纽约舞台年鉴》，第9卷，第545页)。[96]该剧讲述了失去父母的两姐妹亨丽埃特(由基蒂·布兰查德扮演)和路易丝(由凯特·克拉克斯顿扮演)，在大都市的陷阱中设法生存下去的冒
73 险故事。因扮演目盲的女主角路易丝，克拉克斯顿成了明星。她买下了该剧的版权，并在全国各地的演出中扮演同一个角色。无论《两个孤女》取得巨大成功的原因是什么，都肯定不在于它的原创性，因为故事情节再次源自三十年前的《巴黎的秘密》，而亨丽埃特和路易丝的冒险经历，与玛丽花/拉·古莱亚斯非常相似。[97]当亨丽埃特被骑士莫里斯·德·瓦德瑞从荒淫的普雷斯莱斯侯爵手中救出时，她目盲的妹妹路易丝被拉·弗洛查德绑架了。后者显

然模仿了《巴黎的秘密》中的“猫头鹰”，他强迫路易丝在白雪覆盖的街道上卖唱、乞讨。[98]不过，还是有一些新鲜内容的，包括圣苏尔皮斯台阶上母亲与失散女儿相遇的场景，以及监狱场景——在一名曾经说过一次谎的修女的协助下，另一名囚犯玛丽安代替了亨丽埃特被流放。当然，结局皆大欢喜：亨丽埃特找到了真爱，路易丝又回到了母亲身边。（不同于玛丽花是鲁道夫的女儿，路易丝实际上并非英勇的德·瓦德瑞的女儿，而是他的姑姑莱尼埃斯伯爵夫人的女儿。）但尽管如此，也许因为人们比较熟悉这一都市叙事的通俗剧版本，《两个孤女》取得了非凡的成功，并在美国流行文化中持续了几十年。[99]由此还改编制作了几部无声电影，包括由希妲·芭拉主演的电影（1915），以及D. W. 格里菲斯的《暴风雨中的孤儿们》（1921），该片将行动投射到了法国革命上。[100]那些在匿名的、拥挤的城市中迷失的人，最终会被发现，并重新得到幸福——这一核心幻想，似乎非常容易实现。

都市剧的来世

可以说，城市犯罪剧，特别是“地方”犯罪剧，只是在向观众兜售一个属于他们自己的城市生活体验的进口和打包版本。他们自己身处其中的拥挤的城市，作为一个真实的场景被呈现；简单的善恶对立，取代了更为复杂的现实。特别是，这种源于法国的、对危险阶层各种化身的再现，形成了一幅充满意识形态及阶级矛盾的城市图景，并影响深远。在英国，这些思想与19世纪40年代库瓦西耶案带来的道德恐慌，以及19世纪60年代的勒杀事件相互呼应；在美国，他们在日益不易辨识的社会中，利用并进一步推崇了关于性格特征的观念。但重要的是，也要认识到观众在这些本地化的表演中

74 所感受到的种种乐趣。城市犯罪剧不仅仅是一种方式，让中产阶级的焦虑阶层可以提心吊胆地享受舞台上表演出来的、自己对群众的恐惧。还有一些其他类型的观众，比如纽约的波威里小子。在舞台上看到自己熟悉的街道，也许有助于观众将自己的生活想象成一场色彩缤纷的都市冒险。这种冒险就是一出在惊心动魄的背景下上演的戏剧，是肮脏的城市中壮丽崇高的一部分。摩西——波威里小子的舞台版——更像是普通人中的英雄，而非放浪形骸的波希米亚人。即使是最阴暗的波希米亚人，也有其乌托邦的一面。他们提供了关于社区的形象，无论这社区多么堕落。他们表达了一个相当令人欣慰的城里人的世界——他们可能会愚弄别人，但没有人可以愚弄他们。

《巴黎的秘密》及其模仿者，在从未完全消失的城市想象中留下了印迹。这个时期的国际流行文化，继续将城市视为这样一种地方——盗贼的窝点就在其表象之下。在那里，恶棍们可以根据自己的情况，随便更改名字和身份。在“波希米亚人”的封闭世界中，人物有着有趣的绰号，说着神秘的黑话。这一世界有许多继承者，持续对我们散发着某种致命的魅力。波希米亚人继续以黑社会帮派成员的形式出现，尽管他们在国际流行文化中也发生了变异，即经常通过种族视角来观察“有组织的”犯罪。无业游民、底层的波希米亚人，因此被更新为纽约的移民帮派、黑手党、黑社会成员和非洲裔美国黑帮等。但是，由19世纪40年代人口想象产生的所有角色中，侦探是适应力最强的。侦探是城市想象中一个令人慰藉的形象，他让观众放心，群众是可以解散的，城市的神秘感是可以理解的。摆脱了原来的城市环境，侦探的后继者（无论男女）通过戏剧、电影、小说病毒式地传播开来，比起他要应付的波希米亚人、无赖和流氓，侦探要灵活得多。人们会发现侦探们很可能像在巴黎、伦敦或纽约的穷街陋巷一样，在安静的村庄和中世纪的修道院里侦破犯罪。

除了犯罪剧之外，还出现了一种发展前景不那么乐观的流行文
学类型：城市幽灵故事。19世纪初，从哥特式小说和口头传统的废
墟中，兴起了在现代杂志上刊登的幽灵故事。虽然大多数这样的故
事，以其怀旧的环境令人欣慰，而且它们的可预测性也很强；但在
其中一些故事中，闹鬼的乡村旅馆或乡间别墅被一些不那么古怪的 75
东西所取代：闹鬼的城市空间。不管这些故事与都市神秘故事有
什么不同，我认为它们都扎根在相同的历史土壤中。行人或通勤者
都生活在他人的凝视之下，然而正是这些普通的城市影响、人口革
命的症状，将城市幽灵故事变成了长久萦绕于人们心中的幽灵。 76

第三章
幽灵来到城镇
闹鬼的城市

鬼魂可以自由游荡，不像活人那样受到时间的束缚；但作为一种文学形式，幽灵故事却会受到时间的影响，只有当市场允许时，这些故事才可以在人间流传。因此，虽然超自然的口头故事历史悠久，从口头故事，特别是从18世纪更广泛的哥特式小说中提炼出来的现代文学中的幽灵故事，首先发表在19世纪的杂志和年鉴上。正是在这个时候，鬼魂来到了城镇；而人们开始看到，这些幽灵放弃了传统的环境，走上了街头。在本章中，我想把幽灵故事的历史简要地描述一番，从通史和商业史方面讨论其作为商品的过程，然后转向城市幽灵故事的兴起，并将其看作人口想象的特殊表现。虽然不少作家都有助于城市幽灵故事的兴起，但起关键作用的是爱尔兰作家约瑟夫·谢里丹·勒法努（1814—1873）。勒法努的超自然故事，常设置在传统场景中；但也有一些故事中的幽灵出没之地，并非摇摇欲坠的城堡或偏僻的乡间别墅，而是城市道路和公共交通。就这一点而言，我认为，这些故事中的恐怖体验，并不像我们经常假设的那样来源于爱尔兰政治史的噩梦，而是来源于前几章中讨论过的人口爆炸。群众时代的到来，使旧的城市结构受到破坏，以适应大众运输。勒法努抓住了这种破坏引起的不安，抓住了乘公交车上下班时代中他人即地狱的现状。在此，我认为勒法努的作品预示着后来的城市哥特式小说的诞生。这类小说，也包括一位截然不同的作家，即亨利·詹姆斯的城市叙事。这些稍晚出现的故事，以在19—20世纪之交迅速发展的纽约为背景。对于习惯欧洲生活方式的詹姆斯而言，那时的纽约，摩天大楼鳞次栉比、移民潮大规模来袭，完全是一个陌生的城市。为了找到适当的方式来记录这个既熟悉又新颖的环境中的空间错位和社会错位，詹姆斯转而开始创作城 77
市幽灵故事。

杂志幽灵的兴起

风靡一时的哥特式作品通常被认为是由霍勒斯·沃波尔（Horace Walpole）的小说《奥特兰托城堡》（*The Castle of Otranto*，1764）发起的，虽然其鼎盛时期要到18世纪90年代才真正到来。当时出版的小说，包括安·拉德克利夫（Ann Radcliffe）的《奥多芙的神秘》（*The Mysteries of Udolpho*，1794）、《意大利人》（*The Italian*，1797），马修·刘易斯（Matthew Lewis）更耸人听闻的《修道士》（*The Monk*，1796），以及许许多多的仿作。对哥特式作品历史根源的调查，超出了本书的研究范围；但可以公平地说，哥特式是由复古主义、反启蒙思想、反天主教以及针对痛苦和身体的新态度所激发的。到了18—19世纪之交，哥特式也提供了一种替代方式来描述法国大革命、1798年爱尔兰反英起义的历史冲击。[1]沃尔特·司各特的成功，使历史小说不再那么依赖于描绘堕落的神职人员、脆弱的女继承人以及怪诞的暴力。这使得查尔斯·马图林的《漫游者麦尔默斯》（1820）常常被视为最后一部重要的哥特式小说。而到了19世纪末，哥特式主题复兴，产生了诸如《化身博士》（*The Strange Case of Dr. Jekyll and Mr. Hyde*，1886）、《德古拉》（*Dracula*，

1897)、《甲壳虫》(*The Beetle*, 1897) 等小说作品。如此粗略地描述文学史必定是有限的。在文学市场不太有名的一端，哥特式小说继续保持着繁荣，直到19世纪，如詹姆斯・马尔科姆・雷默 (James Malcolm Rymer) 的《吸血鬼瓦涅爵士》(*Varney the Vampire*, 1845—1847) 这样一些质量不高的系列故事。而哥特式戏剧在小剧院，仍保持着对观众的吸引力。当然，哥特式也作为更主流小说的附属模式而得以保留，比如勃朗特姐妹地域小说的一部分，或狄更斯的城市想象的一部分。[2]而纳撒尼尔・霍桑《带有七个尖角阁的房子》(*House of the Seven Gables*, 1851) 的成功，表明了哥特式主题在美国也有其位置。还有许多尝试，延续着1820年之后一直存在的爱尔兰独有的"哥特式传统"。[3]尽管如此，可以看到，到了19世纪中叶，哥特式只是残存在小说作品中，而不再是占主导地位的小说类型了。

但是，当长篇超自然小说开始失去读者的青睐时，维多利亚时期的幽灵故事便开始活跃起来。[4]在这种较短的超自然小说中，原有的哥特式场景并没有完全消失。其中，建筑物造成的威胁感非常强烈。这些场景往往会被缩小很多，并且局部有更新——中世纪的城堡、修道院，让位于偏远的乡村别墅、乡村旅馆、大学宿舍，
78 以及其他风景如画、非现代的地方。在英国，像关于乡下生活的现实故事中那对不幸的双胞胎一样，铁路系统正在将这个国家缩小，地区性场景提供了超自然幽灵能够流连的想象空间：比如，伊丽莎白・盖斯凯尔的《老保姆的故事》(*The Old Nurse's Story*, 1852) 中的诺森伯兰郡；勒法努的《克劳夫人的鬼魂》(1870) 中英格兰的西北部 (故事是用兰开夏郡方言叙述的)；阿梅莉亚・爱德华兹的《是幻觉吗》("Was it an Illusion", 1881) 中的北方煤矿区。[5]从正在发展的城市来看，乡村开始变得越来越陌生，正好适合超自然的世

界。凯尔特边缘地带，为都市读者提供了一个更加陌生的环境，在这里，过去的迷信可以蓬勃发展。例如，勒法努的《珀塞尔故事集》(1880) 最初发表在1838年到1840年的《都柏林大学杂志》(*Dublin University Magazine*) 上。其故事场景设置在18世纪的爱尔兰乡村，因此有了时空上的双重距离，可以更自由地描绘浮士德式的交易和超自然访客。

地区性场景的运用提醒我们，文学幽灵故事也得益于民间文艺兴趣的复兴，得益于口头故事的文学改编，而这些，就像哥特式小说，都是浪漫主义文学的一部分。许多故事在叙述中，呈现了讲故事的情景。虽然这在后来成了一种十分精致的文学视角叙述策略，像亨利·詹姆斯的《拧紧螺丝》(1898) 那样；但在早期，似乎更多的是为了营造气氛、重现口述文化的亲密感。文学幽灵故事像民间故事一样，往往篇幅较短，用文学术语来说就是比较简练。而实际上，这是为了在杂志上发表出版而量身定制的。这让我们明白，虽然幽灵小说是浪漫主义晚期的一种流行的文学样式，但也是E. J. 克利里在对哥特式兴起的讨论中提到的超自然商品化的一部分：就如有关1762年的公鸡巷的幽灵的喜剧小品所预见的，“幽灵从教义规定的服役中解脱出来，却受困于经济机器，被文化生产的引擎所处理、改编、包装、销售、发行”。[6]在这种情况下，信与不信的对抗，变得不那么重要；对超自然的恐惧，成了文学市场激动人心、惊险刺激的商品体验。幽灵故事成了要有意识地细细品味的事物。

有关超自然的文学史，像更普遍的人口想象一样，是不受国界限制的。英国作家广泛阅读并借鉴来自美国、法国和德国的超自然故事，包括纳撒尼尔·霍桑、埃德加·爱伦·坡、巴尔扎克、E. T. A. 霍夫曼等人的作品，以及民间惊悚故事。[7]此外，迄今为止，我列出的英国作家表明，当我们解析“英语幽灵故事”时，会发现许多 79

作者根本不是英格兰人。除了狄更斯、布尔沃·利顿、盖斯凯尔、爱德华兹，还有许多苏格兰、威尔士和爱尔兰作家。苏格兰人包括沃尔特·司各特、玛格丽特·奥利芬特、罗伯特·路易斯·史蒂文森（Robert Louis Stevenson），而《布莱克伍德的爱丁堡杂志》是发行超自然小说的重要渠道。在维多利亚时代的威尔士作家中，罗达·布劳顿（J. S. 勒法努的侄女）和亚瑟·麦肯（Arthur Machen）较为著名。除了勒法努，爱尔兰的撰稿人也包括J. H. 里德尔夫人、菲茨詹姆斯·奥布莱恩（Fitzjames O'Brien）、B. M. 克罗克（B. M. Croker），当然还有布拉姆·斯托克。[8]

我们也不应该忘记，文学史在这种情况下，并不是在真空中独立运作的，而是像火山灾难故事一样，叙事小说和舞台戏剧之间相互影响、相得益彰。19世纪最有名的幽灵，是《科西嘉兄弟；或致命的决斗》（公主剧院，1852年2月）中的路易斯·代·弗兰基。这部剧作由布西科翻译自欧仁·格朗热和泽维尔·德·蒙岱宾（Xavier de Montépin）发表于1850年的精彩绝伦的《科西嘉兄弟》，而后者改编自大仲马的同名短篇小说（1844）。剧中的"幽灵曲"作为紧张刺激的音乐，被单独地流传了下来。吸血鬼在舞台上也和小说一样受欢迎，也许更受欢迎。[9] 19世纪的歌剧也以超自然的或者明显超自然的角色为主题，比如，韦伯（Weber）的《自由射手》（*Der Freischütz*，1821），贝利尼（Bellini）的《梦游女》（*La sonnambula*，1831），瓦格纳（Wagner）的《漂泊的荷兰人》（*Der fliegende Holländer*，1843，改编自海涅），柏辽兹（Berlioz）的《特洛伊人》（*Les Troyens*，1890），柴可夫斯基（Tchaikovsky）的《黑桃皇后》（*Pique Dame*，1890，根据普希金故事改编）。

尽管如此，也有当地因素在发挥作用。维多利亚时代的幽灵故事，以特定的方式得到普及。也许，毫不令人意外的是，在世俗化和商品化的道路上，维多利亚时代的超自然故事与圣诞节息息相关。这一节日，在这个时期本身就兼有精神意义和商业价值。“精灵和地精”与冬天的关系由来已久，至少与《冬天的故事》（*A Winter's Tale*）一样古老，就像迈克尔·考克斯（Michael Cox）和R. A. 吉尔伯特（R. A. Gilbert）在《牛津丛书：维多利亚时代的幽灵故事》（*Oxford Book of Victorian Ghost Stories*）的导言中指出的那样。[10]这种关系大概部分源于农业社会的季节性节奏。冬季休闲时间更多，有更多的时间讲故事、回忆过去；冬日白昼变短，万物凋敝，人们的注意力可能因此集中在死亡和来世上。然而，正如E. F. 布莱勒指出的那样，19世纪，幽灵故事需要适应相当不同的季节节
奏，即英国出版业的节奏。虚无缥缈的圣诞幽灵，凝聚成大量的圣 80
诞礼物书、圣诞年鉴、圣诞专号。[11]而沃尔特·司各特关于鬼屋的故事，《挂花毯的房间；或身着宽松上衣的女士》（“The Tapestried Chamber; or the Lady in the Sacque”），就出现在当时广受欢迎的圣诞礼物书《纪念品》（*The Keepsake*）第二版（1828年12月）中。

在19世纪出版史的诸多方面，查尔斯·狄更斯都算得上是个重要人物，在这里也不例外。他第一次使用圣诞幽灵，是在其作品《匹克威克外传》（*The Pickwick Papers*，1836—1837）里，客人们围坐在丁利·戴尔家的炉火边，听“偷了教堂司事的地精”的故事。[这种“传统”英国式圣诞场景的来源，包括华盛顿·欧文的《见闻札记》（*Sketch Book of Geoffrey Crayon, Gent.*，1820）。其中，当地的牧师向围在布雷斯布里奇田庄火炉旁的客人转述“周边乡村关于迷信与传说的古怪记录”。][12]他最著名的超自然故事，即带有劝诫式季节性精神的《圣诞颂歌》（1843），是一部由高成本制作、配有手工着色图画的圣诞书。从19世纪50年代起，狄更斯自己创办的杂志《家常话》（*Household Words*）及其续编《一年四季》（*All *the Year Round*)，每年都会推出圣诞节特刊，专门刊登幽灵故事，例如伊丽莎白·盖斯凯尔的《老保姆的故事》（"The Old Nurse's Story"，参见《家常话》，1852年12月），他自己的《信号员》（《一年四季》，1866年12月），阿梅莉亚·爱德华兹的《第五号支线：工程师》（"No. 5 Branch Line: The Engineer"，参见《一年四季》，1866年12月），和J. S. 勒法努的《克劳夫人的鬼魂》（《一年四季》，1870年12月）。其他作者紧随其后：J. S. 勒法努的《幽灵故事和神秘故事》（*Ghost Stories and Tales of Mystery*，1851）意在作为1850年的圣诞书出现，虽然直到次年一月该书方才出版；罗达·布劳顿的《圣诞夜的故事》（*Tales for Christmas Eve*，1873）明确针对圣诞节市场。[13]杂志编辑也从狄更斯那里得到了启示：J. S. 勒法努、里德尔夫人、亨利·伍德夫人（Mrs. Henry Wood）、阿梅莉亚·爱德华兹、M. E. 布拉登等人创作的故事，向《廷斯利杂志》（*Tinsley's*）、《伦敦图书馆》（*London Library*）、《伦敦社会》（*London Society*）、《波迈杂志》（*Pall Mall Magazine*）等刊物的圣诞特别专号，提供了节日期间供大家消遣的幽灵。从诸如《彼得·帕利年刊》（*Peter Parley's Annual*，1841—1889）这样针对儿童的季节性出版物中，开发出了更大的超自然小说平台，即自1860年起开始走红的圣诞年刊：《比顿圣诞年刊》（*Beeton's Christmas Annual*）、《劳特利奇圣诞年刊》（*Routledge's Christmas Annual*）、《伦敦年刊》（*Bow Bells Annual*）、《阿罗史密斯圣诞年刊》（*Arrowsmith's Christmas Annual*）、《槲寄生树枝》（*The Mistletoe Bough*）、沃恩圣诞年刊（*Warne's Christmas Annual*），等等。例如，《劳特利奇圣诞年刊》首次刊登了里德尔夫人的《仙水：圣诞故事》（"Fairy Water: A Christmas Story"，1873）和《闹鬼的河：圣诞故事》（"The Haunted River: A Christmas Story"，1877），以及E. 琳恩·林顿（E. Lynn Linton）1869年版的《房子夫

人的传奇》（“The Legend of Lady House”）。 81

这并不能说明全部情况。首先，超自然故事有时会出现在非圣诞节期间的杂志上。而勒法努的故事，尤其如此。此外，在凯尔特人地区，圣诞鬼魂联结着一个季节性的竞争者：万圣节。至少能找到这样的例子，即杰拉尔德·格里芬的《万圣节庆；或芒斯特通俗故事》（*Holland-Tide; or, Munster Popular Tales*, 1827），让我们看到万圣节庆，万圣节，或者万圣节前夕（10月31日）被用来代替圣诞节，作为讲述幽灵故事的合理设定。[14]虽然10月31日这一天的节日在英国早已失宠，但在19世纪的爱尔兰和苏格兰仍然繁盛不衰，并通过移民出口到美国和加拿大。万圣节前夕，仍为英语读者所熟悉，这一点可以参照相关的文学作品，包括罗伯特·彭斯（Robert Burns）的诗歌《万圣节前夕》（“Halloween”, 1786），J. C. 克罗斯（J. C. Cross）的哥特式演出《万圣节前夕；或阿斯林和邓巴尼城堡》（*Halloween; or The Castles of Athlin and Dunbayne*, 1799），丹尼尔·麦克利斯的画《咬苹果之夜或万圣节前夕》（*Snap Apple Night or All-Hallow Eve*, 1832）。[15]选择10月31日作为爱尔兰乡村超自然故事和冒险故事的框架，是很自然的。格里芬书中，故事的讲述人通常会“在嬉闹的十一月前夕聚会之时，在芒斯特西部受人尊敬的农民家里”，围坐在火堆旁，“趁着主人的热情好客，将这些故事一一道来”。其中包括《棕色人》（“The Brown Man”）这样可怕的故事，里面一位年轻的女子嫁给了一个食尸鬼，结局应该是可以预料的。[16]既然国际流行文化中精灵和地精的故事几乎是万圣节前夕的专属，那么，传承到今天的幽灵故事似乎应该是格里芬式的而非狄更斯式的。人们很容易会去推测，在圣诞炉边讲述的《匹克威克外传》也部分归功于格里芬的《万圣节前夕》，甚至麦克利斯的《咬苹果之夜》。[17]

但在19世纪，出版业并不存在什么“万圣节前夕季”。虽然个别幽灵故事有时会用10月31日或接下来的“万圣节”和“万灵节”作为故事背景，但圣诞节还是保留了其发表惊悚故事最佳时机的地位。[18]因此，值得注意的是，在维多利亚时代的都柏林长大的詹姆斯·乔伊斯（1882—1941），在为自己最具幽灵色彩的两则故事设置时间背景时曾摇摆不定。这两个故事是分别发生在圣诞节和万圣节的《死者》（“The Dead”）和《泥土》（“Clay”）。实际上，《泥土》在1904年开始创作时，是一则未完成的“平安夜”故事。它的构思，可能是为了响应《爱尔兰家园》(*Irish Homestead*) 为其一年一度的“凯尔特人圣诞节”所做的十二月号征文；后来才被改成“万圣节前夕”故事，并在1905年1月投给了《爱尔兰家园》。相关
82 手稿并未保留下来，估计正是《泥土》的原本。[19]

不管怎样，是杂志业而非季节性最终成为幽灵故事（更宽泛一点说，短篇小说）兴起的最重要因素。超自然小说的盛行，与19世纪中叶期刊市场的繁荣相得益彰。这一时期期刊的特别之处，是针对中产阶级读者的题材大大增加，尤其是叙事虚构作品。[20]（同一时期，受同样技术和商业变化的支持，报纸业也有类似的扩展。）超自然故事将一年到头必不可少的内容提供给19世纪中叶数量猛增的诸多杂志，如《圣殿酒吧》（罗达·布劳顿的很多小说在此刊载）、M. E. 布拉登的《贝尔格莱维亚》、佛罗伦斯·马里亚特 (Florence Marryat) 的《伦敦社会》(*London Society*)、亨利·伍德夫人的《大船》(*Argosy*) ——在维多利亚时代的出版业，以及幽灵故事、奇情小说的创作方面，女性扮演了重要角色。[21]换句话说，幽灵故事为杂志提供了“内容规划”，而这一形式会由侦探小说继承，后者是出版史上更为人所熟悉的一章：夏洛克·福尔摩斯和《河滨杂志》(*The Strand*) 之间的关系，是最著名的例子。在转到《温莎杂志》

（*Windsor Magazine*）以及后来的《伦敦杂志》（*London Magazine*）之前，阿瑟·莫里森（Arthur Morrison）笔下的马丁·休伊特也将读者吸引到了《河滨杂志》。凯瑟琳·皮尔基斯（Catherine Pirkis）的洛弗戴·布鲁克，出现在《鲁特门杂志》（*Ludgate Magazine*）上。从本质上来说，幽灵故事不同于侦探小说，因而不适合这种系列连载方式。虽然也有少数例外，如勒法努的《珀塞尔故事集》，但即使如此，珀塞尔也不会像夏洛克·福尔摩斯的助手华生那样，成为系列故事的主人公。而且，幽灵故事像侦探故事，或者就像情景剧一样，可以给读者提供可靠的阅读乐趣；用一种效果逼真的形式，营造不寒而栗的感觉，让读者欲罢不能。这并不是说幽灵故事的作者除此之外没有其他事可做，而是指他们的第一要务是创造这些效果，即惊心、惊险、离奇。布莱勒认为，除少数例外，这些故事只有四种模式：美梦或噩梦成真、临终显灵、房屋闹鬼、被误杀的冤魂。[22]最后的两种往往相互交叠。从中我们似乎看到了游荡着的幽灵，一些被虐待或谋杀的儿童和成人。这些幽灵希望活着的人去发现他们的故事，有时是发现他们未实现的遗愿，或者，隐匿的坟墓。[23]在这个意义上，维多利亚时代的幽灵故事逐渐融入了侦探小说。就如勒法努故事中表现得那样，去查明幽灵们并不很清楚的动机，这一点真是难得的乐趣。在勒法努那里，我们看到的是这样一位作家——时刻准备用都柏林和伦敦繁忙的街道，取代传统的冷清旅馆和人迹稀少的乡间别墅。 83

闹鬼的都柏林

帕特里夏·科格兰认为，在现代幽灵故事的形成过程中，J. S. 勒法努胜过他同时代的其他作家一大截。迈克尔·考克斯和R. A.

吉尔伯特也认同这一观点，他们认为“幽灵故事的潜力最初是由这位爱尔兰作家发掘的”。[24]人们现在读勒法努，主要读他富有独特气氛的奇情小说《塞拉斯叔叔》(1864)，还有他晚期的情色吸血鬼故事《卡米拉》(1872)，不过，他的超自然故事创作十分丰富且多产，从19世纪30年代后期开始，一直到1872年他去世为止。[25]他的第一个幽灵故事讲述了一位天主教神父——德拉姆库莱的弗朗西斯·普赛尔牧师——的回忆，在1838年到1840年的《都柏林大学杂志》上连载。19世纪40、50年代，更多的故事都发表在《都柏林大学杂志》上，而到了60、70年代，他的作品开始刊载在一系列英语杂志上[包括《圣殿酒吧》、桑普森·洛(Sampson Low)的《深蓝》(*The Dark Blue*)、《贝尔格莱维亚》、《一年四季》]。在早期数次尝试创作历史小说之后，19世纪60年代，他又开始写悬疑小说，但质量参差不齐。这些作品以“布拉登速度”[《自由人报》(*Freeman's Journal*)上他的讣告中的措辞]从他笔下诞生。《塞拉斯叔叔》是其中最为成功的一部。这里可以再次引用《自由人报》的评论，“这个作品有一种紧张不安、一种激烈的压迫感，将读者牢牢地抓住”；靠这部小说，“他在文学读者中谋得了一席永久的位置”。[26]

像《塞拉斯叔叔》一样，后来的一些小说创造了一种奇怪的错位感，这也许是勒法努为了吸引更多读者而使用虚构的英国场景的结果。尽管，或者也许是因为这些独特的气氛，勒法努在世时赢得了巨大的成功，并获得了大众的青睐。1873年，勒法努去世之后，《劳埃德周报》(*Lloyd's Weekly Newspaper*)在《1873年逝去的伟人》(“The Great Dead of 1873”)一文中纪念了他，说他“精于讲述惊险故事，直击无数读者紧张的灵魂”。《纽约时报》还把他列为当年逝世的杰出人物之一，与威廉·麦克雷迪、埃德温·兰西尔(Edwin Landseer)等列在一起。[27]勒法努的晚年逐渐被神化了，直到现在还流传着这样的说法：他在妻子去世后成了一个深居简出的“隐身王子”，尽管有证据表明事实恰恰相反。[28]粗略查看报刊社会新闻专栏，比如，《自由人报》的“时尚及其变化”、《贝尔法斯特新闻通信》（*Belfast News-letter*）的“宫廷与时尚”，大体可以了解到，这些年来，勒法努通常会在其女儿的陪伴下继续参加社会聚会。但他毕竟是一个鳏夫，得有人将他们介绍到都柏林社会。[29]他还与一些文学界、法律界的熟人保持着联系。[30]然而，正如维克托・塞奇指出 84
的那样，“对勒法努写作生涯的重要描述，通常会被他（传记性的）隐退所塑造”。[31]按照这样的理解，勒法努成了一个孤立的新教少数派的代表，既为过去所困扰，也日益受困于当下天主教中产阶级不断增长的支配力，这是爱尔兰新教哥特式传统的一部分。例如，希瑟・英格曼（Heather Ingman）在最近一项有关爱尔兰短篇小说的研究中指出，《卡米拉》在一定程度上是“一个政治寓言，传达了勒法努的担忧，即，他所属的英裔爱尔兰阶层正处于分崩离析的边缘”。[32]在这里，我希望探讨一下他的超自然故事的另一方面。这些故事，沉浸在都柏林的社会和物质现实中。这个大城市在英伦三岛上，规模仅次于伦敦；直到19世纪初才被诸如利物浦、格拉斯哥这样的工业城市所超越。[33]尽管具有明显的复古倾向和特征，勒法努作品叙述的都是现代城市生活、建筑工地以及乘公交车上下班的危险；作品所传达的是人满为患造成的心理骚乱，而非历史或政治停滞的噩梦。

虽然勒法努像他同时代的作家一样，用偏远的乡间别墅，甚至城堡，让读者回到18世纪的哥特式情境中，比如《多米尼克爵士的交易》（“Sir Dominick’s Bargain”）、《卡米拉》、《泰龙家族史上的一章》（“A Chapter in the History of a Tyrone Family”）、《一段爱尔兰伯爵夫人的秘史》（“A Passage in the Secret History of an Irish

Countess”)；但是，他的很多故事中的幽灵，漫步于城市的街道、穿梭于舒适的都市中心。虽然他的许多故事都将超自然事件安全地设置在遥远的过去，不过，在某些故事里，过去似乎只不过是稍加掩饰的现在。还有一些为数不多的故事，让我们直接置身于都市之中。正是这种“现在”，造就了这些故事。具体地说，正是这种生活环境的变化，确保了这些故事的惊悚。瓦尔特·本雅明在《巴黎，十九世纪的都城》（“Paris，Capital of the Nineteenth Century”）中勾画出的空间突变，为我们理解这一时期幻想的运作方式提供了一种方法。本雅明认为，随着工业资本主义大行其道，生活空间似乎开始变得扭曲起来。商品拜物教的结构奥秘意味着，办公室或工厂似乎成了处理现实俗事之地，而家庭室内越来越成为遐想和自我放纵的地方，并且还是那么纷繁复杂、千变万化。当然，这里也成了情感宣泄的地方，承受着来自家庭和恋爱关系的压力。帕特里夏·科格兰表明，空间在勒法努的小说中尤为重要，不论是超自然还是非
85 超自然。因此，无论在其早期还是晚期故事中，反复出现的场景之一就是锁住的房间——往往是一间最终沦为死亡陷阱的锁死的房间。埃德加·爱伦·坡的《莫格街谋杀案》（“Murders in the Rue Morgue”，1841）原本是一个恐怖故事，却成了最早的侦探故事；而勒法努精于讲述家庭内发生的凶杀案。[34]坡设置了一个神奇的角色——侦探，他能解开错综复杂的城市之谜；而勒法努似乎提供了不那么乐观的情景。但勒法努最具开创性的工作，是其全部作品都探讨了现代空间变化的一些与众不同的方面，不仅包括这些城市故事中描绘的私人居所，还包括公共交通和街道本身。

为了简洁起见，我只想谈谈三个故事。其中两个出现在《镜中暗影》（1872）这一文集里：《熟人》（“The Familiar”）是较早故事《监视者》（《都柏林大学杂志》，1847）逐字逐句的翻版；以及《绿

茶》，该故事最初发表于狄更斯的《一年四季》(1869年10—11月)上。第三个故事刊登在《都柏林大学杂志》上，描述了一个真实的闹鬼事件，题为《鬼屋的真实故事》(1862)。[35]

铁路工程

在《监视者》或《熟人》中，都柏林未完成的街道，为“1794年左右”一定会发生的事件提供了异乎寻常的场景(《镜中暗影》，第42页)。[36]故事的中心人物是一位退役的海军军官，巴顿上尉。一个干枯萎缩的人影，不断地威胁着他。这个人影很像多年以前应该死在了那不勒斯的船员西尔维斯特·耶兰。巴顿曾经出于报复心理，对他十分严苛；因为他虐待了他女儿，而巴顿与他女儿有不正当的关系。

巴顿回到了都柏林，生活平静，其住所位于“当时的时尚街道”(同上书，第43页)，并基本避开了“社交往来”。他与一位“霸气凌人的大红人”(第43页)蒙塔古小姐订了婚。这位小姐是罗奇代尔夫人的侄女及门生，寄住在她姨妈北方的家中。巴顿在拜访过未婚妻之后，步行回家。

> 他就这样走了一段路，突然，听到别的脚步声，有节奏的啪嗒啪嗒的声音，似乎在他身后二十步左右的样子……月光很明亮，他走过的路上任何东西都能照得见，但那里什么有形的东西都没有。(第45页)

这种听觉困扰之后，是来自“监视者”的威胁性文字，就像罗克的那些信件，后者曾在勒法努青年时代的爱尔兰给普通邮政带来了

86 双倍的凶险。终于，监视者真的出现在巴顿面前，用“带有威胁和愤怒的疯狂眼神”紧盯着他（第51页）。当时，巴顿和故事的叙述者正走进都柏林学院绿地区域的下议院。一个戴着毛皮帽（老式旅行帽）的矮个子，看上去就像死者耶兰，一边向他们走来，一边愤怒地嘟嘟囔囔。还有一次，暴行来得更加直截了当。在另一个夜晚，巴顿步行穿过建设中的街道，“两边的道路都被街道的地基弄得高低不平、坑坑洼洼；街道一直延伸到远处的荒地，到处是垃圾和废弃不用的石灰和砖窑”（第57页）。这一次，有人向他开了枪。巴顿开始相信，自己是一个“不可阻挡的恶意系统”的迫害对象。迫害带有特殊的听觉特征，因为他相信自己“被辱骂、绝望的呼号、可怕的仇恨所追逐……当我转过街角时，可怕的声音跟在我后面呼喊”（第62页）。在朋友的力劝下，他决定离开爱尔兰去法国待一段时间，却发现监视者正在加来码头等着他。回到都柏林，巴顿住在克朗塔夫的一所僻静的房子里，但监视者也出现在那里。最终，人们发现巴顿死在了他的房间里。显然，复仇者的最后一次造访把他给吓死了。

罗伯特·特雷西在《镜中暗影》的导言中指出，在这个故事中，那些建设到一半的街道营造了如此强烈的氛围，让人想起都柏林在18世纪90年代的发展时期，当时《联合法案》（Act of Union）尚未使其成为政治上的落后地区（第xvi页）。我同意，街道是这个故事的关键；事实上，怀着敌意的监视者的目光似乎正是从城市建筑结构中射出的。但我认为，这个故事的历史决定论仅是一种虚饰，正是现在的城市而非过去的政治压力在起作用。1847年，这个故事的读者大概会非常熟悉走过挖开的街道、石灰窑和建筑垃圾的经历。19世纪40年代，都柏林的结构像英伦三岛上的其他城市一样，确实被重塑了；当时，那些扫除了许多中世纪残余的乔治时代的规划者，被维多利亚时代的铁路工程师所取代，后者将城市结构分割成了便于大众运输的区域。[37]（虽然在饥荒之年，爱尔兰的人口大幅减少，都柏林却继续增长。）都柏林第一个铁路终点站于1834年在韦斯特兰开通，方便人们前往金斯敦的深水港，同时也为上下班的人提供服务；1844年，在亚眠街为都柏林至德罗赫达铁路线建成了另一个终点站；到了1846年，金斯布里奇（现在的赫斯顿）开始提供通往南部和西部的铁路通道。爱尔兰拥有自己的铁路报纸《爱尔兰铁路公报》（*Irish Railway Gazette*），而且从1844年起拥有与铁路网络一起发展起来的电报系统。1847年，也就是《监视者》完成 87
的那一年，哈考特街和布雷镇之间的铁路开工，铁路企业家兼工程师威廉·达根计划在布雷建造一个海滨度假酒店，有自己的广场和土耳其浴室。在英国出现的"铁路热潮"同样也横扫了爱尔兰，公众被吸引进来，将资金投入到新项目，而其中有一些项目很成问题。这些年里，出现了一波富于想象力的铁路投资浪潮，这是一种变革的乌托邦力量，比如，约翰·格雷·C. 波特的《对目前爱尔兰铁路系统的几点考察》（"A Few Observations Upon Our Present Railway System in Ireland"，1847）提议修建一条从韦斯特兰到凯里郡的瓦伦西亚的铁路，向前往美国的船舶提供一个深水港。其他计划似乎只是空想，就像19世纪40年代的大气层铁路计划，以及"都柏林南部别墅铁路"，后者计划在凯文街和位于都柏林山脉中的巴利博登之间提供一条线路。[38]

分割这个城市的计划，并没有随着十年的"铁路热潮"而结束。《监视者》似乎预料到了这段时期，更激进的城市重建仍在计划之中。到了勒法努将这个故事改写为《熟人》的时候，都柏林人已经对铁路修建计划争辩了很久。这些计划将都柏林的所有铁路终点站连接起来，这也意味着大规模改建这里的街道。市政委员会有人强烈反对，他们对于英国资本为了自己的目的而割裂这座城市感到愤愤不平。更普遍的是那些民族主义者，他们从中看到了军事图谋：将其与奥斯曼男爵的巴黎现代化进行了不利的比较。[39]弗雷德里克·巴里于1863年提出了一条具有争议的线路——高于街道二十英尺以上，并在威斯特摩兰街架设高架桥。为此，都柏林市政府修建了该桥原尺寸大小的模型，以便向人们展示这座桥到底是如何侵扰大家的（一些脚手架倒了，致使一名妇女受伤严重）。《爱尔兰时报》（*Irish Times*）同样对巴里的都市铁路项目怀有敌意，认为这条铁路带着乘客“穿过阴暗的隧道、沿着陡峭的长坡急降”——他们喜欢的是由约翰·霍克肖（John Hawkshaw）和詹姆斯·巴顿（James Barton）设计的都柏林铁路。[40]

勒法努不单单是将大众运输的到来变成了恐怖的东西。1862年，“威廉·斯克里布”（William Scribble）写了一部哥特式的轻松歌剧《都柏林毁了！或者，铁路恐怖女巫的大坩埚：神秘的莎士比亚式戏剧，一幕剧》（*Dublin Destroyed! or, The Witches Cauldron of Railway Horror: A Mysterious Shakespeareana, in One Act*），他的《老卡莱尔桥》（*Old Carlisle Bridge*）的一种续集。《老卡莱尔桥》是一部针对都柏林交通的滑稽戏，此前一年在女王剧院演出。甚至下
88 面这个简短的摘录都会让你感觉到它的喜剧味道：

场景：毁灭的“铁路引擎”屋……远处的隆隆声，像是火车发出的雷鸣声；铃声、铁路哨声，等等[两名议员、一名律师，他们原来是三个女巫]

第二个女巫：

穿过每座房屋，穿过每家商店，
任什么都不能阻止我们前行。

第三个女巫：
甚至去说服城里人，
不要理会自己的感觉和智慧，
相信街上的每一座桥
都是建筑趣事
……

所有：
都柏林，都柏林，大麻烦来了；
我们要让铁轨穿过都柏林。

铁路精灵［别名巴列］：
威斯特摩兰街，我想，是我们最害怕的，
仅次于多利埃街一役
……
不，我要让这个城市好好地抖一抖，
像大地震那样；
……
所有的建筑，无论新旧，
（我们把这个城市切割成片时）
我们将会巧妙地隐藏自己。

幸运的是，市长老爷在第二个场景中获胜，都柏林没有被摧毁。[41]

如果勒法努能适应这样的发展，部分原因是所有这些他都经历过了——从1850年到1873年去世，他一直住在都柏林南部梅瑞恩广场18号。这个地址很有名，住在这里的基本上都是律师、法官和成功的医生，从韦斯特兰火车站步行十分钟便可到达，离哈考特街总站也不远，乘车上下班的人可以从这里出发穿过新兴的都柏林南部郊区一路到达布雷。[42]勒法努搬到这里后不久，梅瑞恩广场就成了一个非常热闹的地方，开始为1853年的都柏林国际博览会修建展馆。这些建筑都是仿照1851年伦敦世界博览会而建造的。在广场西侧举行的博览会，得到了现代运输系统的支持，英国铁路公司为希望通过霍利黑德去爱尔兰的游客提供了特价票。[43]博览会本
89 身是由爱尔兰铁路资助，但大部分的资金主要来自爱尔兰首位伟大的铁路建设者威廉·达根。随着人群涌入梅瑞恩广场，勒法努处在一个很好的位置来了解现代交通和人口状况是如何共同运作的。

勒法努家族远非这些城市（宽泛地说，这个国家）重大变化的被动观察者。约瑟夫的弟弟威廉，放弃了像他这样背景的男子通常从事的职业，如法律、医学、神职人员、军人等，而是选择去从事新兴行业，当了一名铁路工程师。他以这种身份工作了二十多年，直到1863年被任命为市政工程委员会专员。威廉的职业生涯随着铁路的发展而发展。他登上了爱尔兰从都柏林到金斯敦的第一列火车。1840年至1846年，他跑的是都柏林至德罗赫达铁路线，后来是到卡舍尔和卡洛的最初几条线路。1846年至1863年，他主要负责建设大西南线路：从都柏林到科克，都柏林、威克洛和韦克斯福德线，以及沃特福德至利默里克线，并在舒尔河上设计了卡希尔高架桥。[44]约瑟夫也没有完全与这个世界隔绝。1851年，威廉受大西南铁路公司邀请评估爱尔兰备选港口（这些港口将为连接美国的跨大西洋交通服务）。他把哥哥也拉了进去，利用他在新闻界的关系来推动自己的观点［麦科马克，《谢里丹·勒法努和维多利亚时代的爱尔兰》（*Sheridan Le Fanu and Victorian Ireland*），第121页］。约瑟夫·谢里丹·勒法努变得越来越在经济上依赖更有钱的弟弟，他的财产与

铁路有着非常直接的关系。

威廉·勒法努曾直接参与了“都柏林被毁”的辩论。1863年6月,《自由人报》提供了一份对巴里的大都会铁路进行详细比较的报告,这份材料就是威廉提出的。到那时为止,连接都柏林的所有铁路终点站的宏伟计划,已被削减到——将韦斯特兰连接到金斯布里奇。与其竞争对手的计划一样,勒法努设想在阿斯顿码头设置一个中央车站,但较少依赖高架桥,而更多依赖隧道:

> 勒法努先生设计的线路不会破坏韦斯特兰和[大]布伦瑞克街(皮尔斯街)的重要路段。它将从地下穿过多利埃街、舰队街和威斯特摩兰街,让这些城市的重要部分保持原有的状态……巴里先生提出架设横穿城市的高架道路,从阿斯顿码头开始的每一条街道,如议会街、酒馆街等,有超过十二条之多,都会由高架桥连起来。而勒法努先生建议使线路下沉,经由隧道穿过议会山、科克山和基督城广场,到达同一目的地。不管 90
> 怎样,他打算以这样的方式来建造位于科克山的这条隧道:顺着城堡街后面的丹姆街开一条新的街道,慢慢升到基督城广场……显然,尽管一条[线路]可能会损坏许多最好的街道,但另一条却使街头旅行者在最感兴趣的地点几乎什么也看不见;还有……这条线路将会为城市开辟一个可以呼吸新鲜空气的地方……也将对城市的污水处理系统以及对利菲河的净化有重要的影响。[45]

如果说约瑟夫·勒法努受到了19世纪40年代土方工程也即十年“铁路热潮”的启发,写了《监视者》;那么他的弟弟积极参与城市的重建,可以用来说明他为什么在1872年将其改编为《熟人》重新出版。

同样的感觉——被监视、被敌意的甚至凶恶的目光凝视——也出现在其他故事中。这些故事乍看之下似乎是那个时期更典型的杂志小说，因为他们讲的就是闹鬼的房子。令人不安的、盯着活人看的角色，包括《安及亚街的奇怪骚乱事件》中堕落的霍罗克斯法官的鬼魂（故事后来扩展为《镜中暗影》，这一角色也易名为“正义先生哈博特”），以及《鬼屋的真实故事》中的诸多鬼怪。在《安及亚街的奇怪骚乱事件》中，住在都柏林奥吉尔街的一所老房子里的学生，被很久前吊死的法官的各种表现吓坏了。有个学生试图在自己的新卧室睡觉时，发现自己被一张充满“恶兆”的脸凝视着：“这地狱般的面孔盯着我，而我也带着梦魇般的莫名迷恋盯着它。”（布莱勒，《里德尔夫人故事集》，第364页）[46]在《鬼屋的真实故事》中，叙述者和他的家人租了一套房子，“离城市很近……有铁路与之相连”（同上书，第420页）。这房子“相当现代的”，最近刚粉刷装修过，“位于一条舒适的街道……面朝大海”（第420页）。这可能是都柏林至金斯敦线上的某个市郊城镇，虽然叙述者渴望安静，但很有可能这房子在布雷，那个在1854年铁路线开通后被扩建为度假胜地的地方。铁路以都柏林哈考特街为起点，穿过米尔敦、福斯洛、邓德拉姆，直到海岸边。可在这个阳光明媚的环境中，搬来的这家人很快就在夜里遭到莫名敲门声的侵扰。家里的不同成员都看到了模糊的人影：衣衫褴褛的独眼女人、红脸的矮个子男人、脖子上有伤痕的年轻女子。仆人们相信，“盗贼们已经建立了一种进入房子底层的秘密方式”（第421页）。但很明显，他们的访客不属于这个世界。我们的叙述者推测，这三个人正在重现他们在一出谋杀剧中
91 的角色。在后花园里，发现了人类的牙齿和下颌骨。事实证明，这所房子并不是那么现代，这里曾经是偏远的政府仓库的一部分。沙

仑·马库斯认为，在中产阶级出租自己房屋的时代，闹鬼的室内故事表达了对公共和私人空间划分的焦虑，以及对中产阶级的居所永远无法与穷人居住的拥挤的出租屋区别开来的担心。[47]但是，正如我们已经看到的，勒法努的故事使公共空间跟家居室内一样有鬼魂出没。我想，我们在这里所说的一连串的鬼魂，是那些被不断扩展的新的大众运输系统及其重塑的人造环境吓坏了的鬼魂。在这个意义上，勒法努是在改造一种现有的人口想象，那些有关大众运输的描述，常用超自然现象来表示因铁路而产生的城市经验。例如，下面讲述的是1834年12月都柏林至金斯敦铁路开通的情形：

> 受蒸汽力量的推动，吓坏了的乘客，像魔鬼阿斯莫德一样，在我们城市的房顶、树端快速滑行——眼下正穿过绿色的田野和树丛，然后掠过海面，在悬崖下的、海洋别墅之间的海岸边暂时藏身，再通过岩石挖掘场，最后发现自己来到了一个巨大的港口中心。[48]

魔鬼阿斯莫德已经成为铁路话语以及更普遍的人口想象中大家非常熟悉的角色，这一形象是从阿兰·勒内·勒萨日的讽刺小说《跛足魔鬼》(1707) 中借用来的。在这部讽刺小说中，魔鬼阿斯莫德从瓶子里被释放出来后，便与他的解放者唐克列法斯在马德里的夜晚飞到圣·萨尔瓦多塔的顶部，并使所有的屋顶消失，露出里面的人，露出“这些人的行为的隐藏动机……他们自发的想法”，以便打开“人心的秘密房间”。[49]这个超强的魔鬼，在《纪事晨报》后来的一篇更为晦涩难懂的文章中被再次引用。这个魔鬼越过伯蒙德西和罗瑟希德区众多屋顶前往伦敦的旅行，被描述为“鸟瞰……(密集廉价公寓里的) 大规模人类争斗”：“就算是魔鬼阿斯莫德自己，盗窃有术还能隐身入侵……但他从来没能收集到哪怕一半像这样的家庭事件，如此充满感情、如此戏剧化、如此多样……就像在这里，在铁路旅客面前以大量暗示描绘的那样”。[50]铁路在其早期
92 提供了丰富的材料来激发人口想象。神奇的监视器被打开了，不可知的大都市变得透明可知，群众的生活可以被仔细审视。像侦探一样，铁路提供了一种掌控稠密人群的幻想。

查尔斯·狄更斯的《董贝父子》(1846—1848) 是勒法努的《监视者》同时代的作品，在这一作品中，同一个铁路魔鬼出现了。众所周知的是，狄更斯对铁路爱恨交加。一方面，铁路在董贝先生的心中与死亡相关，并最终碾死了小说中的反面角色卡克尔；另一方面，铁路也给肮脏、拥挤的斯塔格斯花园附近带来了秩序、光明、实业，给图德尔一家带来了繁荣。但在想象的另一个层面，狄更斯把铁路描写成可以掀掉屋顶、暴露城市生活奥秘和苦难的魔鬼阿斯莫德。在小说的第四十七章中，叙述者呼唤这样“一个善良的精灵，用比传说中的跛脚魔鬼更有力、更仁慈的手，将屋顶移去”。换句话说，狄更斯可能是在可辨识的铁路话语内写作的，而不是直接引用勒萨日来书写他的社会变革愿景(在《圣诞颂歌》中，圣诞礼物精灵带着斯克鲁奇游览了英国圣诞夜的庆祝活动，希望能温暖他那颗冰冷的心，这个精灵可看作同一角色的早期版本)。

在勒法努的作品中，有些神奇的东西也来自铁路造成的拥挤对城市的改变，但这并不是《董贝父子》和早期铁路叙述中的“白魔法”。狄更斯所代表的神奇的具有穿透性的全景式景象，变成了不同的东西，一种颠倒的视野。巴顿并没有掌控这个城市的视野——他处于充满敌意的注视之下，被枪击，最终在对他所看到的东西产生的纯粹恐惧中死去。显式或隐式的寓言，蜕变成一种更为神秘的超自然现象。这些故事的历史解读，都没能充分考虑它们所描述的

和唤起的效果。但至少我们可以看到，良善的精灵阿斯莫德已被不那么好处理的力量所取代。我们看到的不是都市家庭剧（一种群众可以知道的幻想），而是某种看不见的东西：干枯萎缩的监视者、《安及亚街的奇怪骚乱事件》中的邪恶存在、《鬼屋的真实故事》中的历史罪行的参与者。突然间，所有的这些都在显示：有什么存在正回望着我们，那眼神很不友好。

乘　客

虽然《监视者》讲述的是一种幽灵盯梢的方式，这似乎与城市
铁路相关的视觉管控相对立；而在《绿茶》中，勒法努涉及的是城 93
市生活中不同却又相关的方面：公共交通工具上同行的乘客。在这个故事中，遭到侵扰的不幸受害者是詹宁斯牧师。他首次遭遇超自然迫害者，不是在伦敦自家舒适的单身寓所中，而是在一辆公交车上。虽然这个故事创作于19世纪60年代，故事背景却设置在19世纪初，那时像公交车这样的交通工具事实上并不存在。这再次表明，尽管这些故事说的是过去，但正是勒法努时代的拥挤的街道所呈现的生活构成了他作品的内容:《绿茶》是一个关于19世纪中叶的通勤者的焦虑的故事。

值得考虑的是，公交车作为故事场景所拥有的特殊性，因为到了1869年，公交车成了极具社会意义的交通工具。公交车是大型马拉车辆，在19世纪20年代末，促进了巴黎、伦敦、纽约以及包括都柏林在内的其他许多城市通勤往来的发展（这一现象通常被认为起源于1826年的法国南特）。[51]《纪事晨报》描述了伦敦的第一辆公交车，自1829年7月4日起投入使用，行驶路线从帕丁顿到市区："一架漂亮的机器，形状像载货大马车，两边和尾部各有一窗"，可

容纳十六至十八名乘客。[52]到了19世纪40年代中期，在都柏林已经有了许多“公交车”路线，包括通往邓德拉姆、多利芒特、桑迪芒特、布雷的线路，尽管有来自“货车”经营者的反对声。[53]公交车之旅，从一个被安全地加上引号的新颖事物，很快成为城市生活中必不可少的部分，也成为现代城市生活中代表偶然亲密接触的“时空体”和符号，在流行文化和高雅文化里都是如此。有一部名为《公交车》(*The Omnibus*)的喜剧，讲的是通勤生活的危险。1829年底，这部剧在莎德勒的威尔斯剧院上演，随后出现在费城的栗子街剧院(1833)和纽约的公园剧院(1833，1848)。从19世纪30年代末到40年代初，这部剧一直在都柏林的皇家剧院娱乐着观众。1878年，该剧依然十分受欢迎，在墨尔本成为加演的短剧。[54]巴黎同样将公交车上的人生百态吸收进了歌舞杂耍表演中，比如，古斯塔夫·阿尔比特(Gustave Albitte)和路易·迪加尔(Dugard)的轻歌舞剧《我的公交车邻座》(*Mon Voisin d'omnibus*，皇家剧院，1846)。[55]乔治·克鲁克香克(George Cruikshank)借用了这一新交通工具的名字来命名他的漫画杂志《公交车》(*Omnibus*，1841—1842)，并用公交车之旅代表的“时空体”来建构“公交车上的闲聊”部分。歌舞杂耍剧院的歌曲，描述了公交车上的浪漫相遇：

94 我跳上了一辆公共汽车
很快就走过去
坐在一个漂亮女孩的对面
她偷偷地朝我笑了笑。[56]

小说作家也意识到，拥挤的公交车是一个供陌生人碰面的潜在之地，可以上演偶然却又命定的城市奇遇。在威尔基·柯林斯的《巴兹尔》(1852)中,主人公在伦敦公交车上首次见到迷人的玛格丽特·舍温,这成了他后来的不幸之源;上车时他帮了她一下,与她短暂的碰触立刻让他激动不已:"这感觉让我心荡神迷,心跳加速。"[57]一次公交车上的偶遇,让主人公产生了本能的反应,这反应又促使他踏上了叙事之旅。[58]

画家们用拥挤的公交车来隐喻地表现城市是如何将人们赶到一块的。完全陌生的人近距离地看和被看,有时被迫触碰他人。威廉·莫·埃格莱的《伦敦的公共车厢》(1859)是这方面早期的著名例子,该画采用透视缩短画法使我们的视角与幽闭空间中的乘客视角一致。公交车上的经历似乎意味着不愉快的生活:每天乘车上下班的人,得经历种种不适——不舒服、强制的亲密接触、被超出自己控制的力量携带着向前。[59]托马斯·马斯格雷夫·乔伊的《查令十字街至银行汽车站》(*The Charing Cross to Bank Omnibus*,约1861)追求的是同一个主题,但他向我们展示了一个从外部观看的视角:一个年轻的女子正将狗带进一辆非常拥挤的公交车,其他乘客从已经人满为患的车内向外观瞧。[60]马斯格雷夫·乔伊的作品证明,不只是其他人的存在使乘公交车变成了一种磨难。1860年,《笨拙》周刊上的一篇文章用讽刺的笔法欢迎了伦敦公共巴士总公司的新规定,特别是禁止带狗,"除了捧在手里的小狗,而且要征得所有乘客的同意"。这表明,当时带宠物上车已经成为一种常见的滋扰。《笨拙》周刊还提到婴儿、硬纸盒、衬裙、湿雨伞等,这些都成了其他乘客痛苦的来源。[61]当然,长途马车旅行也会有这种共享的移动内部空间,但公交车旅行的短暂、匆忙、随机,是完全不同的体验。随着时间的推移,人们越来越习惯于这些亲密接触。后期的绘画作品,包括艾尔弗雷德·摩根的《乘公交车到皮卡迪利广场,格拉德斯通先生与普通乘客同行》(*An Omnibus Ride to Piccadilly*

Circus, Mr. Gladstone Travelling with Ordinary Passengers，1885）、爱尔兰画家乔治·W. 乔伊的《贝斯沃特的公交车》（*Bayswater Omnibus*，1895），描绘了安静、宽敞的内部空间，乘客们专注地读着
95 报纸，这表明通勤体验已被同化吸收。但在19世纪60年代，公交车仍然是拥挤的现代城市的缩影——强制性的触觉、视觉、嗅觉上的亲近；人们彼此间并不互相交谈，但他们或多或少地紧挨着坐在一起。

乘车上下班的世界，对于约瑟夫·勒法努来说并不陌生。正如威廉·麦科马克所说，1843年至1850年定居在梅瑞恩广场（勒法努的岳父腾出来的房子）期间，约瑟夫和妻子苏珊娜以及他们不断添丁加口的家庭，有时候也会去布雷、马拉海德、金斯敦这些沿海城镇居住一段时间。从这些地方，他可能会乘火车或公交车进城，去处理身为报社老板和杂志编辑应该处理的事务（麦科马克，《谢里丹·勒法努和维多利亚时代的爱尔兰》，第125页）。[62]

在《绿茶》中，他把"公交车"的流行形象当作一个难解的近距离接触地点。但在他虚构的作品中，同车的乘客不仅是另一个物种，而且还不属于这个世界。一天晚上，博学的詹宁斯牧师从伦敦市的一位藏书家的住所返回他在里士满的家，因为没找到出租马车，便登上了"会路过他家的公交车"（《镜中暗影》，第22页）。最初他相信自己是唯一的乘客，但在阴暗的车内，他辨别出两点红光，他意识到它们原来是一只小黑猴发光的眼睛。但是，这不是一只普通的猴子：

> 我估计，某个乘客忘记了这只丑陋的宠物。我想搞清楚它的脾气如何，但又不想用手指去碰它，便用伞轻轻地朝它捅了捅。它仍然一动不动——拨弄它——捅穿它。捅穿它，来回地捅，没有丝毫阻力。（同上书，第23—24页）

受到这样的戏弄，即使是一只有血有肉的猴子也会很愤怒。这只猴子幽灵确实非常生气，随后便成了牧师摆脱不掉的梦魇。牧师到哪里它就跟到哪里，而且变得越来越邪恶。詹宁斯向他的教区居民布道时，它就蹲在《圣经》上。马丁·黑塞利乌斯博士是超自然现象的研究者，《镜中暗影》中的故事都是以他的论文为基础的。博士承诺帮助受折磨的牧师。牧师受到的迫害似乎或多或少与他的兴趣有关，这个兴趣就是古代世界的异教，博士称之为“可耻的迷恋”（第21页）。黑塞利乌斯认为，过多的研究，也可能是过多的饮用绿茶，打开了詹宁斯内心的眼睛，让他看到了恶灵。[63]然而，当詹宁斯急切地需要他的时候，这位了不起的博士却不见了踪影，心神狂乱的牧师最终自己抹了脖子。

在这里，我们看到的不是家中的种种幻影，而是公共空间的， 96
特别是新型的公共空间，即“公交车内”。像1866年的两个故事，阿梅莉亚·爱德华兹的《四点十五分快车》（“The Four-Fifteen Express”）和狄更斯的《信号员》，超自然存在占据了新的交通线路，而不是出现在过去的某个偏僻的地方。这里出现的詹宁斯先生不是一个过度劳累、妄想的学者，而是一个精神紧张的通勤者，他人无声却含有敌意的凝视，对这类人来说就是人间地狱。在《铁路旅行》（*The Railway Journey*）中，沃尔夫冈·施菲尔布施认为，铁路旅行训练人们以一种新的方式与陌生人为伴。这种方式将马车旅行中的欢快气氛变成了火车车厢里的礼貌沉默。[64]但在大致相同的时间，拥挤的公交车上的上班族也学会了这种技巧，被迫与蒸汽驱动的火车上的乘客一样，保持一种沉默的亲近。《绿茶》表明，这种训练自己习惯于别人的注视产生了相当大的心理代价，这是情感史上的一段充满痛苦的时期。我们可能会把詹宁斯的故事看作有关公交车和火车偶遇的幻想故事的另一面。这种邂逅式幻想常见于这一时期的流行歌曲，而在绘画上则较为罕见，如亚伯拉罕·所罗门(Abraham Solomon)的画作《头等车厢，相遇……“一见钟情”》(*First Class, The Meeting...“And at First Meeting Love”*, 1854)。这些作品暗示强加的随机亲近会带来潜在的快乐，而勒法努将这种亲近变成了噩梦。[65]

终点站

那些在勒法努作品中游荡的幽灵，是否一半代表着都市众生，余下的一半则来自火车车厢？过去就这么一闪而过，仿佛阴影般永远消失在了大众运输的铁轨之下？存在于故事中的怀有敌意的亡魂，是否来自地狱的访客，而这地狱正是现代城市中的“他人”？这些故事会引起错位感和不安感，却不让我们以任何明确的方式来回答这些问题。值得注意的是，在别的地方，勒法努似乎像乘客一样对生活同样悲观。在《塞拉斯叔叔》中，莫德离开巴特拉姆-哈夫前往法国。她到了伦敦，“因铁路旅行特有的劳累而疲惫不堪”。但在乘坐火车继续前行一番之后，她发现自己并未到达法国，而是再次回到了她凶残的叔叔的家。[66]《飞龙旅店的房间》的主角与新结识的朋友一起乘火车旅行，却发现自己瘫痪了，能够看到其他乘客，但无法动弹，成了“被囚禁的灵魂……说不出话也动不了”，这预示着后来有人企图将他活埋。[67]就像在狄更斯的《董贝父子》中一样，公共交
97 通往往与死亡相联系，但没有什么进步和开明的“善良幽灵”来消除这种可悲的前景。当然，具有注定的支配力量的“隐身王子”是比勒法努更具戏剧性的角色。勒法努只不过是维多利亚时代乘车上下班的人，对曾使其弟弟发迹的“铁路热潮”以及与同行乘客的紧密接触感到不舒服。但正是后者创作了最早的城市幽灵故事。

摩天大楼之间的监视者

《监视者》之后，其他的城市幽灵接踵而至，虽然这些幽灵大多待在室内而非游荡在街上或流连在公共交通工具里。正如沙仑·马库斯所言，像爱德华·布尔沃·利顿《鬼魂与凶宅》（"The Haunters and the Haunted"，1859）这样的故事，也受到城市生活本质的驱动，但它们都是一些发生在闹鬼的室内空间的故事。在室外冒险的幽灵则会出现在查尔斯·狄更斯的断案惊险小说《不可尽信》（1865）中，谋杀案的一名陪审团成员竟然看见凶手和受害者站在窗外的街道上。他指出，"这番经历并不是发生在什么浪漫的地方，而是皮卡迪利大街的会议厅里"。[68]同样地，在乔治·麦克唐纳的《科尼利厄斯叔叔的故事》（"Uncle Cornelius His Story"，1864）中，大部分闹鬼事件发生在那种很多幽灵故事中都有的乡间房屋（"大而杂乱的建筑，有些部分很古旧，有些部分比较现代"）里，而科尼利厄斯叔叔的第一次可怕遭遇发生在离大英博物馆不远的、罗素广场南侧的地方。[69]在里德尔夫人的《赫特福德·奥唐纳的警告》（"Hertford O'Donnell's Warning"）中，报丧女妖来到了苏豪区：就像小说主人公说的，"想一想这事就觉得奇怪得很，竟然在杰勒德街受到女妖的青睐"。[70]里德尔的《胡桃树屋》（"Walnut-Tree House"）是一则鬼屋故事，但在该故事中，她尽力强调了城市方面的因素——作品名字里的房子是一套乡间别墅，伦敦的东南部已经扩展至此地，这真是一种使哥特式故事城市化的有趣方式。在玛格丽特·奥利芬特宗教性的作品《受困的城市》（"A Beleaguered City"，1879，1880）中，幽灵集体走上了街头，故事描述了法国塞穆尔镇的死者鬼魂重返人间并赶走了那些持无神论的生者。[71]有几个作家，如勒法努，发掘了新的交通网络中各种可能的超自然存在。如我们看到的那样，阿梅莉亚·爱德华兹在其铁路故事《四点十五分快车》中一定程度上预示了勒法努的作品，而在《铁路恐慌》（"A Railway Panic"，1856）中她又讲述了其他乘客的威胁——这些人疯了却是现世的活人。狄更斯的《信号员》也可以视为这一类作品。

98 城市幽灵故事在20世纪再次兴起，第二次世界大战的那些年为此提供了特别丰富的宝库。其中最著名的就是伊丽莎白·鲍恩的闪电战中的伦敦幽灵故事《魔鬼情人》（"The Demon Lover"，1941），这个故事也使用了公共交通来制造惊悚效果。[72]受廉价杂志的助推，美国产生了自己的城市幽灵。弗里茨·莱伯的《烟鬼》（"Smoke Ghost"，1941）最早出现在廉价杂志《未知世界》（*Unknown Worlds*）上，其主人公凯茨比·瑞安琢磨着城市幽灵可能会是什么样子："我的意思是来自当今世界的幽灵，脸上沾着工厂的烟尘，灵魂经受了机械的撞击。它们属于会在煤场游荡以及夜间在废弃办公楼里到处乱溜的那种。真正的幽灵。不是出自书中的什么东西。"[73]莱伯的作品也是有关公共交通的故事。似乎正是从高架列车看到的城市召唤出了烟鬼，并不断缠住瑞安，几乎使他精神错乱。[74]雷·布拉德伯里于1943年5月发表在《怪异故事》（*Weird Tales*）上的《人群》（"The Crowd"，1943），其主人公在车祸中受伤，并第一次瞥见一个怪异的人群，有车祸发生时他们就会凭空突然显现在街道上。尽管这类材料也能用，但电影行业基本上会坚持使用更加传统的哥特式背景——闹鬼的房子和城堡——来讲述其幽灵故事。就恐怖而言，通常都有很多城市背景，从《道林·格雷的画像》（*The Picture of Dorian Gray*，1916）的早期版本，以及《化身博士》（*Dr. Jekyll and Mr. Hyde*，1920）、《甲壳虫》（*The Beetle*，1920），到表现主义作品《卡里加里博士的密室》（*Cabinet of Dr. Caligari*，

1920)，再到始于20世纪70年代的郊区和小城镇恐怖电影。[75]

但是，新媒体到来之际，在一位风格迥异的作家亨利·詹姆斯的作品中，我们看到了一个有趣的朝向勒法努题材的文学回归。虽然他们的文学抱负相距甚远，但两人确实有一些共同点，至少詹姆斯是爱尔兰裔美国人，他的祖父来自卡文。而奇怪的是，詹姆斯的父亲与勒法努笔下的詹宁斯先生也有着相似之处：两位都是业余神学家。1844年的某一天，他觉得“某个讨厌的、看不见的东西正蹲在我的房间内，散发出致命的腐臭气味”。[76]这事使他压抑了很多年，直到他最终在伊曼纽·斯威登堡(Emmanuel Swedenborg)的作品中找到了一些安慰，我们还会想到，他可能也参考了詹宁斯先生。这些个人联系都是相当脆弱的，但作为作家，亨利·詹姆斯与勒法努一样对幽灵故事非常感兴趣并沉迷其中。《拧紧螺丝》(1898)可能是他最著名的超自然小说，肯定备受批评界的关注；但在其整个职业生涯中，詹姆斯也创作了大量的杂志幽灵故事，始于《旧衣传奇》(“The Romance of Certain Old 99
Clothes”，《大西洋月刊》，1868年2月)，终于《幸福角》[《英语评论》(*English Review*)，1908年12月]。他的超自然故事出现在我们已经论及的许多维多利亚时代的期刊上，包括《英语插图杂志》(*English Illustrated Magazine*)、《斯克里布纳杂志》(*Scribner's*)、《时尚》(*Cosmopolitan*)、《黑与白》(*Black and White*)，以及发表了《拧紧螺丝》的《科里尔周刊》(*Collier's Weekly*)。[77]还有一些则会和其他幽灵故事作者的作品一起刊登在圣诞或一月份的专号上。19世纪90年代，詹姆斯的小说赚钱有限，其戏剧创作也完全是非商业性的，这些幽灵故事有助于弥补这种经济上的窘境。[78]甚至他的现实主义小说似乎也经常设置受缠扰的人物或侵扰他人的角色。T. J. 勒斯蒂格指出：“詹姆斯式的意识本身就是用阴森森的语言来描述的……其小说幽暗晦涩，包含着高深莫测的引喻，徘徊游移的不确定性，以及对焦虑和敬畏、怀疑和恐惧的迷恋。”[79]有关詹姆斯和超自然作品，最近有一本论文集出版，对于该书的编辑们而言，在詹姆斯的作品中，幽灵与他的一些关键主题——经验的主观要素、犹豫不决、暧昧模糊——始终联系在一起。[80]例如，利昂·埃德尔称《丛林中的野兽》（“The Beast in the Jungle”, 1903）为“没有幽灵的幽灵故事”。[81]因此，虽然詹姆斯常常对自己仓促创作的故事不屑一顾，但这些故事与那些通常被视为其主要小说而被关注的没有太大的差别。他在自己的纽约版作品全集中收录了一些这样的故事。我想在这里讨论的两个故事中，只有一个，即《幸福角》，通常会被看作幽灵故事；而另一个，《皱巴巴的科妮莉亚》，是那些没有幽灵的幽灵故事之一，虽然它与《幸福角》很类似。

詹姆斯后期关于城市的故事，是他1904年访问故乡纽约的结果。1875年他移居欧洲，尽管在19世纪80年代会不时回到家乡。在他长期不在的时候，纽约城市人口翻了一番。这个城市已经成了与伦敦相当的大都市，虽然两者的布局差异很大。詹姆斯发现自己处在一个十分奇怪的陌生环境中，不仅空间环境陌生，社会环境也是如此。在访问美国后写下的一些故事中，他为了心理目的而重写了幽灵故事。困扰故事主角的似乎是过去，或者是没有充分享受生活的某种感觉。然而，你可以感觉到这些实际的或象征性的幽灵，只是不安的一种来源。这些故事中的人物也被城市的实际空间和社会空间的变化弄得慌张不安。公交车和铁路改变了维多利亚时代的都柏林。而在19—20世纪之交的纽约，表明人口爆炸的是这样一些特征：无处不在的电车轰鸣声，最重要的是，老旧的建筑物
100 都被“摩天大楼”所替代。后者是现代世界的钢铁和混凝土材质的哥特式大教堂，被房地产的利润驱动，越来越接近天堂。像芝加

哥一样，纽约在20世纪初由人造的悬崖和峡谷所主宰。[亨利·布莱克·富勒（Henry Blake Fuller）的小说《悬崖居民》（*The Cliff-Dwellers*）以芝加哥的摩天大楼为背景，出版于1893年；用“峡谷”这个词来描述纽约的街道可以追溯到20世纪初。]但詹姆斯既对人口的变化程度，也对大规模移民期间这种变化每天都在发生而感到震撼。

詹姆斯按照自己的标准，直接将他的美国之行写成了系列文章，刊登在《北美评论》（*North American Review*）、《哈珀杂志》（*Harper's Magazine*）、《双周评论》（*Fortnightly Review*）等刊物上。这些文章后来和其他一些新作一起收进了《美国掠影》（1907）中。青年时期生活过的城市，被商业力量和短期利益所改变，他对这种改变方式表示震惊。这种商业力量制造出了“昂贵的临时音乐会最刺耳的音符”，即摩天大楼，他称之为“长着千只玻璃眼”的“纯粹市场的巨人”。[82]还有更糟糕的事情。参观埃利斯岛（当时是美国的主要移民检查站）使他产生了挥之不去的感觉：“外邦人”现在是美国生活中的确定性事实。去埃利斯岛观看过其运作的“敏感市民”，返回后在感觉上都会有很大的变化：

> 这让他颇为震动……直至他生命的深处。我喜欢想起他，我肯定会想起他，此后他就有了一副新的面孔，对于那些能看见他的人来说，这面孔就是他心中新的寒意的外在迹象。就这样被盖了章，为了检测，这个可疑的特权人有一个幽灵，在他所谓安全的老房子里被视为鬼魂。（《美国掠影》，第61页）

他继续描述一种走在拥挤的人行道或者乘坐拥挤的电车时被“剥夺感”所“困扰”的感觉。（一些评论家说这段文字似乎预示着

《幸福角》中的困扰，而且不难发现两者之间的联系。）[83]虽然他确实注意到，在一个长期以移民为特征的国家里，很难区分本地人和外国人（同上书，第89页）。另一些段落也出现了类似的民族恐慌："我们到处都能遇见的"（第92页）意大利人被描述为"继黑人和中国人之后，最容易产生人的价值"。最令人不寒而栗的是，他描述了"一大群"（第93页）移民的犹太人，对他而言，这些犹太人无论是个体还是群体都能显示出其民族类型，因为哪怕是一小片玻璃也会拥有更大的整体质量："所以，纽约犹太区的居民，就像玻璃吹制机桌面上的碎片一样厚厚地堆在那里，每个人都像细细的玻璃颗粒，具
101 有他或她的那份以色列整体的强光。"（第94页）在另一个奇怪的意象中，詹姆斯回到了在埃利斯岛之行中使用的那些建筑比喻，将一个"犹太人队列"比作某个"长夜里的街道，每座房屋的每个窗口都有着一盏长明不熄的灯"（第94页）。平板玻璃似乎以某种方式将摩天大楼的"玻璃眼"和目光炯炯的犹太人群连接在一起。虽然一些詹姆斯作品的研究者们认为，由于詹姆斯的叙述策略和不断变化的身份认同的复杂性，阅读这些段落需要更正面地理解；不过，很难不将其看作面对大规模移民所表现的一种恐慌。[84]

在这些故事中，詹姆斯以更加隐晦的方式描绘了城市外在的和民族的变化，虽然有时候我们可以看到《美国掠影》中的贱金属已经被转化为文学黄金。在《皱巴巴的科妮莉亚》（1909）中，中年单身汉怀特·梅森回到如今已完全陌生的纽约，如勒法努《监视者》中的巴顿一样，计划与一位迷人的年轻女子成婚。这个故事从中央公园展开，怀特·梅森坐在那儿，打算拜访一位新结识的朋友沃森汉姆太太。他坐下时，注意到在那里玩耍的小女孩们的衣服，便把她们与"陌生（极其陌生）的当地民众的女儿"联系在一起（《皱巴巴的科妮莉亚》，第221页）。但他认为，迷人又聪明的沃森汉姆太

太，一个有钱的寡妇，是能够跟上“新时代”的“怪异步伐”的（同上书，第227页）。她在怀特·梅森与大都市眼花缭乱、盛气凌人的物质主义世界之间，可以说是提供了一个屏障，使他不必与之太接近。怀特·梅森到她家探望时发现，对他而言，她的价值可以用特别的、巴洛克式的、晚期詹姆斯式的散文来描述：

> 她的见地，对他来说就像突然形成了一扇阳光充足的大方窗，以自信的派头悬在庞杂的生活之上。朝它袭来的，是一股宛如来自人群攒动的巨大广场的、浪潮般的涌动和声响。然而，与此同时，甚至在他打量的时候，对着他闪烁的，是她那用宝石装饰的、灵巧的手，以及世上最漂亮的粉红色指甲的完美光泽。她的手触动了一根弹簧——用来瞬间放松的最巧妙的新设备，色泽柔和的机械百叶窗帘便半垂下来。这丝绸面料的遮阳篷飘着流苏、色调迷人，正好为阳台上斜靠在她身边的爱人洒下了一片阴凉。这地方，本身就是为这幸福的一对而设下的。（第228页）

这个想象的空间是令人不快的：我们似乎一下子就站在了摩天大楼里一扇玻璃窗的后面；窗子配有机械的百叶窗帘，并立在广场上方的某种老式阳台上。[85]但我认为，下面“人头攒动的巨大广 102
场”就是真实的城市，同某个抽象的“新时代”一样真实。下面的人群，呼应着他对纽约犹太人的描写，“没有像以色列人那样的蜂拥人群”（第94页），也呼应着这样的描述，“熙熙攘攘的小广场，蚂蚁般的人们来来往往”（第96页）。沃森汉姆太太将会保护怀特·梅森从这些纠缠不休的现实中挣脱出来，但是，他向沃森汉姆太太求婚并让自己与她所代表的现代美国联姻的计划被废止了——他对未来的畅想中断了。打断他的，不是来自他过去的一位微型幽灵访客，就像在《监视者》中的那样；而是一个身材矮小的老朋友，科妮莉亚·拉希。她在沃森汉姆太太身边，一下子就被认了出来。她不合时宜的帽子飘进怀特·梅森的眼帘，变得“越来越近……像电影放映中图像呈现出的那样”（第128页）。在这短暂的社交惶惑和空间困惑之后，怀特·梅森意识到，不像那位闪闪发光的女继承人，科妮莉亚共有着他记忆中的昨日纽约。他和她都是“一个逝去并被埋葬的社会留下来的有意识的、可笑的、可怜的幸存者”（第236页），那是“摩天大楼”时代之前的更小、更贴心的纽约社会（第239页）。《皱巴巴的科妮莉亚》毕竟是一个幽灵故事，但在过于明亮也过于拥挤的现在，久别归来的怀特·梅森和科妮莉亚都在寻求一片阴凉之处。

在沃森汉姆太太将“新”纽约以独特的光学形式表现出来之前，他已经经历了心理错位。屋内各种闪闪发光之物，像繁华的城市本身，与其“摩天大楼”一道（第239页），对他的感官造成了伤害：

> 他打量着整个光景，脸上浮现出怪怪的样子，类似没戴护目镜的人从住所通往炫目的光线时做的怪相。如果他当场被光线照到（完全有可能），他会让你感到他表现出……几乎算是痛苦的不悦之色。[86]

正如我们从上文中看到的，沃森汉姆太太的作用是为了遮挡现代炫目的光亮，但同时她也增加了许多亮光。她的房子太亮、太新，怀特·梅森的眼睛很不适应。具有“新硬币闪出的刺眼的光”（第224页），毫无使用过的锈迹——这让人想起《美国掠影》中的“以色列的强光”（《美国掠影》，第94页）。在沃森汉姆太太身旁有一扇想象的窗口可以俯瞰这座城市，这种渴望后来让他感到像“著名的深渊眩晕”，即一种在悬崖上欢欣的眩晕。我们可能会读到这种性欲中混杂的恐惧和渴望，但我认为，更准确地说，是光与空间带来的不安诱导了怀特·梅森，也或许是詹姆斯本人。这便是纽约那些炫目的摩天峭壁和峡谷，以及某种一进入便会坠落的种族空虚感 103
（一种紧盯着你的空虚）。甚至，考虑到沃森汉姆太太的钱的来源，也会具有某种别样的光学噩梦，即承受他人紧盯的目光：“以任何方式开始的考虑沃森汉姆太太的财富的想法都会影响到他……像一种可恶的折磨，一群闲人用集中、嘲弄、不动声色的眼睛紧紧盯着，让人感到有些暴露和尴尬。”（《皱巴巴的科妮莉亚》，第237页）这是一种结合了偏执监视感和暴露恐惧感的意象。像勒法努故事中的人物一样，怀特·梅森经历了社交距离和隐私崩溃的现代城市，他对自己暴露在别人的目光中感到纳闷。其他人（可能还包括其他民族）太近、太多、太爱监视别人，而城市本身抛掷的物质文化（假定包括艺术化的怀特·梅森）太新、太亮，又高得令人眩晕。他的视力不堪重负，他觉得必须“认真地考虑蓝色护目镜的问题”（同上书，第241页）。[87]这种强烈的保护视力的欲望，十年后，让正在读霍夫曼的《睡魔》（“The Sandman”）的西格蒙德·弗洛伊德有了阉割焦虑的想法。但是怀特·梅森的焦虑，似乎不是男子气概的丧失，而是在一个完全陌生的环境中自我毁灭。

众所周知，詹姆斯后期最成功的小说《幸福角》（1908），也是一则改写的城市幽灵故事。但它对超自然或“超自然惊悚”（如詹姆斯自己所言）的唤起，具有较弱的隐喻效果。[88]同样，这个故事与《监视者》有一些明显的相似之处。斯宾塞·布莱登（这个名字让人想起勒法努的巴顿）也在很多年以后回到了故乡，他开始与一个女人交往。但对布莱登来说，这女人是他的旧爱，名叫爱丽丝·斯泰弗顿，而不是青春年少的一方之宠。詹姆斯的主人公像巴顿一样，与其他女子有过关系，但这一点是通过暗示而非直接描述来传达的。布莱登像巴顿一样，夜间在他继承的属地上散步，发现自己被一个超自然幽灵监视着。与这个幽灵的突然相遇几乎将他吓得半死，让他几近崩溃。第二天早上，在爱尔兰管家马尔登太太的陪同下，布莱登的情人搜寻了这处宅子，并发现了他，把他救活了。

然而，这些故事之间最密切的联系是它们与城市剧变的关系。布莱登夜间在老家的地面上散步，希望目睹另一个自我，这个版本的自我待在纽约，而不是在欧洲过着颓废的生活。这个“欧洲”，或许只是布莱登以为的欧洲。[89]他感到，另一个自我会是产业巨头，
104 或者，以某种方式成为这个金钱世界的一部分。但为了实现这种放纵自我的灵魂追寻，布莱登要把他位于纽约的第二套房子变成现代公寓大楼来发点财。他来到纽约“看望他的‘财产’”（《幸福角》，第162页）。他那第二套不太好的房子的租约已经结束，“事先好好装修一番一定很棒”（同上书，第163页）：这房子将变成一套“公寓房”（第164页）。

布莱登发现自己与建筑工人打交道很有天赋，便花了些时间当起了业余开发商，“爬梯子、走跳板，去处理建筑材料，而且看起来很懂行的样子，问的问题也很在行，对别人的解释总会‘刨根问底’”（第163页）。爱丽丝半开玩笑地说：“如果他留在家里，他早就成了摩天大楼的发明者。”（第165页）更令人惊讶的是，他对“镀金时代”不断涌现的建筑和其他方面的奇迹所表现的敌意：“那些‘招摇’的东西，那些现代的、可怕的、出名的东西，还有那些他尤其要来（像每年成千上万天真的调查者那样）看一看的东西。”（第162页）他多次探访爱丽丝在“欧文广场的小房子”（第163页），诱惑他这么做的一部分原因在于，其租客一直将它布置成一个“小小的安

静场所”，一片代表着宁静、代表着古旧一点的价值观的绿洲，而周围都是“可怕的、成倍增长的数字，他似乎把整个地区都简化成了庞大的分类账目，枝蔓横生、匪夷所思，具有规则的、纵横交错的线条和图形”（第163页）。爱丽丝在这方面很像科妮莉亚·拉希，喜欢身边有不久之前的东西。她学会了如何生活在这个充满惊悚体验的城市世界：“需要的时候，她会乘坐电车这种可怕的交通工具，人们争抢着上去，就像海上惊慌失措的人争抢着爬上小船一样；她莫测高深地毅然对抗着来自公众的撞击和折磨。”（第164页）我们再次回想起《美国掠影》，“一整车陌生的外人；一排面孔，有朝上的，有朝下的，都毫无例外地体现了精神错乱”（《美国掠影》，第89页）。布莱登起先有意识地想要抓住而后来却避之不及的幽灵，正是他的另一个自我。如果他留在纽约，并自己学会了如何应付纠缠不休的现代性，甚至学会了在其内部茁壮成长，这个版本的自我就会得到充分发展。超越他认识的是，这另一个自我不是什么良善的精灵，而是一个怪物，一个有魄力的商人，有可能建成摩天大楼，也有可能凭着自己的运气，乘着迅速扩大的城市而赚上个几百万。布莱登在另一个自我前畏缩战栗，“在一个比自己更魁梧的生命呼出的热辣辣的气息所唤醒的激情中，倒了下去；在其怒火面前，他崩溃了”（《幸福角》，第188页）。在这里，我们看到了勒法努视野中的城市，生活在其中的人，从来没有独自面对完全不同的方位。詹 105
姆斯的地狱是“他人”，但也是另一种版本的自我。布莱登面对的自我，因受到了抑制，表现得更为敌对，而且还带有现代城市的巨大能量。布莱登才是格格不入的存在，不够美国人。

现代幽灵故事起源于18世纪的哥特式小说，而这种文学形式首先表现出的却是超自然事件的商品化潜能。但是，从《奥特兰托城堡》（*The Castle of Otranto*）到亨利·詹姆斯的心理分析式幽灵故事，并无直线式的发展脉络。在此过程中，勒法努的成就在于将幽灵故事从封建的藩篱中剥离出来，让普通的城市空间（无论是公共的还是私人的）成为被噩梦困扰的场景。为此，他不得不适应那些恐惧和幻想，即与维多利亚时代中期的梦想（梦想城市扩张，梦想繁荣如期到来）相对立的另一面。到了19世纪晚期，这些在勒法努的作品中留下的混乱已被消化吸收。但是，青年时代的城市变成了高楼林立的大都市、现代化的民族大熔炉，面对如此非同寻常的城市转变，亨利·詹姆斯体验到了一种类似的空间不安感和社会敌意，并在城市幽灵故事中找到了适当的形式来反映这些体验。

下一章将谈及街道非同寻常的变化，以及别样的文化模式。不断扩大的城市不仅受到公共交通和投机开发的影响，还受到印刷品的影响。随着城市规模扩大、复杂性增加、变得越来越没有特色，作为必要信息来源的每日报纸、广告牌大量产生，而街道成了清晰可辨的环境。报童和海报张贴者成为城市中的常见人物。但在这一章中，我们还是把叙事和戏剧性留给了视觉艺术：留给了通俗艺术家和精英艺术家；人们脚下的废弃报纸、贴在墙上的褪色海报成了
106 评判街道上芸芸众生的丰富资源。

第四章
大众时代的识读狂热

J：［意指］晚报（Journal du soir）。

——《巴黎叫卖声的怪异字母表》

（*Alphabet grotesque des cris de Paris*，1861）[1]

报童，年龄不大，生意不错
一早一晚，赚点小钱；
听他叫卖：《泰晤士报》《标准晚报》，
还有《每日电讯报》——你会买哪份？

——《伦敦字母表》（*London Alphabet*，约 1880）[2]

带着刷子，带着糨糊，
张贴广告者，总是那么匆忙。

——《伦敦人物》（*London Characters*，约 1880）[3]

随着人口的激增，城市变得更加不易辨识，街道的实际环境，势必成为标志性的景观。用让-路易·科莫利（Jean-Louis Comolli）常被引用的话来说，19世纪的社会可能会逐渐陷入由技术驱动的可视性狂热，而体现在街道上，则表现为人们对识读的狂热。戴维·M. 亨金在他对美国南北战争前的纽约“城市阅读”的研究中指出，城市中来来往往的居民，开始依赖文字进行各种日常活动：

> 从街道名称、公交车站到空置的公寓、服饰店，从骚乱的地点和性质到个人财产的买卖价格，关键的零碎信息，奠定了组成城市生活的所有活动、姿态和遭遇。这些信息，越来越多地以书面或印刷的形式出现。[4]

这并不是说城市社区没有“地方”特征，也不是说不会通过口头传播新闻和其他信息；但漫步在中央商业区的街道上，便意味着去阅读或者至少去面对目不暇接的文字内容。在一篇关于城市漫步的著名文章中，米歇尔·德·塞尔托将城市的鸟瞰全景与城中实际行人的当地策略（空间实践）做了对比，这类似于将城市的正式
107 文本与无数的当地误读相比较。但是，对于19世纪的行人来说，更多的当地进程，也是通过一系列令人费解的真实文本，商定出的一条仓促的路径。[5]识字成为一项越来越重要的城市技能，区分资讯和商品推销的能力也越来越重要，因为零售业是驱动城市视觉文化的主要力量之一：街道的人造环境，就是为了吸引眼球和策划关注的。[6]而在这种情况下，学会不去阅读，一定也是一种有用的技能。当然，诱惑行人偷瞄的，不仅仅是文字。因为城镇的商业区，也将人行道变成了一系列消费透视图：在大型商店里（即“超巨型商店”或“超巨型商号”，还有后来的百货公司），巨大的玻璃窗内展示着引人注目的商品，在布置巧妙的煤气灯和镜子的映照下，显得格外生动；“商品拜物教”，在这里呈现了一种异常惟妙惟肖的形态。[7]但是，户外广告的扩张和廉价报纸的大规模营销，使印刷品成了这种更普遍的视觉充盈的关键部分。这些变化，之后又带来了海报和传单、路面广告和公共汽车广告、夹板广告，以及报贩的报纸内容传

单，和报纸本身。结果是图文而非仅仅是图像，让城镇成了易于识读的环境。[8]

虽然大量的学术精力一直致力于用隐喻的方式来“解读城市”，但亨金指出，对街道上的实际印刷品，以及对作为19世纪城市生活特征的大众阅读实践的研究要相对少得多。无论人们是否认同他的看法，印刷品遍地的街道，实际上构成了另一种公共领域。这种街道，必然被视为19世纪城市的新面貌，而心不在焉的公共阅读，也被视为对家庭内部更具沉浸感的私人阅读体验的重要补充。法国儿童从《巴黎叫卖声的怪异字母表》（1861）一书中学会了“I”指“形象！商人形象”，“J”指“晚报”；英语国家的儿童也通过一些初级读本，例如J. 比什（J. Bysh）的《伦敦字母绘本》（*Illustrated London Alphabet*，1861）、《伦敦字母图画书》（*Pictorial London Alphabet*，1864）和《路易莎婶婶的伦敦字母表》（*Aunt Louisa's London Alphabet*，约1880）等，学会了将城市视为字母景观，其中“N”指“报童”。[9]而成年人和儿童一样，也会体验到将实际的、立体的城市视为平面印刷品的经历。像前文描述的那样，漫步在都市的行人，可能要在路面广告上走过，躲避四处走动的穿着三明治式 108
夹板广告的人，避免被马拉的广告牌撞上，心不在焉地去读不计其数的海报、橱窗卡片，还要听任他或她将临时演出传单和提供永恒救赎的小册子硬塞到你的手上。看起来，这里不适合文盲。另一方面，街道为行人和公共汽车乘客提供的，是大量令人费解的、相互矛盾的文字。人们往往只看到这些文字的一半，仅阅读其中的四分之一。实际上，阅读是一个误导性的术语。因为这个词暗示着，需要一定的闲暇时光，以及一种当时几乎不可能达到的文字掌握程度。

针对这种不断扩展的、印刷品无处不在的城市，本章将首先简要介绍其发展的历史，然后再考察这一历史转型在一些媒体上的文化折射。到目前为止，已有一系列关于广告、报纸对19世纪文学所产生影响的著述，包括约翰·斯特拉坎、詹妮弗·威克（Jennifer Wicke）、托马斯·理查兹（Thomas Richards）、洛里·安妮·勒布（Lori Anne Loeb）、马修·鲁贝（Matthew Rubery）的研究；而近些年来，杰拉德·柯蒂斯（Gerard Curtis）探讨了文字与图像这对“姐妹艺术”的关系。[10]但在这里，我想看看识读狂热留下的一些其他痕迹，特别是留在流行视觉文化和美术作品中的痕迹。视觉艺术通常不会直接与大众接触，不过，记录在都市风俗画背景中的商品招贴画和报纸标题，充当了过度拥挤、不易辨识的城市生活的转喻符号。有时候，还不止如此：一些艺术家通过使用城市印刷品中非连续的、杂七杂八的东西，来塑造其都市生活场景，找到了传达其道德批评和政治批评的一种委婉方式。我们将会看到，这一层面的人口想象，也是国际性的。法国和美国艺术家，以类似的方式推广了印刷文化。这里，我们将追踪奥古斯都·马尔雷迪的作品，这位英国二流艺术家对这种技术的运用可谓持之以恒。像其同行一样，马尔雷迪作品中的大众，通过某种归化式提喻法，被简化为寥寥几类街头弱势人物，特别是卖花女、街道清洁工、报童。而在他的画中，这些人物的困境，通过墙上的文字得到了具有讽刺意味的缓解。

报纸、海报、行人

通过报纸这一形式，印刷品充斥了19世纪的城市。报纸成了不易辨识的城市生活的必备指南。整个19世纪，报纸从一种具有二手转售价值的奢侈品，变成了面向大众的、无处不在的一次性用
109 品。六便士一份的日报，大多数人都买不起，但一便士一份，以及后来的半便士一份的报纸，就完全可以承受了。就像人们通常描述

的那样，报纸市场的扩张和“大众化”，是以法律、技术、社会、经济等多种力量的结合为基础的，而说其中任何一种力量导致了这种扩张，都是不明智的。[11]在英国，取消“知识税”（各种针对报纸的税费）使得报纸的数量和政治涵盖面持续增长。因此，当对报纸征收的印花税（先是4便士之后是1便士）最终被取消时，第一份成功的“一便士报纸”《每日电讯报》便出现了。而到了1855年，第二份“一便士报纸”开始发行。广告税于1853年取消，虽然直到1861年，报纸的消费税才被取消。1851年，英国共有17家日报；到了1864年，仅伦敦就有18家日报，加上96家地区日报，全国报纸总发行量达到5.46亿份。[12]在“废除知识税促进会”等机构的支持下，自由主义者和激进分子积极推动了这些变革。这些机构的著名成员，包括理查德·科布登（Richard Cobden）、约翰·布莱特（John Bright），以及前宪章派成员理查德·莫尔（Richard Moore）。[13]就这样，价格昂贵且内容保守的英国日报《泰晤士报》和《晨报》的影响力被削弱了。尽管直到19世纪中叶，《泰晤士报》仍然占主导地位，1855年，其发行量为6万份。这个数字与1801年的相比，还是有很大提高的，因为当时的销售量只在2 500份到3 000份之间。[14]19世纪上半叶，报纸作为日常城市生活的一个方面，其重要性越来越大；而英国正式报刊（付过印花税）的销售数据，让我们对此的认识十分有限。理由之一是，19世纪30年代出现了蓬勃发展且价格较低的非正式报刊（未付印花税）。这些报刊主要在工人阶级中流传。但是对于所有的报纸来说，读者的数量都并不能轻易地从估计的销售数字中得出。许多报纸，卖给了俱乐部和阅览室，在那些地方一份报纸可以接触到很多的读者。而且，报纸还经常被转售。尽管如此，真正的大众化日报市场，只有到19世纪末才会出现。到了20世纪初，出生在爱尔兰、由记者转行为经营者的艾尔弗雷德·哈姆斯沃思［诺斯克利夫勋爵（Lord Northcliffe）］，以每份半便士的价格，将《每日邮报》（*Daily Mail*）的发行量增加到每天近百万份。尽管在19世纪90年代，每周发行一次、定价一便士的《劳埃德周报》已经卖到了一百万份。[15]

在需求方面，主要因素是激增的城市人口对新闻的极大兴趣，当然，更高水平的读写能力和可支配收入也很重要。1870年的英
110 国《教育法案》，通常被视为创造了大众阅读的新纪元，但此前星期日报纸的销售表明，工人阶级读报已经成了家常便饭的惯例。在供应方面，不仅因为日益拓展的铁路系统促进了报纸的分销，技术进步在印刷文化的扩散中也发挥了重要作用，例如以蒸汽为动力的轮转印刷机、活字排版的改进等都加速了印刷业的发展；木刻、铅板印刷、线条凸版，以及后来的网目铜版在制图方面的应用；先用茅草然后用木浆逐渐替代破布，从而可能生产出更便宜的纸张。到了19世纪80年代，奥特马尔·默根塔勒（Ottmar Mergenthaler）的排字机在美国出现了。[16]

维持英国报业扩张的因素，也大致适用于其他地方——只需做一些必要的小更改。美国没有与英国相当的“知识税”，并且美国有一份“一便士报纸”要早于伦敦，那就是本杰明·戴（Benjamin Day）的《纽约太阳报》。该报1833年发行，到了1838年，发行量达到3.4万份。[17]詹姆斯·戈登·贝内特的《纽约先驱报》（*New York Herald*, 1835）和霍勒斯·格里利（Horace Greeley）的《论坛报》（*Tribune*, 1841）紧随其后。后者面世之时，纽约已经有12家报纸。[18]这些廉价报纸，使用的版式往往小于旧式的6美分一份的大报（单页面几乎有6平方英尺）。这样一来，新式报纸从多方面来看，都更适合装进口袋［亨金，《城市阅读》（*City Reading*），第108页］。詹姆斯·戈登·贝内特的传记作者在1855年写道：“几乎总会看到，

邻近的人把一份或几份一便士报纸塞进口袋。”（引自亨金，《城市阅读》，第108页）就像克里米亚战争和印度兵变在英国产生的新闻效应，美国内战也使人们对新闻产生了巨大的兴趣；而高速城市化，在随后的几十年里推动了报纸发行量的增长。另一位报纸先驱者约瑟夫·普利策看到了“更低的价格、更引人注目的图片、更积极的新闻采集策略”所蕴含的潜力；到了1887年，其《纽约世界报》（*New York World*）的发行量已超过了100万份。[19]

在法国，印花税和国家审查制度一直持续到1881年，而发行量巨大的《小日报》于1863年面世。[20]这份报纸由莫伊斯·波利多尔·米约创办，通过向普通大众提供坊间日常新闻，而回避了政治性报纸的职责。该报售价仅为5生丁或5分钱，在该地区每天销售25万份。到了1891年，其发行量达到了100万份。当时，其新颖的插图附页（1890年开始改为彩印）对读者极具吸引力。[21]从发行量方面来看，更为严肃的《费加罗报》（*Le Figaro*），在1866年首次面世时就售出了5.6万份。而19世纪60年代，包括《辩论日报》在内的其他报纸，销量才不到1万份［盖里（Guéry），《报业的面孔》（*Visages de la presse*），第103页］。不过，周刊《插图杂志》（*Le Journal illustré*）能卖到10.5万份（盖里，《报业的面孔》，第87页）。 111
在大多数报纸还认为自己可以塑造政治观点的时代，莫伊斯·波利多尔·米约敦促其记者关注“普通百姓”：“看看普通人在想什么，然后让他引领你。”（盖里，《报业的面孔》，第105页）普通人希望读到的，似乎是轰动一时的故事，而米约借鉴了当时很流行的廉价单面招贴画。在1869年和1870年，通过对特罗普曼谋杀案的全面报道，该报的发行量增加了一倍以上。就像开膛手杰克谋杀案对伦敦的影响一样，这场恐怖的“庞坦大屠杀”（massacre de Pantin）使整个巴黎着了迷。[22]1870年1月15日，特罗普曼被送上断头台的这一天，该报的发行量达到了59.4万份（盖里，《报业的面孔》，第105页）。[23]其他受欢迎的报纸，还包括《小巴黎人报》（*Le Petit Parisien*，1876）、《晨报》（*Le Matin*，1882）、《日报》（*Le Journal*，1889）——所谓“四大报”（盖里，《报业的面孔》，第106页）。[24]20世纪初，被称为“报业集团”的这四家报社，以一种声势浩大的宣传方式来争取读者：“巨型海报、游行、释放广告气球、发放免费样报。”（盖里，《报业的面孔》，第107页）

报纸可以到达城镇之外的地方，尤其是因为二手报纸可以邮寄给乡村读者。（在乡下，甚至昨天的新闻也有价值，尤其是19世纪初，一份四页的伦敦报纸定价6便士。）在英国，盖过章（即征过税）的报纸可以免费通过邮局发送，而在1840年实行一便士邮政制之前，寄信的邮资一直都很昂贵。同样，在美国，邮寄报纸实际上是邮政服务的主要业务。到了1845年，寄信的费用有所下降，信件开始取代报纸成了邮局的主业——直到那时，邮寄报纸还是比邮寄信件便宜；所以，通信者经常想出各种各样的花招，用报纸来传达个人信息。[25]但不论报刊的覆盖范围有多大，19世纪该行业的大规模扩张，都与城市的发展密不可分。尤其是日报，其就是一个城市单位。正如亨金所说，“城市……不仅仅是新闻制作的临时场所，而且是新日报主要的、新颖的主题”（第103页）。报纸是一个二维的公共领域，与街道的三维公共领域紧密相连。在美国的直线分布型城市里，报纸版面与街道之间甚至有一种物理上的相似性。城市百姓必
112 须学会处理好两者的差别，并将信息与广告区分开来（亨金，《城市阅读》，第101—103页）。

街上报纸的出现，不仅仅是在读者手中看到一份印刷件。当然，若有人在阅读一份大报，是很难视而不见的。本杰明·罗伯特·海顿在他的绘画《等待泰晤士报》（*Waiting for the Times*，1831）

中就描绘了这一情景，《泰晤士报》占据了近一半的画面。报纸还出现在报刊经销店的橱窗里，在报贩的摊位上成行地摆放着。废弃的报纸，散落在脚下的瓦砾碎屑之中，也为各种商品提供了廉价的包装纸，或者作为工人临时帽子的原材料。[26]这些报纸，被无处不在的报童弄得随处可见、随处可闻。虽然街头卖报是老传统，但更便宜的报纸尤其是晚报出现后，报纸的销量大大增加。在英国，《每日电讯报》最先雇用穿制服的报童，而《回声报》（*The Echo*）在1869年雇用了500名戴着"回声"帽子的男孩。到了1874年，穿着一致的报童在英格兰和威尔士随处可见。[27]这是一个等级较为森严的系统，那些无制服的、单打独斗的"街头流浪汉"，其竞争力大大低于官方认可的竞争者［李（Lee），《英国大众报刊的起源》（*Origins of the Popular Press*），第66页］。美国的情形也差不多，普遍如此，"街头小贩的传统叫卖……与报纸印刷技术、对最新新闻和信息的革命性需求融合在了一起"（亨金，《城市阅读》，第111页）。在法国，正如托马斯·克拉金在《巴黎街头谋杀案》（*Murder in Parisian Streets*）中讲述的那样，《小日报》在19世纪60年代雇用了一支由1 200名叫卖者组成的小型军团，他们有效地借用了叫卖图书的小贩的发声技巧，后者是传播大众新闻民谣的传统商贩（《巴黎街头谋杀案》，第37页）。[28]在大西洋两岸，重大事件会刊登在"号外"上，特别是那些以后续报道来诱惑买家的"号外"，并由报童在街上四处兜售。雇用这些报童，并不是没有争议的。既有来自报社的投诉，因为这些报童导致了他们销售额下降；也有人从道德的角度，抗议雇用童工。在伦敦，报童也备受争议，有人认为他们除了散发报纸，还散发淫秽出版物——针对1857年《淫秽出版物法》而言。无论这是真是假，报童无疑是纽约涉黄"速报"大量发行的关键。《星期日速报》（*Sunday Flash*）、《鞭子》（*Whip*）、《浪子》

(*Rake*)、《浪荡公子》(*Libertine*)会为读者提供卖淫、性丑闻方面的信息以及体育新闻。一些人认为，这些男孩在安息日全天兜售这些报纸，“是为一些人的恶行和罪行做准备”。[29]

报纸不仅依赖销售，也依赖广告收入。19世纪40年代，广告业成了更专业的买卖；尤其是当时的“铁路热”，促进了它的发
113 展。那时，专业广告代理人已经开始出现，比如《报刊出版目录》(*Newspaper Press Directory*)的创始人查尔斯·米切尔(Charles Mitchell)。[30] 1851年的伦敦世界博览会，作为英国产品的一个巨大商业橱窗，为广告商提供了更大的动力。[31]制造商开始大展宏图，各种商品广告以及更传统的戏剧、表演、彩票广告激增。正如约翰·斯特拉坎所言，许多维多利亚时代的路边摊头商品，在乔治时代已经有了金字招牌。这些产品，包括沃伦黑鞋油(Warren's Blacking，年轻的查尔斯·狄更斯曾为这家公司相对独立的分部工作)，还有诸如罗兰兹家(Rowlands')的孟加锡发油(Macassar hair-oil)、奥登托牙粉(Odonto Tooth Powder)和卡利多洗面奶(Kalydor face-wash)等个人洗护产品。[32]在整个维多利亚时代，香水和肥皂业都是广告业的先驱：芮谜(Rimmel)的香水在广告方面投入很大；到19世纪80年代，梨牌(Pears)肥皂每年的广告花费在10万英镑左右，而阳光肥皂(Sunlight Soap)可能也花费了类似的金额。[33]药品专卖公司，是乔治时代的主要广告客户，而且这种趋势还在继续。19世纪40年代，托马斯·霍洛威每年在广告上花费5 000英镑；而在19世纪60年代，增加到每年4万英镑；到了1883年，又增加到每年5万英镑。虽然所有这一切花费并非都会出现在媒体宣传中。1895年，约瑟夫·比彻姆声称，每年广告花费10万英镑[埃利奥特(Elliott)，《英国广告史》(*A History of English Advertising*)，第172页；内维特(Nevett)，《不列颠广告史》(*Advertising in Britain*)，第71页]。报

纸上的其他主要广告客户，包括拍卖商、书商、金融公司、茶叶公司和裁缝（内维特，《不列颠广告史》，第29页）。烟草和谷物公司，在19世纪末变得更加突出；巧克力生产商也同样如此。

不断增长的广告支出，推动了报纸贸易，这从1846年查尔斯·米切尔《报刊出版目录》的问世可以看出。但其中一些钱，流向了另一个方向，人们不需要报纸，就可以体验作为印刷品的城市景观。与报纸一样，我们所看到的与其说是根本性转变，不如说是19世纪城市生活各个方面的工业化加剧。乔治时代的城市，对广告并不陌生；而在维多利亚时代的城市，从海报、招贴画到公共汽车车票，似乎都无法摆脱精心组织的吹捧式广告。1847年，《笨拙》周刊在一篇文章中抱怨，英国已经变成了“广告之国”。这篇文章配有多幅漫画：一个人在圣保罗大教堂的圆顶上贴海报，拉出租马车的马匹身上披着广告，还有一个受北极熊威胁的“极地广告站”。[34]在人行道上涂抹，有一段时间特别流行，那时广告就在脚下（埃利奥特，《英国广告史》，第167页）。广告甚至会挡住你的去路：查尔 114
斯·奈特在他的多卷本《伦敦》（*London*）一书中，提到了用“四处走动的广告牌”来做广告；我们也在乔治·沙夫的画作中，看到过这种广告牌（埃利奥特，《英国广告史》，第166页；内维特，《不列颠广告史》，第57页）。这些受雇扛着广告牌的人，到处走动，举着牌子为各种商品和景点做广告，从而再一次避免缴纳报纸广告税。[35]正如内维特注意到的，这些“人类标牌”常常衣衫褴褛，并不能为其宣传的产品增色（《不列颠广告史》，第57页）。虽然在稍晚一些年代，偶尔还能看到扛着广告牌的人（我们在第五章的反羽毛运动中将会看到），但他们基本上都被夹板广告人（胸前背后都挂着广告牌的人）所取代。乔伊斯在《尤利西斯》（1922）中让夹板广告人名垂千古之后，他们一直是城市生活的一种特色。1850年7月13日的《笨拙》周刊，刊载了漫画《真正的街头障碍》（“The Real Street Obstructions”），画面上一个警察正在驱赶一名水果蔬菜小贩，而似乎对其他街道上的妨碍视而不见，比如挤在人行道上的夹板广告人，他们正在催促行人“试试我们的四便士混合装”。[36]正如亨金所描述的，夹板广告人也是纽约生活的长年特色（《城市阅读》，第46—47页）。广告牌并不是他们唯一携带的东西：那些人被雇用来带着超大型号的产品模型四处行走，比如一管巨大的沃伦黑鞋油。行人还面临另一种危险：那些分发小广告或传单的人（其分发的物件以数万计的数量生产，用于宣传商品、服务和活动），而分发宗教小册子的人也同样在力争吸引行人的注意。传单也通过邮筒投递。《笨拙》周刊因此哀叹道：“以各种各样的形状、花招、伪装制作的广告困扰着我们。而邮筒投递使得五花八门的广告发布得更多了。有一半‘情书’都有一个动人的结尾，呼吁我们奔向某个廉价杂货店，去买一磅那里最好的熙春茶。”（《不列颠广告史》，第60页）戴安娜·欣德利（Diana Hindley）和杰弗里·欣德利（Geoffrey Hindley）声称，为了在阿德菲剧院（1859年11月）宣传《死亡之心》（*The Dead Heart*），他们分发了大约500万张传单，以及其他材料——100万张心形卡片和关键场景的剪辑［欣德利和欣德利，《维多利亚时代的英格兰广告》（*Advertising in Victorian England*），第53页］。这些数字似乎很高，广告商可能有所夸大，但我们一定知道布拉德伯里和埃文斯宣传狄更斯的《董贝父子》（1846—1848）所用的传单数量为22万张，还有1万张海报。[37]传单不是唯一免费赠送的印刷品。药片制造商会提供活页乐谱，杂货店和裁缝店送给老客户杂志和街道地图——贝克的《伦敦简明指南》（*A. B. C. Guide to
115 London*，参见《维多利亚时代的英格兰广告》，第44—49页、第52页）。

进入行人视野的，还有各种其他引人注目的东西。1850年的

《笨拙》周刊广告显示，马拉的交通工具，拖着广告牌和其他形式的广告，缓缓穿过大街——移动广告牌宣传的是杜莎夫人的“恐怖屋”、“怪兽音乐会”和其他有趣的东西。特别是彩票，最常用上述交通工具来打广告，直到1826年才被禁止［桑普森（Sampson），《早期广告史》（*A History of Advertising from the Earliest Times*），第466—471页；插图在第466页］。约翰·斯特拉坎描述了1826年这类车辆的庆典游行，其中包括铜管乐队、身穿制服的男子、旗帜，以及真正的广告。[38]德国访客赫尔曼·冯·普克勒-穆斯考王子在1827年写道：“每天都会看到一些新的发明……［比如］无数的广告，以及把它们推送出去的方式……像诺亚方舟一样的箱子，上面贴满了广告，小房子大小，由人或马拉着，慢慢地沿着街道行进。”[39]1847年，这些广告依然令《笨拙》周刊不满，画报指责这些载有广告的“怪物车”横冲直撞，并造成交通堵塞，“想去哪儿，你都会被［一辆］堵住，或者差点被一个装有轮子的广告屋撞倒”。[40]由于1853年的《出租（马）车法案》（Hackney and Stage Carriage Act），至少在伦敦，这种滋扰终止了。但是，尽管1853年的法案禁止使用马拉广告牌，广告商也已经意识到，公共汽车的外侧（包括窗户）提供了一个非常令人满意的备选方案。几乎所有维多利亚时代伦敦繁忙街道的照片，都向我们展示了公共汽车和后来的电车，车上贴满了各种产品的广告，如伊诺食盐、雀巢牛奶、苏加尔德可可、博威克烘焙粉、萨尼塔（消毒剂）、阳光肥皂、桂格燕麦，更罕见的，还有《每日电讯报》和其他报纸。托马斯·史密斯公司是公共汽车广告的承包商，每月支付6便士12先令，史密斯公司可以给你提供一个8英尺×20英寸的广告位置。[41]到了19世纪末，J. W. 考特纳公司把持着有轨电车上的广告供应，并在伦敦、爱丁堡、贝尔法斯特、利兹、纽卡斯尔等地设有代办处。

这些独特巧妙的广告形式，是相当普遍的；但在报纸出现之后，最重要的宣传手段，就是简单的招贴海报。与其主要竞争对手报纸相比，海报享有许多优势：不用付税，可以使用引人注目的视觉效果（甚至在广告税取消之后，报纸也不愿用突兀的排版或插图
116 来打乱其页面外观），可以相当迅速地传播，可以展示报纸可能会回避的素材，包括政治、宗教方面的内容（内维特，《不列颠广告史》，第53页、第55页）。此外，在知识税取消之前，大多数报纸的发行量都相当小，这也促使了那些追求大众市场的人转而使用其他方法。[42]

城市的墙壁本身，变成了多层纸页叠加的地方；因为贴海报的人，会急切地在墙上一层层贴上商品及商品使用经验的广告。1834年的《泰特杂志》(*Tait's Magazine*) 指出："如果一所房子……在特定的日子里，还没有租户，第二天就会看到，上面张贴的海报一直延伸到烟囱顶部。"（内维特，《不列颠广告史》，第55页）贴海报或传单的人，已经成了英国和美国都市生活中熟悉的身影，一个会出现在有关城市的儿童画册中的典型街头角色。这一角色，在法国同样很典型。正如我们从德内里和格朗热的《巴黎的波希米亚人》（上一章谈到过此剧）开幕场面中看到的：帷幕开启，城市的场景熙熙攘攘，街道上各色人等中，有一个"贴广告的人"(afficheur)。在《伦敦》第五卷中，查尔斯·奈特描述了一个虚拟世界，在那里，所有的实墙、围板、建筑场地都未能幸免于这位无畏角色之手：

> 正在建造中的公共纪念碑或公共住宅周围，其任何实墙或任何木板外壳上，都会找到这些神秘的字眼——"贴广告的，当心被罚！"或者"不准张贴！"——这些地方，可能会不由分说地变成广告展位……通往滑铁卢桥北端蒸汽船停泊处的楼梯顶端的木板栅栏、北惠灵顿大街英国歌剧院旁的实墙、那些

> 沿着纽波特街(紧邻圣马丁巷)被勒令修缮的房屋、特拉法尔加广场纳尔逊纪念碑周边空地的围墙、圣詹姆士街西侧空地上的围墙(青年联合服务俱乐部大楼即将在那里建起),所有这些,都是目前西区最时兴的、最引人注目的广告展位。[43]

自18世纪40年代起,在关于招贴广告的范围及其醒目的视觉吸引力的描述中,下面这一段算得上是最为详细的:

> 这里有巨大的字体——与书页上的小字母摆在一起,让这些小字母看起来就像是放在埃及金字塔旁供老百姓居住的小房子。这里有彩虹色的标语牌——与透纳最新的绘画争奇斗艳。这里有所有周报的目录——通常比实际报纸更吸引人、更诱惑人……这里还有一些钢笔的图片,巨大得像奥特兰多城堡中那顶头盔上的羽毛,握在硕大的像在城堡栏杆上看到的那么大的手中;有巨大的眼镜,适合去装饰食人魔的眼睛;有在吉尼斯的都柏林烈性黑啤酒或者比米什的软木塞啤酒的醉态下 117
> 跳舞的爱尔兰人;有身着骑马装的女士们和身着极廉价外出服的绅士们;有能获奖的巨牛,看上去足以满足永远的食欲。最后,还有剧场节目表,既用了字母也用了象形符号,很难说哪个最诱人。(《伦敦》,第35页)

无论在准确性和视角方面存在哪些不足,这些海报确实提供了最引人注目的图片。

> 一则本国的故事,讲的是,离范迪门斯地海岸不远的海面上,一艘船着了火,后甲板上有人向另一人开枪,岸边挤满了形

> 形色色的移民和罪犯。或者，掷弹兵与詹姆斯党人同谋者之间的斗争，出现在《吝啬鬼的女儿；或刽子手》(*Miser's Daughter; or Jack Ketch*)中，而刽子手被自己的绞刑架结果了性命。或者，巨大的开伯尔山口景象(可以每晚在女王剧院看到)，塞尔女士站在山口顶上，挥舞着一把手枪，一排缠着头巾的东方人，在极度恐惧之下，跪在女主角的两边。(同上书，第35页)

这种对识读的狂热，几乎不是伦敦所独有的。正如亨金所描述的那样，纽约也同样充斥着这种招贴画。19世纪30年代，法国出现了带有彩色图片的新型广告牌，专门为新小说做宣传（图片通常被复制并用作插图）。从1857年起，著名的"照明亭"（kiosques lumineux）的出现，使得广告成为街景的标配。也是在法国，彩色平版印刷海报在19世纪晚些时候，会通过保罗·加瓦尼（Paul Gavarni）、朱尔·谢雷（Jules Chéret）、爱德蒙·格拉塞特（Edmond Grasset）、亨利·德·图卢兹-罗特列克（Henri de Toulouse-Lautrec）等人的作品首次产生真正的影响[欣德利和欣德利，《维多利亚时代的英格兰广告》，第70—74页；透纳（Turner），《令人震惊的广告史》(*The Shocking History of Advertising*)，第106—107页]。[44]

当然，如此无所不在，并非没有争议。19世纪中叶，英国评论家的谴责声四起。根据匿名作者的《墙的语言：来自商店橱窗的声音；或由边想边说者提供的商业欺诈之镜》(*The Language of the Walls: And a Voice from the Shop Windows; or, The Mirror of Commercial Roguery by One Who Thinks Aloud*, 1855）所述，"墙的语言"承诺读者获得健康、财富、音乐、乐趣，读者却发现"每一堵空白的墙都被贴满了，从凯斯内斯到土地的尽头"；这种语言是无声的，但往往雄辩有力——无论我们是否愿意，都会引起我们的注意”。[45]古人没有修建“墙壁图书馆”(《墙的语言》,第2页),可现代人面对的,是一大堆铺天盖地、杂乱无章的文本和图像:

> 北方伟大的巫师,可能会和我的埃克塞特主教一起,出现在红蓝色的海报中;或在“爱的盛宴”(提供食物或饮料的宗教仪式)的火红告示旁;或在为卡菲尔人或黑脚印第安人的皈依而举行的传教士会议通知上。我们还见过D.P.米拉尔[格拉斯哥的阿德菲剧院演员]平静地饰演着一位贵族。(同上书,第4—5页)[46] 118

如此滑稽的并置,是大西洋两岸讽刺版画的源头(透纳,《令人震惊的广告史》,第104页;亨金,《城市阅读》,第69—71页)。连篇累牍、混乱不堪,以及“无论我们是否愿意”也要引起我们注意的能力,这些都是针对“墙的语言”的常见指控,即使是比较温和的批评者也会这么做。这种抱怨,也牵扯到作为广告存在理由的各种各样的群众,但似乎并不算过分。

强制阅读的问题出现了,这尤其与公共汽车、火车上的广告有关。根据《笨拙》周刊在1847年的说法:“广告正在遍布英格兰——它们已悄悄地爬到桥下——将自己植根在泰晤士河中——已霸占了最大的通道——现在正准备入侵公共汽车。”[47]小海报贴在与车窗相邻的墙板上或直接贴在车窗上。19世纪后期,广告甚至就置于乘客头部的上方,嵌在车厢弯曲的天花板上,虽然这些可能不是传统的纸质海报。不出所料,《笨拙》周刊对公共汽车内部遭到广告入侵感到遗憾:

> 面对某个教授的软膏妙方,坐上一个小时,你会喜欢吗?

> 从布伦特福德到英格兰银行，面对面地盯着老玛土撒拉药丸专门针对的所有疾病的详尽细节，女士们会喜欢吗？这些，并不是我们应该规定的、让那些光顾公共汽车的大多数公众来接受的阅读方式。[48]

对《笨拙》周刊而言，在封闭的空间里长时间受陌生人的注视，即使不是面对这些令人难堪的读物，也已经够糟糕的了。因此，广告加入裙衬、狗、湿雨伞之列，成为乘公共汽车旅行的威胁之一，这是现代生活过度拥挤的重要标志(参见本书第123—126页)。当然，《笨拙》周刊喜欢谴责各种形式的创新，但针对这种公开阅读的强制方面，有一个重要的观点，特别是对中产阶级妇女而言，她们通常会乘坐在公共汽车里面而不是顶上。不断变化的公共旅行礼仪，意味着乘客们不再相互交谈，也意味着过度注视其他乘客是不能允许的——在这种情况下，广告成了唯一可以安全注视的地方。[49]因
119 此，火车也成为广告商首选之地，二等、三等车厢的墙壁上都贴满了广告，如我们在一些画中所见，比如，亚伯拉罕·所罗门的《二等车厢——离别》(*Second Class — The Parting*, 1854)。这张画与《一等车厢——相遇》(*First Class — The Meeting*, 1854)互有关联，《一等车厢》同样创作于1854年，但其中并未出现广告。就像公共汽车里的乘客一样，火车上的乘客也是被困住的读者：除非带了书或报纸，否则无聊的目光很可能就会漫游到被印刷品和图像覆盖的车厢内壁上。[50]

我们可以通过立法来控制户外广告的扩散，从而在一定程度上将其纳入正轨。1817年和1839年的《大都会公路法》，试图以提供广告牌许可和监控贴小广告者，来规范街头广告。1839年的法案还禁止在墙上直接书写，这表明了在墙上粉刷广告的现象非常普

遍，足以让人反感（内维特，《不列颠广告史》，第56页）。但是，正是这些贴小广告者本身的努力，为监管这个行业带来了真正的变化；因为即使是得到许可的广告牌，也可能很快被非法者贴满。到了1862年，英国贴广告者协会成立，获得许可的广告牌受到警察的热心保护（内维特，《不列颠广告史》，第86—92页；欣德利和欣德利，《维多利亚时代的英格兰广告》，第90—91页）。乱贴广告的情形仍然存在，虽然规模比以前小一些。

该行业的自我监管，一直持续到了19世纪末，当时国家开始对广告的内容和规模予以极大的关注。例如，1889年的《不雅广告法》，规定了对展示淫秽材料的行为进行起诉。有一个为这种国家控制进行游说的团体，即全国警戒协会，该会对任何他们认为是腐化堕落的材料都密切关注，偶尔会针对特定的海报有一些抗议活动，例如1890年威斯敏斯特水族馆海报上的一位衣着暴露的女杂技演员泽奥（警方并没有在泽奥事件中采取行动）。[51]但是，该行业真正的压力，有着某种不同的来源，由审美的而非道德的需求所驱动。那时，广告业是现代大规模制造业的主要附属品，沿着现代生产线建立的广告机构已经开始出现。广告支出大幅增长，其总额从19世纪中叶的大约100万英镑，增长到了1914年的近1 500万英镑（埃利奥特，《英国广告史》，第175页；内维特，《不列颠广告史》）。巨型广告牌取代了贴满各种海报的、杂乱无章的老式广告牌，而综合的广告活动取代了毫无规范的胡乱吹嘘。（乱贴乱画的问题从来没有完全消失，且仍然是漫画形象的主要来源：19世纪80年代，《笨拙》周刊仍然在讽刺“乱成一团的海报”、“我们现在的广告方式”。）[52] 120

针对在视觉领域日益铺天盖地的广告，出现了一种反应，如理查森·埃文斯在1890年的《国家评论》（*National Review*）上发表了《毁容时代》(“The Age of Disfiguration”)一文，并于1892年给《泰晤士报》写了一系列有关“广告瘟疫”的信。[53]1893年，理查森·埃文斯成立了“遏制滥用公共广告协会”(SCAPA)，以阻止“滥用巨幅广告的做法”，保卫“田园、江河风光的朴实之美，以及大城镇的尊严和规矩”。[54](另一个曾被提及的标题是“美丽世界社会”。)无论是在城市还是在乡村，没完没了的巨幅广告牌导致“整个可见世界成了只图赚钱的字母表”。[55]美国食品公司“桂格燕麦”特别招人厌，该公司在多佛的悬崖顶上安置巨幅广告，“侮辱了公众的眼睛”。[56]皇家学院院士阿尔弗雷德·沃特豪斯(Alfred Waterhouse)是SCAPA的第一任主席，早期成员包括威廉·莫里斯(William Morris)、威廉·布莱克·里士满爵士(Sir William Blake Richmond)和布拉巴松领主(Lord Brabazon，即米斯伯爵，爱尔兰的贵族)。[57]SCAPA最终通过1907年《广告监管法案》实现了他们的许多目标，使地方当局能够管制所在地区的巨幅广告。“世界的字母表化”在城市之外是被禁止的，尽管城市里仍然充斥着印刷品：想必是因为它们在“美丽世界”中的地位仍悬而未定。

漫画

这个充斥着印刷品的城市世界，显然是人口爆炸的反映，但我现在想谈谈它是如何开始影响人口想象的。首先注意到这个问题的，是关于千变万化的视觉环境的漫画。这些漫画，成了大众城市生活的双重异质性的表现。我们已经看到了《笨拙》周刊对广告的兴趣，而且我们也可以通过这个时期的政治漫画来了解广告业的进展。“贴广告的，当心被罚”，这个标语最早出现在19世纪30年代，是政治双关语的明显来源。比如，约翰·道尔(John Doyle)

针对(爱尔兰)市政公司广告的政治漫画《温和的警告》(*A Gentle Warning*, 1836),画中惠灵顿公爵正撕去“广告”,而林德赫斯特勋爵正在画标示:“贴广告的,当心被罚”。[58]海报(广告画)也在漫画传统的其他方面(也许不那么精英的方面)留下了自己的印记。早期的例子,是乔纳森·布卢伊特的歌曲《伦敦的商店橱窗》(*London Shop Windows*,约1820):[59]

> 穿过人群,看了所有的广告,
> 瞧,我能把它们编成歌: 121
> 房屋、店铺出租了,
> 肖像画五先令一张拿走吧。
> ……
> 最近的新小说就这样发展,
> 消息得到了,广告贴好了。
> ……
> 新作出版,废纸收购,
> ……
> 薰衣草纯露,供借阅的书籍,
> 第二十版新歌《樱桃熟了》,
> 蒂莫西·安德森,牛肚的经销商。[60]

在这里,印刷业的压倒性增长,导致了印刷品生命周期的加速,如“新作出版,废纸收购”这一行表现的并列式幽默。[61]这些押韵的歌词带来了视觉负担过重的喜剧性并置:新的门面和肖像画,樱桃和牛肚——所有这一切混杂在广告信息里,因为城市本身成了人和物的大熔炉。

随着音乐厅、活页乐谱插图封面的兴起，彩色平版印刷的图像强化了这些信息的幽默性。例如，音乐厅歌手威廉·兰德尔(William Randall)演唱的风趣歌曲《贴广告的，当心被罚》(*Bill Stickers, Beware*, 1864；歌名也可被理解为“当心比尔·斯蒂克斯”)，借助了“bill”*这个词的双关语可能性。[62]小约翰·考菲尔德这首歌的幽默之处是，提到了一个名叫威廉·斯蒂克斯(William Stickers)的人，他惊恐地发现，火车站广告牌上有一张看起来像是针对个人的警告令的印刷品，上面清清楚楚地写着“当心比尔·斯蒂克斯”(图4.1)。这种诙谐尴尬局面的根源是，在熙熙攘攘的城市里，某处肯定会有一个威廉·斯蒂克斯。但在一个四处张贴着莫名文字的城市里，也许真正的笑话是，任何人都可能会花时间阅读这样的信息，更不用说感觉到它的提示——将语词的含混误认为实际的个人信息。[1865年展出的福特·马多克斯·布朗的绘画作品《工作》(*Work*)，展示出了一个略有不同的场景——一张海报(poster)宣传的，似乎是房地产经纪人“威廉·坡斯特”(William Poster)；类似的笑话一直流传到20世纪。]J. 瓦格纳为兰德尔的歌曲所做的彩色平版印刷封面插图，描绘了威廉惊恐地盯着贴在糊满乱七八糟海报的广告牌上的标志——“贴广告的，当心被罚”。(背景中，可以看到一张大型的、可能是合法的海报，为富有阶级的行人
122 介绍巴黎旅行。)广告牌上的非法海报，包括一张有关“恐怖谋杀”信息的悬赏海报，还有一张兰德尔本人在牛津音乐厅表演的广告(这是一种常见的自荐方式)。因此，封面中的图像，本质上就是布卢伊特歌曲的另一个版本：这个拥挤的城市产生的滑稽异质性，在广告和大众两个方面，程度是一样的。

---

* 这个词既可以理解为“广告”，也可以将首字母大写用作人名“比尔”，作为William的昵称。

图4.1　J.瓦格纳,《贴广告的,当心被罚》(1864)封面上的细节

艾尔弗雷德·康坎农为亨利·沃克(Henry Walker)诙谐的音乐厅歌曲《纸时代》(*The Age of Paper*, 1862)创作了另一幅视觉漫画,描述了一种日常生活的转型。根据乐谱的封面插图,霍华德·保罗每天晚上都会穿着一套纸衣服来演唱。[63]下面这首歌是对纸衣服潮流到来的嘲讽:

每位时髦人士,穿着款式极端的
纸质服装,是行走着的一叠纸;
他的衣领、领带、衬衫、背心,
不用上浆,全都热压成型。
但他必须极其小心,
只用糨糊粘在一起;
如果他打喷嚏,或者,跳、蹦,
那会是"一件可怕的事"!
——因为现在,纸风靡一时,
——别的都不适合这个时代。[64]

乐谱封面上是街头一景,那里站着一位蓄着邓德里雷式连鬓胡子的绅士,即歌中提到的"时髦人士"。他的四周,是纸时代的各种表现:一个报童在兜售他的商品——经济又实惠的日报;他的身后是亚瑟·格兰杰店,卖的是纸衣领、纸帽子、纸外套(亚瑟·格兰杰店是坐落在霍尔本大街308号的一家实体店,是"廉价文具、玩具的仓库",到20世纪60年代初,该店还在展销拥有专利的纸领子和纸袖口);路桩上,贴着宣传一本书或一首歌的小广告,其标题一语双关"罗马教皇——刚刚出来/出版"(Il Papa di Roma — Just Out);"伦敦最便宜的裱糊纸";当然还有"纸服装晚会上霍华德·保罗

[唱]《纸时代》"(图4.2)。背景中，一个男孩在放纸风筝，还有两个形迹可疑的长着大鼻子的人——犹太人的刻板形象——在亲密地交谈。有人认为，这两个人很可能是在为不三不四的股份公司售卖"纸质证券"，实际上，这些垃圾债券的价值，根本抵不上印制它们的纸张，而这无意中呼应了18世纪一篇题为《纸时代》的关于金融泡沫的报道。[65]事实上，在这方面，康坎农的封面呈现出了连接广告和"纸时代"的更大的背景：资本主义是一个自相矛盾的系统，消费者被越来越复杂、分离的物质世界和新奇的物质变换所包围，实际上一直以来正更多地耗资于这些物品作为商品（即作为交换价值）的超理性方面。[66]

考虑到他对文字混乱状态的生动描绘，可能具有讽刺意味的 124
是，"纸时代"被最广泛重印的图像之一，就是康坎农的彩色石印画。他的画传达了日常视觉文化中截然不同的画面。《现代广告：1874年的火车站》(*Modern Advertising: A Railway Station in 1874*)被用作精心制作的卷首插画，出现在亨利·桑普森的《早期广告史》(1874)一书中（见图4.3）。[67]画中呈现出一个火车站，上面贴满了包括《每日电讯报》、《笨拙》周刊、《朱迪报》(*Judy*)在内的大量报纸和杂志的广告，还有埃德美国眼液、惠尔普顿药丸、克劳士贝止痛止咳灵药等专利药品的广告，以及雪莉酒、钢琴、保险的广告（这里的保险，指的是"海运、铁路、普通旅行者保险公司"，其业务后来被现在的英杰华集团所吸收）。也许这个画面最引人注目的一点是，康坎农早期绘画中的广告形象的杂乱无章，已被严格的整齐划一所取代，其中没有一张海报覆盖到另一张的情形。这在某种程度上，反映了广告市场的逐步自律。当然，这也是该行业本身希望推广的广告愿景。

但在大多数情况下，这一时期流行的视觉文化反映了滑稽的

图4.2 艾尔弗雷德·康坎农,《纸时代》(1862)封面上的细节

图4.3　艾尔弗雷德·康坎农，亨利·桑普森的《早期广告史》(1874)卷首插图上的细节

异质性和混乱状态，而不是公共交往所幻想的有序景观。有时，活页乐谱插图会以间接的方式跟踪街景的变换：报童、传单分发者、扛广告牌的人和夹板广告人频繁出现在背景中，成为典型的街头 126
人物。海报和其他广告以作为当地色彩的一部分为特色，通常是自我指向地在推销活页乐谱，或音乐厅场馆。因此，在《快乐警察，滑稽二重唱》(*The Happy Policeman, A Comic Burlesque Duet*，插图来自H. C. 马奎尔，约1862)、《带着印度鼓的人》(*The Man with the Indian Drum*，插图来自T. W. 李，约1870) 等曲谱的封面上，报童是街头人群中的一员。[68]《伦敦街头四对舞曲》(*Streets of London Quadrilles*，1865) 的插图，由托马斯·帕克创作，上面出现了传单分发者；还描绘了一个带着广告帽的男子，他正在宣传斯特兰德

大街的埃克塞特堂对面名为煤库(Coal Hole)的音乐酒馆。[69]弗兰克·霍尔(Frank Hall)的《牛津街》(*Oxford Street*, 1863)描绘了一个扛着广告牌的人,而他宣传的,正是音乐出版商朗方和霍奇金自己。其他封面,则利用了报纸本身作为城市景观无处不在的特征。例子包括《泰晤士报快步舞曲》(*The Times Galop*, 约1869)、《苏格兰人报快步舞曲》(*The Scotsman Galop*, 1877)和《泰晤士报四对舞曲》(*Times Quadrille*, 1879)。

大西洋对岸,印刷品的爆发式扩散同样反映在针对现代生活的幽默批评中,例如非常流行的石版画《贴海报人的梦想》(*The Bill-Poster's Dream: Cross Headings to Read Downwards*, 1862; 也参见亨金,《城市阅读》,第69—72页)。本质上,它是布卢伊特的《伦敦的商店橱窗》的图画版。像阅读报纸专栏那样,从上到下地阅读这些重叠的海报,会很有意思。例如,"英雄号轮船离开6号码头前往……'迪克西之地'"[参见黑脸滑稽剧表演,这些表演与约翰·帕里为"吉姆·克劳"(对黑人的贬称)做的海报有异曲同工之妙]。这一时期的一首滑稽歌曲(也题为《贴海报人的梦想》)把这一点表现得淋漓尽致:

> 走过纽约的街道;
> 可以每天见到,我为这首小曲选择的主题;
> ……
> 映入眼帘的是大大小小的、各种尺寸的广告,
> ……
> "为市长""河马"—"正式的协会提名"。[70]

这幅石版画有一个后来的版本,在该版本中,1877年的引人入

胜之处尽在其中:《两个孤女》的戏剧海报，正好贴在宣传福音派牧师穆迪和桑基的海报上面。[71]

绘画印刷品

在美术绘画中，对城市的展现是比较罕见的，尤其是与大量乡村风俗景象、人烟稀少的景观等相对照而言。尽管如此，印刷品对 127
街道的改造，偶尔也会对人口想象中更精英的一面产生影响。印刷品在这些都市风俗景象中的地位，与加雷特·斯图尔特在描述西方艺术中的阅读和内在表现的历史叙述中所讨论的，有很大的不同。它也不完全符合利娅·普赖斯所描述的，维多利亚现实主义小说中的非阅读场景。[72]在此处讨论的绘画中，代表性的作品是反映现代都市生活的墙壁招贴画，即无名城市中人口压力无处不在的视觉指标。这一类作品经常被我们看到，虽然并不总是出现在油画学科的视野之内(特别是在英国绘画中)，却也常被用来向我们提供信息。在很大程度上，对广告、报纸和报纸内容的使用，源于维多利亚艺术强烈的叙事驱动力，即F. T. 帕尔格雷夫(F. T. Palgrave)在1862年指出的，“故事手法”是当代艺术的主要特征。[73]图像的话语经常充斥在叙述中，告诉我们需要了解的关于绘画主题的事情。在瓦尔特·本雅明的《摄影小史》(“Little History of Photography”)中，他促使人们注意到照相机的拍摄能力，即不仅注意到照片的主题，而且要注意到可能不是摄影师有意保留的背景细节。[74]他将这一点描述为“视觉无意识”(optical unconscious)，而该观点作为一种理论方法，已被证明对文学研究很有启发。我们可以利用这种方法，在文本中间接地捕捉日常生活的印记。不过，这并不是我们要在这里讨论的主题。我认为：艺术家在很大程度上是有意识地利用海报、报纸以及报纸“内容传单”作为背景细节——这是一种“视觉意识”。

有时，画家很直接地表现视觉环境的转变，而眼花缭乱的墙壁和拥挤的路面之间的相似性变得十分明显。也许这类画里最著名的，是约翰·帕里在1835年完成的刻画细致的水彩画《贴海报的人》。顾名思义，画中描绘的是一个贴海报的人。这个街头人物，正在圣保罗大教堂附近的一幢建筑物的山墙上贴海报。教堂位于围挡建筑工地的木篱笆之后，其圆顶在背景中一目了然。在这里，张贴海报成了现代城市生活的感观和商业饱和的象征。这些重叠且清晰的海报，也是毫无深度的，等同于其下拥挤的人潮。两者都数量极多，且作为独特的城市特征清晰可辨。在画作的前景中，各色人等在旁观贴海报的人做着自己的营生：一名警察（新近成立的伦
128 敦警察厅的警察）和一名衣冠楚楚的士兵说着话，而一个衣衫褴褛的年轻人正在掏警察的口袋；一个扫烟囱的小孩站在贴海报的人旁边；正扛着一大块腿骨肉的肉店小伙计，也停下来看着山墙。类似的，还有一些聚集在某种街头食品小贩的火盆旁的其他人。这种城市群体的程式化分解，预示了维多利亚时代中期拥挤的人群，如乔治·埃尔加·希克斯的《邮政总局，六点差一分》（*The General Post Office, One Minute to Six*, 1860），和威廉·鲍威尔·弗里思的《火车站》（*The Railway Station*, 1862）。但是，正是被海报覆盖的山墙本身的错视效应，主导了这幅作品。大约四十张海报和海报碎片竞相吸引着我们的注意力，来推销这个城市的奢华娱乐场所：音乐会、歌剧、戏剧和烟花表演，更不用说“勤劳的跳蚤”（industrious fleas，一种由跳蚤做出的马戏表演），以及教练、帽子、杂志和蒸汽船旅行的广告。正如彼得·谢泼德·斯卡尔维德（Peter Sheppard Skaerved）所言，虽然在17世纪的科内利斯·诺贝塔斯·吉斯布瑞

兹（Cornelis Norbertus Gijsbrechts/Gysbrechts）的错视画作品中有一些艺术先例，但《贴海报的人》确实自成一类。[75]这张迷人的图画，最让人印象深刻的是，它并非出于专业画家之手，而是一位歌手、音乐人、滑稽歌曲作曲者的作品。当然，它本身就是一幅半诙谐作品，包含许多的自我指向，尤其是对帕里的表演所做的广告宣传。而且，正如我们所看到的那样，这种重叠海报所产生的语无伦次的幽默效果，也是流行视觉文化中常见的一种形式。在帕里直白的描绘之后，对识读狂热的处理，通常是隐晦曲折的。后来的街景画也展示了表演传单、海报，以及报纸和报童，但它们往往是一种无声的存在；尽管我认为，这种存在并非无关紧要。

在19世纪的绘画中，报纸和报童往往被表现为日常城市现实的标志，尤其是男性公共领域的标志，例如，本杰明·罗伯特·海顿的《等待泰晤士报》（1831）和美国艺术家理查德·卡顿·伍德维尔的《牡蛎屋的政治》（*Politics in an Oyster House*, 1848）。这些标志，或强调这种现实的中断，例如，艾尔弗雷德·摩根的《乘公交车到皮卡迪利广场：格拉德斯通先生与普通乘客同行》（1885）；或表现由新闻维持的感情联系，如约翰·多比亚克·卢亚德的《欢迎到来》（*The Welcome Arrival*, 1857）所描绘的克里米亚战争的一幕。相比之下，在维多利亚时代早期和中期的绘画中，广告的作用往往在于给我们提供叙事信息，为前景中的主题增加微妙的细节。了解画的主题，无须识读这些符号；但作为观众，我们会去识读。一个很好的例子，是我们已经接触到的一幅画，即亚伯拉罕·所罗门描绘铁路的画作《二等车厢——离别》，它也是《一等车厢——相遇》的配套作品。[76]此画描绘了二等车厢里的一家人，可以推断，这是母亲在女儿陪伴下送别儿子。在他们身后的座位上，可以看到一名 129
水手和他的爱人或妻子。通过右边的窗口，可以看到船的桅杆。背景中有着宣传前往澳大利亚航程的海报，这可以解答男孩要去哪里的疑问。男孩很可能是去赚钱的，即被1851年维多利亚时代淘金热吸引的众多淘金者之一。具有类似的主题但不那么出名的例子，还有威廉·莫里森·怀利的画作《士兵的告别》(*The Soldier's Farewell*, 1871)。这一次，离家的年轻人年纪稍大一些。他要去打仗(可能是普法战争)，而不是去澳大利亚寻找金矿。背景中有一幅海报宣传的是“国家义务”(Emprunt National)——一种法国国家贷款或战争债券。这一背景细节暗示，年轻的士兵将要付出比金钱更珍贵的东西。他为了现代国家的隐喻性家庭关系，而放弃了真正的家庭纽带。

有时，海报会呈现出稍显诙谐的倾向，如威廉·莫·埃格莱的《伦敦的公共车厢》(1859)，像我们在第三章中看到的那样，这幅画更加概括地显示了现代城市的人口压力。背景中的广告，是埃格莱微型现实主义的一部分，他采用这一画法来展现幽闭压抑的室内场景。而这些广告，也与其针对的乘客有关。车厢右侧，可以看到一则公共汽车广告；而在左侧，可以看到一则男装裁缝的广告，上面呈现的是两条男士的大腿，套着时髦的裤子，随意地翘着二郎腿。看上去可笑的是：画中的男性乘客不可能这么放松，因为他也像其他乘客一样紧紧地挤在一起。坐在广告对面的女人们看向别处，这也许表明，盯着图片上男子的双腿是不得体的。正如《笨拙》周刊所言，这样的广告只会增加城市生活的尴尬。绘画的缩短透视法，造成了广告的变形，并进一步表明了拥挤的现状。

有关前景主题更严肃的批评，可以参见奥古斯都·埃格的《过去和现在(第三幅)》(*Past and Present, no. 3*)。这是著名的道德说教三联画的一部分，它想象了一个女人与他人私通带来的灾难性后果(这段描述，是从一封信中摘录出来的，在绘画首次展出时代替了标题)。[77]这是三联画的最后一幅,画中展示了如今已被遗弃的女子,带着她的婴儿,待在斯特兰德大街附近阿德菲剧院的干燥拱门里。可以推断,她们可能的未来,便是背景中流动的泰晤士河[类似的绘画参见G. F. 沃茨(G. F. Watts)的《发现溺水》(*Found Drowned*, 1867)]。但是人们的目光,还是会被墙上的海报所吸引。其中一些广告,是为戏剧做宣传的:《受害者》(汤姆·泰勒1857年的 130
三幕喜剧)和《治愈爱情的良药》(*A Cure for Love*,可能是汤姆·帕里1842年的两幕喜剧),这些戏剧的标题都与女性困境有着共鸣。还有一张海报,鼓动人们前往巴黎旅行。这也许暗示着快乐的生活是别人的,甚至暗示这一切都是法国伤风败俗的腐败行为所致。

另一个众所周知的例子,是福特·马多克斯·布朗的《工作》(1852—1865)。只有部分可见的广告,被用来将更多层次的意义(诙谐的、严肃的)增添到已经充满象征意义的画布上。海报和海报碎片装饰着墙壁。我们可以在画作的左上角看到一个贴小广告的人。与之并置的,且具有讽刺意味的是,一个女人正在左边散发宗教小册子。可识读的海报碎片包括:"男孩之家"举办融资活动的海报、房地产经纪人(有一个滑稽的名字"威廉·坡斯特","坡斯特"也有"广告"之意)"出售雅致宅院"的广告、竞选海报、警方悬赏五十英镑征询抢劫线索的告示,还有一张写着"钱!钱!钱!"的破损布告。除此之外,在一幅强调劳动和社会主题的绘画中,这个看似随机的广告采集表明,城市向个人提供的不同信息,可能取决于他们所处的社会阶层。[78]

还可以找到更多的例子,包括乔治·沙夫、卢克·菲尔德斯(Luke Fildes)、弗雷里科斯科·科尔曼(Fraricesco Coleman)和艾尔·克罗的绘画作品。克罗的《三明治》(*Sandwiches*, 1881)描绘了几个正在吃午餐的夹板广告人,这一绘画主题比较罕见。法国和美国也有类似的例子，尽管这种对文本图像的叙述运用，似乎不是英国以外的风俗画的特征，例如，在奥诺雷·杜米埃的讽刺画中，文本倾向于以印象主义的方式呈现，其画作《印刷品店的外面》(*Outside the Print-Seller's Shop*，约1860—1863) 的模糊图像就与文字相对应；在《空口袋街》(*Rue vide gousset*，1839) 中，有些文本是清晰可辨的（例如，“圣热尔韦教堂”），但并不用作批评；而《公共汽车上》(*Dans l'omnibus*，1864) 在一定程度上是个例外，从中可以看到为“画”(Peintures) 做的广告，这可能带有讽刺意义。亨利·科埃拉的《公共汽车上》(*Dans l'omnibus*，约1890) 遵循了类似的模式：广告被视为现代城市生活的标志，但不是批评的来源。莫里斯·德隆德的《公共汽车》(*L'omnibus*，约1880)，让我们看到乘客头顶上有着广告，但辨别不出任何细节；我们也看不到乘客正在阅读的报纸标题，不过，很明显，这个乘客只是一面假装读报，一面偷瞧旁边的女人。在詹姆斯·蒂索的《做生意去》(*Going to*
131 *Business*，1879) 中，报纸是生意人的标志和神盾，可以让他无视周围的环境。朱利斯·巴斯蒂昂-勒帕热在《小小贩睡着了》(*Le petit colporteur endormi*，1882) 这幅画中，描绘了一个叫卖街头廉价出版物的小贩。画家未着墨于他随身携带的可读商品。同样是这位画家的作品，在《伦敦擦鞋童》(*London Bootblack*，1882) 中，除了仅有的商标“卡尔牌鞋油”，繁忙的街道场景中基本没有文字。印象派画家让·贝罗的《巴黎报刊亭》(*Paris Kiosque*，约1880—1884)，描绘了一个被海报覆盖的报刊亭，但这些清晰可读的海报，并没有指涉任何道德问题，也没有披露重要的叙事信息。它们只是画家试图捕捉的多彩视觉世界的一部分；在其他的作品中，他也是这么呈现这种报刊亭的。[79]随着该影响的蔓延，英国绘画也开始抑制背景广告中的批评倾向：玛丽亚·布鲁克斯的《漫步皮卡迪利大街，六月的一个早晨，从考文特花园市场归来》(*Down Piccadilly, Returning From Covent Garden Market One June Morning*, 1882)，以及乔治·W. 乔伊的《贝斯沃特的公交车》(1895)，都很好地印证了这种更具印象派美学的转向。尽管如此，现实主义仍然存在。鲜有英国艺术家能画出像泰莱马科·西尼奥里尼的《利斯港》(*Leith*, 约1881) 这样的杰作：罗布·罗伊香烟广告中飞溅的鲜艳色彩，构成了整个画面。

美国艺术家有时会更明确地探究印刷品对街道的入侵，不过，他们并不像其英国同行那样，倾向于使用清晰易读的文本细节。在许多引人注目的图画中，海报或报纸提供的是本地色彩，而非信息或批评，这些画作包括：托马斯·勒克利尔的《水牛报童》(*Buffalo Newsboy*, 1853)；詹姆斯·亨利·卡弗蒂的《纽约的人行道，或富家女，贫家女》(*The Sidewalks of New York, or Rich Girl, Poor Girl*, 1859)、《当日新闻》(*News of the Day*, 1860)、《疲倦的报童》(*The Weary Newsboy*, 1861)；威廉·E. 温纳的《报童》(*Newsboy*, 1864)；以及托马斯·沃特曼·伍德的《穿过渡口》(*Crossing the Ferry*, 1878)。[80]在有些情况下，可以推断，海报所承诺的种种城市乐趣，并不能为画中描绘的人物所享受。就像卡弗蒂的《疲倦的报童》中的那张海报，即宣传《纽约一瞥》一剧的演员F. S. 尚弗罗的海报。戴维·吉尔摩·布莱思的《高等法规》(*The Higher Law*, 1861) 可以被看作这一趋势的例外。原因很明显，在这幅画中，我们受邀去阅读与所描绘人物相关的印刷文本，但这幅画是关于美国内战起因的寓言，而非一幅城市风俗画。除了美国的风俗画之外，还有一些对印刷品更为自觉的利用。爱尔兰出生的画家威廉·迈克尔·哈内特的错视画，就曾利用海报来提示故事，例如他在《甩卖的便宜货》(*Job Lot Cheap*, 1878) 中所描绘的那些书籍，与《伦敦的商店橱窗》有着相似而且更为深刻的意义。法国出生的维克多·迪布勒伊，也象征性地利用了印刷品，虽然在他的作品中，纸时代最为突出的现象是印制纸钞，就像《黄金十字架》(*The Cross of Gold*, 1896)中呈现的那样。

想要更全面地讨论纸时代碎片在绘画中的使用，这话题本身就能写一本书。不过，在本章接下来的部分，我想关注的是奥古斯
132 都·埃德温·马尔雷迪(1844—1904)的作品。这位名气不大的英国艺术家，把识读狂热作为他所有作品中最重要的特征，并用它来描绘其主要创作对象——街头流浪者的生活。他作品中的城市群众，被概括为少数弱势群体：报童、卖花女、清道小童。他们的生命被表现为短暂的，就像其周围的文字碎片一样。

奥古斯都·马尔雷迪通常不被视为重要的画家，但他的少数画作出现在重要的主流收藏集中。他的一些作品，偶尔还会出现在维多利亚时期的平装经典书的封面上。[81]他是爱尔兰著名艺术家威廉·马尔雷迪的孙子(1786—1863)。他爷爷最著名的作品包括《选择结婚礼服》(*Choosing the Wedding Gown*, 1846)、《玩具卖家》(*The Toy Seller*, 1862)等风俗画。他的叔叔约翰·马尔雷迪和迈克尔·马尔雷迪都在皇家艺术学院展出过作品。他的父亲小威廉·马尔雷迪，也于1835年至1842年间在那里参展过一系列静物画。奥古斯都·马尔雷迪的绘画才能，也可以追溯到他的祖母伊丽莎白·瓦利。1811年至1819年，伊丽莎白·瓦利的乡村景观画曾在皇家艺术学院展出；其兄弟也在视觉艺术方面取得了一定的成就：约翰·瓦利是一位杰出的水彩画家；威廉·弗利特伍德·瓦利的作品在1804年到1818年间持续在皇家艺术学院展出；还有科尼利厄斯·瓦利，一位天才水彩画家，他在光学仪器的设计方面取得了不俗的成就，包括在1851年伦敦世界博览会获得金奖的图

形望远镜（一种投影描绘器）。伊丽莎白·瓦利的侄子（即奥古斯都·马尔雷迪的表叔）也有两位曾在皇家艺术学院展出过作品。他们是阿尔伯特·弗利特伍德·瓦利和查尔斯·史密斯·瓦利。[82]

在如此显耀的家庭背景下，奥古斯都·马尔雷迪本人则显得星光黯淡，他的一生鲜为人知。1844年，他出生在切尔西，1861年的人口普查表明，他住在其祖母伊丽莎白家里，那时的伊丽莎白已经与她的名人丈夫分居了。[83]在普查表中可以看到，马尔雷迪当时十七岁，是一位人物画家，而其祖母是一位山水画家。经推荐，这一年的12月，他进入皇家艺术学院就读，成了约翰·考尔科特·霍斯利的学生。霍斯利后来成为院士，并在1875年到1890年间担任皇家艺术学院的院长。马尔雷迪有一段时间曾经和霍斯利、弗雷德里克·D. 哈代（Frederick D. Hardy）、乔治·哈代（George Hardy）、乔治·伯纳德·奥尼尔（George Bernard O'Neill）、托马斯·韦伯斯特（Thomas Webster）一起，同属于肯特郡克伦布鲁克聚居地艺术家群体。不过，他似乎没有在那儿花太多的时间，而且只是一个非常年轻的成员。像那些更有经验的画家一样，他尝试了一种源自17世纪荷兰现实主义者的风俗画形式。尤其像韦伯斯特和哈代，
他也是一位多产的儿童画家。[84]但在特色上，马尔雷迪与同一艺术 133
群体的其他画家有明显的差异，因为马尔雷迪画中的儿童都是城市贫民——卖花女、卖火柴的小女孩、报童，以及早先由亨利·梅休在《伦敦劳工和伦敦穷人》（1851）中列举的其他街头小人物。除了少数例外，比如乡村风俗画《守约》（*Keeping an Appointment*）、《雪球》（*The Snow Ball*，1871）、《艰难时代》（*Hard Times*，1877）、《春天里》（*In Spring Time*，1881）、《落下的鸟》（*The Fallen Bird*，1901），他的作品几乎都是描述城市贫民的。[85]

1863年至1880年间，奥古斯都·马尔雷迪在皇家艺术学院展

出了十二幅画：《老妇人》(*An Aged Lady*, 1863)；《格雷厄姆小姐》(*Miss Graham*, 1868)；《没人关心的孩子》(1871)；《好脾气的表兄》、《不请自来》(*Uninvited*)、《野花》(*Wild Flowers*, 这三幅画都创作于1872年)；《云来了》(*A Passing Cloud*) 和《回想逝去的欢乐》(都创作于1873年)；《抓住我的帽子！》(*Stop my Hat !*) 和《小债主》(*A Little Creditor*, 都创作于1875年)；《留给自己》(*Left to Herself*, 1877)；《在伦敦桥上歇息》(*A Recess on a London Bridge*, 1880)。[86] 那些年里，他的住址不断变动：从圣约翰伍德，军械路8号，菲茨罗伊街11号；到肯特郡克伦布鲁克(于1871年和1872年)；再到纽曼街22号；布莱尼姆·克雷森特62号。除了《格雷厄姆小姐》可能是一幅肖像画，其他似乎都是风俗画；而所有流传下来的画作，都是街景，包括标题具有误导性的作品《野花》。其中，至少有一幅抓住了大众的想象，那就是《好脾气的表兄》。此画描绘了三名上层人士在城区散步、遛狗。1872年，英国《画报》(*The Graphic*) 的评论者曾将其挑选出来力荐给读者："这是一幅朴素而工整的小画，描绘了伦敦的一条街道，一位外省装扮的年轻绅士，护送着两位女士。跟在身后的女士，一边走一边往后靠，以便在背后说长论短。画作的主题很幽默，表现得也很生动。"[87] 评论者并没有提到那些不那么幽默的方面：极为细致的背景，其中清晰可见的是一家殡仪馆，还有一家当铺橱窗里挂着几幅绘画。不过，这些特征并没有在《画报》上刊登的图像中消失。实际上，《画报》对此画很感兴趣，在该年晚些时候，即9月7日(星期六)那一期上，又再次将其翻印[88]，还配上了一段幽默的独白。假托画中一位年轻女子"安妮"来描述自己和姐姐佛罗伦丝，还有她们善良的表兄阿多尔夫的生活。阿多尔夫和他的小狗丹迪，陪两姐妹在城里闲逛，让她们在身后喋喋不休地聊着：

> 跟你说哦，亲爱的，你肯定不会相信我要告诉你的。有一天，过来了一位绅士，他目不转睛地看着我们。多尔夫（阿多尔夫昵称）见过他，说他是一位艺术家，果然，几个月以后，皇家艺术学院展出了一幅我们的画像。多尔夫画得可真像，丹迪狗 134
> 狗漂亮极了。佛罗伦丝没有我想象得那么美，至于我自己的画像，不想评价。哎哟！竟然让我们从当铺和殡仪馆这两家可怕的低等店铺走过，马尔雷迪先生可真不像话。如果是马歇尔&斯内尔格罗夫就会自然得多，或者，肖尔布雷德，背景里可以是某位大妈在买了餐厅用的冬季窗帘后，那位可爱敦实的警察将她送到了马车上。[89]

安妮要是看到这幅画的稍晚一点的版本，会更加震惊，因为前景中出现了一个卖花女，格外凸显出其标题。安妮也同样不会喜欢马尔雷迪以后的作品。因为这些年来，在他的作品中，卖花女等类似的人物变得更加突出，同时，社会上的各色人等都成了背景人物。

同年，在伦敦“法国画廊冬季展”的回顾中，奥古斯都·马尔雷迪的《流浪的吟游诗人》获得了好评：

> 马尔雷迪这个名字在英国艺术界如雷贯耳，很高兴见到这名字能签在一幅小巧玲珑的小画上。这幅画叫《流浪的吟游诗人》，由画家威廉·马尔雷迪的孙子奥古斯都·埃德温·马尔雷迪创作。画中描绘了一对年轻的兄妹，他们是很不起眼的街头鼓笛乐队的乐手。两人在度过漫长而疲惫的一天之后，就那样在皇家歌剧院前面、赫马基特剧院的门廊下沉沉睡去。这几家剧院里，更为成功但也许有些名不符实的同行们，正赚得盆满钵满、赢得满堂喝彩。这幅画有着极精致的画面和柔和的

色调，画中悲天悯人的感觉，预示着年轻的画家前途无量。[90]

这种都市悲情，成了他的标志。1880年之后，奥古斯都·马尔雷迪似乎没有在皇家艺术学院展出过画作，但他的作品不断出现在其他画廊。1886年12月，他在新邦德街霍伦德和克里梅蒂的汉诺威画廊展出了两幅画。《时代》周报的艺术评论家（评论者显然将这两幅画误认作威廉·马尔雷迪的作品）是这样描述的：

> 《核算一天所得》（*A Day's Reckoning*）中，一个小小的、过于精致的清道小童，正在清点他的便士；《狂欢的声音》（*Sounds of Revelry*）中，一群衣衫褴褛、饥肠辘辘的流浪儿，包括像以前一样精致的清道小童，围在一个窗口前，而窗户里面年轻舞者的快乐身影，正忽隐忽现。[91]

奥古斯都·马尔雷迪的作品也在一些地方画廊展出，特别是利物浦。他以日常城市生活为主题的绘画，也许吸引了那里的新兴商人阶层。1879年，他的《博物学家的橱窗》（*A Naturalist's Window*），在利物浦的巴斯奈特街画廊春季展上展出。这是一幅街景画，描绘了“一组生活在不同阶段的人，包括一名非洲裔女护
135 士，她凝视着博物学家商店里的一只毛绒大猩猩”。这幅画被描述为给画家增光添彩的“杰作”。[92]［画展上的其他绘画，还包括弗兰克·霍尔（Frank Holl）、理查德·伯切特（Richard Burchett）、C. S. 利德代尔（C. S. Lidderdale），以及埃德温·海斯（Edwin Hayes）的作品。］1887年，马尔雷迪的一幅表现卖花女和报童的画作《雨后》（*After Rain*），也出现在巴斯奈特街画廊。旁边是威廉·穆勒（William Muller）、弗雷德里克·古德尔（Frederick Goodall）等当代

艺术家的作品。《利物浦水星报》(*Liverpool Mercury*)的评论者,把马尔雷迪的画作描述为体现了其绘画特色的"典型作品",而这表明,当时的评论者对他的画作已经相当熟悉。[93]1892年,马尔雷迪的大型油画《夜晚无家可归》,在南港阿特金森美术馆举行的一年一度的春季展上展出:"[这幅画]描绘了特拉法尔加广场上,一些贫儿正准备在兰西尔的狮子雕塑下入睡。"事实上,评论者似乎已经察觉,用这么宏大的画幅,来传达这一过于悲苦的主题,有些不太合适,"如果画幅的尺寸是面向一个展柜而非一个画廊的,效果会好得多"。[94](这种认为较低微的风俗场景,应该以小幅画作呈现的想法,在那个时代并不罕见。)[95]

有关奥古斯都·马尔雷迪生活中的一些细节,可以从官方资料中了解到:1874年,他在马里波恩成婚;1904年3月15日去世,被安葬在芬奇利的墓地。[96]在1901年的人口普查登记中,我没有找到他的名字,虽然他的同胞兄弟亨利·马尔雷迪曾与其家人出现在波托贝洛路的住户名单上,并自称为自主经营的室内装潢设计师。我们得到他最后的讯息,是一封给约翰·考尔科特·霍斯利遗孀的吊唁信,日期为1903年11月8日。他留的地址,是皮姆利科的奥尔德尼街9号。信中自称在画"两幅低成本的、很快就要完工的肖像画"。这表明他仍以卖画为生,虽然声望大不如前。[97]

不管奥古斯都·马尔雷迪获得了怎样的名气,这都来自他那些描绘伦敦贫穷童工的画作。但这并不是他独有的领域,弗里思的《清道夫》(*Crossing Sweeper*, 1858)就是一个相当知名的画作,还有艾米丽·梅里克描绘清道夫和卖花人的《樱草节》(*Primrose Day*, 1884)。这样一些作品表明,其他艺术家在19世纪80年代也使用了相同的社会调色板。尽管如此,马尔雷迪一心一意执着于刻画城市贫民,使他在维多利亚艺术史上赢得了一个次要但受人尊敬的地位。因此，杰里米·马斯在《维多利亚时代的画家们》(*Victorian Painters*，1969) 一书中，称赞马尔雷迪是一位“多情的社会现实主义者”，并翻印了《伦敦的清道夫和卖花女》(*A London Crossing-Sweeper and a Flower Girl*，1884)，在这幅画中，两位主要角色被并置于夜间伦敦桥上的休息处。[98]克里斯托夫·伍德的《维多利亚时代的画家》(*Victorian Painters*，1995，即1971年版的《维多利亚时代的画家词典》的修订、扩展版)，收录了《好脾气的表兄》
136 后来的版本《好脾气的表兄们》(*Our Good Natured Cousins*，原文如此)。此画与2005年在佳士得出售的作品极为类似，画中添加了受时髦女伴们忽略的、靠在邮筒边的卖花人。莱昂内尔·兰伯恩的《维多利亚时代的绘画》(*Victorian Painting*，1999)，对马尔雷迪的《回想逝去的欢乐》(皇家艺术学院，1873) 进行了详细的解读。此画描绘了一个下雪的夜晚，一个清道小童和一个卖火柴小女孩，正打量着宣传特鲁里街童话剧的五颜六色却破烂不堪的海报。

事实上，正如我们将看到的那样，海报、报纸和其他印刷品，与城市贫民一样，成了马尔雷迪的标志。这些元素，并不总是用来达到任何明显的效果，例如我们在《皮卡第》(*Picardie*)、《雨后的切尔西》(*After Rain, Chelsea*)、《切尔西街景》(*Street Scene in Chelsea*) 等画中看到的，海报上印刷的文字都难以辨认。它们看起来像是真正的地方特色的一部分，或者仅仅是马尔雷迪绘画的标志性图案。[99]但细想一下，比如在《没人关心的孩子》(1871，见图4.4) 这幅画中，对海报的使用就特别引人注目。1871年，马尔雷迪在皇家艺术学院展出了这幅画，这似乎是他第一幅将街头小贩和伦敦街头的文字背景放在一起的重要作品。[100]标题“没人关心的孩子”所指的，是两个年幼的赤脚孩童，一个是卖花的女孩，一个是男孩。男孩以胎儿般的姿势蜷缩着，坐在女孩脚边一只倒扣的筐子上。女孩则从画中望着

图4.4　奥古斯都·马尔雷迪,《没人关心的孩子》(1871)

我们，让我们很不舒服地处于路人或顾客的位置。我们可以想象，最初的观画者会有怎样复杂的反应。对他们而言，城市贫民这样的群体，可能是焦虑甚至是恐惧的源头，也可能是慈善关怀的对象。考虑到这一点，关注少数孤立的人物，比关注街头人群更有意义。这是一种归化式提喻法。选择哀求的孩子，而非街头成人小贩，可以进一步减少恐惧和敌意的反应。[101]就像在舞台通俗剧中一样，我们在窘迫中看到了无辜。这让我们对城市贫民困境，有一种不那么复杂的反应。这一特征，反复出现在马尔雷迪作品的人口想象中。

然而，这幅画通过使用纸时代的碎片作为背景细节，达到了更加复杂的效果，即视觉上的讽刺。在画的右边，我们看到一些富人从商店的橱窗前走过，对他们伦敦同胞的苦难无动于衷、漠不关心。但更突出的表现，是孩子们身后那贴满了海报的墙。一则海报残片在宣传“适合所有视力”的眼镜，另一则推介了古斯塔夫·多雷的
137 绘画《基督教的胜利》(*The Triumph of Christianity*)。1868年，《基督教的胜利》在新邦德街刚开的多雷画廊展出时，吸引了大批观众。多雷强调了一个乐于思考崇高的宗教主题的所谓基督教国家，在保护其最弱势的公民方面的失败。至于眼镜广告暗指的，不是生
138 理上的近视，而是普遍存在的社会短视：我们能够看到这幅画，却看不到它所描绘的穷人。[具有历史讽刺意味的是，在接下来的一年里，多雷在《朝圣》(*A Pilgrimage*, 1872)以及随后的其他作品中，创作出了属于他自己的伦敦贫穷状况。]广告墙上还有一张宣传对外援助协会的海报碎片，这表明马尔雷迪对以牺牲国内穷人为代价的“远程慈善”(telescopic philanthropy)持怀疑态度，就像狄更斯在《荒凉山庄》第四章所表达的那样。[102]《没人关心的孩子》似乎是马尔雷迪画作一再重复返工的首例。这种重复返工，也包括1885年的一幅直接改动作品，这幅画也被命名为《没人关心的孩子》(1992

年6月3日在苏富比售出）。在后一个版本中，女孩和男孩交换了位置，她的脸和头发有所改动。马尔雷迪还对海报做了细微的修改：眼镜广告再次出现，但这一次叠加在了多雷画作的海报之上；另外，还有一个海报片段，上面写着"战争受伤者"，这或许是苏丹战役的专题报道，戈登将军在这场战役中被杀；墙上的文字表明，在国内也有同样重大的战役。

在马尔雷迪的作品中，我们看到的海报从来都不是崭新的。这些海报，有的边缘轻微磨损，有的成了碎片，只剩一个单词或几个字母。这些细节有什么重要的呢？从某个层面上看，这只是记录了气候变化的影响，以及贴小广告的同行们过度地竞相张贴，以此来增添作品的真实性。其中的诙谐，我们已在别处见识过。而从更具隐喻效果的层面上看，有人推测，这是在提醒我们，墙上的文字尽管是为任何愿意读的人而准备的，但并不总是能够轻易读懂。任何读到海报上"基督教的胜利"这几个字的人，都应该仔细想想，也许上帝已经考察过他们，且并不满意，就像《但以理书》中的伯沙撒所经历的那样。但这些破损褪色的海报，也有可能被解读为对时间本质的更普遍的记录。从这个意义上说，它们与风俗画一样，都是一种有限的、受时间制约的形式——马尔雷迪似乎在暗示，他的艺术作品也可能会与其历史时刻捆绑在一起，见证的工作完成之后，注定会被遗忘。

在奥古斯都·马尔雷迪的几幅名画中，与广告和当下结合得最为明显的，是《回想逝去的欢乐》（现收藏于伦敦市政厅美术馆，见图4.5）。1873年，他在皇家艺术学院展出了这幅作品，后来又将其改成一幅较小的油画《局外人》（*Outsiders*）。[103]城市贫民，再次成了他作品的主角。这一次，画中的主要人物面对着墙上的文字：两个孩子站在考文特花园附近的雪地上，若有所思地凝视着一张

图4.5　奥古斯都·马尔雷迪，《回想逝去的欢乐》（1873）。由伦敦市政厅美术馆提供

多彩却褪色的海报，上面宣传的，是特鲁里街童话剧《美丽公主和恶魔矮人》。这是一部真实存在的圣诞剧的简略标题，该剧全名是《快乐幸运的王子；或美丽公主和恶魔矮人》（*Prince Happy-Go-*
139 *Lucky; or, Princess Beauty and the Demon Dwarf*）。这是一部奢华的芭蕾舞剧，1871年12月在皇家阿尔罕布拉宫上演。有一百五十名舞者和来自斯卡拉歌剧院的五位著名舞蹈演员参加了演出。剧中展示了许多精心制作的变换场景，还有诙谐的主题歌曲。[104]在一两位善良的仙女协助下，王子从矮人国王的魔法城堡中救出了美丽公主，然后，他们一起生活在和平快乐的绚丽宫殿中。在马尔雷迪的画中，演出显然结束了，虽然海报像寒冬的天气一样，仍然留在那

里。仔细一看，这两个孩子并不仅仅是在怀念过去享受的圣诞节大餐。虽然女孩衣着很讲究，可男孩的衣服已经有点破败。两人中有一个已经沦落到社会底层，或许两人都是如此。背景中的一把扫帚和一盒用来点火的捻子，暗示他们现在都是为了生活而工作，一个是清道小童，另一个是卖火柴的女孩。[105]他们可能曾经也是剧院的观众，欣赏过给人带来快乐的童话剧。随着不可思议的身份转变， 140
现在，他们希望通过向其他观众出售火柴和体力劳动来维持生计，而画中的背景，强化了这个主题。另一张海报宣传的，是迪恩·布西科的通俗剧《伦敦的街道》（1857年首先以《纽约穷人》为剧名上演，1863年改名为《伦敦的街道》在牛津街公主剧院上演），本书第二章中提到过此剧，其剧情围绕着一个中产阶级家庭的命运展开，先是失去一切，但最终所有的财富失而复得。我们可以看清楚另外两个词语，它们进一步给出了时间上的解释："最后一晚"和"日复一日"。这一方面表明了现在和将来之间的完全割裂，另一方面又表明了当下的困境。这是一个瞬间的快照，预示着画中人物暗淡的未来，而不是"美丽公主"的奇妙变身。这两个孩子，仍然困在被施了魔法的伦敦城堡里，没有绚丽的宫殿等待着他们；甚至《伦敦的街道》里的幸福大结局，似乎也不太可能出现。但是，即使展现的是如此转瞬即逝的一面，这也是一幅突出了城市生活与特色的绘画。再一次，虽然这些海报显示了艺术家在为世界增添美感方面所起的作用，但同时也表明艺术本身也许并非是永恒的。艺术也是为商业服务的，即使当它聚焦于城市贫民的现实生活时。

报纸时代

还有一类更关注城市的绘画——奥古斯都·马尔雷迪的报童

画。正如我们所看到的，报纸和报童在这一时期的风俗画中无处不在，成了过于拥挤、匿名、信息铺天盖地的现代城市生活的标志。本尼迪克特·安德森认为，报纸在造成国家——亨金认为是城市（《城市阅读》，第122页）当下状况——中起着一定的作用，创造了一种鲜活、共享的存在感。[106]报纸在19世纪艺术中的表现，经常涉及这一作用。不过，在奥古斯都·马尔雷迪的画作中，报纸和卖报者似乎有着不同的社会关系。相对于本尼迪克特·安德森，这一点让人们更多地想到雅克·朗西埃。报纸在定义什么不是新闻方面发挥了作用，从而参与了朗西埃所谓“感知的分配”，即形成社会所见、所言的不成文法则。[107]当然，艺术绘画也是如此，马尔雷迪的作品似乎希望用风俗画来阐明那些在社交场合隐形的人的生活。这些人靠卖报勉强为生，不过他们本身肯定不是报纸的好素材。当
141 然，从多方面来看，奥古斯都·马尔雷迪想让我们看到社会隐身人的愿望，只是主流思潮的一部分。亨利·梅休曾详尽地记录了19世纪40年代晚期和50年代初伦敦穷人的生活。而到了19世纪末，“新新闻主义”(New Journalism)把城市贫民纳入报纸版面：至少有些穷人，是很好的新闻材料。1885年，W. T. 斯特德在《蓓尔美街报》(*Pall Mall Gazette*)上发表了有关儿童卖淫的爆炸性报道《现代巴比伦的处女贡品》，致使报纸大卖；20世纪初，奥丽芙·克里斯蒂安·马弗利(Olive Christian Malvery)通过化妆深入不同阶层而撰写的卧底新闻，同样大受欢迎。[108]尽管如此，奥古斯都·马尔雷迪对社会边缘人（尤其是在其自我意识方面）坚持不懈的追踪，仍是引人注目的。

马尔雷迪的报童画，包括《报童》(*Newsboy*，约1880)、《伦敦报童》(*London News Boys*，1884)、《送报纸的男孩》(*Paper-Boy*，1893)、《特鲁里街剧院，伦敦报童》(*Drury Lane, London Newsboy*，

1893)、《眼下的运气》(*Luck in a Moment*, 1874)。[109]这些绘画反复出现的主题是：虽然这些童工在卖报，但他们自己并不被媒体关注；他们的生活极度贫困，根本不具有新闻价值，不值得挖掘。马尔雷迪迫使我们看到报童生活与其售卖的短暂商品之间的相似之处。一天结束时，报纸几乎一文不值，只适用于包装食品、垫衬抽屉，而报童的生活也是如此。画中的文字和部分文字，将这一点表达得十分透彻，毫不留情。例如，在《报童》这幅画中，男孩卖的是伦敦的《标准晚报》，不过也带着一份"报纸内容传单"，上面写着"从都柏林城堡传到英国上议院的哭泣、叫喊"，这也许指的是19世纪80年代爱尔兰土地战争中的某个事件。就像在其他画作中一样，马尔雷迪热衷于突出那些不是报纸新闻却应该被报道的事件。伦敦童工沉默的不幸，也应该让上议院的议员们知晓。[110]最直接吸引观众的作品是《一个伦敦报童》(*A London News Boy*, 1893)。画中，一个赤脚小男孩站在街角，可能又在特鲁里街附近，因为那里的背景中有引人注目的、非常详细的广告。报童举着《标准晚报》的内容传单，上面有各种新闻标题："有没有做过，或者至少做了一半，他们可能为别人做的好事""伦敦生活的悲情：穷人如何生活""罢工""每日一剧"。[111]这幅画传达了一个显而易见的、强有力的信息：那些热衷于"穷人如何生活"这类新新闻主义文章的读者，仍然对卖报纸的报童漠不关心。

此前在皇家艺术学院展出的马尔雷迪作品《没人关心的孩子》中出现的卖花女，成为他后来画作的另一个热门主题。在他街头居民的阵容中，卖花女与报童地位相当。他们有时会一起出现，就 142
像在《伦敦街头一角》(*At the Corner of a London Street*)中那样。和在其他地方一样，马尔雷迪还融进了文字细节——通常为海报，以及海报的碎片——以强化对这些转瞬即逝的美丽卖花女的表现。比如，他的《野花》(1872)、《卖花女》(*The Flower Girl*, 1872)、《街头卖花人》(*A Street Flower Seller*, 1882)、《白日将尽》(*Day is Done*, 1884)、《卖花女 —— 夏夜》(*Flower Girls — A Summer Night*, 1885)，还有几幅以《售出》(*Selling Out*)为题的画作。再次强调一下，这并不是马尔雷迪所独有的都市题材，正如我们从如下画作中看到的那样：戴维·李(David Lee)的《卖紫罗兰的女孩》(*The Violet Seller*, 1877)、乔治·克劳森的《卖花女》(*Flower Seller*, 1879)、古斯塔夫·多雷的《伦敦卖花人》(*Flower Sellers of London*, 约1880)、美国艺术家约翰·乔治·布朗(John George Brown)的《买一小束花》(*Buy a Posy*, 1881)、法国画家朱利斯·巴斯蒂昂·勒帕热的《伦敦的花商》(*Marchande de Fleurs à Londres*, 1882)等。但这是马尔雷迪特别坚持追求的一个主题。

在两幅《售出》[112](第一幅无日期，大约完成于1890年，第二幅于1901年)中，我们看到的两个卖花女，她们比马尔雷迪画中的流浪儿童年长一些，而且可能也不是很年轻的女性。像别处一样，背景中有零散的广告，但这里几乎没有文字的细节。这与马尔雷迪后期画作更风格化、更像海报的画法相一致。这些画作，通常不像他19世纪70年代在皇家艺术学院展出过的作品那么注重修饰。《售出》背景中的一张海报碎片上，写着“日复一日”(该词也出现在早期画作《回想逝去的欢乐》中)。或许，这是想再次强调卖花女朝不保夕的生活。在1901年完成的《售出》一画中，卖花人显然是一个“卖花束的女孩”。她们在晚上卖花给看戏的观众。鲜花会用金属线捆扎好，以免花儿在闷热的影院里快速地枯萎。富有的目标买主，呈现在背景中，朦朦胧胧，像是印象派的画法。与另一张《售出》中的人物不同的是，画中年轻女子盯着观众，流露出的眼神仿佛在说“过来吧”。她身后柱子上的广告残片，是在宣传“喜剧……

《钱》(*Money*)”。这是指爱德华·布尔沃·利顿1840年的同名喜剧，剧中一个名叫阿尔弗雷德·伊夫林的穷亲戚，意想不到地继承了一笔财富，就此改变了自己的一生。但这里，也有可能是指福特·马多克斯·布朗的《工作》中的“钱、钱、钱”。布尔沃·利顿的戏剧既对社会财富的力量，也对自由党和保守党在解决贫困问题上的无能冷眼旁观。剧中人物伊夫林说，贫穷就像富有一样，可以改变一个人：“大街上有许多同你一样诚实的人。他们也像我们一样移动、思考、感受、推理。有着完美的身材和不朽的灵魂。如果口袋空了三天，他们也会将自己的思想、理智、身体、灵魂出卖，就是为了那枚小硬币［金币］。”(第二幕第一场)[113]在这种情形下，很难不去理会“售出”这个词是否有与年轻卖花女相关的其他含义。考文 143
特花园是镇子里长期与卖淫、剧院有关的地方。晚上卖花的女子与性工作者同时出现在街头，暗示了这两种职业有重叠之处。在《卖花女》(1912)一剧中，萧伯纳利用了这一熟悉的联想，将戏剧的开场设置在考文特花园。卖花女伊丽莎担心，如果希金斯投诉，自己就会流落街头。[114]马尔雷迪1901年的《售出》一画中，盯着观众的年轻女子，是否在向观众发出性交易的邀请？如果答案是肯定的，观众就成了她的客户。我们既受到诱惑，也遭到羞辱。这又将艺术家置于何地呢？如果他的画越来越像海报，而他的模特既卖花又出卖自己，那么，这说明了马尔雷迪对自己作品的何种态度呢？艺术家也将美带入市场，在乱糟糟的娱乐市场上出售他的商品，同时也出售他自己。

最后，我想谈谈将这些主题汇集在一起的两幅晚期绘画：《伦敦卖花女》(*A London Flower Girl*, 1877)和《暮色降临——售出》(*Close of Day — Selling Out*, 未注明日期)。[115]第一幅向我们展示了更多的夜间销售活动，同样可能暗示着性交易。前景中，一位年轻女子站在伦敦的一座桥上，虽然可能不像《售出》(1901) 中的人物那么诱人，但她的衣着更加单薄（见图4.6)。绘画再次将鲜花与卖花人脆弱的美丽联系在一起。而报纸也再次出现了，这次是作为鲜花的包装。这些报纸曾经是新闻，一种有价值的商品，但在一天结束时，除了用作包装外再无价值。从马尔雷迪的作品中消失的，是常见的海报；取而代之的，是作为背景的夜空和对河岸的印象派渲染。

第二幅画《暮色降临——售出》与之非常相似，但色调有点不同，而且此画更清楚地表达出，为什么星空在这些画中取代了马尔雷迪标志性的海报。[116]我们再次看到鲜花和废弃报纸；在某种程度上，两者都与这位年轻的女子存在着象征关系。这位年轻女子漂亮、美丽、娇嫩，像花一样，也许可以出售，虽然并不具备新闻价值。[117]她身穿蓝色连衣裙，罩着白色围裙，坐在桥上的休息处，旁边放着一篮花。花儿已开始败落，一些花瓣落在她面前的人行道上。白色围裙有些地方已经破了，她正在把围巾的一端提到头顶，仿佛在为拍照摆好姿势。她的上方有一颗星星十分明亮，应该是金星，而星星也给这幅画增添了一点宗教意象的暗示。这让我们想起了“海洋之星”(Stella Maris)，即圣母玛利亚的称号之一。我们也会想起许多描绘玛利亚的画作，其中经常会有一个星星的光环，即适合
144 她另一称号“天后”的精神王冠，例如卡洛·多尔奇 (Carlo Dolci) 的《荣耀圣母》(*Madonna in Glory*, 1670)，以及许多教堂里的彩绘玛利亚雕像。透过云层出现的蓝色星空，衬托出她的蓝色连衣裙。正如米歇尔·巴斯图罗 (Michel Pastoureau) 所言，玛利亚与蓝色的联系始于12世纪，那一时期，人们对这种颜色的敬仰更加普遍。早期的一个例子是，呈现在彩色玻璃上的“沙特尔的圣母”(位于沙特尔圣母大教堂)，她身上的长裙就是明亮的蓝色。《威尔顿双联画》，

图4.6　奥古斯都·马尔雷迪,《伦敦卖花女》(1877)。图片由布里奇曼图像提供

则是后来将圣母与蓝色联系起来的更为生动的实例。[118]而写在墙上的文字，在这里让位给了某种更永久的解说。这种解说也暗示了对尘世间街头女孩的神化（参见萧伯纳十年后写的《卖花女》一剧，剧中人物伊丽莎从考文特花园的卖花女，转变成社交名媛）。天堂之光不仅照耀着她，也从她身上放射出来。威胁城市的人群，被概括成单一、脆弱的人物，在这里又成了街头天使。我们也可以将这幅画看作马尔雷迪的一种尝试，即试图突出现代城市艺术的本质。波德莱尔曾说过，描绘现代生活的画家得捕捉当下，即“一闪而过、突如其来、转瞬即逝”的，并且也是永恒不变的。[119]马尔雷迪的艺术最关注的显然是“一闪而过”的事物，即那些流落街头之人的短暂人生。他们靠售卖转瞬即逝之物，过着朝不保夕的生活，被撕烂的海报、报纸的碎片所包围。这些碎片化、迅速消褪的文字，见证了这个大众和纸的时代，同时也告诉了我们一些事情——墙上的《圣经》文字变得世俗且隐晦。在这里，马尔雷迪似乎另有所指，这是一种乌托邦的暗示，或许是从其他遥远世界发出的神奇光芒，或许是对他唤起的超越当下的事物的一瞥。

结　论

视觉艺术以多种方式表现了人口革命的到来。就像我们在第一章中看到的，火山灾难画正是以这样一种模式，激发了恐惧的大众逃离烈焰的吞噬。在现代风俗画方面，尽管存在像弗里思和希克斯这样的明显例外，艺术家们更倾向于避免直接表现都市大众的人性。而我认为，人类的洪流被表现在了背景细节中，在城市生活不易辨识的视觉垃圾（报纸、海报、传单）中。我们确实遇到了具有代
146 表性的个性化街头角色：清道小童、卖花女、报童等。这些代表大

众人性的借代人物并不具备威胁性，反而可以激起人们的同情心。但在马尔雷迪对城市主题坚持不懈的描绘中，我们看到了一些更有趣的东西，即利用视觉和语言碎片来发挥风俗画优势的尝试：我们必须阅读墙上的文字，来解读他对“感知的分配”的批判。他的卖花女、报童，不仅仅是悲情类型的城市贫民，而且是在社会中隐形的人类同胞。

在最后一章中，我们将讨论人口增长过程中的一些其他受害者。随着人口的激增，许多其他物种的数量也在增加，它们来到城里，或者作为役畜、表演者、宠物，当然也作为食物，或者只是利用着城市丰厚的油水。但是，随着大众消费者的力量被广告业、报刊杂志所刺激，这一力量便开始影响地球上更偏远地区的生态平衡。墙上、报纸上的文字，引导人们穿上毛皮制成的衣物、佩戴起来自异国的羽毛装饰，而这对有些野生动物来说极为不利。在人口想象的最后叙述中，大众的人为力量作用开始凸显出来。而与此同时，一小部分人开始对我们这个世界的脆弱性有了新的认知。 147

第五章
毛皮和羽毛
“人类世”时代的动物和城市

即使没有这位身穿海豹皮外套、头顶死蜂鸟装饰帽子的女性加入，大众生活早已经足够拥挤、冗长、无能、挑剔、愚蠢了。

——维达，《新女性》（“The New Woman”，1894）[1]

她穿着海豹皮大衣；
雅致又合体
她戴着顶小帽：
鸟儿栖息在上面
似乎随时准备起飞。

——奥斯卡·费亚·亚当斯（Oscar Fay Adams），
《情人节》（“A Valentine”，1886）

本项研究涉及针对19世纪激增人口的想象方式，我将一条重要的信息延留至此章：这些激增的数字并非完全来自人类。人口普查数据只统计了人这一种生物，但我们知道，19世纪不断增长的人口从未能独占街道。城市对其他物种也有强大的吸引力，非人类居民差不多悄然生活在人类族群的旁边，它们的数量通常随着人类数量的增加而增加。本章第一部分，我想简要讨论一下这些时常被忽视的居民，他们是隐秘的或不那么隐秘的城市体验的参与者。这是人口革命对动物世界产生影响的一个方面。而在本章更长的第二部分，我将进一步讨论一些被城市消费引力裹挟的死亡动物，特别是鸟类和海豹。有关国际时尚的故事、绘画、实践，创造了维多利亚时代后期特定形式的动物时装，加上人口结构的变化和新技术的出现，一些生活在世界其他地方的野生动物（特别是鸟类和软毛海豹）因此濒临灭绝。 148

灭绝并不是什么新鲜事。18世纪初，居维叶男爵（Baron Cuvier）就假定存在着一系列灭绝的物种，如乳齿象、大懒兽、翼手龙。[2]正如最近的一本书所指出的，从长远视角来看，“地球上绝大多数物种都不再与我们生活在一起了”。[3]然而，有些事情正在改变。最近的研究表明，自1650年以来的每五十年，主要由于狩猎、栖息地的破坏以及人工引进新物种，灭绝的速度加快了。（目前的灭绝速度是历史平均值的至少十倍，也可能高达一百倍。）[4]仅拿一些更著名的例子来说，在英国和爱尔兰，狼、海狸、野猫甚至在19世纪之前就被猎捕至灭绝；在法国，猞猁和棕熊于19世纪绝迹。[5]曾经生活在北大西洋沿岸、数量众多的大海雀，因人类的猎杀（为了获得食物和羽毛，以及在大海雀变得稀少时满足收藏家的收藏），于19世纪中叶完全消失。1844年6月，最后一对大海雀在离冰岛海岸不远的一个小岛上被杀害。[6]在美国，野牛、旅鸽、卡罗来纳长尾鹦鹉成了19世纪人类定居的牺牲品，尽管有少数野牛存活下来。（当北美土著人的存在妨碍了牧场主、农场主或采矿者时，他们的境遇也好不了多少。）旅鸽是一个特别突出的例子：它们曾经是北美数量最多的鸟类，不是数百万而是数十亿；这些鸟儿被想要保护自己庄稼的农民所捕杀，由于肆意猎杀，旅鸽的数量跌破底线。1894年，最后的旅鸽巢被发现。1914年，最后一只旅鸽在辛辛那提动物园死去。即使在19世纪人口爆炸之前，人口压力也无处不在。在太平洋地区，与移居者一道抵达的老鼠和猪灭掉了当地的物种，而新西兰的恐鸟早已在15世纪为毛利人所灭绝。毛里求斯渡渡鸟在17世纪末消失。随着移居者人口在19世纪的增长，许多大型哺乳动物面临着巨大的生存压力。塔斯马尼亚袋狼（很像狼的动物，但实际上属于有袋类动物）、很像斑马的南非斑驴被完全消灭。这些物种现存的照片提醒我们，它们最近就生活在这里。[7]

在人类进步之前，其他各类物种已经面临着灭绝的境地；而其
149 中一些物种的困境，开始逐渐引起公众的关注。人们开始针对城市动物时尚举行抗议活动，反对人类参与灭绝其他物种。当城市时尚故事正在摧毁整个动物种群时，反叙事也开始出现。少数评论者从全球环境影响的角度开始观察拥挤的城市，并意识到，巴黎香榭丽舍大街、伦敦摄政街、纽约第五大道上人们的着装，可能会对其他物种造成毁灭性的影响。这些物种不仅包括这几个国家其他地区的物种，也包括世界上其他国家地区的物种。“蓄意谋杀的女帽”（murderous millinery）、海豹皮夹克这样的时尚，使这种全球影响成为焦点。对于一些人来说，具有时尚意识的群众（特别是女性）的出现，代表着一种更多地针对社会而非环境的威胁。布尔沃·利顿于1834年想象的火山下的城市人群在世纪末以新的形象重现——由穿着时髦的女性组成的欲壑难填的大众。而其他人则感到，重大事件正在发生，“人类世”时代已经到来。人口想象，在此时已经影响到了生态，而19世纪初想象的城市灾难正被真正的灭绝所取代，只是灭绝的并非我们人类而已。

役畜与宠物

动物劳动力使城市的发展成为可能：没有马和各种形式的马

车运输，就不太可能有19世纪的城市人口爆炸。理查德·塞内特认为，在20世纪，“从汽车到连绵不绝的混凝土高速公路，移动技术使人类居住区超越密集的中心向外延展”；而在19世纪，火车常被视作城市扩张的推动力。[8]可这后半句话，只能部分成立；因为从19世纪20年代开始，正是马拉的公共马车，以及后来的马拉轨道车，使两地往返成为可能。出租马车或其他交通工具的司机雇用了大量的马匹，铁路、军队、警察、邮局、消防队、殡葬业、酿酒厂、煤炭商等也需要大量的马匹，更不用提那些私人拥有的了。[9]随着铁路的出现，马匹数量不但没有减少，实际上反而增加了。马车运输在20世纪仍然存在，并且在第二次世界大战期间汽油实行配给制时有所复兴。例如，拉尔夫·特维（Ralph Turvey）估计，伦敦马的数量，19世纪初大约为1.1万匹，1850年已超过2.2万匹，19世纪60年代中期为7万匹，到了1900年则超过20万匹。[10]巴黎马的数 150
量，1880年为78 908匹；而即使在1912年，即汽车成了代步工具不久之后，仍然有55 418匹。[11] 1900年，曼哈顿马的数量为13万匹，芝加哥为7.4万匹，费城为5.1万匹。[12]正如克雷·麦克沙恩（Clay McShane）和乔尔·A. 塔尔（Joel A. Tarr）所说：“19世纪的城市，代表了人类对马力利用的高潮。没有马，人类不可能在这个世纪建成这些巨大的、能够创造财富的大都会，也不可能生活其中。”[13]他们还指出，饲养大量马匹绝非易事；马匹也是城市的消费者，需要自己的供应链。19世纪80年代，马匹在公共交通上的统治地位受到了电车的挑战。而对个体旅行者来说，自行车既不需要食物也不需要马厩，替代马匹再好不过了。当然，只有到20世纪初，内燃机才最终在经济核心地位取代了马力。从那以后，马匹运输主要限于体育、休闲和礼仪活动，虽然一些国家到了二战后期仍然部署着骑兵部队。

另一些动物也生活在城市，有的时间极为短暂。它们仅被用来满足人们对肉类、家禽和奶制品的需求。这种情况，至今仍然如此。全球许多城市，养鸡、养猪、养鱼非常普遍。例如，孟加拉国的达卡有700万人口，其中约80%的人口为满足人们相关的需求而饲养动物。[14]在欧美，受绿色运动、本土膳食者运动以及经济衰退的影响，养鸡、养猪的势头再度兴起。自20世纪90年代以来，人们一直呼吁在城市理论中考虑“跨物种”元素，以解释这些现象。[15]在19世纪的城市中，饲养这些动物，一部分原因是供应链较短：冷却、冷冻，以及其他食品保鲜技术还处于起步阶段。因此，直到20世纪初，城市牛奶都是由当地牛奶场供应，或者由养奶牛的个人供应，从大奶桶中舀出来散卖。牛奶瓶直到19世纪末才出现，而且它在一段时间内并没有替代原来的供应方法。1850年，伦敦估计有1.3万头牛。[16]大多数人都想要牛奶，也有一些消费者想要驴奶，这些动物会被带到客户门前挤奶。[17]根据亨利·梅休在19世纪50年代的说法，“圣詹姆士的主要买卖是出售牛奶”，夏天有8头奶牛向公众供应牛奶，冬天有4头。[18]而圣詹姆士的奶牛并不是唯一的例子，J. R. 麦卡洛克（J. R. McCulloch）声称，1841年，伦敦就有2 764位“牛
151 奶卖家和奶牛饲养者”。[19]牛奶场有时也提供鸡蛋，因为鸡与牛养在一起。正如弗里德里希·恩格斯在其《英国工人阶级状况》（*The Condition of the Working Class in England*, 1845）中对曼彻斯特所做的描述那样，一些动物自由地徜徉在街头，包括猪。查尔斯·狄更斯在其1842年的著作《美国纪行》中生动地描述了百老汇的流浪猪：

> 这些猪是城市的拾荒者，长得极其丑陋；它们的脊背大多是稀疏的棕色，像古旧的马鬃皮箱的盖子，并点缀着难看的黑

> 色斑点……从来没人照料、喂养，也没人驱赶、捕捉，它们早年就被弃置在一边，完全靠自己打拼，结果变得异乎寻常的机敏。每头猪都知道自己住在哪儿，比任何人能告诉它的都清楚。此时，暮色正合，可以看到它们一群一群朝着休憩地游荡，一路上还吃个不停。[20]

猪在美国其他城市享有类似的自由，直到19世纪末都是如此。[21]

农场的一些动物来到城市就是为了被屠宰，也许它们不应该被视作居民。牛、羊、猪（又是猪）、鹅（通常穿着鞋）成群地沿着街道从农场、集市被驱赶到城市的肉类市场和屠宰场。它们的数量随着城市的增长而增长。有些动物并不需要走很远的路，尤其是城市里的马。在法国，供人类食用的马肉销售开始于1866年，并很快成为普遍的现象。到了1912年，大约6万匹马被送上了餐桌。事实上，德国的马肉销售量超过了法国，柏林的第一家马肉店于1847年开张。[22]在英国，马肉通常被用来饲养其他城市动物，如宠物猫、宠物狗，而非供人类食用。美国的情形也大体相同，但也有例外。一些习惯吃马肉的移民，来到新国家依然保持着自己的老习惯。而在南北战争期间，士兵们的军粮就包括马肉。[23]还有一些行业也依赖于死马、死牛。在更大、更现代的屠宰场里，动物的毛发被制作成毯子，皮被制成皮革，蹄被制成明胶，骨被制成拉手，脂肪被制成蜡烛。[24]

并非每个人都愿意将屠宰动物看作城市生活的一部分。整整一个世纪，都不时有人提议，要将屠宰场迁出城去。但事情进展并不顺利。城市的边缘不断向外移动，将近郊也纳入其中了。在法国，拿破仑下令屠宰场只能设在巴黎的郊区而非市内。虽然这一命令，直到1818年才生效。[25]1863年，奥斯曼男爵在巴黎郊区开始了拉维莱特的建设。这是一个巨大的屠宰场，可为巴黎的两百万个集 152

水区提供食物。其他欧洲城市往往仿照这种模式，或者将动物集中、转移。这意味着，被拉到城市的家畜数量即使增加了，这些动物却并不经常被人看见。[26]正如阿兰·科尔宾（Alain Corbin）所描述的，这种人与动物之间的隔离，既是现代化过程的常见部分，也改变了人们对气味和噪声的容忍限度。[当然，也会有相反的倾向。例如在约瑟夫·费迪南德·盖尔德里（Joseph Ferdinand Gueldry）的绘画《饮血者》（*The Blood-Drinkers*，1898）中，病人陆续走进屠宰场，去饮用新鲜血液。]作为古老的牲畜交易市场和屠宰场所，伦敦的史密斯菲尔德市场和临时性的巴托罗缪集市，也渐渐不为当时的市民所接受，所以到了1852年，人们决定将其移走。当时，那里每年有大约20万头牛和150万只羊被宰杀。正如约翰·蒂姆斯（John Timbs）在1855年描述的那样，它的关闭，也将意味着会终结"随之开办的种种令人生厌的作坊，即伦敦中心的废马屠宰场、肮脏的香肠制造厂、屠宰场、牛百叶处理铺、猫食供应店、羊肠线制造坊、骨油熬炼间以及其他有害的买卖"。[27]1860年，史密斯菲尔德市场终于关闭，其贸易活动被转移到伊斯灵顿的一个远离商业中心的新址；而旧址上又建起了新的肉类和家禽市场。在美国，全国肉类市场的庞大规模产生了不同的模式。辛辛那提，以及后来的芝加哥，成了全国分销中心。芝加哥从1837年开始处理（大约几百头）牛和猪，到了世纪末，每年大约要处理1 200万头[布兰茨（Brantz），《帝国的动物驯养》（"The Domestication of Empire"），第83—84页]。纽约继续保有自己的屠宰场，但随着铁路冷藏车在19世纪80年代的广泛使用，运至该市的大部分肉类，都是尸体而非活的牲畜。[28]炼脂厂继续成为城市长期以来的困扰，通常被限制在工人阶级生活的地区。[29]

要准确评估城市里动物的数量很难，我们知道，一些较小的四足动物无处不在。最小的四足动物，大老鼠和小耗子在城市里繁衍兴盛。猎鼠者和捕鼠人，成了城市想象以及城市体验中最常见的形象，他们在爱德华·布拉德利的《捕鼠人的女儿》（*The Ratcatcher's Daughter*，1842）和《捕鼠人》（*The Mouse-Trap Man*，约1867）这样的音乐剧中名垂千古。[30]到了1851年，英国雇用了2 256名职业捕鼠人。[31]灭鼠也促进了对其他动物的利用；整个19世纪，猫一直保持着它作为捕鼠主力军的历史作用。1889年，国家猫协的创始主席、艺术家哈里森·韦尔说道：

> 城市和郊区的房子里，没有猫该怎么办？在起居室、卧室、图书馆、厨房、储藏室、农场、谷仓、堆料场、港区、粮仓、船舶、码头、玉米市场、肉菜市场以及其他地方，不胜枚举……可是，在 153
> 我们的船上，老鼠却经常挑衅猫。[32]

他接着描述了猫因其超强的捕鼠能力而受雇于各种组织、机构：包括《广告晨报》（*Morning Advertiser*，"吹嘘他们那里养猫养了近半个世纪"）；政府部门，"在公共场所、船坞、商店、船舶等地放养猫"；维也纳市镇治安法官（承诺它们将在规定的期限内退休）；还有美国邮政局、法国帝国印刷局、米德兰铁路公司以及其他公共和私人机构[韦尔，《我们的猫和它们的一切》（*Our Cats and All About Them*），第88页]。（另外一些天敌也被投入使用：如果梅休所言可信的话，刺猬曾被用来对付蟑螂。）[33]至于狗，也可以当作捕鼠犬来用。城市的捕鼠行为，通常是一种比控制害虫更具血腥味的活动。人们为此还专门养殖了一些老鼠，让几只狗一起去撕咬坑中成群的老鼠，这类坑通常就设在酒馆的边上。这种活动在英国一直受到欢迎，并被认为是合法的，直到1912年被禁止。许多年后，斗牛、耍獾之类的行为也被禁止了。这种活动不仅仅是英国独有的：根据扬·邦德森的说法，19世纪70年代巴黎引进了“英式猎捕”(chasse à l’anglaise)，在起义路拥有自己的“斗鼠场”(ratodrôme)，并一直持续到20世纪。而纽约人可以参观水街上运动员馆的老鼠窝；捕鼠行动在芝加哥和其他城市一直持续到19世纪90年代。[34]

灭鼠只是城市狗的用途之一。导盲犬的有组织训练，发生在第一次世界大战之后；而盲人开始利用导盲犬，肯定在更久以前。看门狗使用得很广泛。直到1854年，狗才被用来拉车；虽然从1839年起，伦敦和其他一些城市的地方法规禁止这样使用它们。[35]在狗的历史中，还有更奇特的事。从19世纪80年代起，一些狗作为“募捐犬”出现在火车站、酒吧和其他公共场所；为慈善募得的钱，放在绑在狗身上或者吊在狗脖子上的铁桶里。有些狗死后会被做成标本，以使它们能够继续这份慈善事业。[36]扬·邦德森认为W. 爱德华兹的狗罗孚，是第一批募捐犬之一。19世纪60年代，罗孚曾为那些受到内战年代“棉花荒歉”影响的兰开夏郡工人募集资金[邦德森，《神奇的犬》(*Amazing Dogs*)，第106页]。作为一只火车站义犬，伦敦·杰克(这么称呼，是为了区别于另一只募捐犬，贝辛斯托克·杰克)可能是后来的募捐犬中最著名的一只。它曾在沃克斯豪尔、滑铁卢以及伦敦和西南铁路的其他车站工作，直到1901年。它在滑铁卢的岗位，后来被其他各种“伦敦·杰克”继任。第一只伦
154 敦·杰克死后，由标本师制作成标本保存下来，如今在赫特福德郡特林的自然历史博物馆还可以见到。伦敦·杰克的最后一只，在1923年至1930年期间，从事着募捐工作，其标本至今仍在蓝铃铁路总站和铁路博物馆继续着它的慈善工作，乘坐着往返于萨塞克斯的蒸汽火车。[37]那段时间报纸上出现的其他名犬，包括南海的布莱克、布里斯托尔的潘趣、斯劳的“车站吉姆”、布鲁因(别名“赫特福

德郡募捐犬”）、温莎大西部站的查理。募捐犬的使用，一直要延续到20世纪：约克的国家铁路博物馆中，依然能见到被保存下来的“拉德”的遗骸，这是一只来自温布尔顿的艾尔谷梗犬，1956年退休。而据我所知，还没有任何有关募捐猫的记录。

这些辛勤劳作的动物，必然包括大量作为宠物的狗、猫和其他动物。它们在家庭中有着复杂的地位，既是主人身份的象征、是玩具、是情感投注对象，同时也兼职除虫灭鼠。当然，这些动物的准确数字很难查到。梅休的信息提供者之一，一位卖猫肉和狗肉的商家，向他保证说，伦敦每十个人一定会有一只猫；这意味着猫的数量大约为20万。（尚不清楚伦敦目前有多少猫，但估计在2011年，英国有大约860万只家猫；也就是说，每6.5个人大约有一只猫。）[38]可以肯定地说，像哈里特·利特沃（Harriet Ritvo）等人已经证明的那样，饲养宠物在19世纪的英国很普遍，养纯种狗尤其受欢迎。猫的主要用途是灭鼠，欲摆脱这一角色要慢得多；不过，近一个世纪以来，人们逐渐有兴趣把猫当作宠物来养了。[39]1863年3月，伦敦切尔西区的狗展吸引了一千多只狗来参加；而第一个国际狗展也在同年举办。英国克拉夫特（Crufts）名犬大赛，于1891年首次在伊斯灵顿的皇家农业大厅举行。[40]考虑到“仅在伦敦饲养的大量的猫”，哈里森·韦尔宣称，他于1871年在伦敦水晶宫组织了首次大型猫展（韦尔，《我们的猫和它们的一切》，第1页）；虽然有人认为，19世纪60年代后期，自然主义者F. W. 威尔逊（F. W. Wilson）曾组织过重大同类展览，且伯德特·科茨男爵夫人（Baroness Burdett Coutts）也被认为是创始人之一。[41]关于维多利亚时代著名人士饲养宠物的情况，我们也有所耳闻。维多利亚女王还是个小女孩的时候，有一只西班牙猎狗，名叫达奇。她还给它穿上了一件“猩红色的外套和蓝色长裤”。后来，她还养了博美犬，并且推广过斯凯梗 155

犬。[42]狄更斯有一只名叫鲍勃的猫。他写作的时候，鲍勃一直陪着他。这只猫去世后，狄更斯用它的爪子制作成开信刀的手柄（现在是纽约公共图书馆的藏品）。狄更斯的朋友和合作者威尔基·柯林斯，也是一位极其爱猫的人。狄更斯在不同的时间还养过各种各样的狗，包括獒犬特克、爱尔兰猎狼犬苏尔坦、圣伯纳犬琳达和纽芬兰犬唐。[43]另一些公众人物的狗，原本就很出名，像拜伦勋爵（Lord Byron）的纽芬兰犬波特瓦恩、沃尔特·司各特爵士的高地狩猎犬迈达。而像"格雷弗莱尔·鲍比"这样的狗，有很多故事传颂着它们的忠诚。[44]随着狗的地位的上升，盗狗的行为也变得更加普遍。由于对动物投入了更多的情感，人们还在曾是乡村别墅的土地上建起了宠物墓地：从1880年起，伦敦的海德公园就设有一个宠物公墓（邦德森，《神奇的犬》，第251—253页）。[在理查德·杰弗里斯1885年描写未来灾难的小说《后伦敦》（*After London*）中，都市里娇生惯养的宠物狗，无法照顾自己，成了首批城市崩溃的受害者："贵宾犬灭绝了，还有马耳他梗犬、博美犬、意大利灵缇犬。"][45]正如凯瑟琳·科特和凯瑟琳·C. 格利尔（Katherine C. Grier）所指出的那样，法国和美国在养宠物方面并不落后于英国。[46]例如，据1899年的一次估算，纽约的宠物狗数量为7.5万只；但不到十年后的另一项调查显示，有20万只家养狗。这表明这些数字可能是推算的。[47]巴黎的精英狗享受着（也有可能它们自己并不喜欢）养尊处优的生活。主人们将它们塑造成独特的模样，给它们穿精致的衣服，把它们可爱的形象拍成照片。正如科特记录的那样："时髦的狗有各种不同的服装——午后拜访服、晚间家居服、旅行服、海滩服。"[《闺房中的动物》（*The Beast in the Boudoir*），第85页] 19世纪末汽车面世时，市场上便出现了供旅行中的狗使用的护目镜。[48]一些受宠爱的动物在死后会被制成标本；虽然巴黎像伦敦一样，也有自己的宠物公墓——“Cimetière des chiens et autres animaux domestiques”（狗等宠物的公墓），在1899年建于塞纳河畔阿涅勒［科特，《闺房中的动物》，第89—91页；罗伯（Robb），《发现法国》（*The Discovery of France*），第178—179页］。

猫和狗并不是仅有的家养宠物。从1850年到1880年，水族馆在伦敦和巴黎都人气极高（科特，《闺房中的动物》，第57页）。整个19世纪，大量的野生鸟类被诱捕，并拿到街上作为宠物出售。红雀、各种各样的雀科鸣禽、云雀（也被当作食物吃掉）、寒鸦、夜莺等，被网套住或被胶粘住，并作为鸣禽被售卖。有一些鸟儿会被故意弄瞎［托马斯·哈代在《盲鸟》（“The Blinded Bird”）中谴责了这种做法］，另一些鸟儿的舌头会被剪开（人们相信这么做会改善他们的叫声）。[49]麻雀和椋鸟被当作儿童的活玩具廉价出售。[50]渡鸦也被当作宠物来养（狄更斯在不同时间养过一些）。[51]由于容易在笼养期间繁殖，再加上毛色明亮，到19世纪末，金丝雀已成为城市中 156
首选豢养的鸣禽。[52]这些是最常见的宠物，还有其他动物，比如龟。根据瓦尔特·本雅明对19世纪巴黎商场及逛街人的描述：“在1839年，带着乌龟散步被看作一件优雅的事……这让我们见识到一种漫游的节奏。”[53]

在没有驯化的城市动物中，鸟类最显而易见，它们永远一如既往。跳蚤和虱子，肉眼不易见到，却很难忽视。还有各种微生物，它们使那些关心饮用水状态的维多利亚时代之人烦恼不已。还有一些野生动物，包括数量众多的野猫。托马斯·哈代的诗《郊外雪景》（“Snow in the Suburbs”）描绘的“大眼睛但骨瘦如柴的黑猫”有很多同伴。20世纪初，投掷容易找到的死猫，被认为是非常成功的恶作剧。[54]给梅休提供信息的猫肉贩子告诉他，有一个客户，一位有色人种女性，会给屋顶上的流浪猫喂食：“吸引到这个地方的数百只流浪猫的噪声和叫声，'听起来是那么可怕'。"[55]流行文化产品，如戏院歌曲《快乐的猫》(*Jolly Cats*)，也提醒我们，猫并非生活在城市空间的沉默者：

> 有很多快乐的猫，
> 经常在晚上见面，
> 在瓦上开音乐会，
> 要不然就尖叫、打架。[56]

城里也有不少流浪狗。虽然根据杰西卡·王(Jessica Wang)的描述，官方估计的流浪动物的数量差距很大。例如，1877年，布鲁克林的流浪狗有2万只；但到了1879年，就只有7 615只了。[57]在19世纪下半叶，流浪狗和流浪猫引起了慈善组织和政府部门的注意。

许多动物来到城里，是为了娱乐大众，甚至可以说是教育大众。伦敦的手摇风琴艺人会养猴子来表演；在法国，训练熊玩把戏，可以娱乐路人。[58]珍奇动物展，长期以来吸引着广大的观众，直到被显然更科学和更有教育意义的动物园所取代。[59]巴黎植物园从1793年起，就以里面的动物为特色，其中包括一些来自皇家动物园的动物。伦敦塔下的英国皇家动物园，从13世纪起开始征集
157 野生的走兽、飞禽、爬虫。而19世纪初，那里已处于荒废的状态，直到1822年，阿尔弗雷德·科普斯(Alfred Cops)接任狮子饲养员一职。他一直经营该园，并在1834年将其中的动物交付于新的动物园。他缩小了规模，有一段时间，还用自己收集的动物来经营。他声称，该园在不同时期豢养过一只猩猩、几只豹子、一只美洲虎、一匹斑马、一条鳄鱼以及其他奇珍异兽。[60]伦敦人也可以选择其他

地方观赏动物，如苏豪区的乔治·伍姆韦尔动物园（在其搬走之前），还有斯特兰德大街埃克塞特交易所内的著名动物园。该园由吉尔伯特·皮德科克（Gilbert Pidcock）、斯蒂芬·波利托（Stephen Polito）、爱德华·克罗斯（Edward Cross）轮流管理。交易所动物园于1828年关闭，其中的动物被转移到肯宁顿的新萨里动物园，由克罗斯继续经营。纽约的中央公园动物园，于19世纪60年代发展起来。在法国、英国和北美地区，至少有一个动物给公众带来了快乐：著名的大象“巨无霸”（Jumbo）在伦敦和巴黎的动物园出场，随后它跨越大西洋在P. T. 巴纳姆的马戏团亮相，最后它在加拿大的铁路事故中去世。其他珍奇动物中有不幸的大猫，由撬棍手范·安布饲养。他自封为“庞贝的野蛮驯兽师”，就是我们在第一章中提到的那位。[61]在19世纪末，大众的趣味已经转移到珍奇动物交易商卡尔·哈根贝克（Carl Hagenbeck）呈现的不那么剧烈的动物表演上。正如奈杰尔·罗斯费尔斯（Nigel Rothfels）所示，在塑造19世纪和20世纪早期动物园文化方面，哈根贝克发挥了重要作用。[62]在大多数情况下，珍奇动物都在栅栏后面或者在马戏场内。虽然平常见不着，但有时大动物园和马戏团里的动物会穿街而行，就像1821—1822年间展出的神秘“野牛”那样。它实际上是一头美洲野牛属的“欧洲野牛”（Bison bonasus），是从美国进口的（奥尔蒂克，《伦敦的演出》，第303页）。1828年，更加引人注目的街头游行吸引了大量观众。当时，克罗斯动物园的动物被沿着斯特兰德大街赶到查令十字街的国王马厩里（同上书，第316页）。有时候，外来的动物会逃脱。珍奇动物的供应商，为动物园和私人收藏提供着服务，比如威廉·罗塞蒂（William Rossetti），而伦敦东区拉特克利夫公路（现在的圣乔治东路）的查尔斯·贾姆拉克（Charles Jamrach）动物园是英国最著名的例子。1857年10月，该动物园的一只孟加拉虎，在运送过程中逃走了。它与其他奇珍异兽一道，刚刚乘德国轮船到达。它从拉特克利夫公路边的仓库窜出，在路过贝茨街角时，叼走了一个名叫约翰·韦德的小男孩。贾姆拉克用撬棍使劲敲打这只
158 不幸的动物，直到它放下那个小男孩。小男孩被老虎撕咬，同时也挨了一下撬棍的侧面击打，伤势很严重。[63]

不那么珍奇的动物，也在城市娱乐界有了职业。如果说16世纪和17世纪有观熊场、斗牛秀与剧场竞争，那么19世纪的动物自己便登上了舞台。[64]正统戏剧的限制，以及情节剧的兴起，带来了大量的动物表演，这些演出本质上是不需要多少对白的。巴黎的奥林匹克马戏团（Cirque Olympique）、伦敦的阿斯特莉露天剧院（Astley's Amphitheatre）以及纽约的拉法耶特马戏团（Lafayette Circus）等表演的马戏众所周知。H. M. 米尔纳的《马捷帕；或鞑靼的野马》（*Mazeppa; or, The Wild Horse of Tartary*，1831年）非常出名，部分是由于艾达·伊萨克斯·门肯（Adah Isaacs Menken）的卖座力。正统剧院和小剧场的舞台上，也有动物。例如，大象丘尼于1811—1812年间在考文特花园的童话剧舞台上出现，之后在克罗斯的交易所动物园安家。不幸的是，1826年，这只广受欢迎的动物在其周期性发怒时被枪杀。这种周期性狂躁，大概是被单独关在室内围栏里而造成的（奥尔蒂克，《伦敦的演出》，第311—313页）。虽然给迪恩·布西科《飞毛腿》（霍尔伯特剧院，1866）中的动人场景提供的赛马是用可移动的纸板代替的，但之后一匹真马走上了舞台，增加了此剧的真实性。[65]

这个时期的动物明星中，有几只狗和猫的表演值得关注。尤其是狗，它们特别适合情节剧的表演。[66]一只纽芬兰犬（19世纪初广受人们喜爱的品种）卡洛，是1803年最具盛名的狗明星：在弗雷德里克·雷诺兹的两幕短剧《大篷车，或司机和他的狗》（*The*

Caravan; or, The Driver and His Dog，特鲁里街剧院，1803）中，这只勇敢的纽芬兰犬潜入水箱，救了一个溺水的孩子。[67]伦敦的文人们很喜欢这位新演员，因为它为他们提供了机会说，正剧结尾（狗尾）了，卡洛先生醉（舔）了，等等俏皮话。[68]但也有一些人，对舞台渐渐变成奇观的前景并不乐观：

> 特鲁里街剧院中卡洛的出演，肯定是戏剧舞台史上的重大事件。现在我们有望看到，每一个蠢行都受到奚落，每一次激情都会被描绘（原文如此），这些演员全都来自动物园……讲诉酒神巴克斯和阿里阿德涅故事的芭蕾舞将由会跳舞的狗表演……一对老虎的入场，远比肯布尔和席登斯夫人最好的悲剧演出更能激发观众的恐惧吧。[69]

随着皮克塞雷古的情节剧《蒙达尼义犬；或邦迪的森林》（盖蒂剧院，1814年6月）的成功，犬剧获得了来自法国的新鲜刺激。剧 159
中的英雄犬"龙"，为死去的主人报了仇。该剧在巴黎取得巨大成功，同年在考文特花园和皇家马戏团（前身为萨里剧院）的演出同样大受欢迎，剧名改为《邦迪的森林，或蒙达尼义犬》（*The Forest of Bondy, or, The Dog of Montargis*）。[70]这出戏，或者更确切地说，此剧的罢演，在当年12月的都柏林皇家剧院引起了骚乱。狗主人要求加钱才能继续表演，剧院经理只好换上了另一剧《米勒和他的部下》（*The Miller and His Men*）。根据报纸记载，观众对这种替换非常不满，于是阻止表演进行下去，并让剧院产生了巨大的损失。[71]巴克姆·科尼这个名字取得好，他在大西洋两岸都非常成功。1828年，他与他的狗演员一起在伦敦的科堡剧院首次登台。科尼被誉为"犬明星"。[72]1836年，他于波威里剧院进行了在美国的第一场表演。他和其合作伙伴埃德温·布兰查德以及狗演员在波威里剧院非常受欢迎，直到1851年这一合作伙伴关系破裂为止。他们表演的剧作，包括《播种者和他的狗》(*The Planter and his Dogs*)、《沉船上的犬》(*The Dogs of the Wreck*)。[73](犬剧表演者通常是成对的：英雄和他忠实的狗，还有在适当的时候被狗认出的恶棍。这个恶棍也必须是一位训练有素的驯犬员。)后来，布兰查德和他的狗赫克特及布莱恩，出现在国家剧院，表演像《渔夫和他的狗》(*The Fisherman and His Dogs*)这样的戏剧。科尼和布兰查德关系破裂前后，曾出现在伦敦的各个剧场。在1841年至1857年期间，他们(有时加上赫克特和布莱恩)一起或者分别在白教堂帕维利恩、标准剧院、肖尔迪奇区、皇家阿尔伯特大厅进行过表演。[74]科尼带着明星犬扬基继续表演自己的其他作品，例如，《根特的屠夫之犬》(*The Butcher's Dog of Ghent*)和《死亡十字架，或狗的见证》(*The Cross of Death, or, The Dog Witness*)。[他的儿子，马斯特·尤金·科尼(Master Eugene Cony)也喜好登台演出，例如，他与父亲一道于1850年5月出现在白教堂帕维利恩，以及1851年出现在波威里剧院。][75]《时代》周刊上的广告，以及这段时间的海报，都大量提及“狗人”、“狗片”和其他狗表演，包括派特森和费里斯(与他们的狗波特瓦恩)、基钦和兰姆(与卡洛)，以及纳特·埃米特(与“他精彩的狗”)，其《遥远西方的生活，或草原之犬》(*Life in the Far West, or, The Dogs of the Prairie*, 1862年3月4日)演出曾大获成功。随后的几年里，伦敦出生的女演员范妮·赫林同她的狗拉法耶特和雷电，出现在纽约的舞台上。而在伦敦，杰克·马修斯和他的狗，出现在托特纳姆街的女王剧院，参与以狗为主要内容的表演，像《死亡酒店；或狗的见证》(*The Inn of Death; or, The Dog Witness*)。还有更高水平的“哈姆雷特犬”：

> 这位绅士扮演丹麦王子，身边有一只大黑狗陪伴左右。它一见到鬼魂就“朝着月亮吠叫”，并且在最后一场杀死了国王。这一情境发生在演出开始后半小时左右。[76] 160

正如扬·邦德森在《神奇的犬》(第81页) 中所指出的，在维多利亚时代的舞台上，没有恶狗角色，所有的狗明星似乎都是“英雄”。观众们看到的是，猛犬无论生死都效忠主人，良犬以自信的神色让恶棍胆怯。它们常常担当神圣正义的代理人——在混乱的有时是敌意的世界里，你可以信赖一只狗。电影继续了这一情节剧传统，塞西尔·赫普沃斯 (Cecil Hepworth) 的《义犬救主》(*Rescued by Rover*, 1905) 是一个开创性的例子。好莱坞的许多犬类英雄，包括20世纪20年代的狗狗雷克斯和任丁丁，20世纪30年代的电影《瘦子》(*Thin Man*) 中的明星阿斯塔 (又名斯蒂皮)，以及20世纪40年代和50年代的拉西，以及其他许多不太有名的角色。[77]

猫的表演，不会给狗的表演增加多大的竞争压力，这可能是因为猫不太愿意任人指派，仅是偶尔出来表演一下。其中包括伦敦的西格诺尔·卡佩里 (Signor Cappelli) 的“博学的猫”剧团。19世纪30年代，该剧团吸引了大批观众 (奥尔蒂克，《伦敦的演出》，第307页)。维多利亚剧院上演的《伦敦流氓》，就以一只猫来招徕观众：在开幕式的人群现场，它恰好靠在某位男人或女人提着的篮子里 (有时，就像观众看到的，并没有这样)。[78]在纽约，猫的表演偶尔会出现在布鲁克林美国博物馆这样较小的场地。1877年12月，这里就提供了一场“名猫秀”。19世纪90年代，赫尔·德肖 (Herr Techow) 的猫剧在大西洋两岸取得了相当大的成功，他的明星猫，包括走钢丝的“布隆丹·斑点”和一只猫小丑；列奥尼达·阿尼奥提斯 (Leonidas Arniotis) 则带着他的猫和狗，巡回各地演出。[79]斯旺的《鼠与猫》是一个杂耍节目，其中一只老鼠装扮成骑师，骑着猫。这一表演一直流行到了20世纪。可根据卡尔·范·维克滕在1920年的描述，大多数剧院养猫，不是为了配合表演，甚至也不是为了捕鼠，而是因为迷信："猫……是剧院繁荣的预兆，最好是黑猫……这一迷信流传盛广，从法兰西喜剧院到纽约波威里的人民剧院。每个剧院都养了猫，并不计成本地喂养它。"[80]因此，猫在戏剧中的许多亮相都只是意外，当如此幸运的猫误闯到舞台上，就会发生这样的事。

从人性到生态观

至少这些城市居民中有一些是幸运的，19世纪，人们对动物的
161 态度越来越人性化了。这种逐步的转变有多种原因：正如E. S. 特纳所言，沙夫茨伯里伯爵的仁慈主义，以及循道主义、福音主义、对自然的浪漫主义观点，都有所贡献。詹姆斯·特纳指出，后达尔文主义对人与动物亲缘关系的理解、更普遍的科学进步、城市化以及有关疼痛的新观念等，都在慢慢改变将动物用作工具的看法上，起到了一定的作用。然而，我们也不应忽视，社会治安在这种转变中所起的作用：反残酷立法的目标往往是针对工人阶级的；法国人担心，残酷的景象会造成无情且危险的公众。[81]有人认为，包括动物在内的自然越来越被视为远离现代化力量的最后避难所；还认为，新的观念态度首先表现在城市而不是农村，并非是个巧合。[82]然而，正如我们所看到的，城市本身处处有动物生存，所以这种观点并不完全具有说服力。尽管如此，随着城市生活的越来越丰富，人们逐渐不再能容忍18世纪常见的做法，如用狗逗牛、耍獾，对麻雀"叽咕"，对鲑鱼"划拉"，为使肉变得软嫩而将猪鞭打至死，在转

动的踏车上展示松鼠。[83]当“人道警察”理查德·马丁在1821年针对虐马建议立法时，其他共事的议员乐不可支，开玩笑地说，接下来得让驴、狗、猫都受到保护。但是，尽管有这些看法，《马丁法案》仍以修订和扩展的形式于1822年通过。为期不长的预防肆意残忍协会于1809年成立；英国防止虐待动物协会可追溯到1824年；迷路、挨饿狗之家（即后来的巴特西流浪狗之家）成立于1860年。在法国，1850年的《格拉蒙法案》禁止虐待动物（至少在公共场合）。在美国，到了19世纪，法官会运用普通法来处理妨害公共罪，并惩罚那些对动物公开残忍的人。[84]美国防止虐待动物协会于1866年成立，从某种程度上来说，这一协会效仿了其英国同行。最初，其成员仅限于纽约，但到了1874年，南部以外的大多数主要城市都有其分支。[85]保护动物并不是其唯一目标，因为协会中的一些精英成员认为，终结残忍的行为也会改造残忍的群众。[86]公然虐待动物的行为一直持续到了20世纪：在英国，1825年乔治·伍姆韦尔上演了斗狮秀；直到1835年，斗牛、斗其他动物才被禁止；而非法斗鸡和斗狗，一直持续到20世纪。虽然有人可能会怀疑詹姆斯·格林伍德（James Greenwood）《低贱生命的深渊》（*Low-Life Deeps*，1875）中描述的侏儒与狗相斗。（毫不令人意外的是，很少有人试图制止贵族 162
在乡村进行的血腥味很浓的活动中对动物的虐待。）正如我们所看到的，直到19世纪90年代，捕鼠在美国仍然作为一项运动存在。而在此之后，“斗鼠场”在法国存在了几十年；1920年，法国拉捷俱乐部还在巴黎组织了斗鼠冠军赛。[87]

关于动物地位的辩论在19世纪末越来越激烈，并波及文化领域。像安娜·休厄尔的《黑美人》（1877）这样以动物为第一人称的小说，是对动物生命新态度的标志和本源。[88]活体解剖表明，科学的进步与最野蛮的工具主义有一定关系；因而由弗朗西斯·鲍尔·科布掀起的反活体解剖运动，得到了作家和艺术家的广泛支持。[89]威尔基·柯林斯的小说《心和科学》(1883)是反活体解剖小说的一个更为知名的例子。[90]那些把他们的文化资本投入到亲动物事业中的人有：丁尼生爵士、约翰·罗斯金、罗伯特·布朗宁(Robert Browning)、哈丽特·比彻·斯托(Harriet Beecher Stowe)、托马斯·卡莱尔(Thomas Carlyle)、查尔斯·道奇森(Charles Dodgson)、萧伯纳、杰罗姆·K.杰罗姆(Jerome K. Jerome)、维达、玛丽·科雷利(Marie Corelli)、沃尔特·克莱恩(Walter Crane)、爱德华·伯恩-琼斯(Edward Burne-Jones)、萨拉·格兰德(Sarah Grand)、托马斯·哈代和约翰·高尔斯华绥。丁尼生和卡莱尔是国家反活体解剖协会副会长，萧伯纳则是这一信念的坚定支持者。动物之友协会出版了揭露各种残忍做法的小册子，包括杰罗姆·K.杰罗姆的《残忍的捕兽夹》(The Cruel Steel Trap)，安德鲁·朗格(Andrew Lang)的《猎杀水獭》(*On Otter Hunting*)以及约翰·高尔斯华绥的《野兽之爱》(*For Love of Beasts*)。[91]

大自然的丰饶可能会耗尽，所有的物种都可能会消失，这种观念体现了一种不同的感悟。然而，大量的动物被吸引到城市，受到城市大规模增长的影响，它们很少有濒临灭绝的危险。事实上，现代城市潜在的人为致命因素，首先集中在一个不太可能发生的地方："羽毛时装"，即妇女帽子上装饰着的、野生的有时是异域情调的鸟类羽毛。让我们来读一读1890年9月《利兹信使报》(*Leeds Mercury*)中引述的话：羽毛时装"涉及一些可爱的鸟类种群的灭绝或生存。这一时尚花了数百年才产生了最受欢迎的类型；而长此以往，这些鸟类的灭绝只是时间的问题"。[92]显然，达尔文的思想此时已经很好地渗透到民众的意识中了。因为人们已经意识到物种的存在是有时间限制的，而不是永恒的，意识到人类也是其中的一个物种，也意识到人类社会对其他生命形式构成的威胁。事实上，这段话更接近于我们自己对达尔文灭绝观的理解。正如吉利恩·比尔（Gillian Beer）指出的，达尔文认为灭绝是物种进化过程中属于自然的一部分，并不是一种地球资源受到人类掠夺的标志。[93] 163 在这一点上，他与莱尔的观点相呼应。莱尔在其《地质学原理》一书里讨论了人类在物种灭绝中所起的作用，从不列颠群岛上的狼到渡渡鸟。莱尔认为人类在替代其他物种方面并不是独一无二的，这是事物秩序缓慢地、自然地变化的一部分。[94]但到了19世纪末，某些领域的人认识到，达尔文和莱尔视作正常的变化，正在增强、加速。[95]这里起作用的，不仅仅是世纪末的悲观主义。大多数反对羽毛时装的论点虽然往往都从人道主义的角度出发，但也已开始补充新兴的环保意识、消费者权利意识和新生的全球意识。人们在伦敦、都柏林或波士顿的街头所选择的穿戴，可能会在世界其他地区产生直接、迅速而可怕的影响。正如詹姆斯·特纳所言，这就是后来的所谓生态观。[96]

时尚的牺牲品

在维多利亚时代，城市里的死亡动物，绝大多数都是时尚的牺牲品；羽毛时装便是最普遍的样式之一。人工合成聚合物仍然需要几十年后才会出现的世界里，人们更加依赖用动物毛皮制作的服装，从羊毛到丝绸再到皮革（亚麻和棉花是两个主要的例外）。从丝绸帽子到皮革制成的鞋子，维多利亚时代中期的绅士行头，大部分依赖动物产品，有一些来自活着的动物，有一些来自死去的动物。女士的服装，包括鲸骨紧身胸衣，与男士的没有太大的差别。在这方面，对毛皮和羽毛的使用并不异常。

在帽子上使用羽毛，也没有太多的新意。人类借用其他物种的羽毛已有数千年，而羽毛至今仍是菲利普·崔西（Philip Treacy）这样的设计师制作的当代高级定制女帽的一部分。[97]14世纪，一度流行用鸵鸟羽毛装饰宽边男士帽。16世纪，女帽也有了类似的装饰。18世纪晚期，受法国宫廷的羽毛时装以及托马斯·盖恩斯伯勒（Thomas Gainsborough）创作的著名的德文郡公爵夫人肖像的影响，插着羽毛的“花式帽”在富人们中走俏一时。[98]19世纪初，用鸵鸟羽毛做装饰比较时髦，但还不及用花卉装饰那么流行。根据1829
164 年的一本法国手册记载，当时可以使用的羽毛种类相对有限。[99]

到了19世纪末和20世纪初，羽毛时装才真正流行起来。实际上，不仅羽毛被用来装饰帽子：到了19世纪80年代，鸟头、鸟翅，以及整只鸟都被用来装饰时尚女人的头饰。至关重要的是，这种时尚不再为一小撮精英所独享。鸟类时尚的普及，到了足以导致一些物种的数量达到崩溃的境地。罗宾·W. 道蒂在《羽毛时装与鸟类保护》（*Feather Fashions and Bird Preservation*）中记录道：到19—20世纪之交，估计每年有两百万只鸟被杀死以支持时尚产业。[100]这数字看上去超乎想象，但英国贸易委员会的数据显示：1872—1880年间，共有1 091吨羽毛进口到英国；1901—1910年间，这个数据攀升到6 411吨，价值近2千万英镑。其中一些用于国内市场，一些用于再出口（道蒂，《羽毛时装与鸟类保护》，第26—27页）。就美国而言，1901—1910年间，进口的羽毛价值达到1千万美元，其中大部分来自法国。法国仍然是羽毛产业的龙头老大，在时尚方面享有更广泛的优势。法国的统计数字为50 300吨（道蒂，《羽毛时装与鸟类保护》，第28页）。[101]到了1900年，美国约有83 000人（其中许多人是女性）受雇于以羽毛为主的时尚产业，他们大多数都在纽约。当然，这个数字还包括鸵鸟羽毛产业的工人。该行业依赖养殖的鸵鸟羽毛，而非“高档羽毛”产业所需的野生鸟类羽毛。[102]

正如1887年《牛津杂志》(*Oxford Journal*)上指出的那样，“鸟类并不是时尚一时遣兴的唯一或主要受害者，而女士们也不是唯一的施害者”；在丝绸成为时尚之前，为了制作男士帽，海狸已经被猎杀灭绝了。[103]该文认为，“用鸟羽兽皮制作衣裳一旦成为时尚，去拯救那些鸟兽简直没有可能”；但倘若能够说服时尚界的领军人物，那么“海狸、银狐、栗鼠以及微不足道的画眉”就有希望了。到了19世纪70年代，毛皮像羽毛一样成为时髦行头必不可少的元素，对物种指数造成了同样严重的后果。当英国的报纸读者确信了巴黎发布的讯息，如“这个冬天最受欢迎的毛皮将是海豹、臭鼬和海狸皮，用作披肩围在脖子上”，或者“毛皮非常时尚；皮大衣用海豹皮制成，并用水獭或海狸毛皮镶边；这些柔软的棕色毛皮最受人喜爱”，这对海豹、海狸、水獭来说，可不是个好兆头。[104]特别是对海豹皮的嗜好，
对世界上的海豹群体产生了灾难性的影响。到19世纪末，南半球的 165
海豹繁殖地早已元气大伤。因为美国、加拿大(因此包括英国)、俄罗斯、日本在白令海争夺普里比洛夫群岛附近繁殖的、日渐稀少的海豹，那里的政治局势高度紧张。19世纪70—90年代之间，海豹的数量下降得很严重。这些种群被猎杀至灭绝，似乎也完全有可能。[105]

时尚仍有很长的路要走，而新的技术和实践支持着它。城市时代，伴随着狩猎、技术和交通网络的进步。到了19世纪末，猎人们有了火枪，这使得几天内捕猎大量鸟类变得比较容易。19世纪90年代，连发猎枪问世(道蒂，《羽毛时装与鸟类保护》，第42页)，而在佛罗里达广阔的鸟类繁殖地，使用“几乎无声”的小口径弗洛伯特步枪意味着鸟群不会像以前那样飞起，这可能使得整个鸟类栖息地遭到破坏。[106]至于岸上的海豹皮产业，捕猎行为往往延续着工业化之前的方式，即用棍棒打死单身的成年海豹，并用手工迅速剥皮。现在，

越来越多的海豹，无论雌雄，都被从船上飞来的子弹击杀。无论这些海豹是怎么被杀死的，它们的毛皮都要经过现代铁路和轮船运输网络从阿拉斯加及时地送到旧金山、伦敦，以完成三年一次的销售。

但是，在供应链的另一端，发生了最为显著的转变。这已经不再是一小群精英的时尚：到了19世纪70年代，时尚需求支配着大批热衷于此的人，他们主要来自新兴城市。19世纪40年代，由于缝纫机的出现，现代成衣业开始迅速发展。零售业也有了变化，包括百货公司的普及，以及通过货物目录进行邮购销售。后者意味着，即使是那些居住在主要城市中心以外的人，也可以购买到最新时装，或者，至少是这些时装的山寨版。[107]换句话说，时尚已经成为大众时尚。对于给时尚提供原材料的野生动物来说，这不是一个好消息。

时尚在大众市场上如何传播？当然，不能仅仅靠口碑，出版业的变迁为大众时尚打下了基础。在购买和穿着衣服、鞋子、帽子之外，时尚还提供了一套商品体验。阅读并了解时尚发展本身成为愉快的活动，而出版商则开始制造这些乐趣以获得越来越大的读者群。1870年至第一次世界大战期间，法国时装周刊发展迅速；虽然《插画时尚》(*La Mode Illustrée*)在1860年就已经出现了。《时尚小回声》(*Le Petit Écho de la mode*)1878年创刊，目标瞄准了比知名
166 报刊更广泛的读者群。到了1886年，其发行量达到10万份；而到了1900年，由于每期附有成衣样版，发行量大涨，达到30万份。[108]类似的报纸还包括《法国时尚》(*France Mode*)和《大众时尚》(*Mode Pour Tous*)。正如玛格丽特·比索姆(Margaret Beethham)所言，1880年至1900年期间，英国针对女性的期刊数量快速增长，出现了大约120种新报刊。其中，提倡新时尚的有《英国女性家庭杂志》(*The Englishwoman's Domestic Magazine*, 1852—1879)、《女王》(*The Queen*, 1861—1967)、《女士》(*The Lady*)，这些刊物都有

定期的时尚特写和彩色版面。插图丰富（因此昂贵）的专业杂志，如《时尚世界》（*The World of Fashion*，1824—1879）、《迈拉的服装与时尚杂志》（*Myra's Journal of Dress and Fashion*，1875—1912），其发行量都很有限。[109]虽然这些杂志拥有不断增长却仍然小众的读者群，不过，当报纸开始偶尔开设专栏报道巴黎时尚、季节性时尚，有时还从杂志逐字转载后，时尚新闻便极大地拓展了影响范围。[110]甚至青少年读者也会通过《少女报》（*Girl's Own Paper*）等出版物对时尚有着简要了解。同样，在美国，1865年至1885年期间，期刊的总数激增，从700种增加到3 300种。[111]其中许多［包括《时尚芭莎》（*Harper's Bazar*）］都包含了时尚指南，承诺为读者预测时尚新趋势，甚至向那些从未买过或穿过而正在谈论这些服装的人提供一种宝贵的文化资源。这些人的数量，正迅速增长。

虽然时尚越来越国际化、“大众化”，但巴黎保留了其作为时尚之都的地位。[112]在英国和美国，杂志向读者介绍巴黎街头人们穿些什么，或者法国杂志上都登载了什么样的图画。当地的女帽制造商和服装制造商买下巴黎的帽子和衣服，并仿制它们。真实或虚构的巴黎记者在杂志上向读者保证说，穿着时尚的巴黎女士，其冬装仍然主要是“貂皮、栗鼠皮、波斯羔羊皮……极乐鸟和白鹭的羽毛”。[113]他们要么自信地宣布，在伦敦的大街上“衣着讲究的人大多穿着海豹皮大衣。大衣上装饰着海狸或海豹棕色的毛绒，镶着同样昂贵的毛皮。穿着如此普遍，几乎成了制服一般”。[114]美国贸易杂志《女帽贸易评论》（*Millinery Trade Review*）的广告，在这些年里推出了无数的“来自巴黎的丰富新奇事”（由努斯鲍姆公司提供）、“法国帽支架”（由希思提供）、“法国花朵和羽毛”（由S. J. 海尔德提供）以及其他法国女帽产品；而其定期的“巴黎女帽”专题报道，让读者可以了解到卡罗琳·瑞邦（Caroline Reboux）等主要设计师的最新 167

设计趋势。一般来说，法国时尚界的主导地位是毋庸置疑的；尽管偶尔有抗议活动，反对其世界性的影响。如1917年国际天主教妇女联盟联合会的抗议，将女性服装的奢华归罪于“巴黎和其他大陆城市的主要时装公司，几乎都掌握在犹太人和共济会的手中”。[115]英美的剪裁有时会按照自己的方式。他们确实想使妇女的服装不那么紧，例如，女式灯笼裤就起源于美国；“理性服装改革运动”起源于19世纪80年代的英国；趋向于更简单的“运动”装也是英国而非巴黎的时尚特征。[116]

巴黎的舞台，还有伦敦、纽约的舞台，被认为是新时尚的天然平台。例如，1886年，《每日新闻》(*Daily News*) 报道说，萨尔杜 (Sardou) 的《若尔热特》(*Georgette*) 主要叙述了“一个迷人的晚间梳洗间，适合我们许多保守、天真的美女，她们出于卫生或其他原因，不愿穿过低的紧身胸衣”。[117]加布里埃·“可可”·香奈儿可以说是20世纪最有影响力的女性服装设计师，她于1908年开始了自己的时尚生涯，将帽子卖给巴黎的成名女演员。[118]这些风格与才华几乎并重的表演者，包括莎拉·伯恩哈特、阿德丽娜·帕蒂（两人都曾使用过服装设计师查尔斯·沃斯设计的服装），以及莉莉·兰特里。[119]后来，舞台作为新时尚平台的角色被电影院取代；广告业在决定何种服装会出现在屏幕上方面，将发挥更直接也更具指导性的作用。[120]

“蓄意谋杀的女帽”

羽毛时装的盛行，从19世纪最后二十五年一直持续到20世纪20年代。很显然，用海鸥羽毛和部分鸟的身体装饰帽子的时尚，至少始于19世纪60年代。那时，阿尔弗雷德·牛顿刚开始发起保护英国海鸟的运动。剑桥动物学家牛顿于1858年抵达冰岛寻找大海雀，却发现它已经在十四年前遭猎杀而灭绝。[121]意识到发生在大海雀身上的一切也有可能会发生在其他物种身上，回到英国后，他便提出抗议，因为约克郡弗兰伯勒白垩悬崖上三趾鸥的繁殖地正被“户外运动爱好者”和其他猎人所摧毁。这些猎人受雇于制帽商，为后者提供鸟头、鸟翅（道蒂，《羽毛时装与鸟类保护》，第58页）。用珍稀鸟类作为装饰的流行，大致可能发生在同一时期。例 168
如，大英博物馆的珠宝收藏中有一件奢华的金项链，上面嵌着蜂鸟的头部，由邦德街的哈里·伊曼纽尔（Harry Emanuel）在19世纪60年代制作。[122]但是，根据时尚历史学家安妮·巴克的观点，19世纪中叶“对帽子装饰通常是相当克制的”。她认为，羽毛时尚的真正崛起要到19世纪70年代的后五年，那时“人们用整只鸟或者鸟的一部分来装饰帽子”；羽毛被越来越多地采用，“不仅用作装饰，还用作编织整只帽子的织物”。[123]19世纪80年代，标志着动物时尚的进一步发展。正如C. 威利特·坎宁顿在1937年对19世纪服装的详尽调查中所说：“用整个死亡动物或者它的一部分作为单一的装饰材料，可能是这十年最显著的特征。人的头部变成了一座陵墓，甚至是一个实体博物馆。”[124]《实用的女帽》（*Practical Millinery*，1897）的作者说得更加细致：“目前［在英国］习惯……把帽子装饰得很隆重，用了大量的材料来修饰，确实很过分。”[125]菲奥娜·克拉克认为，羽毛时尚的兴起与唯美主义运动有关，也关涉“自然的那些常被遗憾地看作缺乏诗情画意的方面”。不过，她同时指出，标本剥制工艺的发展造就了一些更离奇的趋势：对整只鸟，以及整只老鼠和爬行动物的使用。[126]有些鸟类令人垂涎，像极乐鸟，它们的羽毛呈现出蛋白石状的彩虹色，可能让人联想到唯美主义运动以及惠斯勒（Whistler）和比尔兹利（Beardsley）的孔雀主题。[127]许多其他外来鸟类也很受喜爱，尤其是白鹭，因为雄性白鹭在繁殖季节会长出漂亮的“白色羽毛”或“冠羽”。根据伦敦女帽学校校长罗塞夫人的说法，“对女帽设计师来说，冠羽非常珍贵”，可以给任何帽子增加“高度和轻盈感”。[128]鸵鸟羽毛（通常取自养殖的鸵鸟）也给19世纪90年代和20世纪初更加戏剧性的帽子增加了高度，很受这个时期的帽子迷欢迎。[129]虽然很久之后，羽毛装饰仍然非常时尚，但在第一次世界大战之后，较为极端的羽毛时装不再流行了。这可能是由于中产阶级女性更积极的生活方式，以及封闭式汽车的兴起等（在封闭式汽车里，完全没有大帽子摆放的空间）。正如克拉克所言，20世纪20年代钟形帽的兴起，与这一时期人们更崇尚的光滑的流线型形式相符。这种形式，最终成了机械美学的一部分［《帽子》
169 (*Hats*)，第53页］。在此之前，变化已初现端倪，鸵鸟羽毛产业早在1914年就开始崩溃了。[130]

而在1875年和20世纪20年代之间，不管帽子的形状怎样改变，羽毛是不可或缺的。大规模屠杀英国国内海鸥，要受到1869年的《海鸟保护法》和随后的法案（1872年、1876年、1880年）的查处，因此，境外来的鸟类羽毛便被用于填补市场。[131]鸵鸟羽毛从1859年开始流行，是欧仁妮皇后促成了这一趋势；鸵鸟农场纷纷涌现，以满足市场需求（获取鸵鸟羽毛不必将它们杀死）。[132]但人们对外来野生鸟类的需求越来越大。1876年，牛顿（他的抗议曾导致了1869年《海鸟保护法》的确立）特别提到了“伦敦不断举行的、出售大量羽毛的销售会”，以及“时尚带来的针对珍稀鸟类的毁灭性打击”。[133]他描述了一张售卖单，其上提供大量的白鹭羽毛（估计这些羽毛肯定来自9 700只鸟），1.5万只蜂鸟的毛皮，以及许多其他鸟类的羽毛和毛皮，包括鹦鹉、翠鸟和唐纳雀。这些鸟来自哪里？牛顿认为是印度、乌拉圭的特立尼达、圭亚那的德默拉拉；但不久之后，英国就开始从南北美洲、澳大利亚进口鸟类毛皮了。在

1884—1885年的短短5个月里，就有6 828只极乐鸟、4 974只棕尾虹雉、404 464只西印度鸟和巴西鸟、356 389只东印度鸟售出［海恩斯（Haynes），《蓄意谋杀的女帽》（“Murderous Millinery”），第26页］。W. H. 哈德逊在1894年10月17日给《时代》的一封广泛被引用的信中称，那时，每年有多达2 000万只鸟供应给时装业。[134]19—20世纪之交，见证了这种贸易的扩张。从拍卖出售的羽毛数量来推断它们所代表的鸟类数量，《鸟类记录和新闻》（*Bird Notes and News*）估计，1905—1907年间，有49万只白鹭和苍鹭被枪杀，以供应伦敦市场。其他年份的数字表明，为了制作女帽，1906—2007年间，5万只翠鸟被杀害；1904—1908年间，15.5万只极乐鸟被杀害；1904—1911年间，15.2万只蜂鸟被杀害（道蒂，《羽毛时装与鸟类保护》，第30页）。

羽毛时尚越过了阶级的界限：西区羽毛时装的热度暂时下降时，廉价的星期六夜市就会将剩余的库存吸纳进来，正如W. H. 哈德逊所述：

> 我看到托盘和篮子里装满了热带鸟类——唐纳雀、黄莺、翠鸟、咬鹃、蜂鸟等——每只鸟从2便士到4.5便士不等。这些鸟确实很便宜——这么便宜，甚至附近贫民窟里衣衫褴褛的女孩也可以像任何闲雅的女士那样，用某种双翼鲜艳夺目的热带鸟来装饰她破旧的帽子。[135]

不管我们对这种具有社会阶层偏见的描述有什么疑问，但它确实指出了一个基本事实：由于野生鸟类的供应有限，大城市的需求 170
规模才是问题之所在。即使随便阅读一下这段时间的销售目录和广告，也会知道无孔不入的、廉价的羽毛时装是如何形成的。1901

年秋季，为纽约女帽制造和供应公司提供的销售目录里有一部分是“高档羽毛”，其中卖给女帽制造行业的，包括整只鹦鹉（25美分）、椋鸟（10美分）、墨西哥乌鸫（23美分）以及其他几种鸟类的翅膀和羽毛。[136]而从同一供应商那里可以购买装饰好了的帽子，其中有几顶用了整只鸟作为装饰，每打定价27美元。

时尚故事的反叙事开始出现。猎人离开后，佛罗里达鹭鸶繁殖地一片狼藉。这一景象通过目击者的叙述流传开来，对白鹭和苍鹭家族其他成员的屠杀招致了严厉的谴责。时尚的“冠羽”只来自筑巢的鸟；这表示，每只死鸟通常意味着有一个巢被废弃了。被扯掉冠羽的受伤的鸟，只能留在地上等死；而其幼鸟或被饿死，或被浣熊、秃鹰吃掉。大英博物馆的理查德·鲍德勒·夏普在1887年7月写给《标准晚报》的一封信中，向英国读众介绍了这些细节，这封信被其他报纸广泛转载。[137]1897年的世界鸟类学大会上，T. 吉尔伯特·皮尔森（T. Gilbert Pearson）对1891年发生在佛罗里达州霍斯哈莫克的鸟类大屠杀的生动描述，激起了新的愤怒（道蒂，《羽毛时装与鸟类保护》，第64—65页）。1906年争论再起，当时A. H. E. 马丁利（A. H. E. Mattingley）获得了一组照片，这些照片展现了新南威尔士白鹭狩猎造成的影响。英国皇家鸟类保护协会（RSPB）将这些照片刊登在广告牌上，并在商店橱窗中进行展示。1911年，这些图片又被用于伦敦的另一次运动中，人们在西区的购物区举着贴着照片的标牌游行（道蒂，《羽毛时装与鸟类保护》，第65页）。

羽毛联盟（有点令人困惑的名字）于1885年由艾米丽·威廉姆森创建，旨在开展反屠杀运动。第二年，该联盟与乔治·亚瑟·马斯格雷夫的塞尔伯恩协会合并。[138]之后，威廉姆森又与毛皮和羽毛联盟［由爱德华·菲利普斯夫人（Mrs. Edward Phillips）、W. H. 哈德逊等人在1889年建立］联手，组成了鸟类保护协会（SPB），并最终形成英国皇家鸟类保护协会。[139]这些运动的支持者来自方方面面，从自然主义者到诸如伯德特·阿什米德·科茨男爵夫人这样的社会名流。会议和报纸，是传播他们反羽毛时装观点的主要工具。针对女性的报纸专栏也参与到这一事业中，尽管不是任何时候都能 171
对此问题有透彻的理解，比如，当时《曼彻斯特时报》(*Manchester Times*) 哀叹，“在帽子、头饰上装饰鸟羽（或整只鸟）的时尚，已经对羽毛漂亮的热带鸟产生了灾难性的后果”，接着又指出“除非做了仔细安排……用鸟作为装饰不会使服装产生良好的效果”。[140]如此说来，仿佛能够产生更好的效果，灾难性的后果就可以容忍似的。

对这场运动的文化支持来自艺术家和作家，如羽毛联盟的创始人之一约翰·罗斯金、塞尔伯恩学会（以前的塞尔伯恩协会）的第一任主席丁尼生爵士，以及托马斯·哈代和W. H. 哈德逊。约翰·高尔斯华绥经常写小册子来捍卫动物的权利。他的《野兽之爱》尤其抨击了羽毛时尚和穿戴白鹭羽毛的妇女：“大多数妇女自己就是母亲！她们怎么看神的存在——竟然枪杀怀抱着孩子的女性，为了获得其白色皮肤戴在头上。”[141]《笨拙》周刊用林利·桑伯恩、F. H. 汤森 (F. H. Townsend) 等人的漫画，来嘲笑羽毛时装及其大众化。[142]其中最引人注目的是乔治·杜·莫里耶的《大订单》(“A Large Order”)，画里一个胖女人要求订购“翅膀”；桑伯恩的《猛禽》(“A Bird of Prey”)，将配戴羽毛装饰的时尚女人表现为一个鹰身女妖；还有《物种灭绝；或衣着时髦毫无怜悯之心的女士和白鹭》(“The Extinction of Species; or, the fashion-plate lady without mercy and the egrets”)。[143]最后一幅画中，一个穿着时尚的女人站在一个似乎是白鹭繁殖地的地方。她戴着一顶饰有白鹭羽毛的帽子，还拿着一顶更大的阔边帽，上面有一整只死白鹭；而另一只白鹭站在一边，抬头看着它死去的同伴（图5.1）。

图5.1 《物种灭绝》,刊于《笨拙》周刊,1899年9月6日

也许文化领域最突出的贡献是由艺术家G. F. 沃茨做出的，其象征主义绘画《献祭》(沃茨画廊，1898—1899）献给“所有热爱美好事物、为鸟类和美遭受毫不在意的残忍破坏而哀痛不已的人们”(图5.2)。[144]

图5.2　G. F. 沃茨，《献祭》(1898—1899)，在《画室》(1903)上重制的石版画

画上可以看到，一位天使（长着翅膀）在祭坛前双手捂着脸，祭坛上装饰着鲜艳的羽毛和鸟的碎片，其中有一些与天使长袍的颜色相呼应。这表明，上帝对“蓄意谋杀的女帽”制造业也感到震惊。祭坛的基座上有一个萨蒂尔（古希腊神话中半人半兽的森林之神）的图案，这被解释为一个推动羽毛贸易的贪婪、虚荣的形象。[145]林利·桑伯恩刊登在《笨拙》周刊上的漫画《猛禽》，将时尚女子变成
172 了一个长着翅膀的鹰身女妖；但沃茨的画并不是反女性的：天使的性别是不确定的，而萨蒂尔则是一个男性。

173 人道主义联盟在1891年成立后，也开始将其精力投入到该运动中。[146]联盟对鸟类安危的关注，是更普遍的人道计划的一部分。该计划重申了社会向善论者的观点，同时也反对活体解剖、反对血腥味重的运动、反对强制接种疫苗、反对监禁鞭打、反对苦役。与费边主义、女权主义、素食主义等一些特别的运动相联系，人道主义联盟吸引了形形色色的会员，其支持者包括托马斯·哈代、埃
174 德蒙·卡彭特（Edmund Carpenter）、夏洛特·德斯帕德（Charlotte Despard）、萧伯纳以及作家和插画家埃德蒙·塞卢斯（Edmund Selous）。羽毛时装不仅与残忍有关，而且对一些联盟成员来说，它打破了跨物种的关系。人道主义联盟创始人亨利·索尔特（Henry Salt）认为，我们对动物的人性化态度是与生俱来的，并形成了“一种自然的纽带，若不破坏我们天性中的许多美好的心态，这种纽带就不会被切断”[温博朗（Weinbren），《反对一切残忍》（“Against All Cruelty”），第95—96页]。该联盟在1903年出版了一本小册子，使用了当时非常有名的标题《蓄意谋杀的女帽》，它总结了时尚造成的破坏所达到的程度，并指出，三十年前阿尔弗雷德·牛顿就警告过“女性的过度打扮会无情地破坏鸟类的生存”。[147]这本小册子指出，很难获取有关进口的死禽数量的准确资料，并强调该行

业散发着虚假信息。尽管如此，它仍然能够确定伦敦民辛巷的“高档羽毛和禽兽毛皮拍卖”为该行业的中心，并让读者参考W. H. 哈德逊为鸟类保护协会编写的小册子《要冠羽，还是要鹭鸶和白鹭》（“Osprey, or Egrets and Aigrettes”）。

虽然许多女性在反羽毛运动中非常活跃，但是大西洋两岸的这些运动中最引人注目的一项是，它们针对的主要是女性消费者，而非猎人、供应商或制帽商。阿尔弗雷德·牛顿1868年提交给位于诺维奇的英国协会的、常被引用的文件《动物狩猎法》，向所有戴着海鸥羽毛帽的女性证明：“虽然这些雪白的羽毛看上去美丽而天真……但戴着它，就意味着前额上贴着凶手的牌子。”[148]三十多年后，人道主义联盟仍在重复这项指控。[149]牛顿在1876年1月28日写给《泰晤士报》的信中怒喝道：“如果女士们喜欢像鲑鱼毛钩那样打扮自己，就让她们打扮好了；但是除了鸟以外，羽毛装饰在任何两足动物外表上，都暗示着与肮脏的焦油有关。”威廉·达彻在1886年的《科学》（*Science*）上发表的一篇文章中写道，是“女性对装饰的爱好”威胁了美国的鸟类，使它们濒于灭绝。[150]为了解释为何女性不愿改变其残忍的装扮方式，W. H. 哈德逊想到援引赫伯特·斯宾塞的说法：女性的智力没有男性的高，而“在审美能力这一方面”，则“介于本时代人与纯粹野蛮人之间”。[151]《泰晤士报》同样清楚地指出，女性的局限性是一个问题，并感叹道：“如果说她们的人性意识太微弱，那么，她们自身的生育意识不会激发她们吗？”文章宣称“应该很容易理解，穿戴羽毛时装的女人是残酷的女人”，并重申了牛顿关于焦油的论点。[152]也许通俗小说家维达对新女性辛辣而猛烈的抨击（即本章引言中引用的），表明了这种持续地将女性当作替罪羊的原因：问题与其说是女人的虚荣心，不如说 175
是她们新的政治知名度。穿戴着羽毛时装的女人，比那些寻求选举权、大学教育、法律权利和更大的社会自由的女性更加引人注目。

面对各种压力团体对其利润造成的威胁，羽毛贸易本身并不那么被动。当《蓓尔美街报》派了一位记者[可能是赫尔达·弗里德里希(Hulda Friederichs)]来采访“伦敦最大的鸟类和鸟类羽毛经销商”时，这位经销商强调说，他们使用的许多国内羽毛是“家禽商贩丢掉的废弃物”，除了云雀（曾被当作食物）和新奇的知更鸟，因为“女士们会坚持穿戴它们”。[153]他对外国鸟类被猎杀而灭绝的想法嗤之以鼻：“经常有人嚷嚷，某种鸟类不会再有了；说是没有了，但随后的供应量总是比以往更大。”他还声称，只有很少的鸟被射杀，因为那会损伤它们的羽毛。[更有说服力的是他的存货账目，其中包括“超过一百种不同种类的蜂鸟”、唐加拉雀（“女士的最大爱好……唯一一种自然呈红色的鸟”）、日本雉（“当前正大量使用”）和昂贵的白色爪哇雀。]还有许多类似的说法，诸如羽毛取自家养鸟类的、捡到的、国内鸟贩多出来的。正如高尔斯华绥的小册子所讽刺的那样，脆弱的购物者这下可以放心了，他们购买的白鹭不是“真的”。

多年来，按照类似的套路进行的虚假宣传活动，阻碍了所有有效的立法。1902年，印度普遍禁止出口鸟类羽毛。在某种程度上英国控制的其他国家，大多数也采取了类似措施。但这并不妨碍进口物品到达英国。这些货物有时会伪装成其他产品，某个实例中，货品就假托是考试试卷（海恩斯，《蓄意谋杀的女帽》，第28页）。第一个禁止进口这些羽毛的法案于1908年提出，其他一些法案也随之而来。所有这些法案，都受到英国纺织品贸易种种花招的抵制。他们提出各种抗议，声称这些法案将影响大量的工人，许多羽毛是人工的，或鸟类脱毛时蜕下的，或来自“养殖的”白鹭（没有这样的东西），涉及的野生鸟类的数量被夸大了。虽然英国皇家鸟类保护协会在其小册子《羽毛和事实：对羽毛贸易的回复，以及对迫害鸟类的事实回顾》(*Feathers and Facts: A Reply to the Feather-Trade, and Review of Facts with Reference to the Persecution of Birds for* 176
their Plumage, 1911) 中披露了这些花招；但该行业再度游说成功，贸易继续活跃。[154]即使在第一次世界大战的头三年，也进口了近900吨野生鸟类的羽毛，这一数字还不包括养殖的鸵鸟羽毛（海恩斯，《蓄意谋杀的女帽》，第29页；道蒂，《羽毛时装与鸟类保护》，第29页）。最终，任意进口野生鸟类羽毛的时代结束了。1920年的羽毛条例草案被否决，这给那些穿戴羽毛时装的无情妇女带来了新的谴责（弗吉尼亚·伍尔夫在《女性的领导者》一文中对此进行了严厉批评，她指出，男性猎人、商人、政客也得承担羽毛贸易的责任）。[155]1921年7月，在首项相关条例草案出台后的十三年，通过了《(禁止) 进口羽毛法案》。而到了那时，时尚潮流已向前发展，这也使该法的落实不再那么迫切；尽管在1920年，仍有大量珍稀鸟类的羽毛被进口。

美洲的鸟类

美国的反羽毛运动也有类似的轨迹。19世纪80年代，美国科学界开始深切关注城市时尚对当地鸟类的影响。1883年，美国鸟类学家联盟成立。1886年，成立了第一个奥杜邦协会，鼓励社会更多民众“拒绝使用野生鸟类的羽毛制造的衣服或装饰品”。[156]同年，《科学》杂志增刊上刊登了一组文章，讨论了针对鸟类的大规模屠杀，并将栖息地破坏，电塔、电缆和其他现代入侵所造成的损害（这些与现代人类定居分不开）与由时尚产业的“贪婪和无情”造成的大批毁灭进行了区分。[157]文章提到，《纽约太阳报》可以兴高采烈地描述一个女人"头发上有一群闪闪发光的鸟儿",却想都不想这些饰物的来源。[158]增刊以《为鸟类向美国女性呼吁》一文结束讨论。

一篇随后在英美报纸上刊登的文章摘录指出,鸟类被屠杀的证据无处不在:"在橱窗中、在街上、在汽车里,在其他任何可以见到妇女的地方。"[159]作者叙述了一位朋友在麦迪逊大道的电车上看到的情景。十三位妇女中有十一位戴着用羽毛装饰(或是用鸟的一部分
177 或整只鸟装饰)的帽子,记录如下:

(1)三只欧洲椋鸟的头和翅膀;(2)整只鸟(物种未知),来自国外;(3)七只莺(四个种类);(4)一只大燕鸥;(5)三只角百灵的头和翅膀;(6)七只角百灵和草雀的翅膀;(7)半只黑水鸡;(8)一只小燕鸥;(9)一只斑鸠;(10)一只绿鹃和一只黄色巨莺;(11)鸵鸟羽毛。[160]

同样,鸟类学家弗兰克·M. 查普曼在《森林与河流》(*Forest and Stream*)中报告说,他漫步在第五大道时,数到的700只帽子上,饰有40种542只鸟类的残骸,大多是燕鸥和鹌鹑;而没有这种特征的帽子,大多数都是那些服丧的人所戴[《为制女帽而毁灭鸟类》("Destruction of Birds for Millinery Purposes"), 第197页]。据《科学》杂志估计,有2 500万女性在不知不觉中每年造成不少于500万只鸟的死亡。纽约一位动物标本剥制师声称,他每季生产3万只鸟类标本以供帽子制作。[161]仅仅一季就有4万只燕鸥在科德角上被杀;"一个月里,有一百万只秧鸡和食米鸟在费城附近被杀"。[162]羽毛颜色不那么丰富的鸟类,如燕子、岩燕、麻雀,会被染色使用;而"黄鹂鸟、乌鸦、黑鹂鸟、紫拟椋鸟、红翼黑鸟、食米鸟和

燕鸥”则按原来的样子使用。[163]

两个鸟类保护协会的出现，以及科学和自然杂志所表达的关注，都显示出有些人像在英国那样，质疑动物是一种取之不尽的资源这一假设。[164]美国防止虐待动物协会成立于1866年。这个组织的出现表明，除了越来越不能接受对动物的虐待和忽视，人们还有了新的生态意识。人们意识到自然的丰富性并不是无限的，意识到整个种群可能会一下子消失，就像旅鸽一样。随着美国人口的迅速增长，必须采取措施保护其他物种。局势在19世纪末开始转向。1900年，《雷斯法案》将本土物种保护纳入联邦的治下。在佛罗里达，火烈鸟、朱鹭、苍鹭、白鹭以及其他物种正面临着灭绝的命运，威廉·达彻、鸟类学家联盟和奥杜邦协会设法推出一项法律，以防止捕猎鸟类。1901年的法律导致了当局和猎人之间的冲突，至少有两人因此丧命。[165]除了其他一些洲的正式立法外，纽约还与女帽商人保护协会达成了协议，避免使用各种指定品种的羽毛。各种社会组织的成员和学校自然科目的教学，也开始施加压力。女帽制造商抱 178
怨说，只要孩子加入了奥杜邦协会，母亲就不可能购买用羽毛装饰的帽子。[166]虽然立法在城市起到的作用进展缓慢，但是美国从总体上来说，得到了动物保护势力的有效改造：1903年，罗斯福总统在佛罗里达州的鹈鹕岛上创建了全国第一个野生动物保护区；1916年，国会批准成立国家公园管理局。

毛皮时装

另一本人道主义联盟小册子《毛皮时装》(*The Fur Fashion*)表述得很清楚：不仅仅世界上的野生鸟类被猎杀以装饰《蓄意谋杀的女帽》作者所说的“贪婪和虚荣之巨轮”[167]，从獾到熊、从麝香鼠到海豹，这些毛皮动物也深受时尚魔法棒所害。与羽毛时装一样，用毛皮制作人类服装不是什么新鲜事。《毛皮和毛皮贸易》(*Furs and the Fur Trade*, 1923) 的作者约翰·萨克斯［著有《银狐业》(*Silver Fox Farming*)、《毛皮》(*Furs*) 等作品］强调说："有记载的最早的人类祖先，亚当和夏娃，就身着兽皮。"(《创世记》，3：21)[168]他还提到了千百年来人类使用毛皮的一些例子：希腊人和罗马人用皮草作为装饰，而野蛮人才会穿戴完整的兽皮。中世纪皮草服装很常见，当时有"禁奢令"限制贵族以外的人使用皮草。根据一则1127年颁布的法令，尼姑只能穿用羔羊和猫的毛皮制作的衣服。[169]现代毛皮业起源于哈德逊湾公司。该公司成立于1670年，受英国王子鲁珀特的庇护，这导致了大批捕猎者、贸易商、制造商、零售商的出现，使英国、加拿大、美国的商贸往来持续了二百多年。像东印度公司一样，哈德逊湾公司曾经是世界上最强大的私人公司之一，虽然1869年加拿大自治领接管了它的部分权力（萨克斯，《毛皮和毛皮贸易》，第28页、第37页）。当然，英国不是毛皮贸易的唯一受益者，例如，成立于1808年，后来被哈德逊湾公司买下的美国毛皮公司，使约翰·雅各布·阿斯特 (John Jacob Astor) 成为美国历史上最富有的人之一。

到20世纪初，毛皮，特别是毛皮大衣，越来越被所有阶层所渴求。为了解这个行业的规模，萨克斯力劝对此持怀疑态度者

> 站在伦敦、巴黎或纽约繁忙的购物大街上——比如伦敦的牛津街；数一数五分钟内经过的妇女，同时注意那些穿着某种毛皮
> 179 的女士；计算一下一天会有多少人经过……他会看到来自世界各地的毛皮：冰天雪地的北方、阿比西尼亚的山中、秘鲁的荒野、中国的平原、澳大利亚的草地、中欧受战争破坏的地区、

> 鞑靼人的草原、普里比洛夫群岛、美国的很多地方、小亚细亚、波斯、英格兰、苏格兰、法国——这个单子是无止境的。（同上书，第15页）

由于伦敦与哈德逊湾公司的历史联系，以及关于毛皮处理的专门技能，到了19世纪末，这个城市成了毛皮贸易的世界中心。有文章描述了伦敦在3月、6月、10月进行的大规模销售，并称之为“年度毛皮大事件”：

> 一月份主要销售麝香鼠、海狸、负鼠的毛皮。三月销售哈德逊湾公司提供的毛皮精选，最好的货物会被运送到知名的伦敦经纪人手中。这些货物将以拍卖的形式，卖给世界各地的买主。[170]

1875年，进口熊皮的总数为5 898张、貂皮62 760张、麝香鼠皮503 948张。1913年，仅一家大公司（C. M. 兰普森公司）的销售数字，就能说明毛皮的贸易规模是如何增长的：

> 熊：1月，3 150张；3月，5 294张；6月，3 966张；10月，5 098张。貂：1月，32 620张；3月，51 125张；6月，12 203张；10月，24 671张。麝香：1月，1 635 768张；3月，826 394张；6月，784 575张；10月，614 273张。[171]

除了这些，还销售了相当数量的其他动物的毛皮，如海豹、臭鼬、松鼠、小袋鼠，以及少量的猞猁、狼、狼獾、袋熊。在更普通的动物种类中，家猫皮仅在3月份就出售了35 239张。

是什么推动了这种数字膨胀？虽说毛皮销售的部分增长肯定要归因于大众市场的出现（只要“大众市场”这个词，可以有效地应用于像毛皮这样的昂贵商品），但毛皮穿着方式的重大变化也是原因之一。19世纪的大部分时间，时尚界都认为毛皮是最适合制作装饰、衬里、女士暖手筒的材料。这些东西在该世纪大多用毛皮制成。19世纪上半叶用白貂皮、黑貂皮、栗鼠皮，其中黑貂皮仍然是最珍贵的；19世纪70年代，轮到臭鼬皮流行；19世纪80年代流行的是阿斯特拉罕羔羊皮、狐狸皮、石貂皮、海狸皮、海豹皮；19世纪90年代，水貂皮再次受到青睐，当时时兴将水貂的头和尾留下作为设计的一部分。这一趋势受到了《笨拙》周刊的讽刺。[172]［毛皮
180 并不是富人的专属：工人阶级会使用更加廉价的毛皮（比如，兔皮、鼹鼠皮），男士外套有时用麝香猫皮（也即猫皮）做衬里。］冬季寒冷的国家至少同样喜欢毛皮：美国和加拿大都有繁盛的毛皮业。19世纪中期，英国显然拥有着一个毛皮市场。1851年伦敦世界博览会重点展出了各大公司的展品：牛津街尼古拉公司的“从世界各地收集的大批毛皮”；福尔街G. 埃利斯公司的“用毛皮和天鹅绒制成的圆筒形围巾、围脖、暖手筒等”；克拉克有限公司“用白貂皮、水貂皮、麝香鼠皮制成的天然或染色的加工毛皮”；爱德华王街的卢特&帕松斯公司“用白鼬毛皮、栗鼠皮、松鼠皮、海豹皮制作的圆筒形围巾”；还有来自新斯科舍的“小海豹皮”、“浣熊皮、猫皮制作的雪橇袍”。[173]

只有到了19世纪70年代，完全用毛皮制成的外套和夹克才开始在英国变得真正时尚起来，而毛料通常是海豹皮。1871年，《画报》宣称海豹皮夹克持续流行。1872年，《曼彻斯特时报》向读者保证，这些夹克在沉寂一段时间之后已“全力复兴”。[174]1880年，《迈拉的服装与时尚杂志》和《西尔维亚杂志》(*Sylvia's Journal*) 双

双宣布海豹皮是当季毛皮。[175]《女王》也同样宣称："当季风靡一时的……是装饰着水獭皮或海狸皮的海豹皮外套。"[176]到了1881年，一位专栏作家大着胆子说：虽然"长期以来，海豹皮外套一直占领着市场，将大多数其他毛皮制品排除在外"，但黑貂皮似乎正恢复元气，重返市场。[177]十多年后，海豹皮仍然保持着其地位。《伦敦杂志》的女士增刊向读者保证，深色海豹皮仍然是制作大衣、披肩的受欢迎的毛皮。[178]那时，全世界约有百分之九十的海豹皮在伦敦加工，有一万人从事这一行业。这些毛皮的大部分都会留在英国，其中大多提供给服装业。[179]大街上、商店橱窗里，海豹皮制品（大衣、披肩、斗篷、宽松短外衣、轻便女大衣、暖手筒、女式披肩、手套）无处不在。特别是海豹皮夹克，大约二十年的时间里，一直是中上层阶级用来摆阔、炫耀的时尚单品，深受那些买不起以及那些买得起的人所艳羡。出身中产阶级的诈骗犯艾米莉・麦克格雷戈，1870年骗走了伦敦高档商店大量的服装和现金。她被逮捕时，正穿着一件希区柯克的海豹皮夹克。[180]海豹皮成了大西洋两岸的时尚，在曼哈顿，用海豹皮做的女式斗篷"风靡一时"。[181]加拿大零售商伊顿的《1899—1900年秋冬目录》承诺，为挑剔的买家提供阿拉斯加海豹皮女士外套（从价格为150美元的"罗斯蒙德"起售），并为精打细算的买家提供女士用的"迷人的海豹皮斗篷"（实际上是染色的兔皮）。[182] 181

这种流行也使海豹皮外套成了一种非常实用的社会缩影。维达在对新女性的攻击中描绘了一幅新女性的形象，她"身穿海豹皮外套、头戴装饰着死蜂鸟的帽子"并拼命参与到社会活动中。对于热爱动物的维达来说，这个"戴着死鸟帽、穿着死海豹皮外套"的女人，证明了她既无情又不适合生存在这个世界的人类社会中。[183]头戴蜂鸟装饰的帽子、身着海豹皮服装的现代女性，这样的肖像，即使对那些不赞同维达保守观点的人来说，也是非常熟悉的。其他作家会引用海豹皮来强调自己的话题。“当今紧跟时尚潮流的年轻女子”，在诗人弗雷德里克·威廉·奥德·沃德（Frederick William Orde Ward）的描述中成了这个样子：

家里……有海豹、黑貂，
还有毫无一用的东西；
而提到大衣、酒菜
她就是对手。[184]

歌舞杂耍戏院也有效地利用海豹皮，作为实用的时下关注的参照，如威廉·宾特（William Bint）的《我给她买了一件海豹皮夹克、一枚钻石戒指》（*I Bought Her a Sealskin Jacket and a Diamond Ring*，约1880），由弗雷德·科因（Fred Coyne）演唱（图5.3）。

威廉·斯伯丁（William Spalding）的彩色石印画封面，描绘了一家商店的内部。图画的主角和他的恋人，正向毕恭毕敬的店员了解购买夹克的事宜。看到夹克的价格，这位主角震惊不已：80英镑！当然，最终得知他那贪图享乐的情人已经结婚，他更感到惊讶。

到了维达文章发表的时候，一些评论家已经开始关注人类嗜好海豹皮对软毛海豹群体的影响。（实际上软毛海豹有好几种而非一种；它们不像在欧洲水域发现的灰色斑点海豹，而更像是海狮。）历史上的先例，令他们感到担忧。在南大西洋和太平洋曾经有广阔的海豹繁殖地，包括南美洲和新西兰海岸附近的海豹繁殖地，但它们已被猎杀至濒临灭绝。[185]18世纪末和19世纪初，数以百万计的软毛海豹被杀害。被杀害的不仅有繁殖期的海豹和幼仔，还有未交配的雄海豹，完全不顾物种的可持续发展。结果就是，在欧洲和美国，

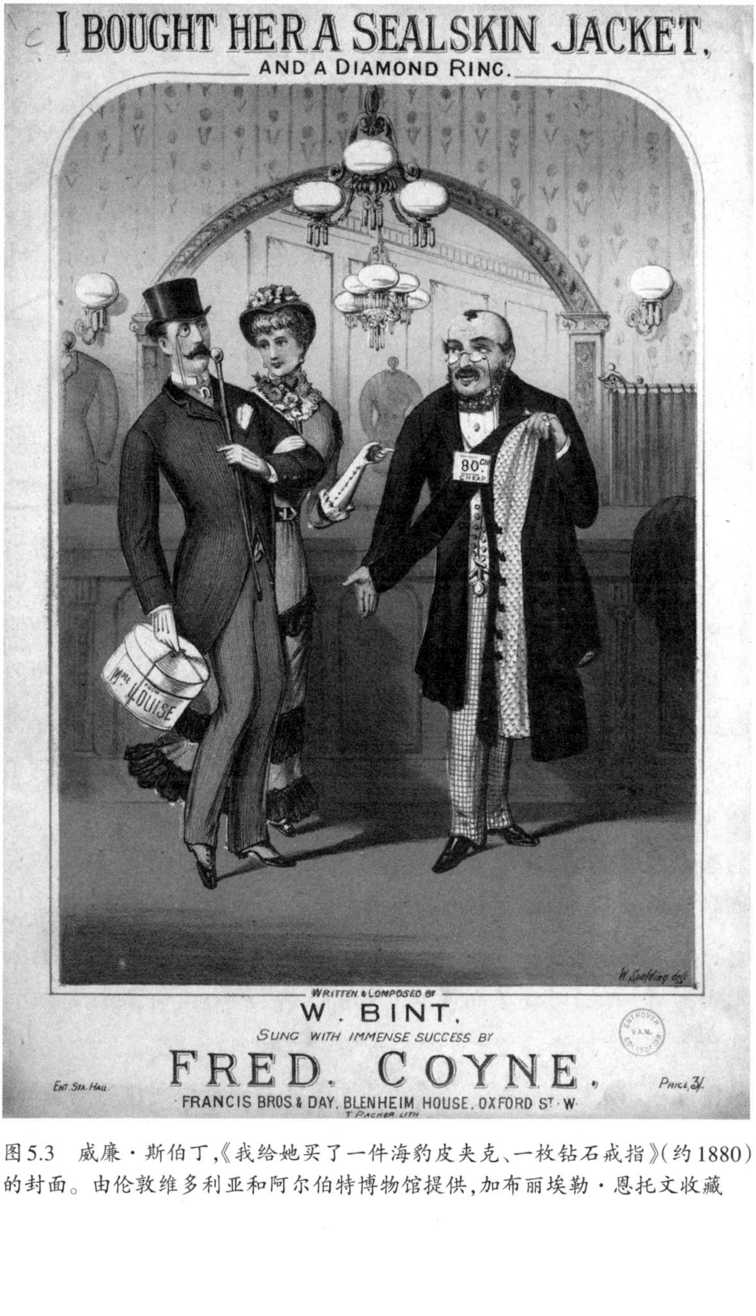

图5.3　威廉·斯伯丁,《我给她买了一件海豹皮夹克、一枚钻石戒指》(约1880)的封面。由伦敦维多利亚和阿尔伯特博物馆提供,加布丽埃勒·恩托文收藏

市场上供过于求，海豹皮品质低劣；而在南方繁殖地，海豹数量急剧下降——“繁殖地被毁，这种两栖动物被灭绝”。[186]

海豹皮的一个主要来源地留存了下来：白令海，特别是普里比洛夫群岛，那里的海豹似乎捕也捕不完，到处都是数量众多的软毛
182 海豹。1886年，《一年四季》杂志上的一篇文章，对捕猎海豹者的可持续捕猎大加赞扬，认为他们是在美国政府的许可下进行这项活动的。（1867年美国从俄罗斯购买了阿拉斯加，并租赁了科莫多岛。）文章满怀信心地写道：“丝毫不必担心这种毛皮会变少或变多。”[187]但是，到了1890年，亨利·W. 埃利奥特受美国政府委托审查承租前后的海豹数量。他指出，1872—1890年间，普里比洛夫群岛的雌性海豹数量减少了百分之五十，而雄性海豹减少了百分之九十。[188]

美国将普里比洛夫群岛租给阿拉斯加商业公司，该公司是哈钦森-科尔公司（Hutchinson，Kohl and Company，1890年由北美商业公司接替成为承租人）的子公司。美国试图控制这一行业，以便使海豹可以成为一种可持续的资源。俄罗斯人试图保留他们那边的海豹繁殖地，而日本也试图保留其千岛群岛的海豹繁殖区。但来自加拿大、日本和挪威的船只继续沿海岸捕猎海豹（海上猎捕）。到了19世纪80年代，阿拉斯加商业公司感觉到了外来的捕猎活动对海豹繁殖地造成了影响。这一发现导致1886—1887年间一些加拿大捕猎船被扣押，也导致了美英两国之间政治局势紧张（英国保留了对加拿大外交事务的掌控权）。到了1889年，两国关系并没有得到很大改善，英国威胁要向该地区派遣军舰。[189]1890年和1891年的捕猎季节，这种紧张关系一直持续着。埃利奥特透露了他的报告，其中显示，陆上捕猎和海上捕猎共同促使海豹种群数量急剧下降，这动摇了美国在加拿大远洋舰队上的地位。最终，两国在1892—1893年间的巴黎仲裁法庭上达成了一项协议，尽管这项协议并不

能令各方满意。英国的一些评论家认为，美国后来的立法，将海豹皮进口当作一种经济战争的形式，旨在摧毁英国、加拿大的捕猎海豹业，和以伦敦为主的海豹皮加工业。[190]

反对海豹业的呼声，从来没有像羽毛联盟、英国皇家鸟类保护协会或奥杜邦协会发出的那么响亮。批评者耿耿于怀的是残忍的狩猎活动，而非普里比洛夫群岛上海豹种群脆弱的生态状况。公众对海豹皮的来源并非一无所知，19世纪70、80年代的杂志文章据实陈述了对海豹的棒杀；尽管关于何为残酷的看法，正逐渐改变。[191]
例如，在英国，1887年围绕着猎杀海豹的残忍行为展开了一场辩 184
论。安娜·金斯福德博士（一位著名的"女博士"、反活体解剖动物者、主张妇女参政者、神智学者、唯灵论者）将羽毛贸易的残酷与毛皮贸易联系在了一起。她以自己的衣柜里没有毛皮服装而引以为豪，敦促听众使用他们的消费者权力，并建议用家养鸵鸟羽毛的替代品来制作暖手筒以及其他装饰。[192]这预见了20世纪的"名人"力量。本书第二章提到的前童星洛塔·克拉布特里，除了仿毛皮之外拒绝穿毛皮服装，引起了一些人的关注。另一位美国女演员、剧作家明妮·马登·菲斯克（Minnie Maddern Fiske）也利用了其名声来谴责毛皮贸易（她也喜欢分发免费的《黑美人》图书）。[193]像对待羽毛时装一样，人道主义联盟开始利用消费者的情感。约瑟夫·柯林森（Joseph Collinson）的《我们是如何获得海豹皮的》（*How We Get Our Sealskin*, 1903），这本人道主义联盟发布的小册子，将主张生态保护的立场和人道主义观点结合起来，报道了海豹遭受屠宰的令人痛心的情景。书中引用了许多人的描述，包括极地探险家博克格尔文克（Borchgrevink），知名动物摄影师、演说家甘比尔·博尔顿，作家、旅行家威廉·戈登·斯特普尔斯（William Gordon Stables）博士，威廉·加维特（William Gavitt）博士和达西·汤普森

(D'Arcy Thompson)教授。据博克格尔文克描述，有时候剥海豹皮是乘其活着时进行的，因为“在海豹半死状态下剥皮会更容易，这些可怜的动物在极度的痛苦中看着其毛皮被锋利的钢刀从肌肉上剥离”。[194]小册子引用了博尔顿的话(他很早就意识到有些物种正因猎杀而灭绝)来说明这些做法“只是为了满足文明土地上精致优雅的女士们对……的渴望”。小册子也对成年海豹在棒击致死前被驱逐的方式，以及海豹幼崽被饿死的命运，做了骇人听闻的描述。文中引用了达西·汤普森教授的数据，其指出1896年有60万只海豹遭到杀害，这个数字似乎高于其他估算。[195]一些评论家对海豹业的残酷性关注较少，对普里比洛夫群岛上的海豹可能灭绝关注较多。例如，美国有一篇文章认为，对海豹无限制的猎捕将会导致它们“如同今天的美洲水牛一样”只能在博物馆中找到。[196]

然而，最终救下剩余的软毛海豹的，既不是人道主义的观念，也不是主张生态保护的雄辩，而是埃利奥特1890年证据确凿的报告之后出现的一种商业生态主义。正是预测到了软毛海豹作为一种有价值的商业资源将会完全消失，才导致了1911年《北太平洋捕海豹公约》的签署。[197]那时，普里比洛夫群岛的海豹数量下降到13万只；科曼多尔群岛的数量下降到大约4 500只，而千岛群岛的数量只少不多[奥尔申科(Orshenko)，《极地政治》(*Polar Politics*)，
185 第31页]。这一由美国、俄罗斯、英国(加拿大)、日本共同签署的公约，终止了这一区域商业性的海洋捕捞。公约将普里比洛夫群岛的海豹管理交给了美国，用财务协议来补偿那些遭受损失者。因没有自己的海豹繁殖地，英国和加拿大坚持实施这样的方案。公约还规定，允许土著人继续进行非商业性的海豹猎捕。暂时禁捕之后，海豹捕猎仍在继续进行，但海豹的数量不再面临灭绝的危险。禁捕期执行得非常严格，只有“多余”的单只海豹才能被捕猎。英国的加

工垄断已经结束，圣路易斯的福克毛皮公司接手了该加工业。这项协议一直持续到出现了导致第二次世界大战的紧张局势。由于仍然需要海豹皮来制作裘皮大衣、裘皮披肩，买卖海豹皮再次变得有利可图。美国政府通过内政部鱼类和野生动植物管理局成为主要受益者，在签署协议至1955年之间，因为销售普里比洛夫群岛海豹皮，赚取了约1700万美元。[198]再过三十年左右，英美动物权益保护者开始让社会无法接受穿着各种毛皮服装，当然，相当大的全球市场仍然存在。

结 论

19世纪的城市是一个“跨物种”的地方，其他动物的繁殖和人类一样多。伴随着人口数量的增长，这些动物，作为役畜、家畜，作为演艺明星、人类伴侣，作为未脱野性的牲畜，安静地或不那么安静地活着。在我们的舞台想象中，它们几乎总是扮演着忠实伙伴的角色，但实际上大多数动物对此几乎没有选择的机会。被带到或吸引到城市的物种，很少有灭绝的危险。即使是那些成为食物链一部分的动物，也很少在物种水平上消失。但也有例外，例如，美洲野牛仅仅是幸免灭绝，北美旅鸽则是已经绝迹了。除此以外，随着世界缩小、人口数量激增，一些远离大都市中心的野生动物有可能成为时尚的永久受害者，陷入一个由出版和广告业、时装业、不断扩大的零售业、运输和分销网络以及现代武器组成的系统之中。人口的激增，以及需求的相对大众化，给城市带来了巨大的环保动力。到 186
19—20世纪之交，这种力量对某些鸟类和海豹的影响已变得非常明显，不能完全忽视，尽管这些反应往往缓慢而不均衡，更受到既得利益者的阻碍。一些人开始认识到，自然界的丰富并不是无限的，世界正在萎缩，而城市时代可能意味着远在城市世界之外的其他生命形式的永久性终结。同一时期的不同人物，如威尔弗里德·斯科恩·布伦特（Wilfrid Scawen Blunt）、甘比尔·博尔顿、E.雷·兰基斯特（E. Ray Lankester），都将外来物种的灭绝与狩猎大型动物甚至帝国本身联系在了一起。[199]

正如我们所看到的，此时两种截然不同的有关城市生活的叙述出现了冲突。越来越多的国际时尚产业，通过杂志、报纸、广告传播其故事和图像，以确保需求的大众化。所有这些，创造了持续几十年的毛皮和羽毛时装的时尚。可以推测，由于利用了一些社会和政治的诉求，以及一些已在进行中的变革，这些做法在某种程度上是有效的。于是，毛皮等同于奢华和优雅的同时也可能提供了更原始的东西，即19世纪80年代和90年代的某种异性间动物磁性的暗示，那时，一些术语如"性本能"、"性趣"甚至"性欲狂"已开始被使用。利奥波德·范·萨克·马索克（Leopold von Sacher Masoch）在其1870年出版的《穿裘皮的维纳斯》（*Venus im Pelz*）一书中描绘了穿着裘皮大衣的狠心肠的维纳斯；而在1907年出版的《三个星期》（*Three Weeks*）里，人们会想到埃莉诺·格林这个角色中的性和毛皮（虎皮）的联系。这段时间，新女性作家使人们对"性问题"能够更坦率地进行讨论，其作品有时暗示了现代都市女人内心的狂野。同样，各种鸟类的羽毛成了优雅的代名词，它们也可以让人联想到惠斯勒唯美的彩虹般孔雀羽毛、比尔兹利般的颓废，甚至詹姆斯·乔伊斯的斯蒂芬·迪达勒斯以及他对飞行和超越的幻想。乔治·杜·莫里耶发表在《笨拙》周刊上的卡通画，嘲笑了那位想要"翅膀"的壮实女人。但在这一时期，女性对更大流动性的渴望（往往在政治舞台上），也许采取了更具象征性的形式。带有喙的猫头鹰头部十分抢手，这暗示了人们对羽毛的幻想带有掠夺性的一面。也许，这再次标志着更具攻击性的性欲。

而另一方面，一些压力团体试图向城市女性讲述不同的故事，让她们明白自己的时尚选择会造成的影响，并为自己的“残酷”消费行为而感到羞愧，同时在政治层面上呼吁停止异域鸟类贸易。[这里呼应着18世纪晚期的废奴运动，该运动将糖的消费与奴隶贸 187
易联系在了一起；也呼应着19世纪中期约翰·罗斯金在《威尼斯之石》(*The Stones of Venice*，1851—1853)第二卷中对妇女购买抛光的玻璃珠或者其他耗材费力、有失人性的商品所做的批评。]在这些游说团体的工作中，除了对猎人的残忍予以指责，以及对热衷购物的虚荣女性予以抨击以外，我们还看到某种更有希望的东西正在萌芽，即对城市消费及其巨大人为力量的原生态批判。人们并不想夸大这种原生态倾向的力量。正如我们所看到的，只要羽毛时装仍然流行，这种力量对羽毛产业的影响就是有限的。可能正是毛皮贸易的自身利益，才保护了普里比洛夫群岛软毛海豹免于在旅鸽之后灭绝。但至少在某些方面，人们越来越意识到，我们自己的群居方式是如何以前所未有的、有时是灾难性的方式影响着其他的物种。 188

结 语

本书从描述火山灾难的幻想开始，在18世纪后期，这些幻想既给观众带来恐惧，也带来了娱乐。它们模拟了各种应对剧烈人口变化的方法，从贵族式的敌对到最终的接受和颂扬。18世纪末出现了一种别样的、不太为人所知的灾难叙述。这一次是通过城市贪婪的消费力来灭绝其他物种：当然，这几乎不能被称为幻想了。这段时间的人口急剧增加，奥尔特加·伊·加塞特认为这种“统计事实”是“群众反抗”的基础。到了19世纪末，爱德华·布尔沃·利顿在1834年想象的人类洪流提前席卷了英国，甚至比他预见的更加汹涌。那时，群众不仅在大街上四处可见，而且在英国、法国、美国的政治舞台上发挥着更加充分的作用，尽管女性要等到20世纪才能获得和男性一样的选举权。约翰·凯里认为，正是对这些群众的回应导致了现代主义的发展，尤其是在普及教育逐渐开始实现的时候。[1]但希望我已经表明，早在现代主义时代到来之前，人口压力在以上两种末日描述之间，已经塑造出一系列的文化形式。犯罪剧把群众和犯罪等同起来，并幻想出一种新型英雄来对抗他们。城市幽灵故事想象城市发展所释放出的黑暗力量，同时也利用最普通的城市困扰，比如总有被别人盯着看的感觉，在拥挤的城市里每个人都能听到你的尖叫，等等。风俗画找到了描绘人口革命的其他方式。报童、卖花女这些具有寓意的街头角色替代了群众，成为画作中激发人们同情的人物。大都市的景象则表现为广告和报纸的背景碎片，马尔雷迪的作品时常对其冷嘲热讽。正如我在前文中所言，整 189
个19世纪，许多其他类型的作品也很容易从人口革命的角度得到解读。工厂和贫民窟题材的小说、描写“可知社群”的地域小说、维多利亚时期的鲁滨孙式故事、为拥挤的城市世界提供异托邦的帝国冒险故事、人烟稀少的风景画，所有这些都是因为人口水平的巨大变化而产生的。有时候，作品会直接面对这种巨变，但是，其回应的方式通常只是想象逃往虚幻世界。

在这一时期接近尾声时，还出现了通俗小说与人口变化相结合的新层面，该变化是由移民进入英国带来的，而非自然增长形成的人口变化，但实际上非常有限。这些“世纪末”的故事包括布拉姆·斯托克的《德古拉》(*Dracula*, 1897)、埃德加·华莱士(Edgar Wallace)的《四义士》(*The Four Just Men*, 1905)。正如大卫·格洛弗所言，后者与《外侨法令》同年诞生。[2]随着小说朝着现代主义的方向发展，在那些“原-现代主义”作家的著作中，我们可以看到类似的张力，如亨利·詹姆斯对19—20世纪之交的纽约的描述。[沃尔特·本·迈克尔斯(Walter Benn Michaels)认为，正是在20世纪20年代，围绕着作为民族归属感模式的家庭的描述，现代主义和本土主义在美国真正地结合在了一起。][3]约瑟夫·康拉德和詹姆斯一样，属于“原-现代主义”作家，在其作品中可以看到类似的模式。康拉德描述了如何受到启发写作第一部大都会小说《密探》(*The Secret Agent*, 1907)，当“一座巨大城镇的景象出现时……一个比某些大陆的人口更多的可怕城镇……一个残酷的世界之光吞噬者”。[4]在他的作品中，那座熙熙攘攘的城市如今也成了移民城市。

在最后一章里，我们可以看到，贪婪的消费城市也激发了一种非常另类的“世纪末”小说，即H. G. 威尔斯的“科学传奇”。这些作品后来被称为科幻小说，一种为描绘“人类世”时代提供了丰富资源的模式。在诸如《托诺-邦盖》(*Tono-Bungay*, 1909)这样的现实主义小说中，像E. M. 福斯特(E. M. Forster)等作家一样，威尔斯描绘了伦敦的快速而盲目的增长，也想象了富有的犹太移民的崛起。而正是在他的科学传奇中，人口想象起到了最为强大的作用。威尔斯的《世界大战》(以连载的形式于1897年面世)就是一个突出的例子。小说讲述了外来物种对地球的入侵。对外来物种而言，人类是很容易捕获的猎物，也是一种可以毫无愧疚地去吸干的自然资源。从一定程度上来说，这部小说就是当时十分流行的欧洲入侵故事的翻版，是第一次世界大战前夕各国间对抗加剧所促成的。乔治·汤姆金斯·切斯尼(George Tomkyns Chesney)的《多尔金之
190 役》(*The Battle of Dorking*, 1871)，通常被视为这一趋势的发端：英国受到某个说德语的大陆政权(虽然从未命名为德国)的入侵和羞辱。但很显然，威尔斯的入侵故事，同时也是环境和人口的故事。事实上，在小说的开头，当叙述者反思即将讲述的故事，以及它与帝国之暴虐的呼应，这一点就相当明确了：

> 在对[火星人]做出过于严厉的判断之前，必须记住我们这一物种对其他生物所造成的无情、彻底的破坏；不仅对动物，如业已消失的野牛和渡渡鸟，而且对比自己等级低的种族。尽管塔斯马尼亚人与人类极其相似，但仅仅五十年间，欧洲移民发动的灭绝战争就将他们彻底清除了。如果火星人以同样的心态发动战争，我们这些仁慈的使徒会不会去抱怨呢？[5]

如此说来，火星人的破坏力表明，他们不过是我们自身的投影：冷酷的外星人屠杀我们，正像我们屠杀野牛、渡渡鸟、白鹭、海

豹，还有人类同胞——倘若他们挡住了我们的扩张之路。小说返回到人类作为猎物的这一想法。故事的叙述者在躲避地球上那些嗜血的新主人时，“触发了一种情感；这种情感普通人并不熟悉，但受我们统治的可怜的野蛮人却十分了解”；在被猎杀、被驱赶的恐惧中，他觉得自己像“一只兽群中的动物”（《世界大战》，第138页）。后来，他以同样的思路暗想，“确实，如果我们学到了什么，那就是这场战争教会了我们怜悯——怜悯那些遭受我们统治的缺乏才智的生灵”（第143页）。当然，最后火星人没有占上风，他们没有被我们杀死，而是被细菌——与我们共享这个星球的物种——所消灭。小说中其他主要入侵势力，可能是火星人无意中带来的有毒红色杂草，也很快被“我们的微观盟友”（第161页）本土细菌所制伏。威尔斯正摸索着走向一种新的生态观。

《时间机器》（*The Time Machine*，1895）是威尔斯早期的一部令人沮丧的作品。通过想象全人类的灭绝，小说难以置信但合乎逻辑的结论，表达了相同的原始生态观。凯里指出，威尔斯的作品有时会暗示，作者乐于接受这个星球上人类的灭绝。他认为，这一幻想为许多讨厌大众的现代主义者所共有（《知识分子与大众》，第118—134页）。然而，我们也可以从生态学的角度来解读《时间机器》。[6]同一时期，博物学家理查德·杰弗里斯的《后伦敦》、M. P. 希尔（M. P. Shiel）的《紫云》（*The Purple Cloud*，1901）设置了人口突然减少的事件，但这两部小说都设想了幸存者和大量的受害者。[7] 191
威尔斯的小说则进一步描绘了人类完全灭绝的未来。众所周知，《时间机器》想象人类最终分化成柔弱的、喜爱阳光的埃洛依族和凶猛的、隐藏于地下的莫洛克族。（时间旅行者开始以为，埃洛依族人是孱弱的统治阶层；只是后来他才意识到，对光过敏的莫洛克族人在控制一切。）这是一则几乎不加掩饰的寓言，呈现了维多利亚时代后期的阶级斗争，即主人与奴隶的对立，最终奴隶翻身，将以前的主子当作牲畜一样圈养。第一次未来之旅结束之际，旅行者的埃洛依族女友威娜，被莫洛克族人带走，很可能会被吞噬掉；而他自己毫发无损地侥幸逃生。但这只是这位无名的时间旅行者见证的未来之一。他离开埃洛依族和莫洛克族之后，旅行到更遥远的未来。他先看到的是变化了的景观——我们必须提醒自己，这仍然是以前的伦敦——巨大的蝴蝶在头顶翻飞，巨蟹正四处爬动。他最后到达的未来景观中，甚至这些怪异的物种也都消失了：太阳奄奄一息，空气凄寒无比。(威尔斯设想的人类远景是所谓“热寂”，即太阳的衰亡，而不是全球变暖。)在未来的暮光中，他看到一个孤零零的长有触须的生物，在荒凉的星球上“跳来蹦去”：“所有的人声、牲畜的叫声、鸟叫声、虫鸣声，一切与生命有关的骚动声全都不存在了。”[8]除了像时间旅行者这样时光倒错的活物可以目睹这寒气彻骨、昏暗混沌的未来，应该不会再有人类观察者了。可以说，灭绝不仅是一个物种的生命事件。

威尔斯的描绘绝不是什么令人伤感的景象：看到人类随着时间的推移蜕变成柔弱的埃洛依族和食人的莫洛克族，读者就不会为自己族类的灭绝而过分忧伤。威尔斯似乎提出了这样的问题：如果其他物种可以被人类取代，为什么我们不能想到，有朝一日自己也会被推出历史的舞台？随着地球的变化，在渐渐冷却的太阳下，其他物种或许会迎来繁盛之日。为什么我们最终就不能像古老的生物，如长毛象(猛犸象)、乳齿象、大懒兽那样化为尘埃消失无踪呢？威尔斯可能是在思考莱尔、达尔文以及他们长期以来持有的有关物种取代的历史观。而如同《世界大战》里描绘的那样，威尔斯很有可能也考虑到，大海雀、南非斑驴这些物种灭绝得更为迅速，以
192 及19世纪90年代白鹭、极乐鸟、蜂鸟、海豹受到大量的屠杀。在一

定的程度上，威尔斯的小说属于后达尔文主义，即在第一章灾难叙述中看到的世界末日人口想象，这是比伦敦末日更加令人心寒的世俗景象。这一次，是第二个冰河时代的寒冷而非熔岩和火山灰将人类毁灭。我认为，威尔斯也提出了不同的东西："人类世"时代可能已经到来，但无论人类的数量增加多少，我们居住的地球毕竟不是以人类为中心的；其他物种，也许是新物种，在我们消亡之后会拥有这个星球，而它们不大可能会非常怀念我们。 193

注　释

引　言

1. 1881年英格兰和威尔士人口普查报告的简介，以及1861年人口普查报告的序言，可从“英国景象”(Vision of Britain)网站上获得。1881年的报告还提供了历史年表，清晰地交代了城市的变迁。如果有什么特别之处，那便是1851年是一个相当保守的年份，因为当时生活在乡村和小镇的人都被纳入了农村人口。(1881年，农村与城市的区分以居民超过3 000的城市卫生区为界线。)
2. 对于这种人口结构转变的确切原因，以及因此产生的从高生育率、高死亡率向低生育率、低死亡率的转变，仍然存在着争议；但绝对的日益繁荣、巴斯德(Pasteur)等人做出的医疗改进，以及来自全球其他地区的粮食进口等，经常被引用。参见Massimo Livi-Bacci，*The Population of Europe: A History*，trans. Cynthia De Nardi Ipsen and Carl Ipsen (Oxford：Blackwell，2000)，126—163。关于英国，参见Michael Anderson (ed.)，*British Population History: From the Black Death to the Present Day* (Cambridge：Cambridge University Press，1996)，191—279；Andrew Hinde，*England's Population: A History Since the Domesday Survey* (London：Hodder Arnold，2003)。
3. Massimo Livi-Bacci，*The Population of Europe: A History*，134—136；Michael Anderson，British Population History，272.
4. Richard Sennett，*Flesh and Stone: The Body and the City in Western Civilization* (New York：W. W. Norton，1994)，320.
5. 1801年，英格兰和威尔士的总人口为880万。伦敦和主要城镇的人口，至少会占到其中的133万。根据1901年的报告，该年度的农村居民实际上比1891年时略多，但他们所占的比例已经从人口的25%下降到23%。
6. 早在19世纪50年代，英国的中产阶级就开始减少生育了；直到20世纪初，这一趋势才开始变得普遍起来。
194
7. 参见José Ortega y Gasset，*The Revolt of the Masses*，由匿名译者译自*La rebelion de las masas* [1930] (London：George Allen & Unwin，n. d.)，38。

8. Massimo Livi-Bacci, *The Population of Europe: A History*, 126.
9. James Belich, *Replenishing the Earth: The Settler Revolution and the Rise of the Anglo-World, 1783—1939* (New York: Oxford University Press, 2009).
10. 这里提供的英国人口总数，是基于1801年和1901年的人口普查数字，可从“英国景象”网站上获得。(同一时期，爱尔兰的人口在1800年约为600万，1841年达到800万的高峰，1900年降至450万；苏格兰的人口在1800年约为150万，1900年达到450万。)美国的人口数据，摘自1789年至1945年的美国历史统计数据，从美国人口普查局在线网站获取，访问日期为2012年3月1日。法国的人口数据来自国家统计与经济研究所的在线资源，访问日期为2012年3月1日。
11. 参见Asa Briggs, *Victorian Cities* [1963] (Harmondsworth: Penguin, 1990), 59。在1899年，艾德娜·费林·韦伯写道:“本世纪最显著的现象是城市人口的集中。”参见Adna Ferrin Weber, *The Growth of Cities in the Nineteenth Century: A Study in Statistics* [1899] (Ithaca, NY: Cornell University Press, 1963), 1。关于当代人口理论，参见Yves Charbit, *Economic, Social and Demographic Thought in the xixth Century: The Population Debate from Malthus to Marx* (Paris: Springer, 2009)。
12. Roy Porter, *London: A Social History* (London: Penguin, 2000), 249.
13. 从1841年到1911年，伦敦人口自然增长了380万，而移民只有130万。参见Andrew Hinde, *England's Population*, 251。
14. 对于回应的调查，参见Karen Chase, *The Victorians and Old Age* (Oxford: Oxford University Press, 2009)。正如蔡斯所言，那个时代对何时开始衰老的想法与我们的标准不同，维多利亚女王42岁时就认为自己老了(同上书，第159页)。关于老龄化的最新研究，以及关于蔡斯和德文尼·卢瑟[Devoney Looser, *Women Writers and Old Age in Great Britain, 1750—1850* (Baltimore, MD: Johns Hopkins University Press, 2008)]之著作的不同讨论，也参见*Victorian Studies*, 16.1 (2011年4月)。
15. Virginia Woolf, *Mrs. Dalloway*, ed. Claire Tomalin, *Oxford World's Classics* (Oxford: Oxford University Press, 1992), 213. 后文中对于此书的引用可参照相关括号中的页码。
16. Elizabeth Taylor, *A View of the Harbour* [1947] (London: Virago, 2006), 179. 实际上，好管闲事的老太太布里斯夫人就是这样做的，好像是在证明他是错的。
17. “第三龄”是由彼得·拉斯特(Peter Laslett)在《新生命地图：第三龄的出现》[*A Fresh Map of Life: The Emergence of the Third Age* (London: Weidenfeld & Nicolson, 1989)]中创造的一个术语。关于“老年探索”，参见布兰迪斯大学提供的网络信息：www.brandeis.edu/bolli/program/programarchives/flyers/2006elderquestflyer.pdf，访问日期为2014年6月4日。人们对改变生活方式的兴趣，也反映在更多关于衰老的哲学论述中，例如，Helen Small, *The Long Life* (Oxford: Oxford University Press, 2007)。 195

18. 哥本哈根和马尔默被用在电视犯罪系列片《桥》(*The Bridge*,2011,2013) 中; 恐怖片《狼溪》(*Wolf Creek*,2005) 里,有澳大利亚内陆地区的特写。
19. John Carey, *The Intellectuals and the Masses: Pride and Prejudice among the Literary Intelligentsia, 1880—1939* (London: Faber, 1992) .
20. 参见 Catherine Gallagher, *The Industrial Reformation of English Fiction: Social Discourse and Narrative Form, 1832—1867* (Chicago: University of Chicago Press, 1988); John Plotz, *The Crowd: British Literature and Public Politics* (Berkeley: University of California Press, 2000); Richard Sennett, *Flesh and Stone*。对1867年《改革法案》的文化回应,参见本人著作: *Sensation and Modernity in the 1860s* (Cambridge: Cambridge University Press, 2009)。
21. Walter Benjamin, "On Some Motifs in Baudelaire", in *Illuminations*, ed. Hannah Arendt, trans. Harry Zohn (New York: Schocken, 1985), 155—200.
22. Eric E. Lampard, "The Urbanizing World", in H. J. Dyos and Michael Wolff (eds.), *The Victorian City: Images and Realities*, vol. 1 (London and Boston, MA: Routledge & Kegan Paul, 1973), 3—57 (9); James Belich, *Replenishing the Earth*, 2.
23. 狄更斯的《双城记》(1859) 表达了他对喜欢游览的城市的难以置信的敬意; 萨克雷的《巴黎素描》(*Paris Sketch Book*, 1840) 是根据他多次访问中的一些内容创作的; 柯林斯的《白衣女子》(*The Woman in White*, 1859—1860) 源自他在巴黎发现的一个18世纪的法律案件; 布尔沃・利顿未完成的《巴黎人》(*The Parisians*, 1873) 以普法战争及其后果为背景; M. E. 布拉登的《医生的妻子》(*The Doctor's Wife*, 1864) 大致依据福楼拜的《包法利夫人》(1856), 而她的《女巫瑟西》(*Circe*, 1867) 则取材于奥斯塔夫・费耶的《达利拉》(*Dalila*, 1857)。
24. Allardyce Nicoll, *A History of Late Nineteenth-Century Drama, 1850—1900* (Cambridge: Cambridge University Press, 1946), 77, 78.
25. Michael R. Booth, *Theatre in the Victorian Age* (Cambridge: Cambridge University Press, 1995), 143. 迪恩・布西科本人也是一位伟大的翻译家。他在19世纪70年代抱怨说,写新剧赚不到钱,因为经理们会告诉他,"我可以去巴黎选一部一流的喜剧……翻译这部喜剧我花25英镑就可以了"。引自 Allardyce Nicoll, *A History of Late Nineteenth-Century Drama*, 68。而付给法国原创作者的钱,如果有的话,微乎其微。
26. 引自 Townsend Walsh, *The Career of Dion Boucicault* [1915] (New York: Benjamin
196 Blom, 1967), 95。
27. 1872年,奥古斯丁・戴利在纽约大歌剧院上演了一部城市剧《昼夜不停》(*Round the Clock*)。《纽约时报》评论者指出:"该剧取自法国戏剧,但在语言、场景方面做了大量的修改和本地化。"参见"Amusements: Theatrical", *New York Times* (1872年11月26日)。戴利的戏剧之后以《昼夜不停:一部四幕地方剧》为名得到出版。
28. "地方剧"这个词,至少早在1810年代就在英国开始使用了,最初似乎是指具有地方吸引力的作品，但不一定有当地的场景。到了19世纪40年代，大西洋两岸都用它来描述具有当地场景的戏剧，但并不局限于当代戏剧。

29. Michael Denning, *Mechanic Accents: Dime Novels and Working-Class Culture in America* (London and New York: Verso, 1987), 85—117; Stephen Knight, *The Mysteries of the Cities: Urban Crime Fiction in the Nineteenth Century* (Jefferson, NC: McFarland, 2012). 另一方面，保罗·费瓦尔广受欢迎的《伦敦的秘密》(*Mysteries de Londres*)，与雷诺兹的《伦敦的秘密》(*Mysteries of London*) 没有直接关联。
30. 有关这一时期的英国复杂文化关系的各个方面的论文集，可参见Lauren M. E. Goodlad and Julia M. Wright, "Victorian Internationalisms", *Romanticism and Victorianism on the Net 48* (2007年11月)。
31. Elaine Freedgood, *The Ideas in Things: Fugitive Meaning in the Victorian Novel* (Chicago and London: University of Chicago Press, 2006).
32. Tanya Agathocleous, *Urban Realism and the Cosmopolitan Imagination in the Nineteenth Century: Visible City, Invisible World* (Cambridge: Cambridge University Press, 2013).
33. 最近的这类研究，包括Daniel Hack, "Wild Charges: The Afro-Haitian 'Charge of the Light Brigade' ", *Victorian Studies*, 54.2 (2012): 192—225; Julie Flavell, *When London was the Capital of America* (New Haven, CT: Yale University Press, 2010)。后者更多地关注人而非文本的流动。有关跨大西洋的而非国家背景下的法国文化的最新研究，参见Bill Marshall, *The French Atlantic: Travels in Culture and History* (Liverpool: Liverpool University Press, 2009)。
34. Margaret Cohen and Carolyn Dever, *The Literary Channel: The International Invention of the Novel* (Princeton, NJ: Princeton University Press, 2002).
35. Ibid., 22.
36. 关于"修正"，参见Jay David Bolter and Richard Grusin, *Remediation: Understanding New Media* (Cambridge, MA: MIT Press, 2000)。
37. "人类世"一词是由保罗·克鲁岑创造的，表明我们生活在一个由人类活动塑造的地质时代。有人认为，现代工业革命和人口革命标志着新时代的开端；也有一些人认为，"人类世"时代来得更早，是人类活动而非气候变化，导致了最后一次 197 "巨型动物"的灭绝。参见Elizabeth Kolbert, *The Sixth Extinction: An Unnatural History* (London: Bloomsbury, 2014), 107—110, 227—235。
38. 第一次是对一家来访的法国公司的抗议；第二次是美国悲剧作家埃德温·福雷斯特 (Edwin Forrest) 的本土主义支持者，与其更为成熟的英国对手威廉·查尔斯·麦克雷迪之间的冲突。两件事都有复杂的根源。参见Victor Emeljanow, "The Events of June 1848: The 'Monte Cristo' Riots and the Politics of Protest", *New Theatre Quarterly*, 19.1 (2003年2月): 23—32。

第一章　火山之下：大规模毁灭

1. 引自David G. Orr，"Pompeii：A Site for All Seasons"，in John H. Jameson Jr.，John E. Ehrenhard，and Christine A. Finn（eds.），*Ancient Muses：Archeology and the Arts*（Tuscaloosa：University of Alabama Press，2003），84—91（87）。
2. 这种模式，可以追溯到20世纪30年代的灾难片，比如《洪水》（1933）、《旧金山》（1936）；也可以追溯到冷战时期的灾难片，比如《世界、众生和魔鬼》（1959）、《三脚树时代》（1962，根据约翰·温德汉姆1951年出版的小说改编）；追溯到当代的生态毁灭叙事，比如《后天》（2004）。有关20世纪90年代的灾难片，参见Despina Kakoudaki，"Spectacles of History：Race Relations，Melodrama，and the Science Fiction/Disaster Film"，*Camera Obscura*，17.2（2002）：108—153。有关作为后基督教想象的一部分的现代灾难图像，参见George Landow，*Images of Crisis：Literary Iconology，1750 to the Present*（Boston，MA：Routledge，1982）。
3. Jay David Bolter and Richard Grusin，*Remediation：Understanding New Media*（Cambridge，MA：MIT Press，2000）；Martin Meisel，*Realizations*（Princeton，NJ：Princeton University Press，1983）.
4. 有关"商品体验"，即这里所讨论的整个时期的现代文化的一个方面，参见Anne Friedberg，*Window Shopping：Cinema and the Postmodern*（Berkeley：University of California Press，1993），3，7，55—57。
5. 关于"海盗"专营权的演变，参见Jason Surrell，*Pirates of the Caribbean：From the Magic Kingdom to the Movies*（New York：Disney，2005）。
6. 参见Kevin Salatino，*Incendiary Art：The Representation of Fireworks in Early Modern Europe*（Los Angeles，CA：Getty Research Institute，1997），54，56。关于烟火的悠久历史，也参见Alan St. H. Brock，*A History of Fireworks*（London：Harrap，1949）。
7. 如布罗克所言，这些发生在1858年奥西尼暗杀事件后的巴黎，以及1881年刺杀沙皇事件后的莫斯科（参见Brock，*A History of Fireworks*，81，102）。

198

8. Ibid.，126；Philip Butterworth，*Theatre of Fire：Special Effects in Early English and Scottish Theatre*（London：Society for Theatre Research，1998）.
9. Victoria C. Gardner Coates and Jon L. Seydll，"Introduction"，*Antiquity Recovered：The Legacy of Pompeii and Herculaneum*（Los Angeles，CA：J. Paul Getty Museum，2007），1—14.
10. Colin Amery and Brian Curran Jr.，"The Legacy of Pompeian Style"，in *The Lost World of Pompeii*（London：Frances Lincoln，2002），168—183.
11. Jan Kozak and Vladimir Cermak，*The Illustrated History of Natural Disasters*（Springer：Dordrecht，2010），47.
12. Charles W. J. Withers，*Placing the Enlightenment：Thinking Geographically about the*

Age of Reason (Chicago: University of Chicago Press, 2007), 125—129.

13. 参见Richard Stein, *Victoria's Year: English Literature and Culture, 1837—1838* (Oxford: Oxford University Press, 1987), 97—99; James A. Secord, *Victorian Sensation: The Extraordinary Publication, Reception, and Secret Authorship of Vestiges of the Natural History of Creation* (Chicago: University of Chicago Press, 2000)。

14. Millie Sands, *Eighteenth-Century Pleasure Gardens of Marylebone, 1737—1777* (London: Society for Theatre Research, 1987), 93—94.

15. Warwick Wroth and Arthur Edgar Wroth, *The London Pleasure Gardens of the Eighteenth-Century* [1896] (London: Macmillan, 1979), 215—216.

16. Isobel Armstrong, *Victorian Glassworlds: Glass Culture and the Imagination, 1830—1880* (Oxford: Oxford University Press, 2008), 313—314; Kevin Salatino, *Incendiary Art*, 96—98.

17. Richard Altick, *The Shows of London* (Cambridge, MA: Belknap Press of Harvard University Press, 1978), 96; Martin Meisel, *Realizations*, 33.

18. Alexandra R. Murphy: "Introduction", *Visions of Vesuvius: Catalogue of an Exhibition at the Museum of Fine Arts, Boston* (Boston, MA: Museum of Fine Arts, 1978).

19. Ibid., 17.

20. 作为此次旅游狂潮大众化的证据，我们可能会注意到，在19世纪60年代，乡村医生的女儿，如玛格丽特·奥利芬特的《马奇班克斯小姐》(*Miss Marjoribanks*, 1866) 中的露西娅，可以说是计划"登上维苏威火山"的代表。

21. 参见苏富比早期绘画大师作品拍卖，2006年10月31日，拍品第275号、第193号，苏富比英国和欧洲大陆画，2005年7月13日。在大型拍卖行的销售记录中，有数十个甚至数百个其他例子。

22. Murphy: "Introduction", *Visions of Vesuvius*, 15.

23. 关于这一转变，参见Victoria C. Gardner Coates and Jon L. Seydll, "Introduction", *Antiquity Recovered*, 4; Thomas Gray, *The Vestal, Or a Tale of Pompeii* (Boston: 199
Gray, 1830), 5。

24. 参见Richard Jenkyns, *The Victorians and Ancient Greece* (Cambridge, MA: Harvard University Press, 1980); George Landow, "Victorianized Romans: Images of Rome in Victorian Painting", *Browning Institute's Journal*, 12 (1984): 29—51。

25. 参见Orr, "Pompeii: A Site for All Seasons", 84—91; Virginia Zimmerman, *Excavating Victorians* (Albany: SUNY Press, 2008), 112。

26. 引自Orr, "Pompeii: A Site for All Seasons", 87。

27. 关于莫尔的绘画，参见George Landow, *Images of Crisis*, 9。

28. 参见Curtis Dahl, "The American School of Catastrophe", *American Quarterly*, 11.3 (1959): 380—390; Dahl, "Bulwer-Lytton and the School of Catastrophe", *Philological Quarterly*, 32.4 (1953年10月): 428—442。

29. 引自Milena Melfi，"Excavating Opera：Composer and Archeologists in 19th-Century Italy"，*Congreso internacional: imagines: la antigüedad en las artes escénicas y visuales*，Logroño，2007年10月22—24日，ed. Pepa Castillo，et al.（Logroño：Universidad de La Rioja，2008），162；参见Victoria C. Gardner Coates，*The Last Days of Pompeii: Decadence, Apocalypse, Resurrection*（Los Angeles，CA：J. Paul Getty Museum，2012），197。
30. 关于火山喷发的后期阶段，参见未署名的文章《人造：火山喷发和海战》（"Man-Made：A Volcanic Eruption and a Naval Battle"），*Sketch*，983（1911年11月29日）：241—242。
31. 未署名的评论，《戏剧观察：国王的剧院》（"Theatrical Examiner：King's Theatre"），*The Examiner*，1831年3月20日。大英图书馆19世纪报纸数据库，2010年12月10日访问。
32. 有关评论，参见"Adelphi"，*The Examiner*，1834年12月21日；"Adelphi Theatre"，*Morning Chronicle*，1834年12月17日。大英图书馆19世纪报纸数据库，2010年2月14日访问。
33. 在这一场景，还将看到另外两个怪物的死亡：一个是瓦尔尼（Varney），出自詹姆斯·马尔科姆·赖默（James Malcolm Rymer）等的长篇连续剧《吸血鬼瓦尔尼》（1845—1847）；另一个是艾伦·拉比（Alan Raby），出自迪恩·布西科的《幽灵》（*The Phantom*）[1856，他早期作品《吸血鬼》（*The Vampire*，1852）的再加工]，里斯博士将吸血鬼艾伦·拉比的尸体扔进斯诺登山的深渊，这怪物才被彻底消灭，而斯诺登山本身就是一座沉寂的火山，在那里，月光的复活作用无法生效。
34. 参见Jane Fulcher，*The Nation's Image: French Grand Opera as Politics and as Politicized Art*（Cambridge：Cambridge University Press，1987），41—42（由本书作者翻译）。
35. 关于通俗剧中的"爆炸"，参见Jane Moody，*Illegitimate Theatre in London, 1770—1840*（Cambridge：Cambridge University Press，2000），98—102；马雷夏尔的
200 戏剧，可参见Daniel Hamiche，*Le Théâdtre et la révolution*（Paris，1973）。非常感谢马丁·梅泽尔，他让我注意到了这部戏。
36. Marian Smith，"Three Hybrid Works at the Paris Opera，Circa 1830"，*Dance Chronicle*，24.1（2001）：7—53.
37. 参见Jane Moody，*Illegitimate Theatre in London*，114—116。关于伦敦《马萨尼洛》的各种版本，参见Frederick Burwick，"Masaniello on the London Stage"，in Frederick Burwick and Paul Douglass（eds.），*Dante and Italy in British Romanticism*（New York：Palgrave Macmillan，2011）。
38. "Drury Lane Theatre"，*Morning Chronicle*，1829年5月5日。大英图书馆19世纪报纸数据库，访问时间是2010年2月15日。
39. *Report from the Select Committee on Dramatic Literature, with Minutes of Evidence*

(London: House of Commons, 1832), 227. 到了此时，若算上肯尼，《马萨尼洛》已经演了大约150场。也参见Jane Moody, *Illegitimate Theatre in London*, 114—115。

40. 引自*Captain Rock: The Irish Agrarian Rebellion of 1821—1824* (Madison: University of Wisconsin Press, 2009), 94。
41. "Netherlands", *The Examiner*, 1830年9月5日。大英图书馆19世纪报纸数据库，2010年2月14日访问。
42. 引自Altick, *The Shows of London*, 158, 160。
43. 参见Peter Skaerved, Peter Sheppard, Janet Snowman and Frances Palmer, *John Orlando Parry: The Poster Man, A Snapshot of London's Musical Life in 1835* (London: Royal Academy of Music, 2007), 22。帕里为了给J. B. 巴克斯通的戏剧《庞贝城的末日》(阿德菲剧院) 打广告而创作的绘画，《庞贝的毁灭》(可能是埃及馆的透景画)。在1837—1838年、1846年、1852年，萨里动物园特出维苏威火山和埃特纳山烟火表演 (Alan St. H. Brock, *A History of Fireworks*, 67)。
44. 阿耳巴刻斯这个名字可能是从拜伦的《萨丹纳帕勒斯》(*Sardanapalus*, 1821) 那里借来的。在这一剧作中，阿耳巴刻斯是反对萨丹纳帕勒斯统治的一位反叛者。参见William St. Clair and Anninka Bautz, "Imperial Decadence: The Making of the Myths in Edward Bulwer-Lytton's *The Last Days of Pompeii*", *Victorian Literature and Culture*, 40 (2012): 359—396 (360)。
45. 参见Angus Easson, "'At Home' with the Romans: Domestic Archeology in The Last Days of Pompeii", in Allan Conrad Christensen (eds.), *The Subverting Vision of Bulwer Lytton: Bicentenary Reflections* (Newark: University of Delaware Press, 2004), 100—115 (103—104)。
46. 参见Edward Bulwer Lytton, *The Last Days of Pompeii*, in 3 vols. (London: Bentley, 1834), vol. 3, 246—247。
47. 根据一篇详述了布尔沃·利顿所借鉴的对象的当代评论，《美国月刊》的编辑费尔菲尔德曾将其诗作的抄本寄送给布尔沃·利顿。该评论可参见*The Last Days of Pompeii, North American Review*, 40.87 (1835年4月): 447—457。 201
48. 有关这部小说的成功，参见Victor Bulwer-Lytton, *The Life of Edward Bulwer, First Lord Lytton, by His Grandson, the Earl of Lytton*, 2 vols. (London: Macmillan, 1913), vol. 1, 445。有关整个世纪诸多廉价版本的销售数字，参见William St. Clair and Anninka Bautz, "Imperial Decadence", 369。
49. 艾萨克·迪斯雷利 (Isaac Disraeli) 在给作者的信中写道："不会再是末日了……想进城就进城……站在大自然造成的巨大悲剧面前——战战兢兢，就这样旁观着……直到被幻影所征服，而发现自己再次独自坐在椅子上，真的很开心。"引自Bulwer-Lytton, *Life of Edward Bulwer*, 444。
50. 亚历山德罗·曼佐尼 (Alessandro Manzoni) 具有影响力的原民族主义小说《订婚》(*I Promessi Sposi*, 1827) 早在1828年就被翻译成英语。同《庞贝城的末日》一样，作者讲述了一个有权势的人物试图阻挠两个恋人成婚的故事，虽然其历史背景是17世纪的意大利北部地区。

51. Esther Schor，“Lions of Basalt：Bulwer，Italy，and the Crucible of Reform”，in Christensen，*The Subverting Vision of Bulwer Lytton*，116—132.

52. Martin Meisel，*Realizations*，29—37.

53. J. B. Buckstone，*The Last Days of Pompeii：A Dramatic Spectacle in Three Acts；Taken from Bulwer's Celebrated Novel of the Same Title*（London：J. Dicks，n.d；《迪克斯标准剧集》第829期）。

54. 参见“The Theatres”，*Spectator*，1834年12月20日，9；“Theatricals”，*John Bull*，1834年12月21日，3。

55. 其他伦敦视角，可参见Edward Fitzball，*The Last Days of Pompeii，or，The Blind Girl of Tessaly*（1835）。相关评论，参见“Victoria”，*Morning Chronicle*，1834年12月27日。大英图书馆19世纪报纸数据库，2010年2月14日访问。

56. Nick Yablon，“‘A Picture Painted in Fire’：Pain's Reenactments of *The Last Days of Pompeii*，1879—1914”，in Victoria C. Gardner Coates and Jon L. Seydll，*Antiquity Recovered*，189—205（193）.

57. 不幸的是，大英图书馆张伯伦勋爵的收藏品中，并没有巴克斯通的剧本手稿：要么这一剧本从未被正式认可，要么提交的副本丢失了。在没有国际版权的情况下，梅迪纳是可以仿效巴克斯通的戏剧而不受惩罚的。

58. R. Reece，*The Very Last Days of Pompeii：A New Classical Burlesque*（London：Lacy，1850），25.

59. Judith Harris，*Pompeii Awakened：A Story of Rediscovery*（London：Tauris，2007），206—210. 并不是所有这些电影都紧紧跟随布尔沃·利顿。例如，梅里安·C. 库珀的电影《庞贝的最后日子》(1935) 以铁匠马库斯为中心。马库斯作为角斗士变得富有和强大，最终却发现财富并非一切。《庞贝的最后日子》本质上是一部大萧
202 条时期穿着古典服装的拳击电影。

60. 关于美洲帝国的盛况，可参见Margaret Malamud，“The Imperial Metropolis：Ancient Rome in Turn-of-the-Century New York”，*Arion*，3rd ser.，7.3（2000）：64—108。

61. 参见“A Drama in Pyrotechnics：The Last Days of Pompeii Enacted at Manhattan Beach”，*New York Times*，1885年6月12日，网络信息，访问时间为2009年7月30日。

62. David Mayer，“Romans in Britain，1880—1910”，*Theatrephile：Popular Theatre Research*，2.5（1984—1985）：41—50；Mayer，“‘The Last Days of Pompeii’ by James Pain”，*Playing out the Empire：Ben-Hur and Other Toga Plays and Films，1883—1908. A Critical Anthology*（Oxford：Clarendon Press，1994），90—103.

63. Jan Jones，*Renegades，Showmen and Angels：A Theatrical History of Fort Worth，1873—2001*（Fort Worth：Texas Christian University Press，2006），73—86；Judith

Harris, *Pompeii Awakened*, 205.

64. 通往“维尔-雅”(Vril-ya)地下世界的入口，不是火山本身，而是矿井深处的火山裂口。不过，将《未来种族》看作对布尔沃·利顿《庞贝城的末日》的后期改编，还是很不错的。
65. 维多利亚时代晚期的火山叙事，包括R. M. 巴兰廷（R. M. Ballantyne）的《炸成碎片》(*Blown to Bits*, 1889)，还有格兰特·艾伦（Grant Allen）诙谐的灾难故事，《泰晤士河谷的灾难》(“The Thames Valley Catastrophe”, 1897)。感谢威尔·塔特斯迪尔（Will Tattersdill）让我关注到后者。

第二章　处处可见的街道：法国通俗剧和英语本地化

1. 前两个故事片段出现在阿道夫·德内里和欧仁·格朗热的《巴黎的波希米亚人》(1843)，以及许多英文改编本中；最后一个片段出现在阿道夫·德内里和欧仁·科尔蒙的《两个孤女》(1874)中。
2. 波德的小说，明确排斥费尼莫尔·库珀在诸如《最后的莫希干人》(*The Last of the Mohicans*, 1826)这样的边疆小说中表现的对美国原住民的浪漫主义观点。
3. 参见Peter Brooks, *The Melodramatic Imagination: Balzac, Henry James, Melodrama, and the Mode of Excess* [1976] (New Haven, CT: Yale University Press, 1995)。正如布鲁克斯所言，19世纪通俗剧的人物形象是对立的、夸张的。其他有用的描述和文章，可参见Michael R. Booth, *English Melodrama* (London: Herbert Jenkins, 1965)；以及Michael Hays and Anastasia Nikolopoulou (eds.), *Melodrama: The Cultural Emergence of a Genre* (New York: St. Martin's Press, 1996)。
4. Michael R. Booth, “The Metropolis on Stage”, H. J. Dyos and Michael Wolff (eds.), *The Victorian City*, vol. 1 (London: Routledge & Kegan Paul, 1973), 211—226.
5. 经典的描述，可参见Louis Chevalier, *Laboring Classes and Dangerous Classes in Paris during the First Half of the Nineteenth Century* [1958], trans. Frank Jellinek (London: Routledge & Kegan Paul, 1973)。 203
6. Thomas Cragin, *Murder in Parisian Streets: Manufacturing Crime and Justice in the Popular Press, 1830—1900* (Lewisburg, PA: Bucknell University Press, 2006), 145. 克拉金认为，较为古老的流行形式，即“谣言小报”(canards，一种廉价单面招贴画)，仍在不断扩大的报业中，传播关于犯罪的图像和叙述。
7. 塞纳省省长弗雷吉把危险阶层归结为“贫穷、邪恶的阶级”(les classes pauvres et vicieuses，参见《大城市的危险阶层及改造他们的方法》，第7页)。
8. Kate Newey, “Attic Windows and Street Scenes: Victorian Images of the City on Stage”, *Victorian Literature and Culture*, 25.2 (1997): 253—262 (254).
9. Eugène Sue, *Les Mystères de Paris, par M. Eugène Sue. Nouvelle édition, revue par l'auteur* (Paris: C. Gosselin, 1844), vol. 1, chap. 1, 5.

10. 一个针对《老古玩店》(“Le Marchand d’antiquités”)的详细评论表明，当时受过教育的法国读者非常熟悉狄更斯的作品，参见A. de B.-L., *Écho de la littérature et des beaux-arts en France et à l’étranger* (1842年9月：198—201)。有些人会阅读英文原版而不是等待译本。1829年11月20日，托马斯·索瓦奇(Thomas Sauvage)轰动一时的《纽盖特，或伦敦强盗》(*Newgate, ou les voleurs de Londres*)在盖蒂剧院首次演出。该片以都柏林和伦敦为背景，尽管第二幕的确发生在纽盖特，但大部分时间都是以贵族社会为背景。纳塔莉·凡法塞(Nathalie Vanfasse)讨论了狄更斯在法国的影响，具体可参见Michael Hollington (ed.), *The Reception of Dickens in Europe* (London: Bloomsbury, 2013)。
11. 这类系列出版物，不是法国独有的现象。正如路易·詹姆斯(Louis James)所言，《星期日泰晤士报》(*Sunday Times*)于1840年在英国首创了这种模式，它当时刊登的是威廉·布兰查德·雷德(William Blanchard Rede)的《皇家浪荡子史》(*The History of a Royal Rake*, 1月至12月27日)。参见Louis James, *Fiction for the Working Man* (London: Oxford University Press, 1963), 35, 92。
12. Michael Denning, *Mechanic Accents: Dime Novels and Working-Class Culture in America* (London and New York: Verso, 1987), 85.
13. Stephen Knight, *The Mysteries of the Cities*, 182—184, passim; Cohen and Dever, “Introduction”, *The Literary Channel*, 23.
14. 圣马丁门剧院，当时在柯纳德兄弟(the brothers Cogniard)管理之下，以“戏剧、杂耍[即带有主题歌曲的喜剧]、芭蕾舞、仙境奇观”而闻名；它在19世纪40年代最受欢迎的表演包括《林中小鹿》(*La Biche au Bois*)、《巴赞的塞扎尔》(Don César de Bazan)。参见Charles Hervey, *The Theatres of Paris* (Paris: Galignani, 1846), 3, 303—324。后两部剧作都传到了英国和美国。关于这个时期流行的法国剧院的概述，参见John McCormick, *Popular Theatres of Nineteenth-Century France* (New York: Routledge, 1993)。
15. 参见“Porte-Saint-Martin”, *La France Théâtrale*, 1844年2月18日，3—4; J. J. [Jules Janin], “Feuilleton des *Journal des débats*: théâtre de la Porte-Saint-Martin”,
204 *Journal des débats*, 1844年2月18日，1—2。
16. L. Henry-Lecomte, *Un comédien au xixe siècle, Frédérick-Lemaître: étude biographique et critique, d’après des documents inédits*, vol. 2, 1840—1876 (Paris, 1888), 46.
17. 关于弗雷德里克的表演，参见L. Henry-Lecomte, *Un comédien au xixe siècle*, vol. 2, 48—50。
18. “Deuxième tableau”, *Dupeuty et Cormon, Paris la Nuit, drame populaire en cinq actes et huit tableaux* (Paris: Magasin Théâtral, c.1842), 8.
19. Odile Krakovitch, “Paris sur scène au xixe siècle: mythe ou décor ?”, *Sociétés et représentations*, 1/2004 (no. 17): 195—210. 网络信息，访问时间为2011年6月27日。

20. 有关后来剧作中这个关键场景的图像，参见1858年在圣马丁门剧院举行的戏剧复兴的广告海报："圣马丁门剧院。《巴黎的波希米亚人》，每天晚上7点，第七场——《蒙马特的职业生涯》"(Paris：Delas，1858)，由法国国家图书馆的数字图书馆项目"Gallica"提供。
21. 这一基本情节的变化包括两种：其中一个是蒙托乔伊最后被枪杀；而另一个是酒馆被焚毁。
22. 例如，《剧院杂志》提到，地窖这一场景产生了"可怕的效果"(1843年9月28日，1)。有关工人阶级观众的敌意，参见"Théâtre de L'Ambigu-Comique"，*L'Indépendant*，1843年9月28日，2—3。有关精彩的布景，参见"Ambigu-Comique"，*La Presse*，1843年10月2日。也参见"Théâtre de L'Ambigu-Comique"，*Journal des débats*，1843年10月2日，3。
23. "1843—1844年演出日程表"，阿德菲剧院演出安排。网上信息。
24. "Theatrical Examiner"，*The Examiner*，1843年11月11日。
25. "Adelphi Theatre"，*The Times*，1843年11月8日。
26. "The Theatres"，*The Era*，1843年11月19日。
27. "Sadler's Wells"，*Athenaeum*，1844年6月1日。
28. David Taylor，"Beyond the Bounds of Respectable Society：The 'Dangerous Classes' in Victorian and Edwardian England"，in Judith Rowbotham and Kim Stevenson (eds.)，*Criminal Conversations: Victorian Crimes, Social Panic, and Moral Outrage* (Columbus：Ohio University Press，2005)，1—20 (4).
29. David Taylor，"Beyond the Bounds of Respectable Society"，5.
30. Jeffrey N. Cox，"The Ideological Task of Nautical Melodrama"，in Michael Hays and Anastasia Nikolopoulou (eds.)，*Melodrama: The Cultural Emergence of a Genre* (New York：St. Martin's Press，1996)，167—189.
31. 关于《杰克·谢泼德》的意义，参见Matthew Buckley，"Sensations of Celebrity：Jack Sheppard and the Mass Audience"，*Victorian Studies*，44.3 (2002)：423—463。 205
32. 关于《玛蒂尔达》和《巴黎的秘密》的未署名评论，参见*Athenaeum*，1844年4月27日，374—375 (374)。
33. 富兰克林案和玛丽案，"1843—1844年演出季"，阿德菲剧院演出安排。网上信息。参见"The Theatres"，*The Era*，1843年12月10日。据《时代》记载，在被吸引到阿德菲剧院的那些人中，还有"九个齐佩瓦部族的勇士……现在在伦敦观光"。
34. "Public Amusements"，*Lloyd's Weekly Newspaper*，1843年12月10日。
35. "The Synopsis"，*The Era*，1843年12月3日。
36. "维多利亚剧院的猫团队相当重要，这个团队由不少于五只这种有趣的四足动物组成"，但没有一只被证明是自愿参加表演的。为了刺激这些动物，经理只在其演出后才开始喂它们。参见"Curious Instance of Animal Sagacity"，*Daily National Intelligencer*，1844年3月15日。这个故事大概是从一家英国报纸上读到的，但我一直找不到原文。

37. 这张海报可参见Michael R. Booth，“The Metropolis on Stage”，214。关于“地方”剧，请参照该书序言部分。我没有见到任何其他“民族地方剧”的例子。
38. “The Theatres”，*The Era*，1843年11月19日。
39. 参见Nicholas Daly，“Blood on the Tracks：Sensation Drama，the Railway，and the Dark Face of Modernity”，*Victorian Studies*，42.1（1998—1999）：47—66。
40. 关于恐慌，参见Jennifer David，“The London Garotting Panic of 1862”，in V. A. C. Gatrell，Bruce Lenman，and Geoffrey Parker（eds.），*Crime and the Law*（London：Europa，1980），190—213；Rob Sindall，“The London Garotting Panics of 1856 and 1862”，*Social History*，12（1987）：351—358；Emelyne Godfrey，“Stranglehold on Victorian Society”，*History Today*，59.7（2009）：54—59。
41. 这种恐慌也不局限于英国。1865年，波士顿也出现了类似的恐慌。
42. Emelyne Godfrey，“Stranglehold on Victorian Society”. 安东尼·特罗洛普（Anthony Trollope）在其《菲尼亚斯重生》（*Phineas Redux*，1873）中加入了这种勒杀恐慌。
43. 一位目击者声称，她曾看到两名男子在女同谋偷走了皮尔金顿的手表后勒死了他。但她的证词是相互矛盾且不可靠的。
44. “The Theatrical Examiner”，*The Examiner*，1862年12月6日。菲利普斯还冒着受威廉·博德汉姆·唐恩审查的风险，后者倾向于审查表现犯罪的舞台剧。参见James F. Stottlar，“A Victorian Stage Censor：The Practice of William Bodham Donne”，*Victorian Studies*，13.3（1970年3月）：253—282。
45. “Strand”，*Athenaeum*，1863年2月14日，235。评论者写道，勒杀事件“现在幸好越
206 来越少了”。令人惊讶的是，有关勒杀的喜剧可能还有一些国际性的影响。1868年4月6日，在纽约州百老汇514号的喜剧剧院，喜剧演员兼歌手的威廉·林加德（William Lingard）表演了幽默短剧《伦敦勒杀抢劫者》（*A London Garroter*），其间演唱了《勒杀抢劫者的哀悼》（*The Garroter's Lament*）。参见G. C. D. Odell，*Annals of the New York Stage*，15 vols.（New York：Columbia University Press，1927—1949），vol. 8，358。
46. “Plays Licensed in 1863”，引自*Catalogue of the Lord Chamberlain's Plays, 1852—1863*，Research Project，Royal Holloway University of London，网络信息，访问时间为2012年8月23日。
47. Martin Maloney，“Origins of the Detective Film”，*Journal of the University Film Association*，27.2（1975）：34—35（34）.
48. “Olympic Theatre”，1863年5月29日，5。
49. “Olympic”，1863年6月6日，753。
50. “Music and Drama Abroad”，*New York Times*，1880年8月1日。
51. 在全国图书馆目录中，有一条关于《莱昂纳尔》的“表演说明”，其将盖蒂剧院记

作第一次演出的场地，但是《莱昂纳尔》(1863) 的印刷版表明，该剧是在同一天的寺大道剧院首次演出。路易斯-弗朗索瓦·杜梅因 (Louis-Franqois Dumaine) 扮演泰特-诺尔。该剧于1868年在盖蒂剧院重演。参见网络期刊“Inf'Operette”中有关盖蒂剧院的条目，访问时间是2012年7月20日。

52. “The Theatres”, *The Era*, 1863年6月7日。

53. “Musical and Dramatic Gossip”, 1863年6月13日, 785。

54. Henry Morley, *The Journal of a London Playgoer from 1851—1866* (London: George Routledge, 1876), 312—313.

55. 珀内尔在《今日戏剧家》[*Dramatists of the Present Day* (London: Chapman and Hall, 1871), 94—126] 中转载了这些观点以及与泰勒的长期通信。他写道：“正如拿破仑坚持认为不存在‘不可能’这个词一样，汤姆·泰勒先生认为不会有‘原创’这样的词。”(同上书，第94页) 这一言之凿凿的开场白，为后面的内容奠定了基调。这次交流表明，至少有一些英国评论家对法国戏剧批评以及法国戏剧都很熟悉。珀内尔引用儒勒·雅南 (Jules Janin)，也说明了这一点。也参见Montrose J. Moses, *Representative British Dramas, Victorian and Modern* (Boston, MA: Little, Brown, and Company, 1918), 222。

56. 不过，由于广告海报上标有“五幕七场”，其中一些可能已经在法国演出中改变了。

57. *The Times*, 1863年5月29日, 5; “The Whitsuntide Amusements”, *The Era*, 1863年5月31日。关于布西科戏剧的这一方面，参见Nicholas Daly, *Literature, Technology, and Modernity, 1860—2000* (Cambridge: Cambidge University Press, 2004), 27—33。《每日新闻》(“戏剧”, 1863年5月28日) 指出，泰勒宁愿避开其头衔所暗示的具有争议的话题，把布莱尔利变成了犯罪阴谋的受害者，而不是改过自新的罪犯。 207

58. 这种种族刻板印象挥之不去：1868年，布西科将《伦敦流氓》的情节挪用在《黑暗之后》中时，塑造了相似的角色，迪茜·莫里斯 (Dicey Morris)，一个口齿不清的犹太人角色；主人公形容他看起来就像“一个犹太马贩子”。

59. 除了评论，我为下述调查所利用的资料，包括：T. Allston Brown, *A History of the New York Stage from the First Performance in 1732 to 1901*, vol. 1 (New York: Dodd, Mead and Co., 1903); Odell, *Annals of the New York Stage*; Don Wilmeth and Christopher Bigsby, *The Cambridge History of American Theatre, 1870—1945*, vol. 2 (Cambridge: Cambridge University Press, 1999); Gerald Bordman, *American Theatre: A Chronicle of Comedy and Drama, 1869—1914* (New York and Oxford: Oxford University Press, 1994)。

60. Tice L. Miller, *Entertaining the Nation: American Drama in the Eighteenth and Nineteenth Centuries* (Carbondale: Southern Illinois University Press, 2007), 97—98.

61. 前几年在波威里成功上演的通俗剧中，有《庞贝城的末日》《杰克·谢泼德》《威廉·泰尔》等。所有这些作品，也都在伦敦舞台上获得了成功。波威里剧院后来又上演了一部由欧仁·苏作品改写的戏剧,《女蓝胡子》(*The Female Bluebeard, or La Morne au Diable*, 1844年2月5日)。1850年《巴黎的秘密》作为短剧又重新流行起来。

62. 弗吉尼亚州的吟游诗人与查塔姆有关系,其他地方的吟游诗人团体也证明非常重要、非常精彩。奥德尔提到,1843年至1844年"可能被称为黑人歌谣完全建立的时期"(Odell, *Annals of the New York Stage*, vol. 5, 56)。
63. 数据来自美国人口普查局网站,针对1800年、1850年和1900年的"速览"(Fast Facts)。
64. Karen Halttunen, *Confidence Men and Painted Women: A Study of Middle-Class Culture in America, 1830—1870* (New Haven, CT and London: Yale University Press, 1982), 1—32.
65. Richard Butsch, *The Making of American Audiences: From Stage to Television, 1750—1990* (New York: Cambridge University Press, 2000), 47.
66. 1844年1月22日的《阿特拉斯日报》(*The Daily Atlas*) 刊登了该剧的分类广告,详细描述了剧中的演员阵容、场景和亮点:"W. G. 琼斯扮演了蒙托乔伊,泰勒先生扮演了迪戈纳德,一个放款人。"该剧还受到其他城市的青睐,包括新奥尔良。那里的圣查尔斯剧院于1844年12月11日上演了该剧。
67. 分类广告, *New York Herald*, 1844年3月6日。
68. 关于美国戏剧这方面的早期描述,参见Laurence Hutton, *Curiosities of the American*
208 *Stage* (New York: Harper, 1891), 47—53。
69. Ibid., 48.
70. 参见*Cambridge History of English and American Literature*, vol. 15, 28; 以及Allston Brown, *A History of the New York Stage*, 60。
71. "Amusements", *New York Times*, 1873年7月1日。博德曼误以为,这部戏剧改编自米尔热的《波希米亚生活场景》(《美国戏剧》,第62页)。布西科将其改编为《咪咪》(*Mimi*),该剧没过多久就在沃勒克剧院上演了。
72. 参见Richard M. Dorson, "Mose the Far-Famed and World-Renowned", *American Literature*, 15.3 (1943年11月): 28—300 (295)。
73. 参见William Trent, John Erskine, Stuart P. Sherman, Carl van Doren (eds.), *The Cambridge History of American Literature* (New York: Macmillan, 1917), vol. 2, 228。
74. "b'hoy"一词这么拼写是为了表现出爱尔兰移民的发音。而"b'hoys"指的是工人阶级的青年男子,通常隶属于志愿者消防队。它也作为一种政治组织形式发挥作用,类似于坦慕尼协会(Tammany Hall)。
75. Allston Brown, *A History of the New York Stage*, 28—85.
76. 关于作为爱尔兰裔美国人的摩西,参见Maureen Murphy, "From Scapegrace to Grásta: Popular Attitudes and Stereotypes in Irish American Drama", in John P. Harrington (ed.), *Irish Theater in America: Essays on Irish Theatrical Diaspora*

(Syracuse, NY: Syracuse University Press, 2009), 19—37 (26—27)。2007年,纽约阿克西公司成功地以后现代形式重现了《一瞥》(*A Glance*),并在爱丁堡艺术节和曼哈顿的阿克西剧院上演。

77. Butsch, *The Making of American Audiences*, 59.
78. 引自Dorson,"Mose the Far-Famed and World-Renowned", 296。
79. 尤其是最后两篇,参见"Seduction, Prostitution and the Control of Female Desire in Popular Antebellum Fiction", *Nineteenth-Century Literature*, 65.2 (2010年9月): 166—191。
80. John W. Frick, "The Wicked City Motif on the American Stage before the Civil War", *New Theatre Quarterly*, 77.20 (2004): 19—27.
81. 这一角色帮助帕斯罗以扮演"低俗"的丑角而闻名;后来,从布雷特·哈特的《桑迪酒吧的两个男人》(*The Two Men of Sandy Bar*, 1876)开始,他又以扮演滑稽的中国苦力而出名。杰奎琳·罗密欧(Jacqueline Romeo)在一篇未发表的论文中记录了帕斯罗的舞台生涯,参见"Comic Coolie: Charles T. Parsloe and Nineteenth-Century American Frontier Melodrama" (Tufts University, 2008)。
82. 《纽约时报》中一篇明显带有敌意的文章认为,R. 巴内特的《傲慢与贫穷》和斯特灵的戏剧有可能模仿了《穷人》;意思是这两部戏都源自布里瑟巴尔和吕斯的《巴黎穷人》。"Poor Old Boucicault", *New York Times*, 1887年7月17日。
83. Frederick Adolph Herman Leuchs, *The Early German Theatre in New York, 1840—1872* (New York: Columbia University Press, 1928), 217. 209
84. 参见《北美和美国公报》(*North American and United States Gazette*)以及《波士顿广告日报》(*Boston Daily Advertiser*)上的通告。"Grover's Theatre", *Daily National Intelligencer*, 1864年1月20日。
85. Dobkowksi, "American Anti-Semitism: A Reinterpretation", *American Quarterly*, 29.2 (1977): 166—181 (171—172). 他指出,泰勒的剧本最早是在南北战争期间的纽约舞台上演出的,当时,威廉·T. 谢尔曼将军和尤利西斯·S. 格兰特将军等人物发表了关于犹太人牟利的声明。《纽约时报》在评论佛罗伦萨上演的《假释犯》时,将梅尔特·莫斯看作费金似的角色。参见"Amusements", *New York Times*, 1863年12月3日。
86. 参 见"The Idler About Town", *Frank Leslie's Illustrated Newspaper*, 1863年12月26日。
87. "Amusements", 1873年2月4日。泰勒的戏剧甚至在粗陋的采矿小镇也很受欢迎。参见Henriette Naeseth, "Drama in Early Deadwood, 1876—1879", *American Literature*, 10.3 (1938年11月): 189—312。
88. 其他成功搬上纽约舞台的伦敦犯罪通俗剧,包括G. R. 西姆斯(Sims)的《伦敦之光》(*The Lights o' London*, 1881)。参见Gerald Bordman, *American Theatre*, 171。
89. 当然,侦探们也出现在其他类型的戏剧中,比如,基拉尔菲兄弟空前盛大的舞台版

《80天环游世界》(*Around the World in 80 Days*, 1875),主角就是侦探菲克斯。

90. 参见Michael Denning, *Mechanic Accents*, 139, 148; Max Collins, Matthew V. Clements, George Hagenauer, *The History of Mystery* (Portland, OR: Collectors' Press, 2001), 10—17。

91. 有关这些结尾,参见本书第一章,以及Jane Moody, *Illegitimate Theatre in London*, 28。这出戏持续上演了九周,极受人们欢迎,随后又再次上演(Odell, *Annals of the New York Stage*, vol. 8, 277—278)。1869年5月31日至6月5日,在布鲁克林的公园剧院重新上演,布鲁厄姆未参演; 1870年1月10日至20日,在同一个剧院,再次上演了这部戏,布鲁厄姆参与了演出。

92. 法国原剧的海报,配图包括巴黎新桥、运载囚犯的船、勒杀现场等场景,可以通过法国国家图书馆的数字图书馆项目"Gallica"查询。《巴黎的勒杀者》后来在伦敦各个剧院以《铁钳》(*Grip of Iron*)为剧名上演。相关电影版于1913年制作发行。

93. William Winter, *The Life of David Belasco*, 2 vols. (New York: Moffat, Yard, 1920), 240.

94. "Some Parisian Town Talk", *New York Times*, 1883年4月30日。

95. 参见Gerald Bordman, *American Theatre*, 197, 199; 以及"Amusements: The Pavements of Paris", *New York Times*, 1883年12月19日,网络信息,访问时间为
210 2012年10月8日。

96. 该剧在法国也大获成功。有关法国表演的图片,参见《插图世界》(*Le Monde Illustré*)里的插图和朱尔·谢雷的海报,由法国国家图书馆的数字图书馆项目"Gallica"提供。

97. 参见Odell, *Annals of the New York Stage*, vol. 9。其中收录了一些最初的演员和场景的照片,包括路易丝在雪中的壮观场景。

98. 路易丝让人们回忆起早期的通俗剧女主角,如《庞贝城的末日》中的尼狄亚,以及一长串聋哑的通俗剧角色。

99. 博德曼提供了这部戏最早演出的总收入,为192 896美元,这一数额在当时算是巨款(《美国戏剧》,第84页)。

100. 这"两个孤儿"不仅在美国发挥了令人动情的魅力:在意大利、墨西哥、埃及、土耳其也都有电影改编,法国也有好几部。

第三章 幽灵来到城镇:闹鬼的城市

1. 关于哥特式小说的兴起,有着较为全面的书目。其中最有用的,可参见David Punter, *The Literature of Terror: A History of Gothic Fictions from 1765 to the Present Day*, 2 vols. (London: Longman, 1996), vol. 1; 以及E. J. Clery, *The Rise of Supernatural Fiction, 1762—1800* (Cambridge: Cambridge University Press, 2005)。

2. 关于19世纪哥特式风格持续影响力的报告,参见Deborah Lutz, "Gothic Fictions in the Nineteenth Century", in John Kucich and Jenny Bourne Taylor (eds.), *The Oxford*

History of the Novel in English, vol. 3, *The Nineteenth-Century Novel, 1820—1880* (Oxford: Oxford University Press, 2011)。

3. 有关爱尔兰哥特式传统论点的简要摘要，参见Jarlath Killeen, "Irish Gothic: A Theoretical Introduction", *Irish Journal of Gothic and Horror Studies*, 2006年10月30日，网络信息，访问时间为2011年12月13日。
4. 这一形式的叙述，包括Julia Briggs, *Night Visitors: The Rise and Fall of the English Ghost Story* (London: Faber, 1977)；以及Jack Sullivan, *Elegant Nightmares: The English Ghost Story from Le Fanu to Blackwood* (Athens: Ohio University Press, 1978)。早期的叙述，例如布里格斯的作品，往往以弗洛伊德的"暗恐"(uncanny)来阐释鬼怪小说。依据马克思、德里达以及资本主义产生的幽灵来解读鬼魂的最新描述，参见Andrew Smith, *The Ghost Story, 1840—1920* (Manchester and New York: Manchester University Press, 2010)。
5. 艾米莉·勃朗特的《呼啸山庄》和她姐姐的《简·爱》所描绘的乡村约克郡，也同样如此。参见Nancy Armstrong, "Imperialist Nostalgia in *Wuthering Heights*", in Linda Peterson (ed.), *Emily Brontë, Wuthering Heights* (Boston, MA: Bedford 211
Books, 1992), 128—149。
6. E. J. Clery, *The Rise of Supernatural Fiction*, 17.
7. 关于德国民间素材在英国的影响，参见Louis James, *Fiction for the Working Man* (London: Oxford University Press, 1963), 80。关于超自然小说跨国性的最新研究，参见Avril Horner and Sue Zlosnik, *Le Gothic: Influences and Appropriations in Europe and America* (Basingstoke: Palgrave Macmillan, 2008)。
8. 布拉姆·斯托克以其在《德古拉》中重塑哥特式小说而闻名，他还写了一些其他的鬼故事，在其死后被收入作品集《德古拉的客人》(*Dracula's Guest*, 1914)中。出生于卡里克弗格斯的里德尔夫人(1832—1906)，以伦敦题材的小说而闻名，其小说经常涉及商业界的金融阴谋，其中有一些由于威尔基·柯林斯、玛丽·伊丽莎白·布莱登(Mary Elizabeth Bradon)的推荐备受瞩目，并成为"引起轰动的小说"；而今人们主要关注她在杂志发表的超自然故事，其中一些可参见《弗兰克·辛克莱的妻子等故事》(*Frank Sinclair's Wife, and Other Stories*, 1874)、《志怪故事》(*Weird Stories*, 1882)，以及《女妖的警告等故事》(*The Banshee's Warning and Other Tales*, 1894)。菲茨詹姆斯·奥布赖恩(1828—1862)[可能]生于西科克，他的大部分文学生涯都在纽约而非伦敦度过，虽然他在伦敦生活过两年，将遗产挥霍一空，并发表了一些故事，之后才移居到美国。在纽约，他加入了一个波希米亚文学圈。作家们在百老汇的普法夫酒吧见面，其中包括沃尔特·惠特曼(Walt Whitman)、约翰·布鲁厄姆、艾达·克莱尔(Ada Clare)、亨利·克拉普(Henry Clapp,《星期六新闻》的编辑)和威廉·温特(William Winter)。奥布赖恩于1862年美国内战期间阵亡。其死后出版的《菲茨詹姆斯·奥布赖恩诗歌、故事集》(*Poems and Stories of Fitzjames O'Brien*, Boston: James Osgood, 1881)于1887

年在伦敦得到再版。B. M. 克罗克，即尼·谢泼德（née Sheppard，1849—1920），出生于罗斯康芒，但她大部分时间都待在印度、缅甸和英国。其大量作品［包括《通往曼德勒之路》（*The Road to Mandalay*，1917），1926年由托德·布朗宁（Tod Browning）拍成电影（不要与20世纪40年代的音乐喜剧电影《路》相混淆）］以及鬼故事（其中一些故事会先在《伦敦学会》等期刊上发表），都被收入选集《出租屋及其他故事》（*To Let, and Other Stories*，1893）中。

9. 涉及面最广的叙述，可参见Roxana Stuart，*Stage Blood: Vampires of the 19th-Century Stage*（Bowling Green，OH：Bowling University Popular Press，2004）。

10. “Introduction”，in Michael Cox and R. A. Gilbert（eds.），*The Oxford Book of Victorian Ghost Stories*［2003］（Oxford：Oxford University Press，1991），ix—xx（xiii）。

11. E. F. Bleiler，“Mrs Riddell，Mid-Victorian Ghosts，and Christmas Annuals”，in E. F. Bleiler（ed.），*The Collected Stories of Mrs J. H. Riddell*（New York：Dover，
212 1977），v—xxvi。考克斯和吉尔伯特重视的，是圣诞专号而不是年刊的作用（“Introduction”，*The Oxford Book of Victorian Ghost Stories*，xii）。

12. Washington Irving，*The Sketch Book of Geoffrey Crayon, Gent.*［1820］（New York：Putnam's，1884），322. 关于欧文对狄更斯的影响，参见“Introduction”，in Michael Slater（ed.），*Charles Dickens: A Christmas Carol and Other Christmas Writings*（London：Penguin，2003），xiv。

13. 关于勒法努的鬼故事的季节性出版物，可参见W. J. McCormack，*Sheridan Le Fanu and Victorian Ireland*（Oxford：Clarendon Press，1980），117。

14. 有关《万圣节庆》，参见John Cronin，*Gerald Griffin（1803—1840）: A Critical Biography*（Cambridge：Cambridge University Press，1978），35—41；Claire Connolly，“Irish Romanticism，1800—1830”，in Margaret Kelleher and Philip O'Leary（eds.），*The Cambridge History of Irish Literature*，vol. 1（Cambridge：Cambridge University Press，2006），407—448（423—424）。

15. 克罗斯的戏，先在皇家马戏团演出，后来在通俗剧大本营萨里剧院上演。此剧改编自安·拉德克利夫的《阿斯林和邓巴尼城堡》（1789）。麦克利斯第一幅重要的风俗油画《咬苹果之夜》，在1833年的皇家学院展览会上展出，并由詹姆斯·斯科特雕版复制。该画根据麦克利斯和托马斯·克罗夫顿·克罗克在布拉尼的马特·霍根牧师家里参加的万圣节派对而作，其中展示了传统的万圣节游戏，以及霍根牧师、沃尔特·斯科特爵士、克罗克和画家的姐妹们。参见Peter Murray（ed.），*Daniel Maclise, 1806—1870: Romancing the Past*（Kinsale：Gandon Editions，2008），96—99。

16. Gerald Griffin，*Holland-Tide, or Munster Popular Tales*（London：Printed for W. Simpkin and R. Marshall，1827），5. 选集中最长的、相当于中篇小说的《比利·艾尔默的艾尔默们》（“The Aylmers of Bally-Aylmer”），讲述了一个解释超自然的

故事。

17. 1836年(《匹克威克》之年),麦克利斯和狄更斯成了亲密的朋友。参见John Turpin,"Charles Dickens and Daniel Maclise: A Study of their Friendship", *Studies: An Irish Quarterly Review*, 73.289 (1984): 44—66; Nancy Weston, *Daniel Maclise, Irish Artist in Victorian London* (Dublin: Four Courts, 2001), 111—143。
18. 发生在10月31日至11月2日间的维多利亚鬼故事,包括:亨利·伍德夫人的《现实还是幻觉》("Reality or Delusion", *Argosy*, 1868年12月)、乔治·麦克唐纳的《科尼利厄斯叔叔的故事》("Uncle Cornelius", *St Paul's Magazine*, 1869年1月)。两篇故事都在《牛津丛书:维多利亚时代的幽灵故事》(*Oxford Book of Victorian Ghost Stories*)中得到重印。
19. 非常感谢克莱尔·康纳利(Claire Connolly),让我注意到《泥土》。史蒂文·康纳(Steven Connor)推测,《平安夜》中的一些废弃的素材被用来创作《死者》。参见 213
Connor,"From the House of Bondage to the Wilderness of Inhabitation: The Domestic Economies of Ithaca", in Andrew Gibson (ed.), *Joyce's "Ithaca"* (Amsterdam: Rodopi, 1996), 199—228 (204)。
20. 这种扩张,归功于诸多杂志的努力,例如,《布莱克伍德的爱丁堡杂志》、《伦敦杂志》、《新月刊》(*New Monthly Magazine*)等。这些杂志为19世纪早期的短篇小说开拓了市场。参见Tim Killick, *British Short Fiction in the Early Nineteenth Century: The Rise of the Tale* (Aldershot: Ashgate, 2008), 5—37。
21. 关于女性作者/编辑和奇情小说的问题,参见Beth Palmer, *Women's Authorship and Editorship in Victorian Culture: Sensational Strategies* (Oxford: Oxford University Press, 2011)。
22. E. F. Bleiler,"Mrs Riddell, Mid-Victorian Ghosts, and Christmas Annuals", 19.
23. 一个遭受冷落的孩子,经常出没于里德尔夫人的《核桃树屋》,那里也有一种被压抑的意志;在里德尔的《坚果灌木农场》("Nut Bush Farm", 1882)和阿梅莉亚·爱德华兹的《四点十五分快车》(1866)、《是不是幻觉》("Was it an Illusion", 1881)里,死者会让活着的人注意到隐藏的坟墓。
24. Patricia Coughlan,"Doubles, Shadows, Sedan-Chairs and the Past: The Ghost Stories of J. S. Le Fanu", in M. Allen and A. Wilcox (eds.), *Critical Approaches to Anglo-Irish Literature* (Gerrards Cross: Colin Smythe, 1989), 17—39; Michael Cox and R. A. Gilbert, *The Oxford Book of Victorian Ghost Stories*, 17.
25. 其文学生涯的经典叙述,可参见McCormack, *Sheridan Le Fanu and Victorian Ireland*。最近的研究包括:Victor Sage, *Le Fanu's Gothic: The Rhetoric of Darkness* (Basingstoke: Palgrave Macmillan, 2004); James Walton, *Vision and Vacancy: The Fictions of J. S. Le Fanu* (Dublin: University College Dublin Press, 2007)。有关其大量作品的注释书目,参见Rolf Loeber and Magda Loeber, *A Guide to Irish Fiction, 1650—1900*, 2 vols. (Dublin: Four Courts, 2006)。

26. “Death of Mr Lefanu”[sic.], *Freeman's Journal*, 1873年2月10日。

27. “The Great Dead of 1873”, *Lloyd's Weekly Newspaper*, 1874年1月4日。

28. 《弗里曼日报》(1873年2月10日)上的讣告，证实了这张勒法努离群索居的照片——在他去世之前的七年里，他这一张“英俊甚至杰出的面孔完全被社会遗忘”。据我所知，对“隐身王子”这一标签的第一次使用，出现在阿尔弗雷德·珀西瓦尔·格雷夫斯所写的《爱尔兰诗人和小说家》(“An Irish Poet and Novelist”)的致谢中，参见*Temple Bar*, 50 (1877年5—8月): 504—517 (republished in *The Purcell Papers*)。这个词大概源自J. R. 普兰奇的同名舞台滑稽表演；该剧根据德奥诺伊伯爵夫人的《鲁丁王子》(“Prince Lutin”)改编，是几十年来广受欢迎的短喜剧。

29. 约瑟夫·谢里丹·勒法努不像他的兄弟威廉那样是个社交名人。威廉有时可能取代他做孩子们的陪护人(McCormack, *Sheridan Le Fanu and Victorian Ireland*,
214 197)。但约瑟夫·勒法努先生和勒法努小姐(大概是最年长的孩子：埃利诺或埃莉)参加了1866年1月在主管爱尔兰事务的大臣的官邸举行的招待会；1866年9月，约瑟夫·勒法努先生经由霍利黑德从英国回到爱尔兰；1867年10月24日，参加了邻居乔治·汉考克先生的葬礼。1868年2月24日，约瑟夫·勒法努先生和勒法努小姐出席了阿伯肯总督及总督夫人举行的晚宴(《贝尔法斯特新闻通信》，1868年2月14日)。1868年7月，约瑟夫·勒法努和女儿们参加了都柏林城堡的国家舞会。这些年来，勒法努小姐出现在各种业余戏剧中，虽然她的陪护人可能是别人而非她父亲。1869年2月16日，约瑟夫、威廉兄弟俩和勒法努小姐参加了牧师舞会；1870年2月，约瑟夫·勒法努先生和勒法努小姐参加了卫兵舞会。我们还可以假定，约瑟夫·勒法努出席了他的女儿埃莉诺在圣斯蒂芬教堂举行的婚礼(1870年12月21日)，她嫁给了戈登高地步兵团中尉帕特里克·弗兰西斯·罗伯逊。

30. 麦科马克在声称勒法努为“隐身王子”的同一段文字中提到，1869年之前，勒法努参加了相当多的社会活动，包括“俱乐部晚宴”(McCormack, *Sheridan Le Fanu and Victorian Ireland*, 197)。而截止1871年4月，在健康状况每况愈下后，勒法努就只参加了一场音乐晚宴(同上书，第269页)。

31. Victor Sage, *Le Fanu's Gothic: The Rhetoric of Darkness*, 3.

32. Heather Ingman, *A History of the Irish Short Story* (Cambridge: Cambridge University Press, 2009), 41.

33. 1798年，怀特劳的都柏林人口普查，将其人口数确定为182 370人。根据1831年英国人口普查的序言，1801年，曼彻斯特及其周边地区的人口大约是这个数字的一半；利物浦、格拉斯哥和爱丁堡的人口数则在8万左右。然而，到了19世纪中叶，利物浦的面积几乎是都柏林的两倍，人口数超过40万。

34. 那些喜欢巧合的人可能会注意到，同一年，《塞拉斯叔叔》中带有诡异窗的密室之谜，出现在勒法努的同胞迪恩·布西科那里，后者将这些内容用在《阿娜之吻》

(*Arrah na Pogue*)中。戏中轰动一时的场景，向我们展示了肖恩从一个有问题的监狱的窗户逃跑。随着场景的转动、下沉，可以从监狱的外面看到肖恩爬上常春藤覆盖的墙壁。

35. 马丁·黑塞利乌斯博士这一角色，最早出现在1869年版的《绿茶》的框架叙事中。据推测，勒法努当时看到了使用黑塞利乌斯作为叙述者，将新旧故事联系起来的可能性。这些故事收录在《镜中暗影》中。

36. 由于两个文本几乎完全相同，因此这里给出的参考文献页码来自《熟人》(后文中的页码引用同此)，参见Robert Tracy (ed.), *In a Glass Darkly* (Oxford: Oxford 215
University Press, 2008)。

37. 参见Tom Ferris, *Irish Railways: A New History* (Dublin: Gill & Macmillan, 2008); Fergus Mulligan, *One Hundred and Fifty Years of Irish Railways* (Belfast: Appletree Press, 1983)。

38. 这些计划的灵感，来自从金斯敦到多基的实际蒸汽火车铁路线。参见K. A. Murray, *Ireland's First Railway* (Dublin: Irish Railway Record Society, 1981), 55。

39. Ralph Roth and Marie Noelle Polino, *The City and the Railway in Europe* (Aldershot: Ashgate, 2003), 192—200.

40. 社论，参见*Irish Times and Daily Advertiser*, 1864年4月5日。网络数据库ProQuest Historical Newspapers。

41. "William Scribble", *Dublin Destroyed! or, The Witches Cauldron of Railway Horror: A Mysterious Shakespeareana, in One Act* (Dublin: John Wiseheart, 1862). "威廉·斯克里布"，即威廉·史密斯(William Smyth, 1813—1878)，是著名喜剧演员、作家、画家。他的其他主题作品也包括为庆祝都柏林国际展览会而创作的《艾琳的仙宫》(*Erin's Fairy Palace; or the Palace of Industry and Pleasure: A Vision*, Dublin, 1865)。很感谢斯蒂芬妮·雷恩斯(Stephanie Rains)，让我注意到了这一作品。

42. 《托姆的爱尔兰年鉴和官方名录》(*Thom's Irish Almanac and Official Directory*)显示，这些年来，梅瑞恩广场主要的居民来自法律界，尽管也有一些医生住在这里。当然，还有威廉·王尔德，一名外科医生、民俗学家、"斯佩兰扎"(Speranza)的丈夫、奥斯卡·王尔德之父，他与家人住在北部梅瑞恩广场1号。1856年，勒法努的近邻包括皇室法律顾问威廉·亨恩和大法官艾奇逊·莱尔。1862年，从13号至16号住的都是大律师，而都柏林的政府律师住在19号。勒法努的职业是律师，而非报纸杂志所有人或作家。

43. 有关1853年的展览，参见Stephanie Rains, *Commodity Culture and Social Class in Dublin, 1850—1916* (Dublin and Portland, OR: Irish Academic Press, 2010), 29—37。

44. 参见W. R. Le Fanu, *Seventy Years of Irish Life, Being Anecdotes and Reminiscences* (London: Edward Arnold, 1894)，尤其是第190—203页，以及第277—278页。

45. 社论(无标题)，参见*Freeman's Journal*, 1868年6月5日。

46. 这些故事的版本详见E. F. Bleiler (ed.), *The Collected Stories of Mrs J. H. Riddell*, 361—379, 419—430。
47. Sharon Marcus, *Apartment Stories: City and Home in Nineteenth-Century Paris and London* (Berkeley: University of California Press, 1999).
48. "Line of Railroad from Kingstown to Dublin", in *Thirteen Views on the Dublin and Kingstown Railway* (Dublin: P. Dixon Hardy at the Offices of the Dublin Penny Journal, 1834), 未分页。也参见Mulligan, *One Hundred and Fifty Years of Irish Railways*, 14。

216

49. Alain René Le Sage, *Asmodeus; or, The Devil on Two Sticks*, trans. Joseph Thomas (London: Joseph Thomas, 1841), 20. 勒萨日的书很受欢迎，他创造的恶魔，成了讽刺作家们非常方便取用的资源，比如查尔斯·塞德利 (Charles Sedley) 的《阿斯莫德；或伦敦的魔鬼》(*Asmodeus; or, The Devil in London*, 1808)，爱德华·布尔沃·利顿在《新月刊》刊登的《逍遥法外的阿斯莫德》("Asmodeus at Large", 1832) 系列，以及在《利物浦水星报》刊登的《魔术世界；或瓶子小魔鬼》("The Magic Globe; or, the Bottle Imp", 1829)。关于城市速写中阿斯莫德式人物的流传，参见Tanya Agathocleous, *Urban Realism and the Cosmopolitan Imagination in the Nineteenth Century Visible City, Invisible World* (Cambridge: Cambridge University Press, 2011), 82。
50. "A Run on the Eastern Counties Railway", *Morning Chronicle*, 1850年10月5日星期六。
51. 早期英语参考文献，描述了贝里公爵夫人 (Duchess of Berri，原文如此) 打的赌，说她可以乘坐公共汽车从杜伊勒里宫到巴士底狱，而不会被别人认出。"Mirror of Fashion", *Morning Chronicle*, 1828年12月13日，网络信息采集自大英图书馆19世纪报纸。
52. "On Saturday", *Morning Chronicle*, 1829年7月6日。
53. 据迈克尔·科科伦 (Michael Corcoran) 所言，早在1834年，由于汽车工人的合法干预，建立都柏林公共服务机构的尝试被打消。科科伦认为，这种僵局一直持续到1848年。尽管报纸指出，在此之前相当多的铁路线路运行良好。参见Corcoran, *Through Streets Broad and Narrow* (Leicester: Midland, 2000), 8。关于各种马车运输供应商之间的冲突，参见"Carriage Court — Yesterday", *Freeman's Journal*, 1846年11月5日。
54. 这部戏以理查德·约翰·雷蒙德的闹剧《樱桃弹跳》(*Cherry Bounce*, 1821) 为基础。此剧广受欢迎，很大程度上归功于喜剧角色爱尔兰仆人帕特·鲁尼。泰龙·鲍尔、约翰·布鲁厄姆、巴尼·威廉姆斯分别在不同时期扮演过这个角色。
55. 有关法国杂耍这种形式，参见Jennifer Terni, "A Genre for Early Mass Culture: French Vaudeville and the City, 1830—1848", *Theatre Journal*, 58.2 (2006), 221—248。阿尔比特和迪加尔戏剧的主角发现，自己在每个转折点，都会得到公共汽车

上遇见的陌生人的帮助；而后来发现，陌生人之所以帮他，只是因为他是他们的债主。

56. Frank Hall, *The Properest Thing to Do* (London：L'Enfant and Hodgkins, 1863).
57. Wilkie Collins, *Basil* [1852] (Oxford：Oxford University Press, 2005), 29.
58. 对于其他作家（从特罗洛普到萨克雷）而言，人物对公共汽车的态度，提供了一种将他们置于社会阶层的方法。参见Richard Altick, *The Presence of the Present: 217
Topics of the Day in the Victorian Novel* (Columbus：Ohio State University Press, 1991), 369—381。
59. 米歇尔·德·塞尔托将城市行人可用的策略与通勤者的幽闭进行了对比。述评参见Nigel Thrift, "Driving in the City", *Non-Representational Theory: Space, Politics, Affect* (Abingdon：Routledge, 2008), 75—88。
60. 有关维多利亚时代艺术中的公共汽车，参见Christopher Wood, *Victorian Panorama: Paintings of Victorian Life* (London：Faber, 1976), 216—219。
61. "Omnibus Reform", *Punch*, 1860年10月6日, 139。
62. 《都柏林大学杂志》在萨克维尔街有办公室，《看守》(*Warder*)在议会街有办公室。
63. 布拉姆·斯托克借鉴这个故事，讲述了一个受鬼魂纠缠的学者的故事——《法官之家》，这个故事也在很大程度上借鉴了勒法努的《安及亚街的奇怪骚乱事件》。
64. Wolfgang Schivelbusch, *The Railway Journey: The Industrialization of Time and Space in the Nineteenth Century* (Berkeley：University of California Press, 1986).
65. 在《头等车厢》中，一对青年男女互相凝视着，而女子的父亲正在车厢的角落里睡觉。1855年的新版《头等车厢》，是为了回应有关第一版主题粗俗的批评而作的。其中的改动使得内容更加单纯：父亲醒着，正同年轻男子说着话。
66. Le Fanu, *Uncle Silas* [1864] (Oxford：Oxford University Press, 1989), 390.
67. "The Room in the Dragon Volant", in Tracy, *In a Glass Darkly*, 151.
68. "To be Taken with a Grain of Salt", Michael Cox and R. A. Gilbert (eds.), *The Oxford Book of Victorian Ghost Stories*, 55—64 (56). 这个故事最初发表在1865年《一年四季》的圣诞特刊上。
69. "Uncle Cornelius His Story", Michael Cox and R. A. Gilbert (eds.), *The Oxford Book of Victorian Ghost Stories*, 130 —149 (146).
70. "Hertford O'Donnell's Warning", in *Collected Stories of Mrs J. H. Riddell*, 130—147 (138).
71. 1879年1月，《新季刊》(*New Quarterly Magazine*)刊登了该小说的短篇版本；1880年，长篇版本以书籍形式出版。
72. 像E. M. 福斯特的《天国驿车》("The Celestial Omnibus", 1911)这样的怪诞故事似乎属于另一种不同的超自然类别。
73. Fritz Leiber, "Smoke Ghost", *Unknown Worlds*, 5.3 (1941年10月)：100—107 (100). 这个故事包含种族和城市科技的潜台词：瑞安的精神科医生和他的儿子把

218 纠缠他的烟雾般的鬼魂看成了黑人，或者是黑脸的白人。

74. 可以说，罗伯特·巴伯·约翰逊的地铁故事《远在下面》（“Far Below”，参见 *Weird Tales*，1939年6月）也属于类似的类型。但与其说它是鬼故事，倒不如说是恐怖故事。

75. 后者包括《万圣节》（*Halloween*，1978）、《雾》（*The Fog*，1980），以及1984年开始的《厄尔姆街的噩梦》（*Nightmare on Elm Street*）系列。

76. 引自 Leon Edel（ed.），*Henry James：Stories of the Supernatural*（London：Barrie and Jenkins，1971），5—6。

77. 关于詹姆斯与超自然小说更普遍市场的关系，参见 T. J. Lustig，*Henry James and the Ghostly*（Cambridge：Cambridge University Press，1994），87。

78. “Introduction”，in Anna Despotopoulou and Kimberley C. Reed（eds.），*Henry James and the Supernatural*（New York：Palgrave Macmillan，2011），2.

79. Lustig，*Henry James and the Ghostly*，2.

80. “Introduction”，Despotopoulou and Reed，*Henry James and the Supernatural*，5—6.

81. Leon Edel，*Henry James：Stories of the Supernatural*，667.

82. Henry James，*The American Scene*［1907］（London：Granville，1987），56.

83. 参见 Beverly Haviland，“The Return of the Alien：Henry James in New York，1904”，*Henry James Review*，16.3（1995）：257—263。

84. 参见 Gert Buelens，“Henry James and the（Un）Canny American Scene”，in Greg W. Zacharias（ed.），*A Companion to Henry James*（Oxford：Blackwell，2008），193—207。

85. “摩天大楼”（sky-scraper）一词，在19世纪80年代的某个时候进入了建筑词典。1883年，《牛津英语词典》在《美国建筑师和建筑新闻》中首次使用了该词。这个词以前是用来形容高帆和大马的。“广场”（plaza）一词，在20世纪40年代用来描述购物中心的核心地带。

86. “Crapy Cornelia”，in Henry James，*The Jolly Corner and Other Tales*（Harmondsworth：Penguin，1990），221—248（224）.

87. 这副护目镜被多次提及，让人想起了勒法努的《神秘租客》（“The Mysterious Lodger”，1850）中那个邪恶的陌生人所佩戴的那副。

88. 引自 Edel，*The Master*，324。根据埃德尔的说法，詹姆斯向经纪人描述说，这故事是“神奇的杰作”。安德鲁·史密斯认为，这个故事体现了詹姆斯在面对日益异化的美国时，探索自己英美身份的一种焦虑。参见 Smith，*The Ghost Story*，134—137。也参见 Martha Banta，*Henry James and the Occult：The Great Extension*（Bloomington：Indiana University Press，1972）。利昂·埃德尔指出，这个故事也重复了詹姆斯未完成的小说《过去的感觉》（*The Sense of the Past*）的情节，一位美国人继承了一座伦敦的房子，“进入其中时，发现自己与过去的英国祖先在一起”。
219 参见 *Henry James：The Master，1901—1916*（London：Rupert Hart-Davis，1972），320。

89. James，*The Jolly Corner and Other Tales*，162.

第四章 大众时代的识读狂热

1. *Alphabet grotesque des cris de Paris*, woodcut (Paris: Pellerin, 1861). 可通过法国国家图书馆的数字图书馆项目"Gallica"查询。访问时间为2012年10月10日。
2. *Aunt Louisa's London Toy Books: London Alphabet* (London: Frederick Warne, c.1880), 14. 佛罗里达大学鲍德温图书馆的历史儿童文学, 在线数字馆藏, 2012年7月19日访问。
3. *Aunt Louisa's London Toy Books: London Characters, From Coloured Designs by H. W. Petherick* (London and New York: Frederick Warne/Scribner Welford & Armstrong, c.1880), 6.
4. David M. Henkin, *City Reading: Written Words and Public Spaces in Antebellum New York* (New York: Columbia University Press, 1998). 除了这里讨论的报纸和海报外, 亨金还考虑了路牌和纸币所扮演的角色。
5. de Certeau, "Walking in the City", in *The Practice of Everyday Life*, trans. Steven Randall (Berkeley: University of California Press, 1984), 91—110.
6. 对识字率进行历史调查, 是一件较为棘手的事情。如果考虑婚姻登记册上签字的证据, 从19世纪40年代到19世纪末, 英国成人识字率急剧上升。参见David F. Mitch, *The Rise of Popular Literacy in Victorian England. The Influence of Private Choice and Public Policy* (Philadelphia: University of Pennsylvania Press, 1992)。不过, 这些证据并没有告诉我们真正实用的识字率。亨金指出, 根据1840年的人口普查, 纽约的文盲率非常低, 但对这些证据必须再次持怀疑的态度。他认为, 城市标牌的激增本身, 可能就标志着有识读能力的人非常多 (Henkin, *City Reading*, 20—22)。
7. 有关英国的"超巨型商店"或"超巨型商号", 参见Peter Scott, "The Evolution of Britain's Urban Built Environment", in Martin Daunton (ed.), *The Cambridge Urban History of Britain, 1840—1950*, vol. 3 (Cambridge: Cambridge University Press, 2001), 504—505。针对城市零售业大规模化的敌对意见, 参见Stephanie Rains, *Commodity Culture and Social Class in Dublin*, 9—47。罗莎琳・威廉姆斯 (Rosalind Williams) 讨论了巴黎大众消费文化的出现, 参见*Dream Worlds: Mass Consumption in Late Nineteenth Century France* (Berkeley: University of California Press, 1991)。有关平板玻璃橱窗的重要性, 参见Isobel Armstrong, *Victorian Glassworlds*, 134—140。 220
8. 户外广告是一个有点误导性的术语, 因为一些较小的海报也可能出现在商店的橱窗里; 如我们所见, 公共汽车内部、火车站也是非常适合贴广告的场所。
9. 有关《路易莎婶婶的伦敦字母表》和类似的出版物, 参见Megan A. Norcia, "Come Buy, Come Buy: Christina Rossetti's 'Goblin Market' and the Cries of London",

Journal of Victorian Culture, 17.1 (2012): 24—45。

10. John Strachan, *Advertising and Satirical Culture in the Romantic Period* (Cambridge: Cambridge University Press, 2007); Jennifer Wicke, *Advertising Fictions: Literature, Advertisement, and Social Reading* (Columbia, NY: Columbia University Press, 1988); Thomas Richards, *Commodity Culture of Victorian England: Advertising and Spectacle, 1851—1914* (Stanford, CA: Stanford University Press, 1990); Lori Anne Loeb, *Consuming Angels: Advertising and Victorian Women* (New York: Oxford University Press, 1994); Matthew Rubery, *The Novelty of Newspapers: Victorian Fiction after the Invention of the News* (Oxford: Oxford University Press, 2009); Gerard Curtis, *Visual Words: Art and the Material Book in Victorian England* (Aldershot: Ashgate, 2002).
11. 关于报纸历史上的这一时期，参见Alan J. Lee, *The Origins of the Popular Press in England, 1855—1914* (London: Croom Helm, 1976)。
12. Asa Briggs and Peter Burke, *A Social History of the Media* (Cambridge: Polity, 2005), 156.
13. Lee, *The Origins of the Popular Press in England*, 45.
14. T. R. Nevett, *Advertising in Britain: A History* (London: Heinemann, 1982), 41.
15. Asa Briggs and Peter Burke, *A Social History of the Media*, 161.
16. 关于法国报纸采用新技术的情况，参见Louis Guéry, *Visages de la presse: la présentation des journaux des origines à nos jours* (Paris: éditions du Centre de formation et de perfectionnement des journalistes, 1997), 94—95, 118—119; 关于美国的报纸技术，参见David M. Henkin, *City Reading*, 107。
17. Asa Briggs and Peter Burke, *A Social History of the Media*, 155. 关于美国"一便士报纸"的兴起，也参见David M. Henkin, *City Reading*, 101—136; 以及Jean M. Lutes, "Newspapers", in Christine Bold (ed.), *The Oxford History of Popular Print Culture*, vol. 6, *US Popular Print Culture, 1860—1920* (Oxford: Oxford University Press, 2012), 97—112。
18. Asa Briggs and Peter Burke, *A Social History of the Media*, 155.
19. Lutes, "Newspapers", 99.
20. Guéry, *Visages de la presse*, 103 (后文中对于此书的引用可参照相关括号中的页码); Thomas Cragin, *Murder in Parisian Streets: Manufacturing Crime and Justice in the Popular Press, 1830—1900* (Lewisburg, PA: Bucknell University Press, 2006), 37—38。

221 21. Guéry, *Visages de la presse*, 103, 120—121.
22. 1869年8月和9月，让-巴蒂斯特·特罗普曼杀害了金克家族的八名成员，其中有五名儿童；他杀人的动机似乎就是为了金钱。从发现尸体、审判，到处决罪犯，如此种种引起了公众前所未有的兴趣。

23. 有关特罗普曼和《小日报》，参见Thomas Cragin，*Murder in Parisian Streets*，32—38。

24. 参见Asa Briggs and Peter Burke，*A Social History of the Media*，156；以及“La Presse”，in *Larousse Encyclopédie*，网络信息，访问时间为2012年7月30日。

25. David M. Henkin，*The Postal Age: The Emergence of Modern Communications in Nineteenth-Century America*（Chicago and London：University of Chicago Press，2007），42—62.

26. 泥瓦匠、木匠和其他技术工人戴着纸帽，作为其职业的标志。参见Peter Chrisp，*A History of Fashion and Costume: The Victorian Age*（Hove：Bailey Publishing，2005），39。坦尼尔为刘易斯·卡罗尔《爱丽丝镜中奇遇记》（*Through the Looking Glass*，1871）制作的插图显示，那位木匠也戴着这样一顶帽子。

27. Lee，*The Origins of the Popular Press in England*，65.

28. 直到19世纪末，小贩们还在继续叫卖其商品，克拉金认为，这表明巴黎的口头文化并未被现代化的洪流冲刷殆尽。参见Thomas Cragin，*Murder in Parisian Streets*，35，39。

29. 参见Patricia Cline Cohen，Timothy J. Gilfoyle，Helen Lefkowitz Horowitz，*The Flash Press: Sporting Male Weeklies in 1840s New York*（Chicago：University of Chicago Press，2008），94。有关1857年的《淫秽出版物法》和伦敦街道，参见Lynda Nead，*Victorian Babylon: People, Streets and Images in Nineteenth-Century London*（New Haven，CT and London：Yale University Press，2000），149—161。

30. 关于英国广告史，参见Henry Sampson，*A History of Advertising from the Earliest Times*（London：Chatto & Windus，1874），该书更注重新颖和欺诈，而非广告业本身；E. S. Turner，*The Shocking History of Advertising*（London：Michael Joseph，1952）；Blanche B. Elliott，*A History of English Advertising*（London：Batsford，1962）；Diana Hindley and Geoffrey Hindley，*Advertising in Victorian England, 1837—1901*（London：Wayland，1972）；Nevett，*Advertising in Britain*；以及Thomas Richards，*Commodity Culture of Victorian England*。关于米切尔，参见Diana Hindley and Geoffrey Hindley，*Advertising in Victorian England*，20—26。

31. 关于展览带来的文化影响，参见Thomas Richards，*Commodity Culture of Victorian England*。

32. John Strachan，*Advertising and Satirical Culture in the Romantic Period*，chaps. 3 and 5. 222

33. Turner，*The Shocking History of Advertising*，89.

34. “A Nation of Advertisers”，*Punch*，12（1847）：31.

35. 关于举广告牌的人的生活，也参见Henry Mayhew，*London Labour and the London Poor*［1861—1862］（New York：Dover，1968）。

36. “The Real Obstructions”，*Punch*，19（1850年7月13日），30。《笨拙》周刊中的一些

其他漫画，又回到了街头广告的主题，包括“More Easily Said than Done”，*Punch* (1846)。也参见“A Nation of Advertisers”，*Punch*；以及Gerard Curtis，“Dickens in the Visual Market”，in John O. Jordan (ed.)，*Literature in the Marketplace: Nineteenth-Century British Publishing and Reading Practices* (Cambridge: Cambridge University Press，1995)。

37. Robert L. Patten，*Dickens and his Publishers* (Oxford: Clarendon Press，1978)，206.
38. John Strachan，*Advertising and Satirical Culture in the Romantic Period*，18.
39. Hermann von Pückler-Muskau，*Tour in England, Ireland and France in the Years 1826, 1827, 1828 and 1829* (Philadelphia，PA: Carey，Lea and Blanchard，1833)，145.
40. “A Nation of Advertisers”，*Punch*.
41. 这则广告引自Diana Hindley and Geoffrey Hindley，*Advertising in Victorian England*。
42. John Strachan，*Advertising and Satirical Culture in the Romantic Period*，23.
43. Knight，*London*，vol. 5 [1843]，34—35，Tufts Digital Library. 网络信息，访问时间为2012年7月25日。
44. 关于这个时期英国海报的历史，参见John Hewitt，“‘The Poster’ and the Poster in England in the 1890s”，*Victorian Periodicals Review*，35.1 (2002): 32—62。
45. Anon.，*The Language of the Walls: And a Voice from the Shop Windows; or, The Mirror of Commercial Roguery by One Who Thinks Aloud* (Manchester: Abel Heywood，1855)，2—4.
46. “北方伟大的巫师”可能指的是魔术师、演员、作家约翰·亨利·安德森(John Henry Anderson)，而非沃尔特·司各特爵士。安德森是一位精明的广告推介人员，著有多本畅销的魔术书籍，他还发明了把兔子从帽子里拉出来的戏法。
47. “A Nation of Advertisers”，*Punch*.
48. Ibid.
49. 关于安静的公共旅行的发展，参见Wolfgang Schivelbusch，*The Railway Journey*。
50. 参见Henry Mayhew，*London Labour and the London Poor*；以及Charles Dickens，“Bill-Sticking”，*Household Words*，1851年3月22日。
51. 参见Brenda Assael，*The Circus and Victorian Society* (Charlottesville: University of Virginia Press，2005)，121—124；Alistair O'Neill，*London: After a Fashion*
223 (London: Reaktion，2007)，51—53。
52. 一首配有漫画的诗，参见“Horrible London: Or the Pandemonium of Posters”，*Punch*，1888年10月13日。该诗所描述的耸人听闻的海报，大概与当年开膛手谋杀案的新闻报道有关。
53. 《毁容时代》，后来由雷明顿出版社以图书的形式在1893年出版。
54. John Ranlett，“Checking Nature's Desecration: Late Victorian Environmental Organizations”，*Victorian Studies*，26.2 (1983): 197—222 (206)．也参见Terence Nevett，“The Scapa Society: The First Organised Reaction against Advertising”，

Media, Culture and Society, 3.2 (1981): 179—187；以及John Taylor, “The Alphabetic Universe: Photography and the Picturesque Landscape”, in Simon Pugh (ed.), *Reading the Landscape* (Manchester: Manchester University Press, 1990), 177—196。

55. 引自Taylor,“The Alphabetic Universe”,188。
56. 理查森·埃文斯在1900年10月写给《泰晤士报》的一封信，引自Diana Hindley and Geoffrey Hindley,*Advertising in Victorian England*,80。
57. John Ranlett,“Checking Nature's Desecration”,210.
58. 这幅漫画可以通过网络在威康图书馆(Wellcome Library)找到，网络信息，访问时间为2010年4月28日。广告/比尔(bill/Bill)的笑话，在1892年的爱尔兰自治法案时代被抹去了。参见“‘There's the Rub!’(An Old Story with a New Application): Champion Bill-Poster, Loquitur”,*Punch*,102(1892年1月16日): 33。
59. 大英图书馆将其年代定为1820年，但它的歌词提到了《樱桃熟了》，后者是在《保罗·普里》(*Paul Pry*,1826)中得到使用后才开始流行起来的。
60. 这首歌被认为是“T. 哈德森所作”，但是大英图书馆目录把它归于多产作曲家乔纳森·布卢伊特的名下，后者曾经是都柏林皇家剧院的作曲家。
61. 关于印刷文本的生命周期和亨利·梅休对废纸工业的描述，参见Leah Price, *How To Do Things with Books in Victorian Britain* (Princeton, NJ and Oxford: Princeton University Press, 2012), 219—257。
62. 兰德尔(1830—1898)还演唱了19世纪60年代的热门滑稽歌曲，如《爱尔兰人不必申请》(*No Irish Need Apply*, 1864)和《我在火车上遇到的迷人的年轻寡妇》(*The Charming Young Widow I Met in the Train*, 1863)。参见Michael Kilgarriff, *Sing Us One of the Old Songs: A Guide to Popular Song, 1866—1920* (Oxford: Oxford University Press, 1998)。
63. 霍华德·保罗夫妇是一对非常成功的杂耍剧场艺人。在其“拼凑”表演和类似的娱乐节目中，他们会模仿当时的各种典型人物并同时演唱滑稽歌曲。保罗夫人因模仿当时最伟大的男高音歌唱家之一西姆斯·里夫斯而得到赞誉。根据当代评
论家的评论，她模仿的里夫斯的《走进莫德花园》(*Come into the Garden Maud*)非 224
常受欢迎。
64. Henry Walter, *The Age of Paper* (London: Metzler, 1862). 这并不完全是滑稽的奇想：直到1870年，波士顿一家制造商，每年生产7 500万个纸领子。参见Dard Hunter, *Papermaking: The History and Technique of an Ancient Craft* [1947] (New York: Dover, 1978), 386。
65. 该文以假名发表，参见Jun. Colbert, *The Age of Paper; or, an Essay on Banks and Banking. Containing the History of the Most Remarkable Paper Bubbles* (London, 1795)。
66. 参见Peter Stallybrass, “Marx's Coat”, in Daniel Miller (ed.), *Consumption: Critical*

Concepts in the Social Sciences（London：Routledge，2001），311—334。

67. 艾尔弗雷德·康坎农（约1833—1886）被普遍认为是19世纪最有才华的、广受赞誉的石版画艺术家之一。他是一位多产的乐谱插图画家，还为一些书籍插图，并制作了一些绝无仅有的大型石版画。他出生于诺丁汉，是艺术家爱德华·康坎农的儿子。爱德华最著名的作品可能是他纪念1851年展览的精美插图册。关于艾尔弗雷德一生的少数评论，参见N. J. Irons，"Alfred Concanen，Master Lithographer"，*Irish Arts Review*，4.3（1987）：37—41。

68. 上面提到的这些和其他的封面，可以在Spellman维多利亚音乐封面收藏在线观看，通过视觉艺术数据服务（VADS）获得，网址：vads.ac.uk。

69. 目前，位于斯特兰德街的煤库酒吧，是一座20世纪的建筑。

70. Eugene T. Johnston，*The Bill-Poster's Dream, or Cross Readings*（New York：Charles Magnus，1863）．"林肯平面印刷品收藏"，布朗数字存储库，访问时间为2013年6月1日。

71. 参见《石头上的美国》（"America on Stone"）：哈里·T. 彼得斯收藏馆，史密森尼国立美国历史博物馆，华盛顿特区，网络信息，访问时间为2013年8月10日。

72. Garrett Stewart，*The Look of Reading: Book, Painting, Text*（Chicago：University of Chicago Press，2006）. Leah Price，*How To Do Things with Books in Victorian Britain*.

73. "The British School of Oil Painting"，*The International Exhibition, 1862: Official Catalogue of the Fine Art Department*（London，1862），5. 关于国际展览在塑造"英国艺术是叙事艺术"这一观念方面的作用，参见Julia Thomas，*Pictorial Victorians: The Inscription of Values in Word and Image*（Athens：Ohio University Press，2004），109—112。

74. Walter Benjamin，"Little History of Photography"，in Michael W. Jennings（ed.），*Walter Benjamin: Selected Writings, 1927—1934*，vol. 2（Cambridge，MA：The Belknap Press of Harvard University Press，1999），507—530.

75. Peter Sheppard Skaerved，Janet Snowman，Frances Palmer，*John Orlando Parry: The Poster Man, A Snapshot of London's Musical Life in 1835*（London：Royal Academy of Music，2007），11. 参见根特美术馆收藏的《带有沙漏、剃须刀、剪刀的错视信件
225 架》（*Trompe-l'oeil Letter Rack with an Hourglass, a Razor and Scissors*，1664）。斯卡尔维德还注意到了帕里与其同时代的乔治·约翰·施瓦夫（乔治·施瓦夫爵士的父亲，国家肖像美术馆馆长）的共鸣，后者的一些作品也捕捉到了伦敦广告的影响。

76. 参见本书第三章注释65。后一幅画作存在两种不同的版本，其中一个版本被认为太有伤风化。此画描绘了一对年轻夫妇非常亲昵地坐在火车车厢里，而年轻女子较为年长的同伴却在睡觉；在修改后的版本中，年长的同伴醒着，并坐在他们中间。

77. 关于三联画的详细解读，参见Julia Thomas，*Pictorial Victorians*，145—159。
78. 有关这幅画的背景文本的详细分析，参见Gerard Curtis，“Ford Madox Brown's Work：An Iconographic Analysis”，*Art Bulletin*，74.4（1992年12月）：623—636。
79. 第一个“照明亭”，是在1857年豪斯曼对巴黎街道的激进改造中建造的。既是报摊，也是广告牌。贝罗绘画时，这些设备已经成为巴黎街头的偶像了。
80. 2010年，宾夕法尼亚州帕尔默艺术博物馆举办的国家人文基金会展览“征税远景：19世纪晚期美国艺术的财务事件”，汇集了大量这类作品。
81. 关于奥古斯都·马尔雷迪生平的少数资料来源之一是《克伦布鲁克聚居地》（“The Cranbrook Colony”），这是一份展览目录，相关展览于1981年6月29日至7月11日在克伦布鲁克的韦斯特里大厅举办，目录由安德鲁·格雷格编纂并由东南报业印刷。例如，《奥利弗·退斯特》2003年的企鹅版本使用了马尔雷迪《在伦敦桥上歇息》中的一个细节。马尔雷迪的一些画作可以在英国广播公司的网站上浏览（www.bbc.co.uk/arts/yourpaintings/artists/augustus-edwin-mulready）。
82. 关于这些艺术家之间的联系，可参见Christopher Wood，*Victorian Painters：The Text*（London：Antique Collectors' Club，1995）。
83. 在1861年的人口普查中，他的出生地似乎是肯萨绿地；而根据1851年的人口普查记录，则是切尔西。后者似乎更有可能，因为他家当时住在切尔西的萨塞克斯广场4号，而其他家庭成员也住在切尔西。
84. “The Cranbrook Colony”，10.
85. 《守约》于2009年12月4日在爱丁堡邦瀚斯拍卖行出售。此画描绘了一个看起来相当活泼的乡下女孩，她在栅栏上摆着姿势，大概在等她的心上人。《雪球》（1871）描绘了孩子们在乡村玩耍的景象，出现在2006年3月15日的佳士得拍卖会；此 226
画的签名是一个字母组合，而不是马尔雷迪通常的A. E. 马尔雷迪。《艰难时代》（2005年11月9日在布赖特韦尔出售）描绘了一名坐在桌边的年轻女子，她正用手指指着文字；此画也是用字母组合签名的。《春天里》详细描绘了一个采花少女，2000年3月16日在邦瀚斯拍卖行卖出。《落下的鸟》是以通常方式签名的，画中白雪皑皑的林地里，一个女孩遇到了一只冻硬了的鸟。
86. 有关奥古斯都·马尔雷迪的条目，参见Algernon Graves（ed.），*The Royal Academy of Arts：A Complete Dictionary of Contributors and their Work from its Foundation*，vol. 5（London：Henry Graves and George Bell，1905）。
87. “The Royal Academy”，*Graphic*，1872年6月29日星期六。
88. 这幅翻印的作品表明，原画与2004年11月30日在霍洛威拍卖会上出售的那一幅相当类似。
89. “Our Illustrations”，*Graphic*，1872年9月7日星期六。马歇尔&斯内尔格罗夫和肖尔布雷德是伦敦的两家百货公司，前者在牛津街，后者在托特纳姆法院路。
90. “Fine Arts：The Winter Exhibitions — the French Gallery”，*Daily News*，1872年10月31日星期四。

91. “The Hanover Gallery”, *The Era*, 1886年12月4日星期六, 22。展出的其他绘画，还包括巴斯蒂安-勒帕热、约翰·吉尔伯特爵士和恩里科·克里斯皮的作品。
92. “Fine Art Exhibition”, *Liverpool Mercury*, 1879年5月15日。
93. “Spring Exhibition at the Basnett Street Gallery”, *Liverpool Mercury*, 1887年5月4日, 5。
94. “The Southport Exhibition”, *Liverpool Mercury*, 1892年2月27日。
95. 参见“Fine Arts”, *Daily News*, 1863年5月7日。
96. London Metropolitan Archives, St. Pancras Parish Church, *Register of Burials at Finchley Cemetery*.
97. “The Cranbrook Colony”, 32.
98. Jeremy Maas, *Victorian Painters* [1969] (New York: Harrison House, 1988), 234, 255. 马斯指出，这幅画（现收藏于肯辛顿宫伦敦博物馆）的背面有画家的题词：“伦敦的卖花女和流浪儿——互帮互助——像光和影一样彼此映衬。”（同上书，第254页）
99. 《雨后的切尔西》，在马尔雷迪的签名上面，简单地题写着“切尔西”。此画出现在2008年11月18日的邦瀚斯拍卖会上。《切尔西街景》于2010年6月14日由斯卡伯勒的戴维·杜格比拍卖行拍卖。
100. 这幅画于2010年9月29日在邦瀚斯拍卖行出售。大小为39.75英寸×29.937 5
227 英寸，是他较大的画作之一。1996年6月13日，邦瀚斯拍卖行以此标题出售了另一幅画，是小于原件的副本。
101. 关于城市贫困的可视化方面，参见Julian Treuherz and Susan Casteras, *Hard Times: Social Realism in Victorian Art* (London: Lund Humphries and Manchester City Art Galleries, 1987), 132—133。
102. 狄更斯在一篇关于尼日尔远征的非虚构作品中写道:“国内的事情必须彻底完成，否则国外就没有希望。”引自Bruce Robbins, “Telescopic Philanthropy: Professionalism and Responsibility in Bleak House”, in Homi K. Bhabha (ed.), *Nation and Narration* (London and New York: Routledge, 1990), 213—230。
103. 尼古拉·鲍恩（Nicola Bown）从情感影响方面对这幅画进行了详细解读，参见“Tender Beauty: Victorian Painting and the Problem of Sentiment”, *Journal of Victorian Culture*, 16.2 (2011): 214—225。莱昂内尔·兰伯恩的《维多利亚时代的绘画》(London: Phaidon Press, 1999) 将此画命名为《追忆逝去的欢乐》(*Remembering Joys that are Passed Away*)，而阿尔杰农·格雷夫斯在《皇家艺术学院》(*The Royal Academy of Arts*, vol. 5, 322) 中将其记录成《回想逝去的欢乐》，且市政厅美术馆以此为名制作了编目。
104. 有关当时的一篇评论，参见“Royal Alhambra Palace”, in “Christmas Entertainments”, *The Times*, 1871年12月27日, 3。
105. 关于作为伦敦象征的清道小童，参见Julia Thomas, *Pictorial Victorians: The*

Inscription of Values in Word and Image (Athens: Ohio University Press, 2004), 122。

106. Benedict Anderson, *Imagined Communities: Reflections on the Origin and Spread of Nationalism* (London: Verso, 1983).

107. Jacques Rancière, *The Politics of Aesthetics: The Distribution of the Sensible*, trans. Gabriel Rockhill (London: Continuum, 2006).

108. 例如斯特德和马弗利等人的选集，参见Stephen Donovan and Matthew Rubery (eds.), *Secret Commissions: An Anthology of Victorian Investigative Journalism* (Peterborough, Ontario: Broadview, 2012)。关于马弗利，参见Judith Walkowitz, "The Indian Woman, the Flower Girl, and the Jew: Photojournalism in Edwardian London", *Victorian Studies*, 42.1 (1999—2000): 3—46。

109. 《报童》是约克美术馆的收藏品，布里奇曼艺术在线提供的年代是1863—1866年，不过它的风格更接近马尔雷迪19世纪80年代和90年代的报童画。2010年10月27日，《报童》作为第443号拍品由基德森·特里格美术拍卖行拍卖。2008年2月19日，《眼下的运气》由骑士桥邦瀚斯拍卖行拍卖。近年来拍卖的大多数马尔雷迪的绘画作品，可以在"Artnet"等网站上查到。 228

110. 马尔雷迪在另一幅报童画《伦敦报童》中，使用了同样的内容。参见Mary Cowling, *The Artist as Anthropologist: The Representation of Type and Character in Victorian Art* (Cambridge: Cambridge University Press, 1989)。

111. 这幅画是2010年6月15日由骑士桥的邦瀚斯拍卖行出售的。

112. 2006年6月13日，在戈林奇斯拍卖会上，未注明日期的《售出》作为拍卖品3157802号在拍卖中售出；2010年3月16日至18日，《售出》(1901)在邦瀚斯的切斯特卖场售出。

113. *Money*, in George Rowell (ed.), *Nineteenth-Century Plays* (London: Oxford University Press, 1969), 66. 该剧于1840年12月8日在赫马基特街皇家剧院首演。

114. 参见Joseph Roach, *It* (Ann Arbor: University of Michigan Press, 2007), 189—190。

115. 第一张是私人收藏，但可以通过布里奇曼艺术在线观看；第二张于2006年11月21日在诺尔市的邦瀚斯拍卖行被拍卖了。

116. 这幅画现由私人收藏，但其高分辨率图像可在维基媒体共享上查看。

117. 马尔雷迪还利用伦敦桥的休息处作为许多其他图片的背景，包括《同情》(*Sympathy*, 1881)和《互助》(*Mutually Giving*, 1884)。

118. Michel Pastoureau, *Blue: The History of a Color* (Princeton, NJ and Oxford: Princeton University Press, 2001), 50—55. 如他所言，1854年教皇的"圣灵感孕"说，导致了圣母玛利亚与白色的联系。

119. Charles Baudelaire, "The Painter of Modern Life", trans. P. G. Konody, in C. Geoffrey Holme (ed.), *The Painter of Victorian Life: A Study of Constantin Guys* (London: The Studio, 1930).

第五章　毛皮和羽毛："人类世"时代的动物和城市

1. 参见Ouida (Mary Louise de la Ramée),"The New Woman", *North American Review*, 158.450 (1894年5月): 610—619 (614)。
2. Elizabeth Kolbert, *The Sixth Extinction: An Unnatural History* (London: Bloomsbury, 2014), 23—46.
3. Paul Taylor (ed.), *Extinctions in the History of Life* (Cambridge: Cambridge University Press, 2004), 11.
4. Ibid., 2; Beverly Peterson Stearns and Stephen C. Stearns, *Watching, from the Edge of Extinction* (New Haven, CT and London: Yale University Press, 1999), 10.
5. 根据格雷厄姆·罗伯 (Graham Robb) 的说法，在比利牛斯山脉生存下来的几只棕熊，是从斯洛文尼亚引进的。即使到19世纪底，表演熊的训练师也找不到原生标
229 本了。参见Graham Robb, *The Discovery of France* (London: Picador, 2007), 173, 177。狼在苏格兰、爱尔兰存活下来的时间比在英格兰、威尔士要长，但据说，苏格兰的狼在1743年，而爱尔兰的狼在1786年就已经先后灭绝了。参见Janice Short, "Wolf's Tale: The History of the Wolf in Scotland"，引自"狼和人类基金会"网站；以及Kieran Hickey, *Wolves in Ireland: A Natural and Cultural History* (Dublin: Four Courts Press, 2011)。在苏格兰偏远地区依然有野生猫科动物存活，就像在法国有少量狼一样。
6. Elizabeth Kolbert, *The Sixth Extinction*, 65—67.
7. 关于旅鸽、卡罗来纳长尾鹦鹉、袋狼、南非斑驴，参见Errol Fuller, *Lost Animals: Extinction and the Photographic Record* (London: Bloomsbury, 2013), 62—77, 170—179, 194—205; 以及Vinzenz Ziswiler, *Extinct and Vanishing Animals: A Biology of Extinction and Survival* (London: Longmans, 1967), 2—7, 22。
8. Richard Sennett, *Flesh and Stone: The Body and the City in Western Civilization* (New York: W. W. Norton, 1994), 17.
9. 参见W. J. Gordon, *The Horse World of London* (1893), reproduced in Ralph Turvey, "Horse Traction in Victorian London", *Journal of Transport History*, 26.2 (2005): 38—59 (49)。
10. Turvey, "Horse Traction", 57.
11. Ghislaine Bouchet, *Le Cheval à Paris de 1850 à 1914* (Geneva and Paris: Librairie Droz, 1993), 93.
12. Clay McShane and Joel A. Tarr, *The Horse in the City: Living Machines in the Nineteenth Century* (Baltimore, MD: Johns Hopkins University Press, 2007), 16.
13. Ibid., 1.
14. 参见Hans Schiere and Rein van der Hoek, "Livestock Keeping in Urban Areas: A

Review of Traditional Technologies Based on Literature and Field Experience”，引自联合国粮食及农业组织的报告，网络信息，访问时间为2012年4月10日。达卡的数据参见Hans Schiere，et al.，“Livestock Keeping in Urbanised Areas”，引自国际发展研究中心的报告（Box 12.2），网络信息，访问时间为2012年4月10日。

15. 参见Jennifer R. Wolch，Kathleen West，Thomas E. Gaines，“Transspecies Urban Theory”，in *Environment and Planning D：Society and Space*，13.6（1995）：735—760。也参见Jennifer R. Wolch and Jody Emel（eds.），*Animal Geographies：Place，Politics，and Identity in the Nature-Culture Borderlands*（London：Verso，1998）。
16. Turvey，“Horse Traction”，46.
17. 这样的场景，在梅休的小说《铺上黄金》（*Paved with Gold*，1858）中也有所描述。黄油更易于保存和运输；用盐腌制后，甚至可以长途运输。 230
18. “Of Milk-Selling in St. James's Park”，in Peter Quennell（ed.），*Mayhew's London：Being Selections from 'London Labour and the London Poor'*，1851（London：Spring Books，1969），131—132.
19. J. R. McCulloch，*London in 1850—1851*（London：Longmans，1851），53.
20. Charles Dickens，*American Notes for General Circulation*（London：Chapman and Hall，1842），vol. 2，207—208.
21. 关于美国19世纪的城市动物，参见Jessica Wang，“Dogs and the Making of the American State：Voluntary Association，State Power，and the Politics of Animal Control in New York City，1850—1920”，*Journal of American History*，98.4（2012）：998—1024。
22. Ghislaine Bouchet，*Le Cheval à Paris de 1850 à 1914*，226，220.
23. Clay McShane and Joel A. Tarr，*The Horse in the City*，29.
24. 更全面的列表，可参见上引书。
25. Johannes Willms，*Paris，Capital of Europe：From the Revolution to the Belle Epoque*，trans. Eveline L. Kanes（New York and London：Holmes and Meier，2002）。
26. 参见Dorothee Brantz，“The Domestication of Empire”，in Kathleen Kete（ed.），*A Cultural History of Animals in the Age of Empire*（Oxford and New York：Berg，2007），73—93（83）。布兰茨指出，1800—1920年间，经过巴黎的动物数量从60万增加到280万。
27. John Timbs，*Curiosities of London：Rare and Remarkable Objects of Interest in the Metropolis*（London：David Bogue，1855），500.
28. 关于拉维莱特以及美国的集中屠宰，参见Siegfried Giedion，*Mechanization Takes Command：A Contribution to Anonymous History*［1948］（New York：W. W. Norton，1969），209—228。城市检查员经常抱怨，在人口稠密的地区设置屠宰场会影响居民的健康，但是也有人维护这些屠宰场。斯蒂芬·史密斯博士在1865年声称，曼哈顿较为富裕的第十七选区有56个屠宰场，但其人口死亡率比没有屠宰场的选区更低。参见“Abattoirs”,*New York Times*,1866年4月1日。

29. Clay McShane and Joel A. Tarr, *The Horse in the City*, 30.

30. 后者讲述了一名男子在爱情中受挫的故事:“在她门外,他会大声叫卖/捕鼠器一整天/他很快就博得了她的欢心,我知道——/用他的捕鼠器捉住她,把她偷走了。”参见“The Mouse-Trap Man”, Tony Pastor, *Tony Pastor's 201 Bowery Songster: Containing a Choice Selection of all the New Comic, Eccentric and Characteristic Songs. As Sung by the Inimitable Eccentric Vocalist, Tony Pastor* (New York: Dick
231 and Fitzgerald, 1867), 38。这首歌的发布时间可能早于1867年。

31. Brantz,“The Domestication of Empire”, 81.

32. Harrison Weir, *Our Cats and All About Them* (Tunbridge Wells: R. Clements, 1889), 87.后文中对于此书的引用可参照相关括号中的页码。

33. Mayhew,“Of the Street-Sellers of Birds'-Nests”, *London Labour and the London Poor*, vol. 2, 53—63.

34. Jan Bondeson, *Amazing Dogs: A Cabinet of Canine Curiosities* (Stroud: Amberley, 2011), 206—227.

35. E. S. Turner, *All Heaven in a Rage* (London: Michael Joseph, 1963), 149—151.

36. 关于南海募捐犬布莱克的记述与图片,参见“Dog Stories”, *Penny Illustrated Paper and Illustrated Times*, 1884年12月20日星期六。报道称,1892年,募捐犬潘趣在城堡街的“英格兰标准”酒馆为布里斯托尔妇幼医院募捐,收入9英镑,参见“Local News”, *Bristol Mercury and Daily Post*, 1893年2月4日,4。不幸的是,报道称它于1898年12月失踪。吉姆,别名“车站吉姆”,在斯劳车站为西部大铁路寡妇和孤儿基金募捐,参见“Collecting Dog at Slough”, *Reynolds's Newspaper*, 1896年11月29日;“Death of a Well-Known Dog”, *Illustrated Police News*, 1896年12月5日星期六。其他名犬,包括布鲁因,别名“赫特福德郡募捐犬”;查理,温莎大西部站的名犬。对于这一现象的调查,也参见Jan Bondeson, *Amazing Dogs*, 104—118。

37. 1899年,杰克被一群盗狗贼从主人的房子里偷走后,一直是犯罪剧的热门角色。令人高兴的是,它在几周后就被找到了,并继续从事募捐活动,直到1901年逝世。参见“Where is Jack”, *Newcastle Weekly Courant*, 1899年8月12日星期六;以及“London Jack Found: Rejoicings Domestic and Popular: Alleged Dog-Stealers in Court”, *Daily News*, 1899年8月29日。

38. Mayhew,“Of Cats'- and Dogs'-Meat Dealers”, *London Labour and the London Poor*, 127—129.

39. 关于19世纪英国宠物数的增长,参见Harriet Ritvo, *The Animal Estate: The English and Other Creatures in the Victorian Age* (Cambridge, MA: Harvard University Press, 1987)。关于伴随这种增长的盗狗犯罪活动,参见Philip Howell,“Flush and the Banditti: Dog-Stealing in Victorian London”, in Chris Philo and Chris Wilbert (eds.), *Animal Spaces, Beastly Places: New Geographies of Human Animal Relations*

(London: Routledge, 2000), 35—55。2011年，英国的宠物主人估计，有820万只狗和860万只猫，参见"Dogs Overtaking Cats as Britain's Favourite Pets", *Daily Telegraph*, 2011年4月3日，网络信息，访问时间为2012年4月26日。关于现代宠物饲养，参见Margo Demello, "The Present and Future of Animal Domestication", in Randy Malamud (ed.), *A Cultural History of Animals in the Modern Age* (Oxford and New York: Berg), 67—94 (80—94)。 232

40. Harriet Ritvo, *The Animal Estate*, 98.
41. Amanda Bright, "Changing History: Exploring the Origins of the Modern Cat Fancy", 发布于英国报纸档案 (British Newspaper Archive) 博客，2013年2月13日。据报道，在1869年的锡德纳姆展上，有人试图以500英镑求购一只纯种猫（被拒绝），参见Asa Briggs, *Victorian Things* (Chicago: University of Chicago Press, 1989), 36。
42. Stanley Weintraub, *Victoria: An Intimate Biography* (New York: Truman Talley/E. P. Dutton, 1987), 79; Hilda Kean, "The Moment of Greyfriars Bobby: The Changing Cultural Position of Animals, 1800—1920", in Kete, *A Cultural History of Animals*, 25—46 (30—31).
43. 苏尔坦是珀西·菲茨杰拉德赠送的礼物，它袭击一个年轻女孩后被击毙。特克死于铁路事故。参见Michael Slater, *Charles Dickens: A Life Defined by Writing* (New Haven, CT and London: Yale University Press, 2009), 540—541, 555, 570—571。
44. Kean, "The Moment of Greyfriars Bobby", 30—31.
45. Richard Jefferies, *After London, or Wild England* (London: Cassell, 1886), 12.
46. 关于法国豢养宠物的文化建设，参见Kathleen Kete, *The Beast in the Boudoir: Petkeeping in Nineteenth-Century Paris* (Berkeley: University of California Press, 1995); 有关美国，参见Katherine C. Grier, *Pets in America: A History* (Chapel Hill: University of North Carolina Press, 2006)。
47. Jessica Wang, "Dogs and the Making of the American State", 1002.
48. Graham Robb, *The Discovery of France*, 179.
49. Turner, *All Heaven in a Rage*, 199; 哈代在《捕鸟男孩》中也谈到了把野鸟关在笼子里的残酷："关在笼子里的每只夜莺/不久就会郁郁寡欢地死去。"引自文学在线 (LION)，网络信息，访问时间为2011年7月23日。
50. Mayhew, "Of the Street-Sellers of Live Birds", *London Labour and the London Poor*, 240—249; Turner, *All Heaven in a Rage*, 193—200.
51. Slater, *Charles Dickens*, 163, 225.
52. Nigel Rothfels, "How the Caged Bird Sings: Animals and Entertainment", in Kete, *A Cultural History of Animals in the Age of Empire*, 95—112 (105—111).
53. "The Flâneur", in Walter Benjamin, *The Arcades Project*, trans. Howard Eiland and Kevin McLaughlin (Cambridge, MA: Belknap Press of Harvard University Press,

1999),422.

54. Harrison Weir, *Our Cats and All About Them*, 208.
55. "Of Cats'- and Dogs'-Meat Sellers", 127—129.
56. "Jolly Cats", Tony Pastor, *Tony Pastor's 201 Bowery Songster*, 10—11.
57. Jessica Wang, "Dogs and the Making of the American State", 1002.
58. 格雷厄姆·罗伯指出，这些熊原本是法国熊，但到19世纪末，法国熊的数量锐减殆尽，后来的熊应该是从东欧引进的。参见Graham Robb, *The Discovery of*
233 *France*, 173。
59. 有关动物园的出现，参见Nigel Rothfels, *Savages and Beasts: The Birth of the Modern Zoo*（马里兰州巴尔的摩：约翰·霍普金斯大学出版社，2002)；以及"How the Caged Bird Sings", in Kate, *A Cultural History of Animals in the Age of Empire*。罗斯费尔斯对巡回野生动物园和"科学"动物园的娱乐之间的所谓差别，表示怀疑。关于伦敦的动物娱乐，参见Altick, *The Shows of London*, 84—88, 302—330。关于他们的文学反思，参见Richard Altick, *The Presence of the Present*, 500。
60. "Introduction", Edward Turner Bennett, *The Tower Menagerie: Comprising the Natural History of the Animals Contained in that Establishment; with Anecdotes of their Characters and History. Illustrated by portraits of each taken from life, by William Harvey* (London: Printed for Robert Jennings, Poultry, 1829), ix—xviii. 也参见Altick, *The Shows of London*, 317。
61. 关于"范·安布，庞贝的野蛮驯兽者"的插图，参见Teresa Mangum, "Narrative Dominion or The Animals Write Back？ Animal Genres in Literature and the Arts", in Kate, *A Cultural History of Animals in the Age of Empire*, 153—172 (165)。也参见Nigel Rothfels, *Savages and Beasts*, 158—159。
62. Nigel Rothfels, *Savages and Beasts*, passim.
63. 参见"Fearful Occurrence", *The Times*, 1857年10月27日, 12; "The Late Escape of a Tiger in Ratcliff Highway", *The Times*, 1857年10月30日, 7; "Escape of a Tiger in Ratcliff Highway", *Daily News*, 1857年10月27日。早些时候的报道称，贾姆拉克先生的手下中有一个是救援者。老虎是伍姆韦尔的继承者埃德蒙兹先生买下的。不久，老虎从西布罗姆维奇的笼子里逃了出来，并杀死了同一笼子里的一只狮子。参见"Extraordinary Fight", *The Times*, 1857年11月10日, 5。沃平的烟草码头有一雕像，用于纪念"拉特克利夫大逃亡"，这也启发了卡罗尔·伯奇(Carol Birch)的《贾姆拉克动物园》(*Jamrach's Menagerie*, 2011)。
64. 观熊场，作为19世纪动物园的一部分而继续存在，直到20世纪早期被更"现代"的表现方式所取代。这表明，早期对待动物的方式和现代动物园之间的连续性，比人们通常想象的更强。参见Nigel Rothfels, "How the Caged Bird Sings", 97—100；以及*Savages and Beasts*, 22—24。
65. Richard Fawkes, *Dion Boucicault: A Biography* (London: Quartet, 1979), 164, 166.

66. 有关调查，参见“Dog Dramas”，in Gerald Bordman and Thomas S. Hischak (eds.)，*The Oxford Companion to American Theatre*，3rd edn. (Oxford：Oxford University Press，2004)，引自Oxford Reference Online，访问时间为2011年10月20日；Jan Bondeson，*Amazing Dogs*，69—86。
67. 有关这一戏剧性的创新，参见Frederick Reynolds，*The Life and Times of Frederick Reynolds*，2 vols. (Philadelphia，PA：Carey and Lea，1826)，vol. 2，193—195。雷诺兹从“时尚牛肉店”(à la mode beef shop) 老板那里借了狗。也参见Victor Emeljanow and Donald Roy (eds.)，*Romantic and Revolutionary Theatre, 1789—1860* (Cambridge：Cambridge University Press，2003)，222—223，其中浓缩了雷诺兹的叙述。 234
68. “For the Morning Chronicle：The New Performer”，*Morning Chronicle*，1803年12月15日。
69. “The Mirror of Fashion”，*Morning Chronicle*，1803年12月16日。
70. “The Mirror of Fashion”，*Morning Chronicle*，1814年10月10日。皇家马戏团颠倒了标题，将“邦迪的森林”放在了“蒙达尼义犬”前面。
71. 参见“Theatrical Riot”，*Morning Chronicle*，1814年12月23日。
72. William L. Slout (ed.)，*Charles H. Day, Joe Blackburn's A Clown's Log* (Rockville，MD：Borgo Press，2007)，11—12.
73. “Dog Dramas”，*The Oxford Companion to American Theatre.*
74. 参见东伦敦剧院档案馆在线收藏中的节目单，还有1846年8月24日的皇家阿尔伯特大厅的传单，由伦敦布卢姆斯伯里拍卖行于2012年9月20日出售。1841年8月，布兰查德和科尼两人都在伦敦的帕维利恩挣钱谋生。
75. 参见帕维利恩的节目单，1850年5月13日；以及Francis C. Wemyss，*Chronology of the American Stage from 1752 to 1852* (New York：W. Taylor，1852)，42。
76. 参见H. Barton Baker，*History of the London Stage and its Famous Players, 1576—1903* (New York：E. P. Dutton，1894)，317。
77. 一些不那么著名的狗演员，出现在1940年的影片《电影中的名犬》里。也参见Gertrude Orr，*Dog Stars of Hollywood* (Akron，OH：Saalfield，1936)。
78. “Curious Instance of Animal Sagacity”，*Daily National Intelligencer*，1844年3月15日。
79. 关于赫尔·德肖和列奥尼达·阿尼奥提斯的表演，参见Helen M. Winslow，*Concerning Cats：My Own and Some Others* (Boston，MA：Lothrup，1900)，232—236。要了解赫尔·德肖在伦敦阿罕布拉的演出，参见“The London Music Halls”，*The Era*，1898年2月19日。
80. Carl Van Vechten，*The Tiger in the House* [1920] (New York：Dover，1996)，170. 其中一章非常有趣，参见“The Cat in the Theatre”，170—186。
81. 参见Kathleen Kete，“Introduction：Animals and Human Empire”，in Kate，*A Cultural*

History of Animals in the Age of Empire，1—24（1—4）。

82. James Turner，*Reckoning with the Beast: Animals, Pain, and Humanity in the Victorian Mind*（Baltimore，MD：Johns Hopkins University Press，1980），33—36.

83. 有关18世纪对待动物的残酷画面，参见Turner，*All Heaven in a Rage*，chap. 4："Tom Nero's World"，51—64。"叽咕"是一种对抗性游戏，人们比赛咬去活麻雀的
235 脑袋；"划拉"指的是在活鲑鱼身上划割。

84. James Turner，*Reckoning with the Beast*，20.

85. Ibid.，45—52. 也参见Clay McShane and Joel A. Tarr，*The Horse in the City*，45—53。

86. James Turner，*Reckoning with the Beast*，54—55.

87. Jan Bondeson，*Amazing Dogs*，223.

88. 参见James Turner，*Reckoning with the Beast*；以及Leonard Lutwack，*Birds in Literature*（Gainesville：University Press of Florida，1994）。

89. 有关科布，参见James Turner，*Reckoning with the Beast*，89—95。

90. 关于反活体解剖小说，参见Keir Waddington，"Death at St. Bernard's：Anti-vivisection，Medicine and the Gothic"，*Journal of Victorian Culture*，18.2（2013）：246—262。

91. Richard D. Ryder，*Animal Revolution: Changing Attitudes Towards Speciesism*（Oxford：Basil Blackwell，1989），129，142。

92. "Tea Table-Talk"，*Leeds Mercury*，1890年9月27日星期六。

93. Gillian Beer，"Darwin and the Uses of Extinction"，*Victorian Studies*，51.2（2009）：321—331.

94. Charles Lyell，*Principles of Geology*，3 vols.（1830—1833；London：John Murray，1840），187—206.

95. 格雷厄姆·罗伯认为，法国的本地物种（例如猞猁、熊、岩羚羊、山羊、盘羊）消失的速度，快得"只留下一种萦绕不绝的失望，人们后知后觉地意识到，荒野就这么消失了"（Graham Robb，*The Discovery of France*，173，177）。

96. James Turner，*Reckoning with the Beast*，125.

97. Stephen Jones，*Hats，An Anthology*（London：V&A Publishing，2009），121. 书中提到，濒危物种的羽毛现在被染色的家禽羽毛所取代（同上书，第51页）。

98. 关于鸵鸟羽毛的早期使用，参见Jessica Ortner，*Practical Millinery*（London：Whittaker，1897），8，12。也参见Robin W. Doughty，*Feather Fashions and Bird Preservation: A Study in Nature Protection*（Berkeley：University of California Press，1975），1—13。

99. Mme. Celnart，*Manuel de fleuriste artificiel, suivi de L'art du plumassier*（Paris，n.d.），211—212.

100. Doughty，*Feather Fashions and Bird Preservation*，153. 道蒂的书仍然是经典之作。后文中对于此书的引用可参照相关括号中的页码。

101. 关于法国的这一行业，也参见Anca Vlaspolos，"Pacific Harvests：Whales and

Albatrosses in Nineteenth-Century Markets”, in Deborah Denenholz Morse and Martin A. Danahay (eds.), *Victorian Animal Dreams* (Aldershot: Ashgate, 2007), 167—178 (175)。应该谨慎对待这一行从业人员的数量，因为行业说客夸大了数字，以阻止反羽毛立法。参见Alan Haynes, “Murderous Millinery”, *History* 236
Today, 33 (1983年7月): 26—30 (29)。

102. 关于鸵鸟羽毛产业，参见Sarah Abrevaya Stein, *Plumes: Ostrich Feathers, Jews, and a Lost World of Global Commerce* (New Haven, CT and London: Yale University Press, 2008)。根据斯坦的说法，随着对装饰羽毛工业的敌意日益增加，鸵鸟贸易越来越热衷于与其保持距离(同上书，第125页)。
103. “The Week”, *Oxford Journal*, 1887年10月29日。作者把有关海豹皮、白鹭猎捕、南美栗鼠的灭绝和其他毛皮物种的争论联系在了一起。
104. “Dress and Fashion in Paris”, *Derby Mercury*, 1879年11月26日；“Dress and Fashion in Paris”, *Bristol Mercury and Daily Post*, 1880年12月27日。这两篇文章都取自《迈拉的服装与时尚杂志》。
105. 参见D. O. Mills, “Our Fur-Seal Fisheries”, *North American Review*, 151.406 (1890年9月): 300—306 (300)。
106. William Earl Dodge Scott, *The Story of a Bird Lover* (London: Macmillan, 1904), 258; 也参见Herbert Keightley Job, *Wild Wings: Adventures of a Camera-Hunter among the Larger Wild Birds of North America on Sea and Land* (Boston, MA: Houghton, Mifflin, 1905), 65。
107. 摄政街的彼得·罗宾逊，在1876年之前有一个邮购订制成衣部门。他们的目录《服装风格》以摄影插图为特色。参见Ginsbury, *Victorian Dress*, 73。
108. Louis Guéry, *Visages de la presse* (Paris: éditions du Centre de formation et de perfectionnement des journalistes, 1997), 130—131.
109. 关于可用范围的调查，参见Margaret Beetham and Kay Boardman, *Victorian Women's Magazines: An Anthology* (Manchester: Manchester University Press, 2001)。相关传记，也参见Anne Buck, *Victorian Costume and Costume Accessories*, 2nd edn. (Carlton: Ruth Bean, 1984), 218—219。
110. 例如，19世纪70年代，《德比水星报》(*Derby Mercury*)、《布里斯托尔水星报》(*Bristol Mercury*)和其他地区性报纸开始开设“巴黎的服装与时尚”方面的专栏。而这方面内容，得益于《迈拉的服装与时尚杂志》。到了19世纪80年代，《阿伯丁周刊》(*Aberdeen Weekly Journal*)、《北威尔士纪事报》(*North Wales Chronicle*)和《贝尔法斯特新闻通信》也都从《迈拉的服装与时尚杂志》中获取信息。
111. Margaret Beetham, *A Magazine of Her Own: Domesticity and Desire in the Woman's Magazine* (London and New York: Routledge, 1996), 122.
112. 有关巴黎在行业中的独特地位，参见Valerie Steele, *Paris Fashion: A Cultural*

237 *History* (London and New York: Berg, 1998)。

113. "Fashion in Paris: From our Lady Correspondent", *Freeman's Journal*, 1897年12月8日。
114. "Fashions for February", *Daily News*, 1886年2月2日。
115. Mary Butler (Mrs. O'Nolan), "The Ethics of Dress", *Irish Monthly*, 45.526 (1917年4月): 219—229 (221)。
116. 参见C. Willett Cunnington, *English Women's Clothing in the Nineteenth Century: A Comprehensive Guide with 1117 Illustrations* [1937] (New York: Dover, 1990), 309, 321, 331, 338, 370, 426—427。例如,他引用了1887年的一位匿名人士的看法:"户外娱乐和游戏的日益普及,促使人们穿着更为简单。"(同上书,第338页)
117. "Evening Dresses", *Daily News*, 1886年1月2日。
118. Stephen Jones, *Hats, An Anthology*, 66, 119. 珍妮·朗雯和"露西尔"(达夫·戈登女士)也分别在1889年和1894年开始从事女帽生意(同上书,第66页)。
119. 参见Madeleine Ginsburg, *Victorian Dress in Photographs* (London: Batsford, 1982), 70, 77。
120. Charles Eckert, "The Carole Lombard in Macy's Window", *Quarterly Review of Film Studies*, 3.1 (1978): 1—21 .
121. Elizabeth Kolbert, *The Sixth Extinction*, 65—67.
122. 参见"Gold Necklace Set with the Heads of Humming-birds",引自British Museum Online,访问时间为2012年8月1日。伊曼纽尔在处理蜂鸟的过程中获得过专利。
123. Anne Buck, *Victorian Costume and Costume Accessories*, 112—113, 118, 121. 关于这一时期帽子时尚的详细说明,可参见Fiona Clark, *Hats* (London: Batsford, 1982),该书包含诸多精美的插图。另一个对羽毛时尚兴起过程的追踪研究,可参见Nancy Bradfield, *Costume in Detail: Women's Dress, 1730—1930*, 2nd edn. (London: Harrap, 1981),书中展示了白鹭及其羽翼在19世纪90年代到20世纪初的重要地位。具体插图可参见该书第287、291、301、322、331、344、346页。以及Ginsburg, *Victorian Dress in Photographs*, 70, 83。
124. C. Willett Cunnington, *English Women's Clothing in the Nineteenth Century* [1937] (New York: Dover, 1990), 352.
125. Jessica Ortner, *Practical Millinery*, 150.
126. Fiona Clark, *Hats*, 35—37 (36) .
127. 20世纪30年代由卡罗琳·瑞邦设计的一款,入选了V&A出版社的合集,参见Stephen Jones, *Hats, An Anthology*, 41。
128. Mme. Rosée, *The Handbook of Millinery: A Practical Manual of Instruction for Ladies* (London: Upcott Gill, 1895), 59.
129. Anne Buck, *Victorian Costume and Costume Accessories*, 170.

130. Stein, *Plumes*, 23—24.
131. Turner, *All Heaven in a Rage*, 174, 189; Doughty, *Feather Fashions and Bird Preservation*, 93—95. 这场屠杀仍在继续进行，新闻界很清楚。参见“Slaughter of Sea Birds”, a letter by F. O. Morris to the *Leeds Mercury*, 1887年9月16日。 238
132. “Ostrich Feathers”, *Pall Mall Gazette*, 1887年10月14日。
133. “Borrowed Plumes”, *The Times*, 1876年1月28日；也参见Alan Haynes, “Murderous Millinery”。
134. 参见“Feather Ornaments”, *Irish Naturalist*, 3.2（1894年2月），46；Turner, *All Heaven in a Rage*, 190。
135. W. H. Hudson, “Feathered Women”.
136. “Fancy Feathers”, New York Millinery and Supply Company（1901），引自Smithonian Image Galaxy，访问时间为2011年10月7日。在艾伯塔大学举办的展览“时尚羽毛：死鸟、女帽、工艺品和羽毛贸易”（*Fashioning Feathers: Dead Birds, Millinery, Crafts and the Plumage Trade*）由梅尔·帕切特博士主持，它展出了该校在这一时期收藏的关于帽子的精美照片、关于行业各个方面的插图和详细说明，以及其他时尚照片；网络信息，访问时间为2011年10月7日。
137. 参见“A Cruel Fashion”, *Graphic*, 1887年7月30日。
138. 关于塞尔伯恩协会，参见George Arthur Musgrave, *The Selborne League for the Preservation of Birds of Beautiful Plumage, Rare Birds, Plants, and Pleasant Places*（London: J. Wakeham and Son, c. 1885）。
139. 关于菲利普斯夫人、玛格丽塔·莱蒙（Margaretta Lemon）和鸟类保护协会，参见Barbara T. Gates, *Kindred Nature: Victorian and Edwardian Women Embrace the Living World*（Chicago: University of Chicago Press, 1999），114—124。
140. “Hearth and Home, by a Lady Contributor”, *Manchester Times*, 1886年6月5日星期六。
141. John Galsworthy, *For Love of Beasts*（London: RSPB, 1912），11. 这本小册子最初是在《蓓尔美街报》上发表的。1912年，动物之友协会重印了这本书。该协会还出版了约瑟夫·柯林森的《海豹皮是如何获得的》（*How Sealskins are Obtained*）和杰西·韦德（Jessey Wade）的《残酷的穿着》（*Cruelties in Dress*）等文章，这些文章都涉及了毛皮和羽毛。
142. 有关桑伯恩漫画中的妇女和动物的整理，参见Susan David Bernstein, “Designs after Nature: Evolutionary Fashions, Animals and Gender”, in Denenholz Morse and Danahay, *Victorian Animals Dreams*, 65—80。
143. Linley Sambourne, “A Bird of Prey”, *Punch*, 1892年5月14日，其重制版可参见Doughty, *Feather Fashions and Bird Preservation*，桑伯恩的另一部作品《物种灭绝》也被收录其中。也参见F. H. Townsend, “Increasing Depravity of Women”, *Punch*, 1909年4月14日，257；E. T. R., “Unconscious Plagiarism”, *Punch*, 1909

年1月6日。有关阶级与时尚，可参见一幅无标题的帽子卡通画，引自A. Wallis Mills，untitled，*Punch*，1906年12月26日。女仆向女主人保证，这顶帽子一定还
239 很时髦，因为“厨师刚买了一顶一模一样的”。

144. 这幅画，后来被威尔弗里德·斯科恩·布伦特用作他的长篇叙事诗的卷首插图。参见Wilfrid Scawen Blunt，*Satan Absolved: A Victorian Mystery*（London：John Lane/The Bodley Head，1899）。

145. 在他早期的画作《受伤的苍鹭》（*The Wounded Heron*，1837）中，沃茨似乎预见到了这些担忧。关于沃茨和皇家鸟类保护协会，参见Doughty，*Feather Fashions and Bird Preservation*，49。对这幅画的仿制，以及一些有用的背景，可参见沃茨画廊关于这幅画的网站。

146. Dan Weinbren，“Against All Cruelty：The Humanitarian League，1891—1919”，*History Workshop Journal*，38（1994）：86—105.

147. E. P.，“Murderous Millinery”，in Humanitarian League，*Food and Fashion: Some Thoughts on What We Eat and What We Wear*（London：Humanitarian League，1903）.

148. A. F. R. Wollaston，*Life of Alfred Newton, Professor of Comparative Anatomy, Cambridge University, 1866—1907*（London：John Murray，1921），139.

149. E.P.，“Murderous Millinery”，in Humanitarian League，*Food and Fashion.*

150. William Dutcher，“Destruction of Bird-Life in the Vicinity of New York”，*Science*，7.160（1886年2月26日）：197—199（199）。

151. “Feathered Women：To the Editor of the Times”，*The Times*，1893年10月17日。

152. “社论”，1893年10月17日，用于回应该期中W. H. 哈德逊的信。

153. “Birds，Butchers and Beauties”，*Pall Mall Gazette*，1886年1月6日。感谢菲诺瓦拉·迪兰，让我注意到这篇文章。

154. 这本小册子还包含了关于反羽毛时尚运动的有益总结。

155. Virginia Woolf，“The Plumage Bill”，*Woman's Leader*，1920年7月23日，并在伍尔夫的《散文集》第三卷中得到重印。参见Reginald Abbott，“Birds Don't Sing in Greek：Virginia Woolf and ‘The Plumage Bill’”，in Carol J. Adams and Josephine Donovan（eds.），*Animals and Women: Feminist Theoretical Explorations*（Durham，NC：Duke University Press，1995），263—289。

156. “The Protection of Wild Birds in America”，*Pall Mall Gazette*，1886年4月28日星期三。也参见James Turner，*Reckoning with the Beast*，124—125。

157. J. A. Allen，“The Present Wholesale Destruction of Bird-Life in the United States”，*Science*，7.160（1886年2月26日）：191—195。该文章还描述了野牛的灭绝，并称之为“可耻贪婪的屠杀”的一部分（同上书，第191页）。

158. William Dutcher，“Destruction of Bird-Life in the Vicinity of New York”，197—199（199）.

159. Anon.，“Destruction of Birds for Millinery Purposes”，196—197（196）.

160. Ibid., 197. 240
161. Allen, "The Present Wholesale Destruction of Bird-Life in the United States", 194; Anon., "Destruction of Birds for Millinery Purposes", 196.
162. Allen, "The Present Wholesale Destruction of Bird-Life in the United States", 194.
163. "The Protection of Wild Birds in America".
164. 参见 James Turner, *Reckoning with the Beast*, 124—125。
165. 参见 Doughty, *Feather Fashions and Bird Preservation*, 111—112; Stuart McGiver, *Death in the Everglades: The Murder of Guy Bradley, America's First Martyr to Environmentalism* (Gainesville: University Press of Florida, 2003)。
166. 参见 William Dutcher, "Report of the American Ornithologists' Union Committee on the Protection of Birds", *Auk*, 21.1 (1904年1月): 97—208 (100)。其中也提到了其他威胁，包括"家猫乱跑"，因为"毫无疑问的是，在美国和加拿大，每年都有数百万只鸟被猫杀死"(同上书，第104页)。为了控制猫的数量和行为，报告呼吁像对养狗那样对养猫征税。
167. 在《毛皮时装》("The Fur Fashion")中，该联盟将注意力转向了英国毛皮外套、女用披肩、女用围巾的来源。他们警告说，穿戴上毛皮用品就是在"支持、鼓励一种推崇残酷的行业"。这些言论可参见 Humanitarian League, *Food and Fashion*。
168. Sachs, *Furs and the Fur Trade* (London: Pitman, c. 1923), 1.
169. Ibid., 8.
170. Marcus Petersen, *The Fur-Traders and Fur-Bearing Animals* (Buffalo, NY: Hammond, 1914), 46. 也参见"Fur: The Ne'er-Ending Fashion", *Lotus Magazine*, 7.2 (1915年11月): 68—76，这篇文章中的大部分内容，都摘自彼得森的书。
171. Petersen, *Fur-Traders*, 66. 比较萨克斯在1922年5月给出的数据：

生 皮		
名 称	数 量	平均价格
家猫	23 500	2先令3便士
银狐	2 550	39英镑
海豹皮	500	60先令
豹	685	36先令
水貂	50 000	42先令
紫貂	1 450	24英镑

172. Anne Buck, *Victorian Costume and Costume Accessories*, 176—177.
173. "Class 16: Leather, Saddlery and Harness, Skins, Fur and Hair", *Official Catalogue of the Great Exhibition of the Works of Industry of All Nations, 1851* (London: Royal

Commission, 1851), 91—92.

174. 参见"Fashions for November", *Graphic*, 1871年11月4日 星期六;"The Ladies Column", *Manchester Times*, 1872年1月27日星期六。

175. 引自"A Column for the Ladies", *Hull Packet and East Riding Times*, 1880年1月
241 16日星期五。

176. 引自Anne Buck, *Victorian Costume and Costume Accessories*, 104。奇怪的是, 在坎宁顿对维多利亚时代流行趋势的广泛调查中, 几乎没有提到海豹皮(尽管他描述了1881年的时尚, 参见Cunnington, *English Women's Clothing in the Nineteenth Century*, 320)。

177. "The Ladies Column: Winter Furs", *Manchester Times*, 1881年10月29日星期六。

178. "The Most fashionable Furs", *Ladies Supplement* to the *London Journal*, 1893年10月1日, 11。

179. 直到1913年, 所有北美软毛海豹皮都在伦敦加工。参见"Seals are Big Business", *Science News Letter*, 1955年9月17日, 180。并非所有的海豹皮都被制成了衣服, 有些也被用于制作伯纳比袋子的毛皮衬里, 这是一种以维多利亚探险家弗雷德里克·伯纳比命名的睡袋。

180. Tammy C. Whitlock, *Crime, Gender and Consumer Culture in 19th-Century England* (Aldershot: Ashgate, 2005), 179—181.

181. Constance Cary Harrison, "A Glance at Street Costumes", *Art Amateur*, 6.1 (1881年12月): 10—11 (11)。哈里森对这一趋势并不感兴趣。

182. 另外, 还有多条女式拉布拉多海狸披肩, 一条带有"1头、4爪、1尾"的女式白狐围巾和配套的"1头1尾"皮手筒, 以及男式袋熊皮外套"斯卡格威", 售价18美元。参见*T. Eaton Co., Fall and Winter Catalogue 1899—1900* (Toronto: T. Eaton, 1899), 107, 109, 113, 117; 引自互联网档案馆, 访问时间为2011年8月1日。

183. Ouida (Mary Louise de la Ramée), "The New Woman", 614, 618.

184. Frederick William Orde Ward, "Queen Pussy at Play: Being the Natural History of a Fast and Fashionable Woman of the Day" (1890), 引自文学在线(LION)。

185. 参见"Sealskin, and Where it Comes From", *All the Year Round*, vol. 39, 新系列(1886年11月): 318—322, 349—352, 377—381, 399—403 (401)。

186. "Sealskin, and Where it Comes From", 401. 也参见Ziswiler, *Extinct and Vanishing Animals*, 9—10。

187. "Sealskin, and Where it Comes From", 380.

188. Charles S. Campbell, "The Anglo-American Crisis in the Bering Sea, 1890—1891", *The Mississippi Valley Historical Review*, 48.3 (1961年12月): 393—414 (404—405)。关于当时社会对埃利奥特观点的反应, 参见"The Failure of the Paris Tribunal's Award to Save the Seals", *The Advocate of Peace*, 57.2 (1895年2月): 37—38。鉴于其政治主张, 该杂志认为, 如果海豹群体整个消失, 可以让我们不

用面临英美战争的危险，那也许并不是件坏事。

189. “The Behring Sea Imbroglio”，*Pall Mall Gazette*，1889年6月1日；“The Seizure of Sealers”，*Daily News*，1889年8月2日。后者引用了《纽约先驱报》对美国国务卿詹姆斯·G. 布莱恩的谴责，称他为“沙文主义的骑士”。针对在此期间英国、加拿大、美国之间的紧张关系的详细说明，参见Campbell，“The Anglo-American Crisis in the Bering Sea，1890—1891”。 242
190. “The Sealing Question”，*The Times*，1897年12月20日，5。
191. 还有《一年四季》里的这一篇，参见“Sealskin Coats，Alive and Dead”，*Chambers Journal*，1886年11月27日，753—756。1875年，漫画杂志《朱迪报》发表了一篇文章，把棒击海豹当作幽默素材。这一点表明，当时他们认为读者对这类事情并不挑剔。参见“The Strange Story of a Sealskin：A Tale of Metempsychosis”，*Judy*，1875年11月24日，52。
192. “Fur and Feathers”，*Pall Mall Gazette*，1887年9月17日。金斯福德博士也是素食主义的支持者，这与她对动物权利的维护相一致。关于她的人生观，参见Gates，*Kindred Nature*，148—152；以及*Dictionary of National Biography*。
193. Frank Carlos Griffith，*Mrs Fiske*（New York：Neale Publishing Company，1912），90—92.
194. Humanitarian League，“How We Get Our Sealskin”，*Food and Fashion*.
195. 类似的小册子（价格为2便士）也由动物之友协会出版：约瑟夫·柯林森关于海豹皮的论文，以《海豹皮是如何获得的》作为书名重印；杰西·韦德的《残酷的穿着》，则关注毛皮和羽毛行业。这一系列小册子（价格半便士）重印了所有要点。例如，在高尔斯华绥的《野兽之爱》（动物之友协会版本）中的广告。
196. D. O. Mills，“Our Fur-Seal Fisheries”，*North American Review*，151.406（1890年9月）：300—306（303）。
197. Gail Orshenko，*Polar Politics：Creating International Environment Regimes*（Ithaca，NY：Cornell University Press，1993），30—34.
198. “Seals are Big Business”，180.
199. 在《赦免撒旦：维多利亚时代的秘密》（*Satan Absolved：A Victorian Mystery*）中，布伦特指控“盎格鲁-撒克逊人”，正是他们使得“大陆上奇妙的动物，一个物种接一个物种，数量锐减”（参见*Satan Absolved*，vi）。甘比尔·博尔顿强调，正在灭绝的物种还包括非洲狮。动物园为一些动物付出了高昂的代价，因为他们意识到，有些动物很快就会在野外灭绝。参见“Rare Animals”，*Liverpool Mercury*，1899年8月26日。奈杰尔·罗斯费尔斯注意到，动物园实际上也要付一部分责任：猎人杀死整个成年群体，这样它们的幼崽就可以卖给经销商，经销商又把它们卖给动物园（参见Nigel Rothfels，*Savages and Beasts*，chap. 2）。1905年，兰基斯特担心，长颈鹿很快就会被“冒险家”捕猎殆尽，参见E. Ray Lankester，*Extinct Animals*（London：Archibald Constable & Co. Ltd.，1905），20。 243

结 语

1. John Carey, *The Intellectuals and the Masses: Pride and Prejudice among the Literary Intelligentsia, 1880—1939* (London: Faber, 1992).
2. 有关《外侨法令》和当代小说之间的关系，参见David Glover, *Literature, Immigration, and Diaspora in Fin-de-Siècle England: A Cultural History of the 1905 Aliens Act* (Cambridge: Cambridge University Press, 2012)。
3. Walter Benn Michaels, *Our America: Nativism, Modernism, and Pluralism* (Durham, NC: Duke University Press, 1995).
4. Joseph Conrad, *The Secret Agent: A Simple Tale* [1907], ed. Martin Seymour-Smith (Harmondsworth: Penguin, 1988), 40—41.
5. H. G. Wells, *The War of the Worlds*, introduced by Arthur C. Clarke (London: Everyman, 1993), 6—7.
6. 关于威尔斯小说与历年科学文献的最新讨论，参见Michael R. Page, *The Literary Imagination from Erasmus Darwin to H. G. Wells: Science, Evolution, and Ecology* (Farnham: Ashgate, 2012)。
7. 在《后伦敦》中，叙述者描述了一个准中世纪的世界，当整座城市（人和动物）被一场不明的灾难清空时，这个世界就形成了。在希尔的小说中，作者提供了一份能看到未来的通灵者的记录，即亚当·杰弗森以第一人称所做的描述（当充满氰化物的云层覆盖地球时，他是仅有的两位幸存者之一）。
8. H. G. Wells, *The Time Machine*, Centennial Edition, edited by John Lawton (London:
244 Everyman, 1995), 75—76.

参考文献

除非另有说明，本书引用的报纸均来自以下电子数据库：大英图书馆19世纪报纸；19世纪美国报纸；法国国家图书馆的数字图书馆项目“Gallica”；泰晤士报数字档案馆；纽约时报数字档案馆。

为了追踪私人收藏中的美术材料，我使用了许多电子数据库：Artnet、Askart、Invaluable.com和Saleroom.com，以及个别拍卖行的数据库，尤其是邦瀚斯、佳士得和苏富比。

社　论

Editorial (no title), *Freeman's Journal*, June 5, 1868.

Editorial, *Irish Times and Daily Advertiser*, April 5, 1864. Proquest Historical Newspapers, accessed October 12, 2013.

匿名文章

"A Column for the Ladies", *Hull Packet and East Riding Times*, Friday, January 16, 1880.

"A Cruel Fashion", *Graphic*, July 30, 1887.

"A Drama in Pyrotechnics: *The Last Days of Pompeii* Enacted at Manhattan Beach", *New York Times*, June 12, 1885.

"A Nation of Advertisers", *Punch* 12 (1847): 31.

"A Run on the Eastern Counties Railway", *Morning Chronicle*, Saturday, October 5, 1850.

"Abattoirs", *New York Times*, April 1, 1866.

"Adelphi", *The Examiner*, December 21, 1834.

"Adelphi Theatre", *Morning Chronicle*, December 17, 1834. British Newspapers, 1800–1900. Web, accessed February 14, 2010.

"Adelphi Theatre", *The Times*, November 8, 1843.

"Ambigu", *Journal des théâtres*, September 28, 1843, 1.

"Ambigu-Comique", *La Presse*, October 2, 1843.

"Amusements", *New York Times*, December 3, 1863.

"Amusements", *New York Times*, February 4, 1873.

"Amusements", *New York Times*, July 1, 1873.

"Amusements: The Pavements of Paris", *New York Times*, December 19, 1883.

"Amusements: Theatrical", *New York Times*, November 26, 1872.
"Birds, Butchers and Beauties", *Pall Mall Gazette*, January 6, 1886.
"Borrowed Plumes", *The Times*, January 28, 1876.
"Carriage Court – Yesterday", *Freeman's Journal*, November 5, 1846.
"Class 16: Leather, Saddlery and Harness, Skins, Fur and Hair", *Official Catalogue of the Great Exhibition of the Works of Industry of All Nations, 1851*, London: Royal Commission, 1851, 91–92.
"Collecting Dog at Slough", *Reynolds's Newspaper*, November 29, 1896.
"Curious Instance of Animal Sagacity", *Daily National Intelligencer*, March 15, 1844.
"Daily Calendar for 1843–1844", Adelphi Theatre Project. Web, accessed June 1, 2010.
"Death of a Well-Known Dog", *Illustrated Police News*, Saturday, December 5, 1896.
"Death of Mr Lefanu", *Freeman's Journal*, February 10, 1873.
"Deuxième tableau", Dupeuty et Cormon, *Paris la Nuit, drame populaire en cinq actes et huit tableaux*, Paris: Magasin Théâtral [*c.*1842].
"Dog Stories", *Penny Illustrated Paper and Illustrated Times*, Saturday, December 20, 1884.
"Dogs Overtaking Cats as Britain's Favourite Pets", *Daily Telegraph*, April 3, 2011. Web, accessed April 26, 2012.
"Drama", *Daily News*, May 28, 1863.
"Dress and Fashion in Paris", *Bristol Mercury and Daily Post*, December 27, 1880.
"Dress and Fashion in Paris", *Derby Mercury*, November 26, 1879.
"Drury Lane Theatre", *Morning Chronicle*, 5 May 1829. British Newspapers, 1800–1900. Web, accessed 15 February, 2010.
"Escape of a Tiger in Ratcliff Highway", *Daily News*, October 27, 1857.
"Evening Dresses", *Daily News*, January 2, 1886.
"Extraordinary Fight", *The Times*, November 10, 1857, 5.
"Fancy Feathers", New York Millinery and Supply Company (1901), available through the Smithsonian's Image Galaxy, accessed October 7, 2011.
"Fashion in Paris: From our Lady Correspondent", *Freeman's Journal*, December 8, 1897.
"Fashions for February", *Daily News*, February 2, 1886.
"Fashions for November", *Graphic*, Saturday, November 4, 1871.
"Fearful Occurrence", *The Times*, October 27, 1857, 12.
"Feather Ornaments", *Irish Naturalist* 3.2 (February 1894): 46.
"Feathered Women: To the Editor of The Times", *The Times*, October 17, 1893.
"Fine Art Exhibition", *Liverpool Mercury*, May 15, 1879.
"Fine Arts", *Daily News*, May 7, 1863.
"Fine Arts: The Winter Exhibitions – the French Gallery", *Daily News*, Thursday, October 31, 1872."For the Morning Chronicle: The New Performer", *Morning Chronicle*, December 15, 1803.
"Fur and Feathers", *Pall Mall Gazette*, September 17, 1887.
"Fur: the Ne'er-Ending Fashion", *Lotus Magazine* 7.2 (November 1915): 68–76.

"Gold Necklace Set with the Heads of Humming-birds", British Museum Online, accessed August 1, 2012.
"Grover's Theatre", *Daily National Intelligencer*, January 20, 1864.
"Hearth and Home, by a Lady Contributor", *Manchester Times*, Saturday, June 5, 1886.
"Horrible London: Or the Pandemonium of Posters", *Punch*, October 13, 1888.
"La Presse", *Larousse Encyclopédie*. Web, accessed July 30, 2012.
"Line of Railroad from Kingstown to Dublin", in *Thirteen Views on the Dublin and Kingstown Railway*, Dublin: P. Dixon Hardy at the Offices of the Dublin Penny Journal, 1834.
"Local News", *Bristol Mercury and Daily Post*, February 4, 1893, 4.
"London Jack Found: Rejoicings Domestic and Popular: Alleged Dog-Stealers in Court", *Daily News*, August 29, 1899.
"Man-Made: A Volcanic Eruption and a Naval Battle", *Sketch* 983 (November 29, 1911): 241–42.
"Mirror of Fashion", *Morning Chronicle*, December 13, 1828, British 19th-Century Newspapers Online.
"Music and Drama Abroad", *New York Times*, August 1, 1880.
"Musical and Dramatic Gossip", *Athenaeum*, June 13, 1863, 785.
"Netherlands", *The Examiner*, 5 September 1830.
"Olympic", *Athenaeum*, June 6, 1863, 753.
"Olympic Theatre", *The Times*, May 29, 1863, 5."Omnibus Reform", *Punch*, October 6, 1860.
"On Saturday", *Morning Chronicle*, July 6, 1829.
"Ostrich Feathers", *Pall Mall Gazette*, October 14, 1887.
"Our Illustrations", *Graphic*, Saturday, September 7, 1872.
"Plays Licensed in 1863", from Catalogue of the Lord Chamberlain's Plays, 1852–1863, Research Project, Royal Holloway University of London. Web, accessed August 23, 2012.
"Poor Old Boucicault", *New York Times*, July 17, 1887.
"Porte-Saint-Martin", *La France Théâtrale*, 18 February, 1844, 3–4.
"Public Amusements", *Lloyd's Weekly Newspaper*, December 10, 1843.
"Royal Alhambra Palace", in "Christmas Entertainments", *The Times*, December 27, 1871, 3.
"Sadler's Wells", *Athenaeum*, June 1, 1844.
"Seals are Big Business", *Science News Letter*, September 17, 1955, 180.
"Sealskin, and Where it Comes From", *All the Year Round*, vol. 39, new series (November 1896): 318–22, 349–52, 377–81, 399–403.
"Spring Exhibition at the Basnett Street Gallery", *Liverpool Mercury*, May 4, 1887, 5.
"Strand", *Athenaeum*, February 14, 1863, 235.
"Tea Table-Talk", *Leeds Mercury*, Saturday, September 27, 1890.
"The Behring Sea Imbroglio", *Pall Mall Gazette*, June 1, 1889.

"The British School of Oil Painting", *The International Exhibition, 1862: Official Catalogue of the Fine Art Department*, London, 1862.
"The Failure of the Paris Tribunal's Award to Save the Seals", *The Advocate of Peace* 57.2 (February 1895): 37–38.
"The Great Dead of 1873", *Lloyd's Weekly Newspaper*, January 4, 1874.
"The Hanover Gallery", *The Era*, Saturday, December 4, 1886, 22
"The Idler About Town", *Frank Leslie's Illustrated Newspaper*, December 26, 1863.
"The Ladies Column", *Manchester Times*, Saturday, January 27, 1872.
"The Ladies Column: Winter Furs", *Manchester Times*, Saturday, October 29, 1881.
"*The Last Days of Pompeii*" (review), *North American Review* 40.87 (April 1835): 447–57.
"The Late Escape of a Tiger in Ratcliff Highway", *The Times*, October 30, 1857, 7.
"The London Music Halls", *The Era*, February 19, 1898.
"The Mirror of Fashion", *Morning Chronicle*, December 16, 1803.
"The Mirror of Fashion", *Morning Chronicle*, October 10, 1814.
"The Protection of Wild Birds in America", *Pall Mall Gazette*, Wednesday, April 28, 1886.
"The Real Obstructions", *Punch* 19 (July 13, 1850): 30.
"The Royal Academy", *Graphic*, Saturday, June 29, 1872. Online.
"The Sealing Question", *The Times*, December 20, 1897, 5.
"The Seizure of Sealers", *Daily News*, August 2, 1889.
"The Southport Exhibition", *Liverpool Mercury*, February 27, 1892.
"The Synopsis", *The Era*, December 3, 1843.
"The Theatres", *The Era*, December 10, 1843.
"The Theatres", *The Era*, June 7, 1863
"The Theatres", *The Era*, November 19, 1843
"The Theatres", *Spectator*, December 20, 1834, 9.
"The Theatrical Examiner", *The Examiner*, December 6, 1862.
"The Week", *Jackson's Oxford Journal*, October 29, 1887.
"The Whitsuntide Amusements", *The Era*, May 31, 1863.
"Théâtre de L'Ambigu-Comique", *L'Indépendant*, September 28, 1843, 2–3.
"Théâtre de L'Ambigu-Comique", *Le Journal des débats*, October 2, 1843, 3.
"Theatrical Examiner", *The Examiner*, November 11, 1843.
"Theatrical Examiner: King's Theatre", *The Examiner*, March 20, 1831.
"Theatrical Riot", *Morning Chronicle*, December 23, 1814.
"Theatricals", *John Bull*, December 21, 1834, 3.
"Théatrographie" for the Théâtre de la Gaité on the web journal, Inf'Operette, accessed July 20, 2012.
"'There's the Rub!' (An Old Story with a New Application): Champion Bill-Poster, Loquitur", *Punch* 102 (January 16, 1892): 33.
"Victoria", *Morning Chronicle*, December 27, 1834, British Newspapers, 1800–1900, accessed 14 February, 2010.
"Where is Jack", *Newcastle Weekly Courant*, Saturday, August 12, 1899.

印刷物，或其他媒体和在线来源

Abbott, Reginald, "Birds Don't Sing in Greek: Virginia Woolf and 'The Plumage Bill'", in Carol J. Adams and Josephine Donovan, eds., *Animals and Women: Feminist Theoretical Explorations*, Durham, NC: Duke University Press, 1995: 263–89.

Agathocleous, Tanya, *Urban Realism and the Cosmopolitan Imagination in the Nineteenth Century: Visible City, Invisible World*, Cambridge: Cambridge University Press, 2011.

Allen, J. A., "The Present Wholesale Destruction of Bird-Life in the United States", *Science* 7.160 (February 26, 1886): 191–95.

Allston Brown, T., *A History of the New York Stage from the First Performance in 1732 to 1901*, vol. 1, New York: Dodd, Mead and Co., 1903.

Alphabet grotesque des cris de Paris, woodcut, Paris: Pellerin, 1861. Available through Gallica, the digital library of the Bibliothèque nationale de France.

Altick, Richard, *The Presence of the Present: Topics of the Day in the Victorian Novel*, Columbus: Ohio State University Press, 1991.

The Shows of London, Cambridge, MA: Belknap Press of Harvard University Press, 1978.

"America on Stone": The Harry T. Peters Collection, Smithsonian National Museum of American History, Washington, DC, online.

Amery, Colin, and Brian Curran Jr., "The Legacy of Pompeian Style", in *The Lost World of Pompeii*, London: Frances Lincoln, 2002: 168–83.

Anderson, Benedict, *Imagined Communities: Reflections on the Origin and Spread of Nationalism*, London: Verso, 1983.

Anderson, Michael, ed., *British Population History: From the Black Death to the Present Day*, Cambridge: Cambridge University Press, 1996.

Anon., *Aunt Louisa's London Toy Books: London Alphabet*, London: Frederick Warne, *c.*1880. University of Florida Baldwin Library of Historical Children's Literature, online digital collection. Web, accessed July 19, 2012.

Aunt Louisa's London Toy Books: London Characters, From Coloured Designs by H. W. Petherick, London and New York: Frederick Warne/Scribner Welford & Armstrong, *c.*1880.

The Language of the Walls: And a Voice from the Shop Windows; or, The Mirror of Commercial Roguery by One Who Thinks Aloud, Manchester: Abel Heywood, 1855.

Armstrong, Isobel, *Victorian Glassworlds: Glass Culture and the Imagination, 1830–1880*, Oxford: Oxford University Press, 2008.

Armstrong, Nancy, "Imperialist Nostalgia in *Wuthering Heights*", in Linda Peterson, ed., *Emily Brontë, Wuthering Heights*, Boston, MA: Bedford Books, 1992: 128–49.

Assael, Brenda, *The Circus and Victorian Society*, Charlottesville: University of Virginia Press, 2005.

Baker, H. Barton, *History of the London Stage and its Famous Players, 1576–1903*, New York: E. P. Dutton, 1894.

Banta, Martha, *Henry James and the Occult: The Great Extension*, Bloomington: Indiana University Press, 1972.

Baudelaire, Charles, "The Painter of Modern Life", trans. P. G. Konody, in C. Geoffrey Holme, ed., *The Painter of Victorian Life: A Study of Constantin Guys*, London: The Studio, 1930.

Bayly, C. A., *The Birth of the Modern World, 1780–1914*, Oxford: Blackwell, 2004.

Beegan, Gerry, *The Mass Image: A Social History of Photomechanical Reproduction in Victorian London*, Basingstoke: Palgrave Macmillan, 2008.

Beer, Gillian, "Darwin and the Uses of Extinction", *Victorian Studies* 51. 2 (2009): 321–31.

Beetham, Margaret, *A Magazine of Her Own: Domesticity and Desire in the Woman's Magazine*, London and New York: Routledge, 1996.

Beetham, Margaret, and Kay Boardman, *Victorian Women's Magazines: An Anthology*, Manchester: Manchester University Press, 2001.

Belich, James, *Replenishing the Earth: The Settler Revolution and the Rise of the Anglo-World, 1783–1939*, New York: Oxford University Press, 2009.

Benjamin, Walter, *The Arcades Project*, trans. Howard Eiland and Kevin McLaughlin, Cambridge, MA: Belknap Press of Harvard University Press, 1999.

Illuminations, ed. Hannah Arendt, trans. Harry Zohn, New York: Schocken, 1985.

"Little History of Photography" in Michael W. Jennings, ed., *Walter Benjamin: Selected Writings,* vol. 2, *1927–1934*, Cambridge, MA: Belknap Press of Harvard University Press, 1999: 507–30.

Bennett, Edward Turner, *The Tower Menagerie: Comprising the Natural History of the Animals Contained in that Establishment; with Anecdotes of their Characters and History. Illustrated by portraits of each taken from life, by William Harvey*, London: Printed for Robert Jennings, Poultry, 1829.

Bleiler, E. F., ed., *Best Ghost Stories of J. S. Le Fanu* (New York: Dover, 1964).

ed., *The Collected Stories of Mrs J. H. Riddell*, New York: Dover, 1977.

Bolter, Jay David, and Richard Grusin, *Remediation: Understanding New Media*, Cambridge, MA: MIT Press, 2000.

Bondeson, Jan, *Amazing Dogs: A Cabinet of Canine Curiosities*, Stroud: Amberley, 2011.

Booth, Michael R., *English Melodrama*, London: Herbert Jenkins, 1965.

Theatre in the Victorian Age, Cambridge: Cambridge University Press, 1995.

"The Metropolis on Stage", in H. J. Dyos and Michael Wolff, eds., *The Victorian City*, vol. 1, London: Routledge & Kegan Paul, 1973: 211–26.

Bordman, Gerald, *American Theatre: A Chronicle of Comedy and Drama, 1869–1914*, New York and Oxford: Oxford University Press, 1994.

Bordman, Gerald, and Thomas S. Hischak, eds., *The Oxford Companion to American Theatre*, 3rd edn., Oxford: Oxford University Press, 2004, Oxford Reference Online, accessed October 20, 2011.

Bouchet, Ghislaine, *Le Cheval à Paris de 1850 à 1914*, Geneva and Paris: Librairie Droz, 1993.

Bown, Nicola, "Tender Beauty: Victorian Painting and the Problem of Sentiment", *Journal of Victorian Culture* 16.2 (2011): 214–25.

Bradfield, Nancy, *Costume in Detail: Women's Dress 1730–1930*, 2nd edn., London: Harrap, 1981.

Brantz, Dorothee, "The Domestication of Empire", in Kathleen Kete, ed., *A Cultural History of Animals in the Age of Empire*, Oxford and New York: Berg, 2007: 73–93.

Briggs, Asa, *Victorian Cities* [1963], Harmondsworth: Penguin, 1990.

Victorian Things, Chicago: University of Chicago Press, 1989.

Briggs, Asa, and Peter Burke, *A Social History of the Media*, Cambridge: Polity, 2005.

Briggs, Julia, *Night Visitors: The Rise and Fall of the English Ghost Story*, London: Faber, 1977.

Bright, Amanda, "Changing History: Exploring the Origins of the Modern Cat Fancy", The British Newspaper Archive Blog, posted February 13, 2013.

Brock, Alan St. H., *A History of Fireworks*, London: Harrap, 1949.

Brooks, Peter, *The Melodramatic Imagination: Balzac, Henry James, Melodrama, and the Mode of Excess* [1976], New Haven, CT: Yale University Press, 1995.

Buck, Anne, *Victorian Costume and Costume Accessories*, 2nd edn., Carlton: Ruth Bean, 1984.

Buckley, Matthew, "Sensations of Celebrity: Jack Sheppard and the Mass Audience", *Victorian Studies* 44.3 (2002): 423–63.

Buckstone, J. B., *The Last Days of Pompeii: A Dramatic Spectacle in Three Acts; Taken from Bulwer's Celebrated Novel of the Same Title*, London: J. Dicks, n.d.; issue 829 of Dicks' Standard Plays.

Buelens, Gert, "Henry James and the (Un)Canny American Scene", in Greg W. Zacharias, ed., *A Companion to Henry James*, Oxford: Blackwell, 2008: 193–207.

Bulwer Lytton, Edward [Edward Lytton Bulwer], *The Last Days of Pompeii*, 3 vols., London: Bentley, 1834.

Bulwer-Lytton, Victor, *The Life of Edward Bulwer, First Lord Lytton, by His Grandson, the Earl of Lytton*, 2 vols., London: Macmillan, 1913.

Burwick, Frederick, "Masaniello on the London Stage", in Frederick Burwick and Paul Douglass, eds., *Dante and Italy in British Romanticism*, New York: Palgrave Macmillan, 2011.

Burwick, Frederick, and Paul Douglass, eds., *Dante and Italy in British Romanticism*, New York: Palgrave Macmillan, 2011.

Butler, Mary [Mrs. O'Nolan], "The Ethics of Dress", *Irish Monthly* 45.526 (April 1917): 219–29.

Butsch, Richard, *The Making of American Audiences: From Stage to Television, 1750–1990*, New York: Cambridge University Press, 2000.

Butterworth, Philip, *Theatre of Fire: Special Effects in Early English and Scottish Theatre*, London: Society for Theatre Research, 1998.

Campbell, Charles, S., "The Anglo-American Crisis in the Bering Sea, 1890–1891", *Mississippi Valley Historical Review* 48.3 (December 1961): 393–414.

Carey, John, *The Intellectuals and the Masses: Pride and Prejudice among the Literary Intelligentsia, 1880–1939*, London: Faber, 1992.

Case, Franklin, and Mary Case, "The 1843–44 Season", Adelphi Theatre Project. Web, accessed October 14, 2012.

Celnart, Mme., *Manuel de fleuriste artificiel, suivi de L'art du plumassier*, Paris, n.d.

Charbit, Yves, *Economic, Social and Demographic Thought in the* XIX*th Century: The Population Debate from Malthus to Marx*, Paris: Springer, 2009.

Chase, Karen, *The Victorians and Old Age*, Oxford: Oxford University Press, 2009.

Chevalier, Louis, *Laboring Classes and Dangerous Classes in Paris during the First Half of the Nineteenth Century*, trans. Frank Jellinek, London: Routledge & Kegan Paul, 1973.

Chrisp, Peter, *A History of Fashion and Costume: The Victorian Age*, Hove: Bailey Publishing, 2005.

Clark, Fiona, *Hats*, London: Batsford, 1982.

Clery, E. J., *The Rise of Supernatural Fiction, 1762–1800*, Cambridge: Cambridge University Press, 2005.

Cohen, Margaret, and Carolyn, Dever, *The Literary Channel: The International Invention of the Novel*, Princeton, NJ: Princeton University Press, 2002.

Cohen, Patricia Cline, Timothy J. Gilfoyle, and Helen Lefkowitz Horowitz, *The Flash Press: Sporting Male Weeklies in 1840s New York*, Chicago: University of Chicago Press, 2008.

Collins, Max, Matthew V. Clements, and George Hagenauer, *The History of Mystery*, Portland, OR: Collectors' Press, 2001.

Collins, Wilkie [1852], *Basil*, Oxford: Oxford University Press, 2005.

Connolly, Claire, "Irish Romanticism, 1800–1830", in Margaret Kelleher and Philip O'Leary eds., *The Cambridge History of Irish Literature*, vol. 1, Cambridge: Cambridge University Press, 2006: 407–48.

Connor, Steven, "From the House of Bondage to the Wilderness of Inhabitation: The Domestic Economies of Ithaca", in Andrew Gibson, ed., *Joyce's "Ithaca"*, Amsterdam: Rodopi, 1996: 199–228.

Conrad, Joseph, *The Secret Agent: A Simple Tale* [1907], ed. Martin Seymour-Smith, Harmondsworth: Penguin, 1988.

Cooper, Merian C. (dir.), *Last Days of Pompeii* (feature film; RKO, 1935).

Corcoran, Michael, *Through Streets Broad and Narrow*, Leicester: Midland, 2000.

Coughlan, Patricia, "Doubles, Shadows, Sedan-Chairs and the Past: The Ghost Stories of J. S. Le Fanu", in M. Allen and A. Wilcox (eds.), *Critical Approaches to Anglo-Irish Literature*, Gerrards Cross: Colin Smythe, 1989: 17–39.

Cowling, Mary, *The Artist as Anthropologist: The Representation of Type and Character in Victorian Art*, Cambridge: Cambridge University Press, 1989.

Cox, Jeffrey N. "The Ideological Task of Nautical Melodrama", in Michael Hays and Anastasia Nikolopoulou, eds., *Melodrama: The Cultural Emergence of a Genre*, New York: St. Martin's Press, 1996: 167–89.

Cox, Michael, and R. A. Gilbert, eds., *The Oxford Book of Victorian Ghost Stories* [2003], Oxford: Oxford University Press, 1991.

Cragin, Thomas, *Murder in Parisian Streets: Manufacturing Crime and Justice in the Popular Press, 1830–1900*, Lewisburg, PA: Bucknell University Press, 2006.

Cronin, John, *Gerald Griffin (1803–1840): A Critical Biography*, Cambridge: Cambridge University Press, 1978.

Curtis, Gerard, "Dickens in the Visual Market", in John O. Jordan, ed. *Literature in the Marketplace: Nineteenth-Century British Publishing and Reading Practices*, Cambridge: Cambridge University Press, 1995.

"Ford Madox Brown's *Work*: An Iconographic Analysis", *Art Bulletin* 74.4 (December 1992): 623–36.

Visual Words: Art and the Material Book in Victorian England, Aldershot: Ashgate, 2002.

d'Ennery, Adolphe, and Eugène Grangé, *Les Bohémiens de Paris: drame en cinq actes et huit tableaux* (*c*.1843), n.p., available online through archive.org.

Dahl, Curtis, "The American School of Catastrophe", *American Quarterly* 11.3 (1959): 380–90.

"Bulwer-Lytton and the School of Catastrophe", *Philological Quarterly* 32.4 (October 1953): 428–42.

Daly, Nicholas, "Blood on the Tracks: Sensation Drama, the Railway, and the Dark Face of Modernity", *Victorian Studies* 42.1 (1998–99): 47–66.

Literature, Technology, and Modernity, 1860–2000, Cambridge: Cambridge University Press, 2004.

Sensation and Modernity in the 1860s, Cambridge: Cambridge University Press, 2009.

David, Jennifer, "The London Garotting Panic of 1862", in V. A. C. Gatrell, Bruce Lenman, and Geoffrey Parker, eds., *Crime and the Law*, London: Europa, 1980: 190–213

de B.-L., A., "Le Marchand d'antiquités", *Echo de la littérature et des beaux–arts en France et à l'étranger*, September 1842: 198–201

de Certeau, Michel, "Walking in the City", in *The Practice of Everyday Life*, trans. Steven Randall, Berkeley: University of California Press, 1984: 91–110.

Demello, Margo, "The Present and Future of Animal Domestication", in Randy Malamud, ed., *A Cultural History of Animals in the Modern Age*, Oxford and New York: Berg, 2007: 67–94.

Denning, Michael, *Mechanic Accents: Dime Novels and Working-Class Culture in America*, London and New York: Verso, 1987.

Despotopoulou, Anna, and Kimberley C. Reed, eds., *Henry James and the Supernatural*, New York: Palgrave Macmillan, 2011.

Dickens, Charles, *American Notes for General Circulation*, London: Chapman and Hall, 1842.

"Bill-Sticking", *Household Words*, March 22, 1851: 601–06, reprinted in David Pascoe, ed., *Selected Journalism 1850–1870, by Charles Dickens* (Harmondsworth: Penguin, digital file).

Dobkowksi, Michael N., "American Anti-Semitism: A Reinterpretation", *American Quarterly* 29.2 (1977): 166–81.

Donnelly, James S., *Captain Rock: The Irish Agrarian Rebellion of 1821–1824*, Madison: University of Wisconsin Press, 2009: 94.

Donovan, Stephen, and Matthew Rubery, eds., *Secret Commissions: An Anthology of Victorian Investigative Journalism*, Peterborough, Ontario: Broadview, 2012.

Dorson, Richard M., "Mose the Far-Famed and World-Renowned", *American Literature* 15.3 (November 1943): 288–300.

Doughty, Robin W., *Feather Fashions and Bird Preservation: A Study in Nature Protection*, Berkeley: University of California Press, 1975.

Dutcher, William, "Destruction of Bird-Life in the Vicinity of New York", *Science* 7.160 (February 26, 1886): 197–99.

"Report of the American Ornithologists' Union Committee on the Protection of Birds", *Auk* 21.1 (January 1904): 97–208.

E. P., "Murderous Millinery", in *Food and Fashion: Some Thoughts on What We Eat and What We Wear*, London: Humanitarian League, 1903.

E. T. R., "Unconscious Plagiarism: A Case of 'Mimicry' in Natural History Recently Observed in the London Streets", *Punch*, January 6, 1909: 13.

Easson, Angus, "'At Home' with the Romans: Domestic Archeology in the Last Days of Pompeii", in Allan Conrad Christensen, ed., *The Subverting Vision of Bulwer Lytton: Bicentenary Reflections*, Newark: University of Delaware Press, 2004: 100–15.

Eckert, Charles, "The Carole Lombard in Macy's Window", *Quarterly Review of Film Studies* 3.1 (1978): 1–21.

Edel, Leon, ed., *Henry James: Stories of the Supernatural*, London: Barrie and Jenkins, 1971.

Henry James: The Master, 1901–1916, London: Rupert Hart-Davis, 1972.

Elliott, Blanche B., *A History of English Advertising*, London: Batsford, 1962.

Emeljanow, Victor, "The Events of June 1848: The 'Monte Cristo' Riots and the Politics of Protest", *New Theatre Quarterly* 19.1 (February 2003): 23–32.

Emeljanow, Victor, and Donald Roy, eds., *Romantic and Revolutionary Theatre, 1789–1860*, Cambridge: Cambridge University Press, 2003.

Evans, Richardson, *The Age of Disfigurement*, London: Remington, 1893.

Fashioning Feathers: Dead Birds, Millinery, Crafts and the Plumage Trade, website of an Exhibition at the University of Alberta, curated by Dr. Merle Patchett, accessed October 7, 2011.

Fawkes, Richard, *Dion Boucicault: A Biography*, London: Quartet, 1979.

Ferris, Tom, *Irish Railways: A New History*, Dublin: Gill & Macmillan, 2008.

Fields, Armond, *Tony Pastor, Father of Vaudeville*, Jefferson, NC: McFarland, 2007.

Flavell, Julie, *When London was the Capital of America*, New Haven, CT: Yale University Press, 2010.

Flint, Kate, *The Transatlantic Indian, 1776–1930*, Princeton, NJ:Princeton University Press, 2008.

Freedgood, Elaine, *The Ideas in Things: Fugitive Meaning in the Victorian Novel*, Chicago and London: University of Chicago Press, 2006.

Frégier, H. A., *Des classes dangereuses de la population dans les grandes villes et des moyens de les rendre meilleures*, 2 vols., Paris: J.-B. Baillière, 1840.
Frick, John W., "The Wicked City Motif on the American Stage before the Civil War", *New Theatre Quarterly* 77.20 (2004): 19–27.
Friedberg, Anne, *Window Shopping: Cinema and the Postmodern*, Berkeley: University of California Press, 1993.
Fulcher, Jane, *The Nation's Image: French Grand Opera as Politics and as Politicized Art*, Cambridge: Cambridge University Press, 1987.
Fuller, Errol, *Lost Animals: Extinction and the Photographic Record*, London: Bloomsbury, 2013.
Gallagher, Catherine, *The Industrial Reformation of English Fiction: Social Discourse and Narrative Form, 1832–1867*, Chicago: University of Chicago Press, 1988.
Galsworthy, John, *For Love of Beasts*, London: RSPB, 1912.
Gardner Coates, Victoria C., *The Last Days of Pompeii: Decadence, Apocalypse, Resurrection*, Los Angeles, CA: J. Paul Getty Museum, 2012.
Gardner Coates, Victoria C. and Jon L. Seydll, "Introduction", *Antiquity Recovered: The Legacy of Pompeii and Herculaneum*, Los Angeles, CA: J. Paul Getty Museum, 2007.
Gates, Barbara T., *Kindred Nature: Victorian and Edwardian Women Embrace the Living World*, Chicago: University of Chicago Press, 1999.
Giedion, Siegfried, *Mechanization Takes Command: A Contribution to Anonymous History* [1948], New York: W.W. Norton, 1969.
Ginsburg, Madeleine, *Victorian Dress in Photographs*, London: Batsford, 1982.
Glover, David, *Literature, Immigration and Diaspora in Fin-de-Siècle England: A Cultural History of the 1905 Aliens Act*, Cambridge: Cambridge University Press, 2012.
Godfrey, Emelyne, "Stranglehold on Victorian Society", *History Today* 59.7 (2009): 54–59.
Goodlad, Lauren M. E., and Julia M. Wright, "Victorian Internationalisms", *Romanticism and Victorianism on the Net* 48 (November 2007).
Graves, Alfred Perceval, "An Irish Poet and Novelist", *Temple Bar* 50 (May–August 1877): 504–17.
Graves, Algernon, ed., *The Royal Academy of Arts: A Complete Dictionary of Contributors and their Work from its Foundation in 1769 to 1904*, vol. 5, London: Henry Graves and George Bell, 1905.
Gray, Thomas, *The Vestal, or a Tale of Pompeii*. Boston, MA: Gray, 1830.
Greg, Andrew, "The Cranbrook Colony", catalogue of an exhibition organized by the festival and held at the Vestry Hall, Cranbrook, June 29–July 11, South Eastern Newspapers, 1981.
Grier, Katherine C., *Pets in America: A History*, Chapel Hill: University of North Carolina Press, 2006.
Griffin, Gerald, *Holland-Tide, or Munster Popular Tales*, London: Printed for W. Simpkin and R. Marshall, 1827.
Griffith, Frank Carlos, *Mrs Fiske*, New York: Neale Publishing Company, 1912.

Guéry, Louis, *Visages de la presse: la présentation des journaux des origines à nos jours*, Paris: Éditions du centre de formation et de perfectionnement des journalistes, 1997.

Hack, Daniel, "Wild Charges: The Afro-Haitian 'Charge of the Light Brigade'", *Victorian Studies* 54.2 (2012): 199–225.

Hall, Frank, *The Properest Thing to Do*, London: L'Enfant and Hodgkins, 1863.

Halttunen, Karen, *Confidence Men and Painted Women: A Study of Middle-Class Culture in America, 1830–1870*, New Haven, CT and London: Yale University Press, 1982.

Hamiche, Daniel, ed., *Le Théâtre et la révolution*, Paris, 1973.

Harris, Judith, *Pompeii Awakened: A Story of Rediscovery*, London: Tauris, 2007.

Harrison, Constance Cary "A Glance at Street Costumes", *Art Amateur* 6.1 (December 1881): 10–11.

Haviland, Beverly, "The Return of the Alien: Henry James in New York, 1904", *Henry James Review* 16.3 (1995): 257–63.

Haynes, Alan, "Murderous Millinery", *History Today* 33 (July 1983): 26–30.

Hays, Michael, and Anastasia Nikolopoulou, eds., *Melodrama: The Cultural Emergence of a Genre*, New York: St. Martin's Press, 1996.

Henkin, David M., *City Reading: Written Words and Public Spaces in Antebellum New York*, New York: Columbia University Press, 1998.

The Postal Age: The Emergence of Modern Communications in Nineteenth-Century America, Chicago and London: University of Chicago Press, 2007.

Henry-Lecomte, L., *Un comédien au* xix*e siècle, Frédérick-Lemaître: étude biographique et critique, d'après des documents inédits,* vol. 2, *1840–76*, Paris: l'auteur, 1888, 46.

Hervey, Charles, *The Theatres of Paris*, Paris: Galignani, 1846.

Hewitt, John, "'The Poster' and the Poster in England in the 1890s", *Victorian Periodicals Review* 35.1 (2002): 37–62.

Hickey, Kieran, *Wolves in Ireland: A Natural and Cultural History*, Dublin: Four Courts Press, 2011.

Hinde, Andrew, *England's Population: A History Since the Domesday Survey*, London: Hodder Arnold, 2003.

Hindley, Diana, and George Hindley, *Advertising in Victorian England, 1837–1901*, London: Wayland, 1972.

Horner, Avril, and Sue Zlosnik, *Le Gothic: Influences and Appropriations in Europe and America* (Basingstoke: Palgrave Macmillan, 2008).

Howell, Philip, "Flush and the Banditti: Dog-Stealing in Victorian London", in Chris Philo and Chris Wilbert, eds., *Animal Spaces, Beastly Places: New Geographies of Human–Animal Relations*, London: Routledge, 2000: 35–55.

Hunter, Dard, *Papermaking: The History and Technique of an Ancient Craft* [1947], New York: Dover, 1978.

Hutton, Laurence, *Curiosities of the American Stage*, New York: Harper, 1891.

Ingman, Heather, *A History of the Irish Short Story*, Cambridge: Cambridge University Press, 2009.

Irons, N. J., "Alfred Concanen, Master Lithographer", *Irish Arts Review* 4.3 (1987): 37–41.

Irving, Washington, *The Sketch Book of Geoffrey Crayon, Gent.* [1820], New York: Putnam's, 1884.

J. J. [Jules Janin], "Feuilleton des *Journal des débats*: théâtre de la Porte-Saint-Martin", *Journal des débats*, February 18, 1844: 1–2.

James, Henry, *The American Scene* [1907], London: Granville, 1987.

The Jolly Corner and Other Tales, Harmondsworth: Penguin, 1990.

James, Louis, *Fiction for the Working Man*, London: Oxford University Press, 1963.

Jefferies, Richard, *After London, or Wild England*, London: Cassell, 1886.

Jenkyns, Richard, *The Victorians and Ancient Greece*, Cambridge, MA: Harvard University Press, 1980.

Job, Herbert Keightley, *Wild Wings: Adventures of a Camera-Hunter among the Larger Wild Birds of North America on Sea and Land*, Boston, MA: Houghton, Mifflin, 1905.

Johnston, Eugene T., *The Bill-Poster's Dream, or Cross Readings*, New York: Charles Magnus [1863], Lincoln Broadsides collection, Brown Digital Repository, accessed June 1, 2013.

Jones, Jan, *Renegades, Showmen and Angels: A Theatrical History of Fort Worth, 1873–2001*, Fort Worth: Texas Christian University Press, 2006.

Jones, Stephen, *Hats, An Anthology*, London: V&A Publishing, 2009.

Kakoudaki, Despina, "Spectacles of History: Race Relations, Melodrama, and the Science Fiction/Disaster Film", *Camera Obscura* 17.2 (2002): 108–53.

Kean, Hilda, "The Moment of Greyfriars Bobby: The Changing Cultural Position of Animals, 1800–1920", in Kathleen Kete, ed., *A Cultural History of Animals in the Age of Empire*, Oxford and New York: Berg, 2007: 25–46.

Kete, Kathleen, ed., *A Cultural History of Animals in the Age of Empire*, Oxford and New York: Berg, 2007.

The Beast in the Boudoir: Petkeeping in Nineteenth-Century Paris, Berkeley: University of California Press, 1995.

Kilgarriff, Michael, *Sing Us One of the Old Songs: A Guide to Popular Song, 1860–1920*, Oxford: Oxford University Press, 1998.

Killeen, Jarlath, "Irish Gothic: A Theoretical Introduction", *Irish Journal of Gothic and Horror Studies* 1, October 30, 2006. Web, accessed December 13, 2011.

Killick, Tim, *British Short Fiction in the Early Nineteenth Century: The Rise of the Tale*, Aldershot: Ashgate, 2008.

Knight, Charles, *London*, vol. 5 [1843], Tufts Digital Library. Web, accessed July 25, 2012.

Knight, Stephen, *The Mysteries of the Cities: Urban Crime Fiction in the Nineteenth Century*, Jefferson, NC: McFarland, 2012.

Kolbert, Elizabeth, *The Sixth Extinction: An Unnatural History*, London: Bloomsbury, 2014.

Kozák, Jan, and Vladimir Cermák, *The Illustrated History of Natural Disasters*, Springer: Dordrecht, 2010.

Krakovitch, Odile, "Paris sur scène au XIXe siècle: mythe ou décor?", *Sociétés et Représentations* 1/2004 (no. 17): 195–210. Web, accessed June 27, 2011.

Lambourne, Lionel, *Victorian Painting*, London: Phaidon Press, 1999.

Lampard, Eric E., "The Urbanizing World", in H. J. Dyos and Michael Wolff, eds., *The Victorian City: Images and Realities*, vol. 1, London and Boston, MA: Routledge & Kegan Paul, 1973: 3–57.
Landow, George, *Images of Crisis: Literary Iconology, 1750 to the Present*, Boston, MA: Routledge, 1982.
"Victorianized Romans: Images of Rome in Victorian Painting", *Browning Institute's Journal* 12 (1984): 29–51.
Lankester, E. Ray, *Extinct Animals*, London: Archibald Constable & Co. Ltd., 1905.
Laslett, Peter, *A Fresh Map of Life: The Emergence of the Third Age*, London: Weidenfeld & Nicolson, 1989.
Le Fanu, J. S., *Best Ghost Stories of J. S. Le Fanu*, ed. E. F. Bleiler, New York: Dover, 1964.
In a Glass Darkly, ed. Robert Tracy, Oxford: Oxford University Press, 2008.
Uncle Silas [1864], Oxford: Oxford University Press, 1989.
Le Fanu, W. R., *Seventy Years of Irish Life, Being Anecdotes and Reminiscences*, London: Edward Arnold, 1894.
Le Sage, Alain René, *Asmodeus; or, The Devil on Two Sticks*, trans. Joseph Thomas, London: Joseph Thomas, 1841.
Lee, Alan J., *The Origins of the Popular Press in England, 1855–1914*, London: Croom Helm, 1976.
Lee, Julia Sun-Joo, *The American Slave Narrative and the Victorian Novel*, New York: Oxford University Press, 2010.
Leiber, Fritz, "Smoke Ghost", *Unknown Worlds* 5.3 (October 1941): 100–07.
Leuchs, Frederick Adolph Herman, *The Early German Theatre in New York, 1840–1872*, New York: Columbia University Press, 1928.
Livi-Bacci, Massimo, *The Population of Europe: A History*, trans. Cynthia De Nardi Ipsen and Carl Ipsen, Oxford: Blackwell, 2000.
Loeb, Lori Anne, *Consuming Angels: Advertising and Victorian Women*, New York: Oxford University Press, 1994.
Loeber, Rolf, and Magda Loeber, *A Guide to Irish Fiction, 1650–1900*, 2 vols. Dublin: Four Courts, 2006.
Lustig, T. J., *Henry James and the Ghostly*, Cambridge: Cambridge University Press, 1994.
Lutes, Jean M., "Newspapers", in Christine Bold, ed., *The Oxford History of Popular Print Culture,* vol. 6, *US Popular Print Culture, 1860–1920*, Oxford: Oxford University Press, 2012: 97–112
Lutwack, Leonard, *Birds in Literature*, Gainesville: University Press of Florida, 1994.
Lutz, Deborah, "Gothic Fictions in the Nineteenth Century", in John Kucich and Jenny Bourne Taylor, eds., *The Oxford History of the Novel in English,* vol. 3, *The Nineteenth-Century Novel, 1820–1880*, Oxford: Oxford University Press, 2011.
Lyell, Charles, *Principles of Geology*, 3 vols. [1830–33], London: John Murray, 1840.
Maas, Jeremy, *Victorian Painters* [1969], New York: Harrison House, 1988.

McCormack, W. J., *Sheridan Le Fanu and Victorian Ireland*, Oxford: Clarendon Press, 1980.
McCormick, John, *Popular Theatres of Nineteenth-Century France*, New York: Routledge, 1993.
McCulloch, J. R., *London in 1850–1851*, London: Longman, 1851.
McGill, Meredith L., ed., *The Traffic in Poems: Nineteenth-Century Poetry and Transatlantic Exchange*, New Brunswick, NJ: Rutgers University Press, 2008.
McGiver, Stuart, *Death in the Everglades: The Murder of Guy Bradley, America's First Martyr to Environmentalism*, Gainesville: University Press of Florida, 2003.
McShane, Clay, and Joel A. Tarr, *The Horse in the City: Living Machines in the Nineteenth Century*, Baltimore, MD: Johns Hopkins University Press, 2007: 16.
Malamud, Margaret, "The Imperial Metropolis: Ancient Rome in Turn-of-the-Century New York", *Arion*, 3rd ser., 7.3 (2000): 64–108.
Maloney, Martin, "Origins of the Detective Film", *Journal of the University Film Association* 27.2 (1975): 34–35.
Mangum, Teresa, "Narrative Dominion or The Animals Write Back? Animal Genres in Literature and the Arts", in Kathleen Kete, ed., *A Cultural History of Animals in the Age of Empire*, Oxford and New York: Berg, 2007: 153–73.
Marcus, Sharon, *Apartment Stories: City and Home in Nineteenth-Century Paris and London*, Berkeley: University of California Press, 1999.
Marshall, Bill, *The French Atlantic: Travels in Culture and History*, Liverpool: Liverpool University Press, 2009.
Mayer, David, "Romans in Britain, 1880–1910", *Theatrephile: Popular Theatre Research* 2.5 (1984–85): 41–50.
"'The Last Days of Pompeii' by James Pain", in *Playing out the Empire: Ben-Hur and Other Toga Plays and Films, 1883–1908. A Critical Anthology*, Oxford: Clarendon Press, 1994: 90–103.
Mayhew, Henry, *London Labour and the London Poor*, with a new introduction by John D. Rosenberg [1861–2], New York: Dover, 1968.
Meisel, Martin, *Realizations*, Princeton, NJ: Princeton University Press, 1983.
Melfi, Milena, "Excavating Opera: Composers and Archeologists in 19th-Century Italy", *Congreso internacional: imagines: la antigüedad en las artes escénicas y visuales* [International Conference: Imagines: The Reception of Antiquity in Performing and Visual Arts], Logroño, 22–24 October 2007, ed. Pepa Castillo, et al. Logroño: Universidad de La Rioja, 2008: 159–64.
Michaels, Walter Benn, *Our America: Nativism, Modernism, and Pluralism*, Durham, NC: Duke University Press, 1995.
Miller, Tice L., *Entertaining the Nation: American Drama in the Eighteenth and Nineteenth Centuries*, Carbondale: Southern Illinois University Press, 2007.
Mills, D. O., "Our Fur-Seal Fisheries", *North American Review* 151.406 (September 1890): 300–06.
Mitch, David F., *The Rise of Popular Literacy in Victorian England: The Influence of Private Choice and Public Policy*, Philadelphia: University of Pennsylvania Press, 1992.

Moody, Jane, *Illegitimate Theatre in London, 1770–1840*, Cambridge: Cambridge University Press, 2000.

Morley, Henry, *The Journal of a London Playgoer from 1851–1866*, London: George Routledge, 1866.

Morris, F. O., "Slaughter of Sea Birds", *Leeds Mercury*, September 16, 1887.

Moses, Montrose, J., *Representative British Dramas, Victorian and Modern*, Boston, MA: Little, Brown, and Company, 1918: 222.

Mulligan, Fergus, *One Hundred and Fifty Years of Irish Railways*, Belfast: Appletree Press, 1983.

Murphy, Alexandra R. "Introduction", *Visions of Vesuvius: Catalogue of an Exhibition at the Museum of Fine Arts, Boston*, Boston, MA: Museum of Fine Arts, 1978.

Murphy, Maureen, "From Scapegrace to Grásta: Popular Attitudes and Stereotypes in Irish American Drama", in John P. Harrington, ed., *Irish Theater in America: Essays on Irish Theatrical Diaspora*, Syracuse, NY: Syracuse University Press, 2009: 19–37.

Murray, K. A, *Ireland's First Railway*, Dublin: Irish Railway Record Society, 1981.

Murray, Peter, ed., *Daniel Maclise, 1806–1870: Romancing the Past*, Kinsale: Gandon Editions, 2008.

Musgrave, George Arthur, *The Selborne League for the Preservation of Birds of Beautiful Plumage, Rare Birds, Plants, and Pleasant Places*, London, J. Wakeham and Son, *c.*1885.

Naeseth, Henriette, "Drama in Early Deadwood, 1876–1879", *American Literature* 10.3 (November 1938): 289–312.

Nead, Lynda, *Victorian Babylon: People, Streets and Images in Nineteenth-Century London*, New Haven, CT and London: Yale University Press, 2000.

Nevett, T. R., *Advertising in Britain: A History*, London: Heinemann, 1982.

"The Scapa Society: The First Organised Reaction against Advertising", *Media, Culture and Society* 3.2 (1981): 179–87.

Newey, Kate, "Attic Windows and Street Scenes: Victorian Images of the City on Stage", *Victorian Literature and Culture* 25.2 (1997): 253–62.

Newspaper Innovation, weblog of Dr. Piet Bakker, accessed August 20, 2012.

Nicoll, Allardyce, *A History of Late Nineteenth-Century Drama, 1850–1900*, Cambridge: Cambridge University Press, 1946.

Norcia, Megan A., "Come Buy, Come Buy: Christina Rossetti's 'Goblin Market' and the Cries of London", *Journal of Victorian Culture* 17.1 (2012): 24–45.

O'Neill, Alistair, *London: After a Fashion*, London: Reaktion, 2007.

Odell, George C. D., *Annals of the New York Stage*, 15 vols., New York: Columbia University Press, 1927–49.

Orr, David G., "Pompeii: A Site for All Seasons", in John H. Jameson Jr., John E. Ehrenhard and Christine A. Finn, eds., *Ancient Muses: Archeology and the Arts*, Tuscaloosa: University of Alabama Press, 2003: 84–91.

Orr, Gertrude, *Dog Stars of Hollywood*, Akron, OH: Saalfield, 1936.

Orshenko, Gail, *Polar Politics: Creating International Environment Regimes*, Ithaca, NY: Cornell University Press, 1993.

Ortega y Gasset, José, *The Revolt of the Masses*, anonymous translation of *La rebelión de las masas* [1930], London: George Allen & Unwin, n.d.
Ortner, Jessica, *Practical Millinery*, London: Whittaker, 1897.
Ouida [Mary Louise de la Ramée], "The New Woman", *North American Review* 158.450 (May 1894): 610–19.
Page, Michael R., *The Literary Imagination from Erasmus Darwin to H. G. Wells: Science, Evolution, and Ecology*, Farnham: Ashgate, 2012.
Palmer, Beth, *Women's Authorship and Editorship in Victorian Culture: Sensational Strategies*, Oxford: Oxford University Press, 2011.
Pastor, Tony, *Tony Pastor's 201 Bowery Songster: Containing a Choice Selection of all the New Comic, Eccentric and Characteristic Songs. As Sung by the Inimitable Eccentric Vocalist, Tony Pastor*, New York: Dick and Fitzgerald, 1867.
Pastoureau, Michel, *Blue: The History of a Color*, Princeton, NJ and Oxford: Princeton University Press, 2001.
Patten, Robert L., *Dickens and his Publishers*, Oxford: Clarendon Press, 1978.
Petersen, Marcus, *The Fur-Traders and Fur-Bearing Animals*, Buffalo, NY: Hammond, 1914.
Plotz, John, *The Crowd: British Literature and Public Politics*, Berkeley: University of California Press, 2000.
Porter, Roy, *London: A Social History*, London: Penguin, 2000.
Price, Leah, *How To Do Things with Books in Victorian Britain*, Princeton, NJ and Oxford: Princeton University Press, 2012.
Pückler-Muskau, Hermann von, *Tour in England, Ireland and France in the Years 1826, 1827, 1828 and 1829*, Philadelphia, PA: Carey, Lea and Blanchard, 1833.
Punter, David, *The Literature of Terror: A History of Gothic Fictions from 1765 to the Present Day*, 2 vols., London: Longman, 1996.
Purnell, Thomas, *Dramatists of the Present Day*, London: Chapman and Hall, 1871.
Quennell, Peter, ed., *Mayhew's London: Being Selections from "London Labour and the London Poor", 1851*, London: Spring Books.
Rains, Stephanie, *Commodity Culture and Social Class in Dublin, 1850–1916*, Dublin and Portland, OR: Irish Academic Press, 2010.
Rancière, Jacques, *The Politics of Aesthetics: The Distribution of the Sensible*, trans. Gabriel Rockhill, London: Continuum, 2006.
Ranlett, John, "'Checking Nature's Desecration': Late Victorian Environmental Organizations", *Victorian Studies* 26.2 (1983): 197–222.
Raymond, Richard John, *The Omnibus; or, A Convenient Distance*, London: Thomas Hailes Lacy, 1850.
Reece, R., *The Very Last Days of Pompeii: A New Classical Burlesque*, London: Lacy, 1850.
Renner, Karen J., "Seduction, Prostitution and the Control of Female Desire in Popular Antebellum Fiction", *Nineteenth-Century Literature* 65.2 (September 2010): 166–91.
Report 15, Messaging Anti-Abuse Working Group, Email Metrics Program, November 2011. Web, accessed August 20, 2012.

Report from the Select Committee on Dramatic Literature, with Minutes of Evidence, London: House of Commons, 1832.

Reynolds, Frederick, *The Life and Times of Frederick Reynolds*, 2 vols., Philadelphia, PA: Carey and Lea, 1826.

Richards, Thomas, *The Commodity Culture of Victorian England: Advertising and Spectacle, 1851–1914*, Stanford, CA: Stanford University Press, 1990.

Ritvo, Harriet, *The Animal Estate: The English and Other Creatures in the Victorian Age*, Cambridge, MA: Harvard University Press, 1987.

Roach, Joseph, *It*, Ann Arbor: University of Michigan Press, 2007.

Robb, Graham, *The Discovery of France*, London: Picador, 2007.

Robbins, Bruce, "Telescopic Philanthropy: Professionalism and Responsibility in *Bleak House*", in Homi K. Bhabha, ed., *Nation and Narration*, London and New York: Routledge, 1990: 213–30.

Romeo, Jacqueline, "Comic Coolie: Charles T. Parsloe and Nineteenth-Century American Frontier Melodrama", unpublished thesis, Tufts University, 2008.

Rosée, Mme., *The Handbook of Millinery: A Practical Manual of Instruction for Ladies*, London: Upcott Gill, [1895].

Roth, Ralph, and Marie Noëlle Polino, *The City and the Railway in Europe*, Aldershot: Ashgate, 2003.

Rothfels, Nigel, "How the Caged Bird Sings: Animals and Entertainment", in Kathleen Kete, ed., *A Cultural History of Animals in the Age of Empire*, Oxford and New York: Berg, 2007: 95–112.

Savages and Beasts: The Birth of the Modern Zoo, Baltimore, MD: Johns Hopkins University Press, 2002.

Rowell, George, ed., *Nineteenth-Century Plays*, London: Oxford University Press, 1969.

Rubery, Matthew, *The Novelty of Newspapers: Victorian Fiction after the Invention of the News*, Oxford: Oxford University Press, 2009.

Ryder, Richard D., *Animal Revolution: Changing Attitudes Towards Speciesism*, Oxford: Basil Blackwell, 1989.

Sachs, John C., *Furs and the Fur Trade*, London: Pitman, 1923.

Sage, Victor, *Le Fanu's Gothic: The Rhetoric of Darkness*, Basingstoke: Palgrave Macmillan, 2004.

Salatino, Kevin, *Incendiary Art: The Representation of Fireworks in Early Modern Europe*, Los Angeles, CA: Getty Research Institute, 1997.

Sambourne, Linley, "A Bird of Prey", *Punch*, May 14, 1892: 230.

Sampson, Henry, *A History of Advertising from the Earliest Times*, London: Chatto & Windus, 1874.

Sands, Millie, *Eighteenth-Century Pleasure Gardens of Marylebone, 1737–1777*, London: Society for Theatre Research, 1987.

Scawen Blunt, Wilfrid, *Satan Absolved: A Victorian Mystery*, London: John Lane / The Bodley Head, 1899.

Schiere, Hans, and Rein van der Hoek, "Livestock Keeping in Urban Areas: A Review of Traditional Technologies Based on Literature and Field

Experience", Report of the Food and Agriculture Organization of the United Nations. Web, accessed April 10, 2012.

Schiere, Hans, Eric Thys, Francine Matthys, and Barbara Rischkowsky, "Livestock Keeping in Urbanised Areas", International Development Research Centre report, Box 12.2. Web, accessed April 10, 2012.

Schivelbusch, Wolfgang, *The Railway Journey: The Industrialization of Time and Space in the Nineteenth Century*, Berkeley: University of California Press, 1986.

Schor, Esther, "Lions of Basalt: Bulwer, Italy, and the Crucible of Reform", in Allan Conrad Christensen, ed., *The Subverting Vision of Bulwer Lytton: Bicentenary Reflections*, Newark: University of Delaware Press, 2004: 116–32.

Scott, Peter, "The Evolution of Britain's Urban Built Environment", in Martin Daunton, ed., *The Cambridge Urban History of Britain*, vol. 3, *1840–1950*, Cambridge: Cambridge University Press, 2001: 495–524.

Scott, William Earl Dodge, *The Story of a Bird Lover*, London: Macmillan, 1904.

"William Scribble" [William Smyth], *Dublin Destroyed!, or, The Witches Cauldron of Railway Horror: A Mysterious Shakespeareana, in One Act*, Dublin: John Wiseheart, 1862.

Secord, James A., *Victorian Sensation: The Extraordinary Publication, Reception, and Secret Authorship of Vestiges of the Natural History of Creation*, Chicago: University of Chicago Press, 2000.

Sennett, Richard, *Flesh and Stone: The Body and the City in Western Civilization*, New York and London: W.W. Norton, 1996.

Sheppard Skaerved, Peter, with Janet Snowman and Frances Palmer, *John Orlando Parry: The Poster Man, A Snapshot of London's Musical Life in 1835*, London: Royal Academy of Music, 2007.

Sindall, Rob, "The London Garotting Panics of 1856 and 1862", *Social History* 12 (1987): 351–58.

Slater, Michael, ed., *Charles Dickens: A Christmas Carol and Other Christmas Writings*, London: Penguin, 2003.

Charles Dickens: A Life Defined by Writing, New Haven, CT and London: Yale University Press, 2009.

Slout, William L., ed., *Charles H. Day, Joe Blackburn's A Clown's Log*, Rockville, MD: Borgo Press, 2007.

Small, Helen, *The Long Life*, Oxford: Oxford University Press, 2007.

Smith, Andrew, *The Ghost Story, 1840–1920*, Manchester and New York: Manchester University Press, 2010.

Smith, Marian, "Three Hybrid Works at the Paris Opéra, Circa 1830", *Dance Chronicle* 24.1 (2001): 7–53.

St. Clair, William, and Anninka Bautz, "Imperial Decadence: The Making of the Myths in Edward Bulwer-Lytton's The Last Days of Pompeii", *Victorian Literature and Culture* 40 (2012): 359–96.

Stallybrass, Peter, "Marx's Coat", in Daniel Miller, ed., *Consumption: Critical Concepts in the Social Sciences*, London: Routledge, 2001, 311–34.

Stearns, Beverly Peterson, and Stephen C. Stearns, *Watching, from the Edge of Extinction*, New Haven, CT and London: Yale University Press, 1999.

Steele, Valerie, *Paris Fashion: A Cultural History*, London and New York: Berg, 1998.
Stein, *Richard, Victoria's Year: English Literature and Culture, 1837–1838*, Oxford: Oxford University Press, 1987.
Stein, Sarah Abrevaya, *Plumes: Ostrich Feathers, Jews, and a Lost World of Global Commerce*, New Haven, CT and London: Yale University Press, 2008.
Stewart, Garrett, *The Look of Reading: Book, Painting, Text*, Chicago: University of Chicago Press, 2006.
Stottlar, James F., "A Victorian Stage Censor: The Practice of William Bodham Donne", *Victorian Studies* 13.3 (March 1970): 253–82.
Strachan, John, *Advertising and Satirical Culture in the Romantic Period*, Cambridge: Cambridge University Press, 2007.
Stuart, Roxana, *Stage Blood: Vampires of the 19th-Century Stage*, Bowling Green, OH: Bowling University Popular Press, 2004.
Sue, Eugène, *Les Mystères de Paris, par M. Eugène Sue. Nouvelle édition, revue par l'auteur*, Paris: C. Gosselin, [1844].
Sullivan, Jack, *Elegant Nightmares: The English Ghost Story from Le Fanu to Blackwood*, Athens: Ohio University Press, 1978.
Surrell, Jason, *Pirates of the Caribbean: From the Magic Kingdom to the Movies*, New York: Disney, 2005.
T. Eaton Co., Fall and Winter Catalogue 1899–1900, Toronto: T. Eaton, 1899. Internet Archive, accessed August 1, 2011.
Taylor, David, "Beyond the Bounds of Respectable Society: The 'Dangerous Classes' in Victorian and Edwardian England", in Judith Rowbotham and Kim Stevenson, eds., *Criminal Conversations: Victorian Crimes, Social Panic, and Moral Outrage*, Columbus: Ohio University Press, 2005: 1–20.
Taylor, Elizabeth, *A View of the Harbour* [1947], London: Virago, 2006.
Taylor, John, "The Alphabetic Universe: Photography and the Picturesque Landscape", in Simon Pugh, ed., *Reading the Landscape*, Manchester: Manchester University Press, 1990: 177–96.
Taylor, Paul, ed., *Extinctions in the History of Life*, Cambridge: Cambridge University Press, 2004.
Terni, Jennifer, "A Genre for Early Mass Culture: French Vaudeville and the City, 1830–1848", *Theatre Journal* 58.2 (2006): 221–48.
Thomas, Julia, *Pictorial Victorians: The Inscription of Values in Word and Image*, Athens: Ohio University Press, 2004.
Thrift, Nigel, *Non-Representational Theory: Space, Politics, Affect*, Abingdon: Routledge, 2008.
Timbs, John, *Curiosities of London: Rare and Remarkable Objects of Interest in the Metropolis*, London: David Bogue, 1855.
Townsend, F. H., "Increasing Depravity of Women", *Punch*, April 14, 1909: 257.
Trent, William, John Erskine, Stuart P. Sherman, and Carl van Doren, eds., *The Cambridge History of American Literature*, 2 vols. New York: Macmillan, 1917.
Treuherz, Julian, and Susan Casteras, *Hard Times: Social Realism in Victorian Art*, London: Lund Humphries and Manchester City Art Galleries, 1987.

Turner, E. S., *All Heaven in a Rage*, London: Michael Joseph, 1963.

The Shocking History of Advertising, London: Michael Joseph, 1952.

Turner, James, *Reckoning with the Beast: Animals, Pain, and Humanity in the Victorian Mind*, Baltimore, MD: Johns Hopkins University Press, 1980.

Turpin, John, "Charles Dickens and Daniel Maclise: A Study of their Friendship", *Studies: An Irish Quarterly Review*, 73.289 (1984): 47–66.

Turvey, Ralph, "Horse Traction in Victorian London", *Journal of Transport History* 26.2 (2005): 38–59.

Untitled review of *Matilda* and *The Mysteries of Paris, Athenaeum*, April 27, 1844, 374–75.

Van Vechten, Carl, *The Tiger in the House* [1920], New York: Dover, 1996.

Vanfasse, Nathalie, "A Historical Survey of French Criticism and Scholarship on Dickens", in Michael Hollington, ed., *The Reception of Dickens in Europe*, London: Bloomsbury, 2013.

Vlaspolos, Anca, "Pacific Harvests: Whales and Albatrosses in Nineteenth-Century Markets", in Deborah Denenholz Morse and Martin A. Danahay, eds., *Victorian Animal Dreams*, Aldershot: Ashgate, 2007.

Waddington, Keir, "Death at St. Bernard's: Anti-vivisection, Medicine and the Gothic", *Journal of Victorian Culture* 18.2 (2013): 246–62.

Walkowitz, Judith, "The Indian Woman, the Flower Girl, and the Jew: Photojournalism in Edwardian London", *Victorian Studies* 42:1 (1999–2000): 3–46.

Walsh, Townsend, *The Career of Dion Boucicault* [1915], New York: Benjamin Blom, 1967.

Walter, Henry, *The Age of Paper*, London: Metzler, 1862.

Walton, James, *Vision and Vacancy: The Fictions of J. S. Le Fanu*, Dublin: University College Dublin Press, 2007.

Wang, Jessica, "Dogs and the Making of the American State: Voluntary Association, State Power, and the Politics of Animal Control in New York City, 1850–1920", *Journal of American History* 98.4 (2012): 998–1024.

Ward, Frederick William Orde "Queen Pussy at Play: Being the Natural History of a Fast and Fashionable Woman of the Day" (1890), Literature Online (LION), accessed March 22, 2011.

Waters, Catherine, *Commodity Culture in Dickens's Household Words: The Social Life of Goods*, Aldershot: Ashgate, 2008.

Watson, Margaret G., *Silver Theatre: Amusements of the Mining Frontier in Early Nevada, 1850 to 1864*, Glendale, CA: Arthur H. Clark, 1964.

Website of the United States Census Bureau, "Fast Facts" for 1800, 1850, and 1900.

Weinbren, Dan, "Against All Cruelty: The Humanitarian League, 1891–1919", *History Workshop Journal* 38 (1994): 86–105.

Weintraub, Stanley, *Victoria: An Intimate Biography*, New York: Truman Talley/E. P. Dutton, 1987.

Weir, Harrison, *Our Cats and All About Them*, Tunbridge Wells: R. Clements, 1889.

Wemyss, Francis C., *Chronology of the American Stage from 1752 to 1852*, New York: W. Taylor, 1852.

Weston, Nancy, *Daniel Maclise, Irish Artist in Victorian London*, Dublin: Four Courts, 2001.

Whitlock, Tammy C., *Crime, Gender and Consumer Culture in 19th-Century England*, Aldershot, Ashgate, 2005.

Wicke, Jennifer, *Advertising Fictions: Literature, Advertisement, and Social Reading*, Columbia, NY: Columbia University Press, 1988.

Wilde, Oscar, *Impressions of America*, ed. Stuart Mason, Sunderland: Keystone Press, 1906.

Willett Cunnington, C., *English Women's Clothing in the Nineteenth Century: A Comprehensive Guide with 1117 Illustrations* [1937], New York: Dover, 1990.

Williams, Linda, *Playing the Race Card: Melodramas of Black and White from Uncle Tom to O. J. Simpson*, Princeton, NJ: Princeton University Press, 2001.

Williams, Rosalind, *Dream Worlds: Mass Consumption in Late Nineteenth Century France*, Berkeley: University of California Press, 1991.

Willms, Johannes, *Paris, Capital of Europe: From the Revolution to the Belle Epoque*, trans. Eveline L. Kanes, New York and London: Holmes and Meier, 2002.

Wilmeth, Don, and Christopher Bigsby, *The Cambridge History of American Theatre*, vol. 2, *1870–1945*, Cambridge: Cambridge University Press, 1999.

Winslow, Helen M., *Concerning Cats: My Own and Some Others*, Boston, MA: Lothrup, 1900.

Withers, Charles W. J., *Placing the Enlightenment: Thinking Geographically about the Age of Reason*, Chicago: University of Chicago Press, 2007.

Wolch, Jennifer R., and Jody Emel, eds., *Animal Geographies: Place, Politics, and Identity in the Nature-Culture Borderlands*, London: Verso, 1998.

Wolch, Jennifer R., Kathleen West, and Thomas E. Gaines, "Transspecies Urban Theory", in *Environment and Planning D: Society and Space* 13.6 (1995): 735–60.

Wollaston, A. F. R., *Life of Alfred Newton, Professor of Comparative Anatomy, Cambridge University, 1866–1907*, London: John Murray, 1921.

Wood, Christopher, *Victorian Painters: The Text*, London: Antique Collectors' Club, 1995.

Victorian Panorama: Paintings of Victorian Life, London: Faber, 1976.

Woolf, Virginia, "The Plumage Bill", *Woman's Leader*, July 23, 1920. Reprinted as Appendix II of Anne Olivier and Andrew McNeillie, eds., *The Diary of Virginia Woolf*, 2 vols., New York: Harcourt Brace Jovanovich, 1978.

Mrs. Dalloway, ed. Claire Tomalin, Oxford World's Classics, Oxford: Oxford University Press, 1992.

Wroth, Warwick, and Arthur Edgar Wroth, *The London Pleasure Gardens of the Eighteenth Century* [1896], London: Macmillan, 1979.

Yablon, Nick, "'A Picture Painted in Fire': Pain's Reenactments of *The Last Days of Pompeii*, 1879–1914", in Victoria C. Gardner Coates, and Jon L. Seydll,

Antiquity Recovered: The Legacy of Pompeii and Herculaneum, Los Angeles, CA: J. Paul Getty Museum, 2007: 189–205.

Zemka, Sue, *Time and the Moment in Victorian Literature and Society*, Cambridge and New York: Cambridge University Press, 2011.

Zimmerman, Virginia, *Excavating Victorians*, Albany: SUNY Press, 2008.

Ziswiler, Vinzenz, *Extinct and Vanishing Animals: A Biology of Extinction and Survival*, London: Longmans, 1967.

索　引

（条目后的数字为原书页码，见本书边码）